# 汉书

[东汉] 班固 撰

中州古籍出版社

·郑州·

# 汉书卷四十九

## 爰盎晁错传第十九

爰盎字丝。其父楚人也，故为群盗，徙安陵。高后时，盎为吕禄舍人。孝文即位，盎兄哙任盎为郎中。

绛侯为丞相，朝罢趋出，意得甚。上礼之恭，常目送之。盎进曰："丞相何如人也?"上曰："社稷臣。"盎曰："绛侯所谓功臣，非社稷臣。社稷臣主在与在，主亡与亡。方吕后时，诸吕用事，擅相王，刘氏不绝如带。是时绛侯为太尉，本兵柄，弗能正。吕后崩，大臣相与共诛诸吕，太尉主兵，适会其成功，所谓功臣，非社稷臣。丞相如有骄主色，陛下谦让，臣主失礼，窃为陛下弗取也。"后朝，上益庄，丞相益畏。已而绛侯望盎曰："吾与汝兄善，今儿乃毁我!"盎遂不谢。及绛侯就国，人上书告以为反，征系请室，诸公莫敢为言，唯盎明绛侯无罪。绛侯得释，盎颇有力。绛侯乃大与盎结交。

淮南厉王朝，杀辟阳侯，居处骄甚。盎谏曰："诸侯太骄必生患，可適削地。"上弗许。淮南王益横。谋反发觉，上征淮南王，迁之蜀，槛车传送。盎时为中郎将，谏曰："陛下素骄之，弗稍禁，以至此，今又暴摧折之。淮南王为人刚，有如遇霜露行道死，陛下竟为以天下大弗能容，有杀弟名，奈何？”上不听，遂行之。

淮南王至雍，病死。闻，上辍食，器甚哀。盎入，顿首请罪。上曰：“以不用公言至此。”盎曰：“上自宽，此往事，岂可悔哉！且陛下有高世行三，此不足以毁名。”上曰：“吾高世三者何事？”盎曰：“陛下居代时，太后尝病，三年，陛下不交睫解衣，汤药非陛下口所尝弗进。夫曾参以布衣犹难之，今陛下亲以王者修之，过曾参远矣。诸吕用事，大臣颛制，然陛下从代乘六乘传，驰不测渊，虽贲、育之勇不及陛下。陛下至代邸，西乡让天子者三，南乡让天子者再。夫许由一让，陛下五以天下让，过许由四矣。且陛下迁淮南王，欲以苦其志，使改过，有司宿卫不谨，故病死。”于是上乃解，盎繇此名重朝廷。

盎常引大体慷慨。宦者赵谈以数幸，常害盎，盎患之。盎兄子种为常侍骑，谏盎曰：“君众辱之，后虽恶君，上不复信。”于是上朝东宫，赵谈骖乘，盎伏车前曰：“臣闻天子所与共六尺舆者，皆天下豪英。今汉虽乏人，陛下独奈何与刀锯之余共载！”于是上笑，下赵谈。谈泣下车。

上从霸陵上，欲西驰下峻阪，盎揽辔。上曰：“将军怯邪？”盎言曰：“臣闻千金之子不垂堂，百金之子不骑衡，圣主不乘危，不侥幸。今陛下骋六飞，驰不测山，有如马惊车败，陛下纵自轻，奈高庙、太后何？”上乃止。

上幸上林，皇后、慎夫人从。其在禁中，常同坐。及坐，郎署长布席，盎引却慎夫人坐。慎夫人怒，不肯坐。上亦怒，起。盎因前说曰：“臣闻尊卑有序则上下和，今陛下既以立后，慎夫人乃妾，妾、主岂可以同坐哉！且陛下幸之，则厚赐之。陛下所以为慎夫人，适所以祸之也。独不见‘人豕’乎？”于是上乃说，入语慎夫人。慎夫人赐盎金五十斤。

然盎亦以数直谏，不得久居中。调为陇西都尉，仁爱士卒，士卒皆争为死。迁齐相，徙为吴相。辞行，种谓盎曰：“吴王骄日久，国多奸，今丝欲刻治，彼不上书告君，则利剑刺君矣。南方卑湿，丝能日饮，亡何，说王毋反而已。如此幸得脱。”盎用种之计，吴王厚遇盎。

盎告归，道逢丞相申屠嘉，下车拜谒，丞相从车上谢。盎还，愧其吏，乃之丞相舍上谒，求见丞相。丞相良久乃见。因跪曰：“愿请间。”丞相曰：“使君所言公事，之曹与长史掾议之，吾且奏之；则私，吾不受私语。”盎即起说曰：“君为相，自度孰与陈平、绛侯？”相曰：“不如。”盎曰：“善，君自谓弗如。夫陈平、绛侯辅翼高帝，定天下，为将相，而诛诸吕，存刘氏；君乃为材官蹶张，迁为队帅，积功至淮阳守，非有奇计攻城野战之功。且陛下从代来，每朝，郎官者上书疏，未尝不止辇受。其言不可用，置之；言可采，未尝不称善。何也？欲以致天下贤英士大夫，日闻所不闻，以益圣。而君自闭箝天下之口，而日益愚。夫以圣主责愚相，君受祸不久矣。”丞相乃再拜曰：“嘉鄙人，乃不知，将军幸教。”引与入坐，为上客。

盎素不好晁错，错所居坐，盎辄避；盎所居坐，错亦避：两人未尝同堂语。及孝景即位，晁错为御史大夫，使吏案盎受吴王财物，抵罪，诏赦以为庶人。吴、楚反闻，错谓丞史曰：“爰盎多受吴王金钱，专为蔽匿，言不反。今果反，欲请治盎，宜知其计谋。”丞史曰：“事未发，治之有绝。今兵西向，治之何益！且盎不宜有谋。”错犹与未决。人有告盎，盎恐，夜见窦婴，为言吴所以反，愿至前，口对状。婴入言，上乃召盎。盎入见，竟言吴所以反，独急斩错以谢吴，吴可罢。上拜盎为泰常，窦婴为大将军。两人素相善。是时，诸陵长安中贤大夫争附两人，车骑随者日数百乘。

及晁错已诛，盎以泰常使吴。吴王欲使将，不肯。欲杀之，使一都尉以五百人围守盎军中。初，盎为吴相时，从史盗私盎侍儿。盎知之，弗泄，遇之如故。人有告从史，“君知女与侍者通”，乃亡去。盎驱自追之，遂以侍者赐之，复为从史。及盎使吴见守，从史适在守盎校为司马，乃悉以其装赍买二石醇醪。会天寒，士卒饥渴，饮醉西南陬卒，卒皆卧。司马夜引盎起，曰：“君可以去矣，吴王期旦日斩君。”盎弗信，曰：“何为者？”司马曰：“臣故为君从史盗侍儿者也。”盎乃惊，谢曰：“公幸有亲，吾不足累公。”司马曰：“君弟去，臣亦且亡，辟吾亲，君何患！”乃以刀决帐，道从醉卒直出。司马与分背。盎解节旄怀之，屐步行七十里，明，见梁骑，驰去，遂归报。

吴、楚已破，上更以元王子平陆侯礼为楚王，以盎为楚相。尝上书，不用。盎病免家居，与闾里浮湛，相随行斗鸡走狗。雒阳剧孟尝过盎，盎善待之。安陵富人有谓盎曰：“吾闻剧孟博徒，将军何自通之？”盎曰：“剧孟虽博徒，然母死，客送丧车千余乘，此亦有过人者。且缓急人所有。夫一旦叩门，不以亲为解，不以在亡为辞，天下所望者，独季心、剧孟。今公阳从数骑，一旦有缓急，宁足恃乎！”遂骂富人，弗与通。诸公闻之，皆多盎。

盎虽居家，景帝时时使人问筹策。梁王欲求为嗣，盎进说，其后语塞。梁王以此怨盎，使人刺盎。刺者至关中，问盎，称之皆不容口。乃见盎曰：“臣受梁王金刺君，君长者，不忍刺君。然后刺者十余曹，备之！”盎心不乐，家多怪，乃之棓生所问占。还，梁刺客后曹果遮刺杀盎安陵郭门外。

晁错，颍川人也。学申、商刑名于轵张恢生所，与雒阳宋孟及刘带同师。以文学为太常掌故。

错为人峭直刻深。孝文时，天下亡治《尚书》者，独闻齐有伏生，故秦博士，治《尚书》，年九十余，老不可征。乃诏太常，使人受之。太常遣错受《尚书》伏生所，还，因上书称说。诏以为太子舍人，门大夫，迁博士。又上书言：“人主所以尊显，功名扬于万世之后者，以知术数也。故人主知所以临制臣下而治其众，则群臣畏服矣；知所以听言受事，则不欺蔽矣；知所以安利万民，则海内必从矣；知所以忠孝事上，则臣子之行备矣：此四者，臣窃为皇太子急之。人臣之议或曰皇太子亡以知事为也，臣之愚，诚以为不然。窃观上世之君，不能奉其宗庙而劫杀于其臣者，皆不知术数者也。皇太子所读书多矣，而未深知术数者，不问书说也。夫多诵而不知其说，所谓劳苦而不为功。臣窃观皇太子材智高奇，驭射伎艺过人绝远，然于术数未有所守者，以陛下为心也。窃愿陛下幸择圣人之术可用今世者，以赐皇太子，因时使太子陈明于前。唯陛下裁察。”上善之，于是拜错为太子家令。以其辩得幸太子，太子家号曰“智囊”。

是时匈奴强，数寇边，上发兵以御之。错上言兵事，曰：

臣闻汉兴以来，胡虏数入边地，小入则小利，大入则大利；

高后时再入陇西，攻城屠邑，驱略畜产；其后复入陇西，杀吏卒，大寇盗。窃闻战胜之威，民气百倍；败兵之卒，没世不复。自高后以来，陇西三困于匈奴矣，民气破伤，亡有胜意。今兹陇西之吏，赖社稷之神灵，奉陛下之明诏，和辑士卒，底厉其节，起破伤之民以当乘胜之匈奴，用少击众，杀一王，败其众而大有利。非陇西之民有勇怯，乃将吏之制巧拙异也。故兵法曰："有必胜之将，无必胜之民。"繇此观之，安边境，立功名，在于良将，不可不择也。

臣又闻用兵，临战合刃之急者三：一曰得地形，二曰卒服习，三曰器用利。兵法曰：丈五之沟，渐车之水，山林积石，经川丘阜，草木所在，此步兵之地也，车骑二不当一。土山丘陵，曼衍相属，平原广野，此车骑之地，步兵十不当一。平陵相远，川谷居间，仰高临下，此弓弩之地也，短兵百不当一。两陈相近，平地浅草，可前可后，此长戟之地也，剑盾三不当一。萑苇竹萧，草木蒙茏，枝叶茂接，此矛铤之地也，长戟二不当一。曲道相伏，险厄相薄，此剑楯之地也，弓弩三不当一。士不选练，卒不服习，起居不精，动静不集，趋利弗及，避难不毕，前击后解，与金鼓之指相失，此不习勒卒之过也，百不当十。兵不完利，与空手同；甲不坚密，与袒裼同；弩不可以及远，与短兵同；射不能中，与亡矢同；中不能入，与亡镞同；此将不省兵之祸也，五不当一。故兵法曰：器械不利，以其卒予敌也；卒不可用，以其将予敌也；将不知兵，以其主予敌也；君不择将，以其国予敌也。四者，兵之至要也。

臣又闻小大异形，强弱异势，险易异备。夫卑身以事强，小国之形也；合小以攻大，敌国之形也；以蛮夷攻蛮夷，中国之形也。今匈奴地形、技艺与中国异。上下山阪，出入溪涧，中国之马弗与也；险道倾仄，且驰且射，中国之骑弗与也；风雨罢劳，饥渴不困，中国之人弗与也：此匈奴之长技也。若夫平原易地，轻车突骑，则匈奴之众易挠乱也；劲弩长戟，射疏及远，则匈奴之弓弗能格也；坚甲利刃，长短相杂，游弩往来，什伍俱前，则匈奴之兵弗能当也；材官驺发，矢道同的，则匈奴之革笥木荐弗能支也；下马地斗，剑戟相接，去就相薄，则匈奴之足弗能给也：此中国之长技也。以此观之，匈奴之长技三，中国之长技五。陛下又兴数十万之众，以诛数万之匈奴，众寡之计，以一击十之术也。

虽然，兵，凶器；战，危事也。以大为小，以强为弱，在俯卬之间耳。夫以人之死争胜，跌而不振，则悔之亡及也。帝王之道，出于万全。今降胡义渠蛮夷之属来归谊者，其众数千，饮食长技与匈奴同，可赐之坚甲絮衣，劲弓利矢，益以边郡之良骑。令明将能知其习俗和辑其心者，以陛下之明约将之。即有险阻，以此当之；平地通道，则以轻车材官制之。两军相为表里，各用其长技，衡加之以众，此万全之术也。

传曰："狂夫之言，而明主择焉。"臣错愚陋，昧死上狂言，唯陛下财择。

文帝嘉之，乃赐错玺书宠答焉，曰："皇帝问太子家令：上书言兵体三章，闻之。书言'狂夫之言，而明主择焉'。今则不然。言者不狂，而择者不明，国之大患，故在于此。使夫不明择于不狂，是以万听而万不当也。"

错复言守边备塞、劝农力本，当世急务二事，曰：

臣闻秦时北攻胡貉，筑塞河上，南攻杨粤，置戍卒焉。其起兵而攻胡、粤者，非以卫边地而救民死也，贪戾而欲广大也，故功未立而天下乱。且夫起兵而不知其势，战则为人禽，屯则卒积死。夫胡貉之地，积阴之处也，木皮三寸，冰厚六尺，食肉而饮酪，其人密理，鸟兽毳毛，其性能寒。杨粤之地少阴多阳，其人疏理，鸟兽希毛，其性能暑。秦之戍卒不能其水土，戍者死于边，输者偾于道。秦民见行，如往弃市，因以谪发之，名曰“谪戍”。先发吏有谪及赘婿、贾人，后以尝有市籍者，又后以大父母、父母尝有市籍者，后入闾，取其左。发之不顺，行者深怨，有背畔之心。凡民守战至死而不降北者，以计为之也。故战胜守固则有拜爵之赏，攻城屠邑则得其财卤以富家室，故能使其众蒙矢石，赴汤火，视死如生。今秦之发卒也，有万死之害，而亡铢两之报，死事之后不得一算之复，天下明知祸烈及己也。陈胜行戍，至于大泽，为天下先倡，天下从之如流水者，秦以威劫而行之之敝也。

胡人衣食之业不著于地，其势易以扰乱边境。何以明之？胡人食肉饮酪，衣皮毛，非有城郭田宅之归居，如飞鸟走兽于广野，美草甘水则止，草尽水竭则移。以是观之，往来转徙，时至时去，此胡人之生业，而中国之所以离南亩也。今使胡人数处转牧行猎于塞下，或当燕、代，或当上郡、北地、陇西，以候备塞之卒，卒少则入。陛下不救，则边民绝望而有降敌之心；救之，少发则不足，多发，远县才至，则胡又已去。聚而不罢，为费甚大；罢之，则胡复入。如此连年，则中国贫苦而民不安矣。

陛下幸忧边境，遣将吏发卒以治塞，甚大惠也。然令远方之卒守塞，一岁而更，不知胡人之能，不如选常居者，家室田作，且以备之。以便为之高城深堑，具蔺石，布渠答，复为一城其内，城间百五十步。要害之处，通川之道，调立城邑，毋下千家，为中周虎落。先为室屋，具田器，乃募罪人及免徒复作令居之；不足，募以丁奴婢赎罪及输奴婢欲以拜爵者；不足，乃募民之欲往者。皆赐高爵，复其家。予冬夏衣，廪食，能自给而止。郡县之民得买其爵，以自增至卿。其亡夫若妻者，县官买与之。人情非有匹敌，不能久安其处。塞下之民，禄利不厚，不可使久居危难之地。胡人入驱而能止其所驱者，以其半予之，县官为赎其民。如是，则邑里相救助，赴胡不避死。非以德上也，欲全亲戚而利其财也。此与东方之戍卒不习地势而心畏胡者，功相万也。以陛下之时，徙民实边，使远方无屯戍之事，塞下之民父子相保，亡系虏之患，利施后世，名称圣明，其与秦之行怨民，相去远矣。

上从其言，募民徙塞下。错复言：

陛下幸募民相徙以实塞下，使屯戍之事益省，输将之费益寡，甚大惠也。下吏诚能称厚惠，奉明法，存恤所徙之老弱，善遇其壮士，和辑其心而勿侵刻，使先至者安乐而不思故乡，则贫民相募而劝往矣。臣闻古之徙远方以实广虚也，相其阴阳之和，尝其水泉之味，审其土地之宜，观其草木之饶，然后营邑立城，制里割宅，通田作之道，正阡陌之界，先为筑室，家有一堂二内，门户之闭，置器物焉，民至有所居，作有所用，此民所以轻去故乡而劝之新邑也。为置医巫，以救疾病，以修祭祀，男女有昏，生死相恤，坟墓相从，种树畜长，室屋完安，此所以使民乐其处而有长居之心也。

臣又闻古之制边县以备敌也，使五家为伍，伍有长；十长一里，里有假士；四里一连，连有假五百；十连一邑，邑有假候：皆择其邑之贤材有护，习地形知民心者，居则习民于射法，出则教民于应敌。故卒伍成于内，则军正定于外。服习以成，勿令迁徙，幼则同游，长则共事。夜战声相知，则足以相救；昼战目相见，则足以相识；欢爱之心，足以相死。如此而劝以厚赏，威以重罚，则前死不还踵矣。所徙之民非壮有材力，但费衣粮，不可用也；虽有材力，不得良吏，犹亡功也。

陛下绝匈奴不与和亲，臣窃意其冬来南也，壹大治，则终身创矣。欲立威者，始于折胶，来而不能困，使得气去，后来易服也。愚臣亡识，唯陛下财察。

后诏有司举贤良文学士，错在选中。上亲策诏之，曰：

惟十有五年九月壬子，皇帝曰："昔者大禹勤求贤士，施及方外，四极之内，舟车所至，人迹所及，靡不闻命，以辅其不逮；近者献其明，远者通厥聪，比善戮力，以翼天子。是以大禹能亡失德，夏以长楙。高皇帝亲除大害，去乱从，并建豪英，以为官师，为谏争，辅天子之阙，而翼戴汉宗也。赖天之灵，宗庙之福，方内以安，泽及四夷。今朕获执天子之正，以承宗庙之祀，朕既不德，又不敏，明弗能烛，而智不能治，此大夫之所著闻也。故诏有司、诸侯王、三公、九卿及主郡吏，各帅其志，以选贤良明于国家之大体，通于人事之终始，及能直言极谏者，各有人数，将以匡朕之不逮。二三大夫之行当此三道，朕甚嘉之，故登大夫于朝，亲谕朕志。大夫其上三道之要，及永惟朕之不德，吏之不平，政之不宣，民之不宁，四者之阙，悉陈其志，毋有所隐。上以荐先帝之宗庙，下以兴愚民之休利，著之于篇，朕亲览焉，观大夫所以佐朕，至与不至。书之，周之密之，重之闭之。兴自朕躬，大夫其正论，毋枉执事。乌乎，戒之！二三大夫其帅志毋怠！”

错对曰：

平阳侯臣窋、汝阴侯臣灶、颍阴侯臣何、廷尉臣宜昌、陇西太守臣昆邪所选贤良太子家令臣错昧死再拜言：臣窃闻古之贤主莫不求贤以为辅翼，故黄帝得力牧而为五帝先，大禹得咎繇而为三王祖，齐桓得管子而为五伯长。今陛下讲于大禹及高皇帝之建豪英也，退托于不明，以求贤良，让之至也。臣窃观上世之传，若高皇帝之建功业，陛下之德厚而得贤佐，皆有司之所览，刻于玉版，藏于金匮，历之春秋，纪之后世，为帝者祖宗，与天地相终。今臣窋等乃以臣错充赋，甚不称明诏求贤之意。臣错草茅臣，亡识知，昧死上愚对，曰：

诏策曰“明于国家大体”，愚臣窃以古之五帝明之。臣闻五帝神圣，其臣莫能及，故自亲事，处于法宫之中，明堂之上；动静上配天，下顺地，中得人。故众生之类亡不覆也，根著之徒亡不载也；烛以光明，亡偏异也；德上及飞鸟，下至水虫草木诸产，皆被其泽。然后阴阳调，四时节，日月光，风雨时，膏露降，五谷熟，祆孽灭，贼气息，民不疾疫，河出图，洛出书，神龙至，凤鸟翔，德泽满天下，灵光施四海。此谓配天地，治国大体之功也。

诏策曰“通于人事终始”，愚臣窃以古之三王明之。臣闻三王臣主俱贤，故合谋相辅，计安天下，莫不本于人情。人情莫不欲寿，三王生而不伤也；人情莫不欲富，三王厚而不困也；人情莫不欲安，三王扶而不危也；人情莫不欲逸，三王节其力而不尽也。其为法令也，合于人情而后行之；其动众使民也，本于人事然后为之。取人以己，内恕及人。情之所恶，不以强人；情之所欲，不以禁民。是以天下乐其政，归其德，望之若父母，从之若流水；百姓和亲，国家安宁，名位不失，施及后世。此明于人情终始之功也。

诏策曰“直言极谏”，愚臣窃以五伯之臣明之。臣闻五伯不及其臣，故属之以国，任之以事。五伯之佐之为人臣也，察身而不敢诬，奉法令不容私，尽心力不敢矜，遭患难不避死，见贤不居其上，受禄不过其量，不以亡能居尊显之位。自行若此，可谓方正之士矣。其立法也，非以苦民伤众而为之机陷也，以之兴利除害，尊主安民而救暴乱也。其行赏也，非虚取民财妄予人也，以劝天下之忠孝而明其功也。故功多者赏厚，功少者赏薄。如此，敛民财以顾其功，而民不恨者，知与而安己也。其行罚也，非以忿怒妄诛而从暴心也，以禁天下不忠不孝而害国者也。故罪大者罚重，罪小者罚轻。如此，民虽伏罪至死而不怨者，知罪罚之至，自取之也。立法若此，可谓平正之吏矣。法之逆者，请而更之，不以伤民；主行之暴者，逆而复之，不以伤国。救主之失，补主之过，扬主之美，明主之功，使主内亡邪辟之行，外亡骞污之名。事君若此，可谓直言极谏之士矣。此五伯之所以德匡天下，威正诸侯，功业甚美，名声章明。举天下之贤主，五伯与焉，此身不及其臣而使得直言极谏补其不逮之功也。今陛下人民之众，威武之重，德惠之厚，令行禁止之势，万万于五伯，而赐愚臣策曰“匡朕之不逮”，愚臣何足以识陛下之高明而奉承之！

诏策曰“吏之不平，政之不宣，民之不宁”，愚臣窃以秦事明之。臣闻秦始并天下之时，其主不及三王，而臣不及其佐，然功力不迟者，何也？地形便，山川利，财用足，民利战。其所与并者六国，六国者，臣主皆不肖，谋不辑，民不用，故当此之时，秦最富强。夫国富强而邻国乱者，帝王之资也，故秦能兼六国，立为天子。当此之时，三王之功不能进焉。及其末涂之衰也，任不肖而信谗贼；宫室过度，耆欲亡极，民力罢尽，赋敛不节；矜奋自贤，群臣恐谀，骄溢纵恣，不顾患祸；妄赏以随喜意，妄诛以快怒心，法令烦憯，刑罚暴酷，轻绝人命，身自射杀；天下寒心，莫安其处。奸邪之吏，乘其乱法，以成其威，狱官主断，生杀自恣。上下瓦解，各自为制。秦始乱之时，吏之所先侵者，贫人贱民也；至其中节，所侵者富人吏家也；及其末涂，所侵者宗室大臣也。是故亲疏皆危，外内咸怨，离散逋逃，人有走心。陈胜先倡，天下大溃，绝祀亡世，为异姓福。此吏不平，政不宣，民不宁之祸也。今陛下配天象地，覆露万民，绝秦之迹，除其乱法；躬亲本事，废去淫末；除苛解娆，宽大爱人；肉刑不用，罪人亡帑；非谤不治，铸钱者除；通关去塞，不孽诸侯；宾礼长老，爱恤少孤；罪人有期，后宫出嫁；尊赐孝悌，农民不租；明诏军师，爱士大夫；求进方正，废退奸邪；除去阴刑，害民者诛；忧劳百姓，列侯就都；亲耕节用，视民不奢。所为天下兴利除害，变法易故，以安海内者，大功数十，皆上世之所难及，陛下行之，道纯德厚，元元之民幸矣。

诏策曰“永惟朕之不德”，愚臣不足以当之。

诏策曰“悉陈其志，毋有所隐”，愚臣窃以五帝之贤臣明之。臣闻五帝其臣莫能及，则自亲之；三王臣主俱贤，则共忧之；五伯不及其臣，则任使之。此所以神明不遗，而贤圣不废也，故各当其世而立功德焉。传曰“往者不可及，来者犹可待，能明其世者谓之天子”，此之谓也。窃闻战不胜者易其地，民贫穷者变其业。今以陛下神明德厚，资财不下五帝，临制天下，至今十有六年，民不益富，盗贼不衰，边境未安，其所以然，意者陛下未之躬亲，而待群臣也。今执事之臣皆天下之选已，然莫能望陛下清光，譬之犹五帝之佐也。陛下不自躬亲，而待不望清光之臣，臣窃恐神明之遗也。日损一日，岁亡一岁，日月益暮，盛德不及究于天下，以传万世，愚臣不自度量，窃为陛下惜之。昧死上狂惑草茅之愚，臣言惟陛下财择。

时，贾谊已死，对策者百余人，唯错为高第，繇是迁中大夫。错又言宜削诸侯事，及法令可更定者，书凡三十篇。孝文虽不尽听，然奇其材。当是时，太子善错计策，爰盎诸大功臣多不好错。

景帝即位，以错为内史。错数请间言事，辄听，幸倾九卿，法令多所更定。丞相申屠嘉心弗便，力未有以伤。内史府居太上庙堧中，门东出，不便，错乃穿门南出，凿庙堧垣。丞相大怒，欲因此过为奏请诛错。错闻之，即请间为上言之。丞相奏事，因言错擅凿庙垣为门，请下廷尉诛。上曰：“此非庙垣，乃堧中垣，不致于法。”丞相谢。罢朝，因怒谓长史曰：“吾当先斩以闻，乃先请，固误。”丞相遂发病死。错以此愈贵。

迁为御史大夫，请诸侯之罪过，削其支郡。奏上，上令公卿、列侯、宗室杂议，莫敢难，独窦婴争之，繇此与错有隙。错所更令三十章，诸侯欢哗。错父闻之，从颍川来，谓错曰：“上初即位，公为政用事，侵削诸侯，疏人骨肉，口让多怨，公何为也？”

错曰："固也。不如此，天子不尊，宗庙不安。"父曰："刘氏安矣，而晁氏危，吾去公归矣！"遂饮药死，曰"吾不忍见祸逮身"。

后十余日，吴、楚七国俱反，以诛错为名。上与错议出军事，错欲令上自将兵，而身居守。会窦婴言爰盎，诏召入见，上方与错调兵食。上问盎曰："君尝为吴相，知吴臣田禄伯为人乎？今吴、楚反，于公意何如？"对曰："不足忧也，今破矣。"上曰："吴王即山铸钱，煮海为盐，诱天下豪桀，白头举事，此其计不百全，岂发乎？何以言其无能为也？"盎对曰："吴铜、盐之利则有之，安得豪桀而诱之！诚令吴得豪桀，亦且辅而为谊，不反矣。吴所诱，皆亡赖子弟，亡命铸钱奸人，故相诱以乱。"错曰："盎策之善。"上问曰："计安出？"盎对曰："愿屏左右。"上屏人，独错在。盎曰："臣所言，人臣不得知。"乃屏错。错趋避东箱，甚恨。上卒问盎，对曰："吴、楚相遗书，言高皇帝王子弟各有分地，今贼臣晁错擅適诸侯，削夺之地，以故反名为西共诛错，复故地而罢。方今计，独有斩错，发使赦吴、楚七国，复其故地，则兵可毋血刃而俱罢。"于是上默然良久，曰："顾诚何如，吾不爱一人谢天下。"盎曰："愚计出此，唯上孰计之。"乃拜盎为泰常，密装治行。

后十余日，丞相青翟、中尉嘉、廷尉欧劾奏错曰："吴王反逆亡道，欲危宗庙，天下所当共诛。今御史大夫错议曰：'兵数百万，独属群臣，不可信，陛下不如自出临兵，使错居守。徐、僮之旁吴所未下者可以予吴。'错不称陛下德信，欲疏群臣百姓，又欲以城邑予吴，亡臣子礼，大逆无道。错当要斩，父母妻子同产无少长皆弃市。臣请论如法。”制曰：“可。”错殊不知。乃使中尉召错，给载行市。错衣朝衣斩东市。

错已死，谒者仆射邓公为校尉，击吴、楚为将。还，上书言军事，见上。上问曰：“道军所来，闻晁错死，吴、楚罢不？”邓公曰：“吴为反数十岁矣，发怒削地，以诛错为名，其意不在错也。且臣恐天下之士箝口不敢复言矣。”上曰：“何哉？”邓公曰：“夫晁错患诸侯强大不可制，故请削之，以尊京师，万世之利也。计划始行，卒受大戮，内杜忠臣之口，外为诸侯报仇，臣窃为陛下不取也。”于是景帝喟然长息，曰：“公言善。吾亦恨之！”乃拜邓公为城阳中尉。

邓公，成固人也，多奇计。建元年中，上招贤良，公卿言邓先。邓先时免，起家为九卿。一年，复谢病免归。其子章，以修黄、老言显诸公间。

赞曰：“爰盎虽不好学，亦善傅会，仁心为质，引义慷慨。遭孝文初立，资适逢世。时已变易，及吴壹说，果于用辩，身亦不遂。晁错锐于为国远虑，而不见身害。其父睹之，经于沟渎，亡益救败。不如赵母指括，以全其宗。悲夫！错虽不终，世哀其忠。故论其施行之语著于篇。

# 汉书卷五十

## 张冯汲郑传第二十

张释之字季，南阳堵阳人也。与兄仲同居，以赀为骑郎，事文帝，十年不得调，亡所知名。释之曰："久宦减仲之产，不遂。"欲免归。中郎将爰盎知其贤，惜其去，乃请徙释之补谒者。释之既朝毕，因前言便宜事。文帝曰："卑之，毋甚高论，令今可行也。"于是释之言秦、汉之间事，秦所以失，汉所以兴者。文帝称善，拜释之为谒者仆射。

从行，上登虎圈，问上林尉禽兽簿，十余问，尉左右视，尽不能对。虎圈啬夫从旁代尉对上所问禽兽簿甚悉，欲以观其能口对向应亡穷者。文帝曰："吏不当如此邪？尉亡赖！"诏释之拜啬夫为上林令。释之前曰："陛下以绛侯周勃何如人也？"上曰："长者。"又复问："东阳侯张相如何如人也？"上复曰："长者。"释之曰："夫绛侯、东阳侯称为长者，此两人言事曾不能出口，岂效此啬夫喋喋利口捷给哉！且秦以任刀笔之吏，争以亟疾苛察相高，其敝徒文具，亡恻隐之实。以故不闻其过，陵夷至于二世，天下土崩。今陛下以啬夫口辩而超迁之，臣恐天下随风靡，争口辩，亡其实。且下之化上，疾于景向，举错不可不察也。”文帝曰：“善。”乃止，不拜啬夫。

就车，召释之骖乘，徐行，行问释之秦之敝。具以质言。至宫，上拜释之为公车令。

顷之，太子与梁王共车入朝，不下司马门，于是释之追止太子、梁王毋入殿门。遂劾不下公门不敬，奏之。薄太后闻之，文帝免冠谢曰：“教儿子不谨。”薄太后使使承诏赦太子、梁王，然后得入。文帝繇是奇释之，拜为中大夫。

顷之，至中郎将。从行至霸陵，上居外临厕。时慎夫人从，上指视慎夫人新丰道，曰：“此走邯郸道也。”使慎夫人鼓瑟，上自倚瑟而歌，意凄怆悲怀，顾谓群臣曰：“嗟乎！以北山石为椁，用纻絮斫陈漆其间，岂可动哉！”左右皆曰：“善。”释之前曰：“使其中有可欲，虽锢南山犹有隙；使其中亡可欲，虽亡石椁，又何戚焉？”文帝称善。其后，拜释之为廷尉。

顷之，上行出中渭桥，有一人从桥下走，乘舆马惊。于是使骑捕之，属廷尉。释之治问。曰：“县人来，闻跸，匿桥下。久，以为行过，既出，见车骑，即走耳。”释之奏当：“此人犯跸，当罚金。”上怒曰：“此人亲惊吾马，马赖和柔，令它马，固不败伤我乎？而廷尉乃当之罚金！”释之曰：“法者，天子所与天下公共也。今法如是，更重之，是法不信于民也。且方其时，上使使诛之则已。今已下廷尉，廷尉，天下之平也，壹倾，天下用法皆为之轻重，民安所错其手足？唯陛下察之。”上良久曰：“廷尉当是也。”

其后人有盗高庙座前玉环，得，文帝怒，下廷尉治。案盗宗庙服御物者为奏，当弃市。上大怒曰："人亡道，乃盗先帝器！吾属廷尉者，欲致之族，而君以法奏之，非吾所以共承宗庙意也。"释之免冠顿首谢曰："法如是足也。且罪等，然以逆顺为基。今盗宗庙器而族之，有如万分一，假令愚民取长陵一抔土，陛下且何以加其法乎？"文帝与太后言之，乃许廷尉当。是时，中尉条侯周亚夫与梁相山都侯王恬启见释之持议平，乃结为亲友。张廷尉繇此天下称之。

文帝崩，景帝立，释之恐。称疾。欲免去，惧大诛至，欲见，则未知何如。用王生计，卒见谢，景帝不过也。

王生者，善为黄、老言，处士。尝召居廷中，公卿尽会立。王生老人，曰"吾袜解"，顾谓释之："为我结袜！"释之跪而结之。既已，人或让王生："独奈何廷辱张廷尉如此？"王生曰："吾老且贱，自度终亡益于张廷尉。廷尉方天下名臣，吾故聊使结袜，欲以重之。"诸公闻之，贤王生而重释之。

释之事景帝岁余，为淮南相，犹尚以前过也。年老病卒。其子挚，字长公，官至大夫，免。以不能取容当世，故终身不仕。

冯唐，祖父赵人也。父徙代。汉兴徙安陵。唐以孝著，为郎中署长，事文帝。帝辇过，问唐曰："父老何自为郎？家安在？"具以实言。文帝曰："吾居代时，吾尚食监高祛数为我言赵将李齐之贤，战于钜鹿下。吾每饮食，意未尝不在钜鹿也。父老知之乎？"唐对曰："齐尚不如廉颇、李牧之为将也。"上曰："何已？"唐曰："臣大父在赵时，为官帅将，善李牧。臣父故为代相，善李齐，知其为人也。"上既闻廉颇、李牧为人，良说，乃拊髀曰："嗟乎！吾独不得廉颇、李牧为将，岂忧匈奴哉！"唐曰："主臣！

陛下虽有廉颇、李牧，不能用也。”上怒，起入禁中。良久，召唐让曰：“公众辱我，独亡间处乎？”唐谢曰：“鄙人不知忌讳。”

当是时，匈奴新大入朝那，杀北地都尉卬。上以胡寇为意，乃卒复问唐曰：“公何以言吾不能用颇、牧也？”唐对曰：“臣闻上古王者遣将也，跪而推毂，曰：‘阃以内寡人制之，阃以外将军制之；军功爵赏，皆决于外，归而奏之。’此非空言也。臣大父言李牧之为赵将居边，军市之租皆自用飨士，赏赐决于外，不从中复也。委任而责成功，故李牧乃得尽其知能，选车千三百乘，彀骑万三千匹，百金之士十万，是以北逐单于，破东胡，灭澹林，西抑强秦，南支韩、魏。当是时，赵几伯。后会赵王迁立，其母倡也，用郭开谗，而诛李牧，令颜聚代之。是以为秦所灭。今臣窃闻魏尚为云中守，军市租尽给士卒，出私养钱，五日壹杀牛，以飨宾客军吏舍人，是以匈奴远避，不近云中之塞。虏尝一入，尚帅车骑击之，所杀甚众。夫士卒尽家人子，起田中从军，安知尺籍伍符？终日力战，斩首捕虏，上功莫府，一言不相应，文吏以法绳之。其赏不行，吏奉法必用。愚以为陛下法太明，赏太轻，罚太重。且云中守尚坐上功首虏差六级，陛下下之吏，削其爵，罚作之。繇此言之，陛下虽得李牧，不能用也。臣诚愚，触忌讳，死罪！”文帝说。是日，令唐持节赦魏尚，复以为云中守，而拜唐为车骑都尉，主中尉及郡国车士。

十年，景帝立，以唐为楚相。武帝即位，求贤良，举唐。唐时年九十余，不能为官，乃以子遂为郎。遂字王孙，亦奇士。魏尚，槐里人也。

汲黯字长孺，濮阳人也。其先有宠于古之卫君也。至黯十世，世为卿大夫。以父任，孝景时为太子洗马，以严见惮。

武帝即位，黯为谒者。东粤相攻，上使黯往视之。至吴而还，报曰："粤人相攻，固其俗，不足以辱天子使者。"河内失火，烧千余家，上使黯往视之。还报曰："家人失火，屋比延烧，不足忧，臣过河内，河内贫人伤水旱万余家，或父子相食，臣谨以便宜，持节发河内仓粟以振贫民。请归节，伏矫制罪。"上贤而释之，迁为荥阳令。黯耻为令，称疾归田里。上闻，乃召为中大夫，以数切谏，不得久留内，迁为东海太守。

黯学黄、老言，治官民，好清静，择丞史任之，责大指而已，不细苛。黯多病，卧阁内不出。岁余，东海大治，称之。上闻，召为主爵都尉，列于九卿。治务在无为而已，引大体，不拘文法。

为人性倨，少礼，面折，不能容人之过。合己者善待之，不合者弗能忍见，士亦以此不附焉。然好游侠，任气节，行修洁。其谏，犯主之颜色。常慕傅伯、爰盎之为人。善灌夫、郑当时及宗正刘弃疾。亦以数直谏，不得久居位。

是时，太后弟武安侯田蚡为丞相，中二千石拜谒，蚡弗为礼。黯见蚡，未尝拜，揖之。上方招文学儒者，上曰吾欲云云，黯对曰："陛下内多欲而外施仁义，奈何欲效唐、虞之治乎！"上怒，变色而罢朝。公卿皆为黯惧。上退，谓人曰："甚矣，汲黯之戆也！"群臣或数黯，黯曰："天子置公卿辅弼之臣，宁令从谀承意，陷主于不谊乎？且已在其位，纵爱身，奈辱朝廷何！"

黯多病，病且满三月，上常赐告者数，终不愈。最后，严助为请告。上曰："汲黯何如人也？"曰："使黯任职居官，亡以愈人，然至其辅少主守成，虽自谓贲、育弗能夺也。"上曰："然。

古有社稷之臣，至如汲黯，近之矣！”

大将军青侍中，上踞厕视之。丞相弘宴见，上或时不冠。至如见黯，不冠不见也。上尝坐武帐，黯前奏事，上不冠，望见黯，避帷中，使人可其奏。其见敬礼如此。

张汤以更定律令为廷尉，黯质责汤于上前，曰：“公为正卿，上不能褒先帝之功业，下不能化天下之邪心，安国富民，使囹圄空虚，何空取高皇帝约束纷更之为？而公以此无种矣！”黯时与汤论议，汤辩常在文深小苛，黯愤发，骂曰：“天下谓刀笔吏不可为公卿，果然。必汤也，令天下重足而立，仄目而视矣！”

是时，汉方征匈奴，招怀四夷。黯务少事，间常言与胡和亲，毋起兵。上方乡儒术，尊公孙弘，及事益多，吏民巧。上分别文法，汤等数奏决谳以幸。而黯常毁儒，面触弘等徒怀诈饰智以阿人主取容，而刀笔之吏专深文巧诋，陷入于罔，以自为功。上愈益贵弘、汤，弘、汤心疾黯，虽上亦不说也，欲诛之以事。弘为丞相，乃言上曰：“右内史界部中多贵人宗室，难治，非素重臣弗能任，请徙黯为右内史。”数岁，官事不废。

大将军青既益尊，姊为皇后，然黯与亢礼。或说黯曰：“自天子欲令群臣下大将军，大将军尊贵，诚重，君不可以不拜。”黯曰：“夫以大将军有揖客，反不重耶？”大将军闻，愈贤黯，数请问以朝廷所疑，遇黯加于平日。

淮南王谋反，惮黯，曰：“黯好直谏，守节死义；至说公孙弘等，如发蒙耳。”

上既数征匈奴有功，黯言益不用。

始黯列九卿矣，而公孙弘、张汤为小吏。及弘、汤稍贵，与黯同位，黯又非毁弘、汤。已而弘至丞相，封侯，汤御史大夫，黯时丞史皆与同列，或尊用过之。黯褊心，不能无少望，见上，言曰："陛下用群臣如积薪耳，后来者居上。"黯罢，上曰："人果不可以无学，观汲黯之言，日益甚矣。"

居无何，匈奴浑邪王帅众来降，汉发车二万乘。县官亡钱，从民贳马。民或匿马，马不具。上怒，欲斩长安令。黯曰："长安令亡罪，独斩臣黯，民乃肯出马。且匈奴畔其主而降汉，徐以县次传之，何至令天下骚动，罢中国，甘心夷狄之人乎！"上默然。后浑邪王至，贾人与市者，坐当死五百余人。黯入，请间，见高门，曰："夫匈奴攻当路塞，绝和亲，中国举兵诛之，死伤不可胜计，而费以巨万百数。臣愚以为陛下得胡人，皆以为奴婢，赐从军死者家；卤获，因与之，以谢天下，塞百姓之心。今纵不能，浑邪帅数万之众来，虚府库赏赐，发良民侍养，若奉骄子。愚民安知市买长安中而文吏绳以为阑出财物如边关乎？陛下纵不能得匈奴之赢以谢天下，又以微文杀无知者五百余人，臣窃为陛下弗取也。"上弗许，曰："吾久不闻汲黯之言，今又复妄发矣。"后数月，黯坐小法，会赦，免官。于是黯隐于田园者数年。

会更立五铢钱，民多盗铸钱者，楚地尤甚。上以为淮阳，楚地之郊也，召黯拜为淮阳太守。黯伏谢不受印绶，诏数强予，然后奉诏。召上殿，黯泣曰："臣自以为填沟壑，不复见陛下，不意陛下复收之。臣常有狗马之心，今病，力不能任郡事。臣愿为中郎，出入禁闼，补过拾遗，臣之愿也。"上曰："君薄淮阳邪？吾今召君矣。顾淮阳吏民不相得，吾徒得君重，卧而治之。"黯既辞，过大行李息，曰："黯弃逐居郡，不得与朝廷议矣。然御史大夫汤智足以距谏，诈足以饰非，非肯正为天下言，专阿主意。主意所不欲，因而毁之；主意所欲，因而誉之。好兴事，舞文法，内怀诈以御主心，外挟贼吏以为重。公列九卿不早言之何？公与之俱受其戮矣！”息畏汤，终不敢言。黯居郡如其故治，淮阳政清。

后张汤败，上闻黯与息言，抵息罪。令黯以诸侯相秩居淮阳。居淮阳十岁而卒。卒后，上以黯故，官其弟仁至九卿，子偃至诸侯相。黯姊子司马安亦少与黯为太子洗马。安文深巧善宦，四至九卿，以河南太守卒。昆弟以安故，同时至二千石十人。濮阳段宏始事盖侯信，信任宏，官亦再至九卿。然卫人仕者皆严惮汲黯，出其下。

郑当时字庄，陈人也。其先郑君尝事项籍，籍死而属汉。高祖令诸故项籍臣名籍，郑君独不奉诏。诏尽拜名籍者为大夫，而逐郑君。郑君死孝文时。

当时以任侠自喜，脱张羽于厄，声闻梁、楚间。孝景时，为太子舍人。每五日洗沐，常置驿马长安诸郊，请谢宾客，夜以继日，至明旦，常恐不遍。当时好黄、老言，其慕长者，如恐不称。自见年少官薄，然其知友皆大父行，天下有名之士也。

武帝即位，当时稍迁为鲁中尉，济南太守，江都相，至九卿为右内史。以武安魏其时议，贬秩为詹事，迁为大司农。

当时为大吏，戒门下：“客至，亡贵贱亡留门者。”执宾主之礼，以其贵下人。性廉，又不治产，卬奉赐给诸公。然其馈遗人，不过具器食。每朝，候上间说，未尝不言天下长者。其推毂士及官属丞史，诚有味其言也。常引以为贤于己。未尝名吏，与官属言，若恐伤之。闻人之善言，进之上，唯恐后。山东诸公以此翕然称郑庄。

使视决河，自请治行五日。上曰："吾闻郑庄行，千里不赍粮，治行者何也？"然当时在朝，常趋和承意，不敢甚斥臧否。汉征匈奴，招四夷，天下费多，财用益屈。当时为大司农，任人宾客僦，入多逋负。司马安为淮阳太守，发其事，当时以此陷罪，赎为庶人。顷之，守长史。迁汝南太守，数岁，以官卒。昆弟以当时故，至二千石者六七人。

当时始与汲黯列为九卿，内行修。两人中废，宾客益落。当时死，家亡余财。

先是，下邽翟公为廷尉，宾客亦填门，及废，门外可设爵罗。后复为廷尉，客欲往，翟公大署其门，曰："一死一生，乃知交情；一贫一富，乃知交态；一贵一贱，交情乃见。"

赞曰：张释之之守法，冯唐之论将，汲黯之正直，郑当时之推士，不如是，亦何以成名哉！扬子以为孝文亲诎帝尊以信亚夫之军，曷为不能用颇、牧？彼将有激云尔。

# 汉书卷五十一

## 贾邹枚路传第二十一

贾山，颍川人也。祖父祛，故魏王时博士弟子也。山受学祛，所言涉猎书记，不能为醇儒。尝给事颍阴侯为骑。

孝文时，言治乱之道，借秦为谕，名曰《至言》。其辞曰：

臣闻为人臣者，尽忠竭愚，以直谏主，不避死亡之诛者，臣山是也。臣不敢以久远谕，愿借秦以为谕，唯陛下少加意焉。

夫布衣韦带之士，修身于内，成名于外，而使后世不绝息。至秦则不然。贵为天子，富有天下，赋敛重数，百姓任罢，赭衣半道，群盗满山，使天下之人戴目而视，倾耳而听。一夫大呼，天下响应者，陈胜是也。秦非徒如此也，起咸阳而西至雍，离宫三百，钟鼓帷帐，不移而具。又为阿房之殿，殿高数十仞，东西五里，南北千步，从车罗骑，四马骛驰，旌旗不桡。为宫室之丽至于此，使其后世曾不得聚庐而托处焉。为驰道于天下，东穷燕、齐，南极吴、楚，江湖之上，濒海之观毕至。道广五十步，三丈而树，厚筑其外，隐以金椎，树以青松。为驰道之丽至于此，使其后世曾不得邪径而托足焉。死葬乎骊山，吏徒数十万人，旷日十年。下彻三泉，合采金石，冶铜锢其内，漆涂其外，被以珠玉，饰以翡翠，中成观游，上成山林，为葬薶之侈至于此，使其后世曾不得蓬颗蔽冢而托葬焉。秦以熊罴之力，虎狼之心，蚕食诸侯，并吞海内，而不笃礼义，故天殃已加矣。臣昧死以闻，愿陛下少留意而详择其中。

臣闻忠臣之事君也，言切直则不用而身危，不切直则不可以明道，故切直之言，明主所欲急闻，忠臣之所以蒙死而竭知也。地之硗者，虽有善种，不能生焉；江皋河濒，虽有恶种，无不猥大。昔者夏、商之季世，虽关龙逢、箕子、比干之贤，身死亡而道不用。文王之时，豪俊之士皆得竭其智，刍荛采薪之人皆得尽其力，此周之所以兴也。故地之美者善养禾，君之仁者善养士。雷霆之所击，无不摧折者；万钧之所压，无不糜灭者。今人主之威，非特雷霆也；势重，非特万钧也。开道而求谏，和颜色而受之，用其言而显其身，士犹恐惧而不敢自尽，又乃况于纵欲恣行暴虐，恶闻其过乎！震之以威，压之以重，则虽有尧、舜之智，孟贲之勇，岂有不摧折者哉？如此，则人主不得闻其过失矣；弗闻，则社稷危矣。古者圣王之制，史在前书过失，工诵箴谏，瞽诵诗谏，公卿比谏，士传言谏，庶夫谤于道，商旅议于市，然后君得闻其过失也。闻其过失而改之，见义而从之，所以永有天下也。天子之尊，四海之内，其义莫不为臣。然而养三老于大学，亲执酱而馈，执爵而酳，祝饐在前，祝鲠在后，公卿奉杖，大夫进履，举贤以自辅弼，求修正之士使直谏。故以天子之尊，尊养三老，视孝也；立辅弼之臣者，恐骄也；置直谏之士者，恐不得闻其过也；学问至于刍荛者，求善无餍也；商人庶人诽谤己而改之，从善无不听也。

昔者，秦政力并万国，富有天下，破六国以为郡县，筑长城以为关塞。秦地之固，大小之势，轻重之权，其与一家之富，一夫之强，胡可胜计也！然而兵破于陈涉，地夺于刘氏者，何也？秦王贪狼暴虐，残贼天下，穷困万民，以适其欲也。昔者，周盖千八百国，以九州之民养千八百国之君，用民之力不过岁三日，什一而籍，君有余财，民有余力，而颂声作。秦皇帝以千八百国之民自养，力罢不能胜其役，财尽不能胜其求。一君之身耳，所以自养者驰骋弋猎之娱，天下弗能供也。劳罢者不得休息，饥寒者不得衣食，亡罪而死刑者无所告诉，人与之为怨，家与之为仇，故天下坏也。秦皇帝身在之时，天下已坏矣，而弗自知也。秦皇帝东巡狩，至会稽、琅邪，刻石著其功，自以为过尧、舜统；县石铸钟虡，筛土筑阿房之宫，自以为万世有天下也。古者圣王作谥，三四十世耳，虽尧、舜、禹、汤、文、武累世广德以为子孙基业，无过二三十世者也。秦皇帝曰死而以谥法，是父子名号有时相袭也，以一至万，则世世不相复也，故死而号曰始皇帝，其次曰二世皇帝者，欲以一至万也。秦皇帝计其功德，度其后嗣，世世无穷，然身死才数月耳，天下四面而攻之，宗庙灭绝矣。

秦皇帝居灭绝之中而不自知者何也？天下莫敢告也。其所以莫敢告者何也？亡养老之义，亡辅弼之臣，亡进谏之士，纵恣行诛，退诽谤之人，杀直谏之士，是以道谀媮合苟容，比其德则贤于尧、舜，课其功则贤于汤、武，天下已溃而莫之告也。《诗》曰："匪言不能，胡此畏忌，听言则对，谮言则退。"此之谓也。

又曰："济济多士，文王以宁。"天下未尝亡士也，然而文王独言以宁者何也？文王好仁则仁兴，得士而敬之则士用，用之有礼义。故不致其爱敬，则不能尽其心；不能尽其心，则不能尽其力；不能尽其力，则不能成其功。故古之贤君于其臣也，尊其爵禄而亲之；疾则临视之亡数，死则往吊哭之，临其小敛大敛，已棺涂而后为之服锡衰麻绖，而三临其丧；未敛不饮酒食肉，未葬不举乐，当宗庙之祭而死，为之废乐。故古之君人者于其臣也，可谓尽礼矣；服法服，端容貌，正颜色，然后见之。故臣下莫敢不竭力尽死以报其上，功德立于后世，而令闻不忘也。

今陛下念思祖考，术追厥功，图所以昭光洪业休德，使天下举贤良方正之士，天下皆䜣䜣焉，曰将兴尧、舜之道，三王之功矣。天下之士莫不精白以承休德。今方正之士皆在朝廷矣，又选其贤者使为常侍诸吏，与之驰驱射猎，一日再三出。臣恐朝廷之解弛，百官之堕于事也，诸侯闻之，又必怠于政矣。

陛下即位，亲自勉以厚天下，损食膳，不听乐，减外徭卫卒，止岁贡；省厩马以赋县传，去诸苑以赋农夫，出帛十万余匹以振贫民；礼高年，九十者一子不事，八十者二算不事；赐天下男子爵，大臣皆至公卿；发御府金赐大臣宗族，亡不被泽者；赦罪人，怜其亡发，赐之巾，怜其衣赭书其背，父子兄弟相见也，而赐之衣。平狱缓刑，天下莫不说喜。是以元年膏雨降，五谷登，此天之所以相陛下也。刑轻于它时而犯法者寡，衣食多于前年而盗贼少，此天下之所以顺陛下也。臣闻山东吏布诏令，民虽老羸癃疾，扶杖而往听之，愿少须臾毋死，思见德化之成也。今功业方就，名闻方昭，四方乡风，今从豪俊之臣，方正之士，直与之日日猎射，击兔伐狐，以伤大业，绝天下之望，臣窃悼之。《诗》曰："靡不有初，鲜克有终。"臣不胜大愿，愿少衰射猎，以夏岁二月，定明堂，造太学，修先王之道。风行俗成，万世之基定，然后唯陛下所幸耳。

古者大臣不媟，故君子不常见其齐严之色、肃敬之容。大臣不得与宴游，方正修洁之士不得从射猎，使皆务其方以高其节，则群臣莫敢不正身修行，尽心以称大礼。如此，则陛下之道尊敬，功业施于四海，垂于万世子孙矣。诚不如此，则行日坏而荣日灭矣。夫士修之于家，而坏之于天子之廷，臣窃愍之。陛下与众臣宴游，与大臣方正朝廷论议。夫游不失乐，朝不失礼，议不失计，轨事之大者也。

其后，文帝除铸钱令，山复上书谏，以为变先帝法，非是。又讼淮南王无大罪，宜急令反国。又言柴唐子为不善，足以戒。章下诘责，对以为："钱者，亡用器也，而可以易富贵。富贵者，人主之操柄也，令民为之，是与人主共操柄，不可长也。"其言多激切，善指事意，然终不加罚，所以广谏争之路也。其后复禁铸钱云。

邹阳，齐人也。汉兴，诸侯王皆自治民聘贤。吴王濞招致四方游士，阳与吴严忌、枚乘等俱仕吴，皆以文辩著名。久之，吴王以太子事怨望，称疾不朝，阴有邪谋，阳奏书谏。为其事尚隐，恶指斥言，故先引秦为谕，因道胡、越、齐、赵、淮南之难，然后乃致其意。其辞曰：

臣闻秦倚曲台之宫，悬衡天下，画地而不犯，兵加胡、越；至其晚节末路，张耳、陈胜连从兵之据，以叩函谷，咸阳遂危。

何则？列郡不相亲，万室不相救也。今胡数涉北河之外，上覆飞鸟，下不见伏菟，斗城不休，救兵不止，死者相随，辇车相属，转粟流输，千里不绝。何则？强赵责于河间，六齐望于惠后，城阳顾于卢博，三淮南之心思坟墓。大王不忧，臣恐救兵之不专，胡马遂进窥于邯郸，越水长沙，还舟青阳。虽使梁并淮阳之兵，下淮东，越广陵，以遏越人之粮，汉亦折西河而下，北守漳水，以辅大国，胡亦益进，越亦益深。此臣之所为大王患也。

臣闻交龙襄首奋翼，则浮云出流，雾雨咸集。圣王底节修德，则游谈之士归义思名。今臣尽智毕议，易精极虑，则无国不可奸；饰固陋之心，则何王之门不可曳长裾乎？然臣所以历数王之朝，背淮千里而自致者，非恶臣国而乐吴民也，窃高下风之行，尤说大王之义。故愿大王之无忽，察听其志。

臣闻鸷鸟累百，不如一鹗。夫全赵之时，武力鼎士袨服丛台之下者一旦成市，而不能止幽王之湛患。淮南连山东之侠，死士盈朝，不能还厉王之西也。然而计议不得，虽诸、贲不能安其位，亦明矣。故愿大王审画而已。

始孝文皇帝据关入立，寒心销志，不明求衣。自立天子之后，使东牟朱虚东褒义父之后，深割婴儿王之。壤子王梁、代，益以淮阳。卒仆济北，囚弟于雍者，岂非象新垣平等哉！今天子新据先帝之遗业，左规山东，右制关中，变权易势，大臣难知。大王弗察，臣恐周鼎复起于汉，新垣过计于朝，则我吴遗嗣，不可期于世矣。高皇帝烧栈道，水章邯，兵不留行，收弊民之倦，东驰函谷，西楚大破。水攻则章邯以亡其城，陆击则荆王以失其地，此皆国家之不几者也。愿大王孰察之。

吴王不内其言。

是时，景帝少弟梁孝王贵盛，亦待士。于是邹阳、枚乘、严忌知吴不可说，皆去之梁，从孝王游。

阳为人有智略，慷慨不苟合，介于羊胜、公孙诡之间。胜等疾阳，恶之孝王。孝王怒，下阳吏，将杀之。阳客游以谗见禽，恐死而负累，乃从狱中上书曰：

臣闻忠无不报，信不见疑，臣常以为然，徒虚语耳。昔荆轲慕燕丹之义，白虹贯日，太子畏之；卫先生为秦画长平之事，太白食昴，昭王疑之。夫精变天地而信不谕两主，岂不哀哉！今臣尽忠竭诚，毕议愿知，左右不明，卒从吏讯，为世所疑。是使荆轲、卫先生复起，而燕、秦不寤也。愿大王孰察之。

昔玉人献宝，楚王诛之；李斯竭忠，胡亥极刑。是以箕子阳狂，接舆避世，恐遭此患也。愿大王察玉人、李斯之意，而后楚王、胡亥之听，毋使臣为箕子、接舆所笑。臣闻比干剖心，子胥鸱夷，臣始不信，乃今知之。愿大王孰察，少加怜焉！

语曰："有白头如新，倾盖如故。"何则？知与不知也。故樊於期逃秦之燕，借荆轲首以奉丹事；王奢去齐之魏，临城自刭以却齐而存魏。夫王奢、樊於期非新于齐、秦而故于燕、魏也，所以去二国死两君者，行合于志，慕义无穷也。是以苏秦不信于天下，为燕尾生；白圭战亡六城，为魏取中山。何则？诚有以相知也。苏秦相燕，人恶之燕王，燕王按剑而怒，食以駃騠；白圭显于中山，人恶之于魏文侯，文侯赐以夜光之璧。何则？两主二臣，剖心析肝相信，岂移于浮辞哉！

故女无美恶，入宫见妒；士无贤不肖，入朝见嫉。昔司马喜膑脚于宋，卒相中山；范雎拉胁折齿于魏，卒为应侯。此二人者，皆信必然之画，捐朋党之私，挟孤独之交，故不能自免于嫉妒之人也。是以申徒狄蹈雍之河，徐衍负石入海。不容于世，义不苟取比周于朝以移主上之心。故百里奚乞食于道路，缪公委之以政；甯戚饭牛车下，桓公任之以国。此二人者，岂素宦于朝，借誉于左右，然后二主用之哉？感于心，合于行，坚如胶漆，昆弟不能离，岂惑于众口哉？故偏听生奸，独任成乱。昔鲁听季孙之说逐孔子，宋任子冉之计囚墨翟。夫以孔、墨之辩，不能自免于谗谀，而二国以危。何则？众口铄金，积毁销骨也。秦用戎人由余而伯中国，齐用越人子臧而强威、宣。此二国岂系于俗，牵于世，系奇偏之浮辞哉？公听并观，垂明当世。故意合则胡、越为兄弟，由余、子臧是矣；不合则骨肉为仇敌，朱、象、管、蔡是矣。今人主诚能用齐、秦之明，后宋、鲁之听，则五伯不足侔，而三王易为也。

是以圣王觉寤，捐子之之心，而不说田常之贤，封比干之后，修孕妇之墓，故功业覆于天下。何则？欲善亡厌也。夫晋文亲其仇，强伯诸侯；齐桓用其仇，而一匡天下。何则？慈仁殷勤，诚加于心，不可以虚辞借也。

至夫秦用商鞅之法，东弱韩、魏，立强天下，卒车裂之。越用大夫种之谋，禽劲吴而伯中国，遂诛其身。是以孙叔敖三去相而不悔，於陵子仲辞三公为人灌园。今人主诚能去骄傲之心，怀可报之意，披心腹，见情素，堕肝胆，施德厚，终与之穷达，无爱于士，则桀之犬可使吠尧，跖之客可使刺由，何况因万乘之权，假圣王之资乎！然则荆轲湛七族，要离燔妻子，岂足为大王道哉！

臣闻明月之珠，夜光之璧，以暗投人于道，众莫不按剑相眄者。何则？无因而至前也。蟠木根柢，轮囷离奇，而为万乘器者，以左右先为之容也。故无因而至前，虽出随珠和璧，秪怨结而不见德；有人先游，则枯木朽株，树功而不忘。今夫天下布衣穷居之士，身在贫羸，虽蒙尧、舜之术，挟伊、管之辩，怀龙逢、比干之意，而素无根柢之容，虽竭精神，欲开忠于当世之君，则人主必袭按剑相眄之迹矣。是使布衣之士不得为枯木朽株之资也。

是以圣王制世御俗，独化于陶钧之上，而不牵乎卑辞之语，不夺乎众多之口。故秦皇帝任中庶子蒙嘉之言，以信荆轲，而匕首窃发；周文王猎泾渭，载吕尚归，以王天下。秦信左右而亡，周用乌集而王。何则？以其能越挛拘之语，驰域外之议，独观乎昭旷之道也。今人主沉谄谀之辞，牵帷廧之制，使不羁之士与牛骥同皂，此鲍焦所以愤于世也。

臣闻盛饰入朝者不以私污义，底厉名号者不以利伤行。故里名胜母，曾子不入；邑号朝歌，墨子回车。今欲使天下寥廓之士笼于威重之权，胁于位势之贵，回面污行，以事谄谀之人，而求亲近于左右，则士有伏死堀穴岩薮之中耳，安有尽忠信而趋阙下者哉！

书奏孝王，孝王立出之，卒为上客。

初，胜、诡欲使王求为汉嗣，王又尝上书，愿赐容车之地径至长乐宫，自使梁国士众筑作甬道朝太后。爰盎等皆建以为不可。天子不许。梁王怒，令人刺杀盎。上疑梁杀之，使者冠盖相望责梁王。梁王始与胜、诡有谋，阳争以为不可，故见谗。枚先生、严夫子皆不敢谏。

及梁事败，胜、诡死，孝王恐诛，乃思阳言，深辞谢之，赍以千金，令求方略解罪于上者。阳素知齐人王先生，年八十余，多奇计，即往见，语以其事。王先生曰："难哉！人主有私怨深怒，欲施必行之诛，诚难解也。以太后之尊，骨肉之亲，犹不能止，况臣下乎？昔秦始皇有伏怒于太后，群臣谏而死者以十数。得茅焦为廓大义，始皇非能说其言也，乃自强从之耳。茅焦亦廑脱死如毛氂耳，故事所以难者也。今子欲安之乎？"阳曰："邹、鲁守经学，齐、楚多辩知，韩、魏时有奇节，吾将历问之。"王先生曰："子行矣。还，过我而西。"

邹阳行月余，莫能为谋，还，过王先生，曰："臣将西矣，为如何？"王先生曰："吾先日欲献愚计，以为众不可盖，窃自薄陋不敢道也。若子行，必往见王长君，士无过此者矣。"邹阳发寤于心，曰："敬诺。"辞去，不过梁，径至长安，因客见王长君。

长君者，王美人兄也，后封为盖侯。邹阳留数日，乘间而请曰："臣非为长君无使令于前，故来侍也；愚戆窃不自料，愿有谒也。"长君跪曰："幸甚。"阳曰："窃闻长君弟得幸后宫，天下无有，而长君行迹多不循道理者。今爰盎事即穷竟，梁王恐诛。如此，则太后怫郁泣血，无所发怒，切齿侧目于贵臣矣。臣恐长君危于累卵，窃为足下忧之。"长君惧然曰："将为之奈何？"阳曰："长君诚能精为上言之，得毋竟梁事，长君必固自结于太后。太后厚德长君，入于骨髓，而长君之弟幸于两宫，金城之固也。又有存亡继绝之功，德布天下，名施无穷，愿长君深自计之。昔者，舜之弟象日以杀舜为事，及舜立为天子，封之于有卑。夫仁人之于兄弟，无臧怒，无宿怨，厚亲爱而已，是以后世称之。鲁公子庆父使仆人杀子般，狱有所归，季友不探其情而诛焉；庆父亲杀闵公，季子缓追免贼，《春秋》以为亲亲之道也。鲁哀姜薨于夷，孔子曰‘齐桓公法而不谲’，以为过也。以是说天子，侥幸梁事不奏。”长君曰：“诺。”乘间入而言之。及韩安国亦见长公主，事果得不治。

初，吴王濞与七国谋反，及发，齐、济北两国城守不行。汉既破吴，齐王自杀，不得立嗣。济北王亦欲自杀，幸全其妻子。齐人公孙玃谓济北王曰：“臣请试为大王明说梁王，通意天子，说而不用，死未晚也。”公孙玃遂见梁王，曰：“夫济北之地，东接强齐，南牵吴、越，北胁燕、赵，此四分五裂之国，权不足以自守，劲不足以扞寇，又非有奇怪云以待难也，虽坠言于吴，非其正计也。昔者郑祭仲许宋人立公子突以活其君，非义也，《春秋》记之，为其以生易死，以存易亡也。乡使济北见情实，示不从之端，则吴必先历齐毕济北，招燕、赵而总之。如此，则山东之从结而无隙矣。今吴、楚之王练诸侯之兵，驱白徒之众，西与天子争衡，济北独底节坚守不下。使吴失与而无助，跬步独进，瓦解土崩，破败而不救者，未必非济北之力也。夫以区区之济北而与诸侯争强，是以羔犊之弱而扞虎狼之敌也。守职不桡，可谓诚一矣。功义如此，尚见疑于上，胁肩低首，累足抚衿，使有自悔不前之心，非社稷之利也。臣恐藩臣守职者疑之。臣窃料之，能历西山，径长乐，抵未央，攘袂而正议者，独大王耳。上有全亡之功，下有安百姓之名，德沦于骨髓，恩加于无穷，愿大王留意详惟之。”孝王大说，使人驰以闻。济北王得不坐，徙封于淄川。

枚乘字叔，淮阴人也，为吴王濞郎中。吴王之初怨望谋为逆也，乘奏书谏曰：

臣闻得全者全昌，失全者全亡。舜无立锥之地，以有天下；禹无十户之聚，以王诸侯。汤、武之土不过百里，上不绝三光之明，下不伤百姓之心者，有王术也。故父子之道，天性也；忠臣不避重诛以直谏，则事无遗策，功流万世。臣乘愿披心腹而效愚忠，唯大王少加意念恻怛之心于臣乘言。

夫以一缕之任系千钧之重，上县无极之高，下垂不测之渊，虽甚愚之人犹知哀其将绝也。马方骇鼓而惊之，系方绝又重镇之；系绝于天不可复结，队入深渊难以复出。其出不出，间不容发。能听忠臣之言，百举必脱。必若所欲为，危于累卵，难于上天；变所欲为，易于反掌，安于泰山。今欲极天命之寿，敝无穷之乐，究万乘之势，不出反掌之易，以居泰山之安，而欲乘累卵之危，走上天之难，此愚臣之所以为大王惑也。

人性有畏其景而恶其迹者，却背而走，迹愈多，景愈疾，不知就阴而止，景灭迹绝。欲人勿闻，莫若勿言；欲人勿知，莫若勿为。欲汤之沧，一人炊之，百人扬之，无益也，不如绝薪止火而已。不绝之于彼，而救之于此，譬犹抱薪而救火也。养由基，楚之善射者也，去杨叶百步，百发百中。杨叶之大，加百中焉，可谓善射矣。然其所止，乃百步之内耳，比于臣乘，未知操弓持矢也。

福生有基，祸生有胎；纳其基，绝其胎，祸何自来？泰山之霤穿石，单极之绠断干。水非石之钻，索非木之锯，渐靡使之然也。夫铢铢而称之，至石必差；寸寸而度之，至丈必过。石称丈量，径而寡失。夫十围之木，始生如蘖，足可搔而绝，手可擢而拔，据其未生，先其未形也。磨砻底厉，不见其损，有时而尽；种树畜养，不见其益，有时而大；积德累行，不知其善，有时而用；弃义背理，不知其恶，有时而亡。臣愿大王孰计而身行之，此百世不易之道也。

吴王不纳。乘等去而之梁，从孝王游。

景帝即位，御史大夫晁错为汉定制度，损削诸侯，吴王遂与六国谋反，举兵西乡，以诛错为名。汉闻之，斩错以谢诸侯。枚乘复说吴王曰：

昔者，秦西举胡戎之难，北备榆中之关，南距羌笮之塞，东当六国之从。六国乘信陵之籍，明苏秦之约，厉荆轲之威，并力一心以备秦。然秦卒禽六国，灭其社稷，而并天下，是何也？则地利不同，而民轻重不等也。今汉据全秦之地，兼六国之众，修戎狄之义，而南朝羌笮，此其与秦，地相什而民相百，大王之所明知也。今夫谗谀之臣为大王计者，不论骨肉之义，民之轻重，国之大小，以为吴祸，此臣所以为大王患也。

夫举吴兵以訾于汉，譬犹蝇蚋之附群牛，腐肉之齿利剑，锋接必无事矣。天子闻吴率失职诸侯，愿责先帝之遗约，今汉亲诛其三公，以谢前过，是大王之威加于天下，而功越于汤、武也。夫吴有诸侯之位，而实富于天子；有隐匿之名，而居过于中国。夫汉并二十四郡，十七诸侯，方输错出，运行数千里不绝于道，其珍怪不如东山之府。转粟西乡，陆行不绝，水行满河，不如海陵之仓。修治上林，杂以离宫，积聚玩好，圈守禽兽，不如长洲之苑。游曲台，临上路，不如朝夕之池。深壁高垒，副以关城，不如江淮之险。此臣之所为大王乐也。

今大王还兵疾归，尚得十半。不然，汉知吴之有吞天下之心也，赫然加怒，遣羽林黄头循江而下，袭大王之都；鲁东海绝吴之饷道；梁王饬车骑，习战射，积粟固守，以备荥阳，待吴之饥。大王虽欲反都，亦不得已。夫三淮南之计不负其约，齐王杀身以灭其迹，四国不得出兵其郡，赵囚邯郸，此不可掩，亦已明矣。大王已去千里之国，而制于十里之内矣。张、韩将北地，弓高宿左右，兵不得下壁，军不得大息，臣窃哀之。愿大王孰察焉。

吴王不用乘策，卒见禽灭。

汉既平七国，乘由是知名。景帝召拜乘为弘农都尉。乘久为大国上宾，与英俊并游，得其所好，不乐郡吏，以病去官。复游梁，梁客皆善属辞赋，乘尤高。孝王薨，乘归淮阴。

武帝自为太子闻乘名，及即位，乘年老，乃以安车蒲轮征乘，道死。诏问乘子，无能为文者，后乃得其孽子皋。

皋字少孺，乘在梁时，取皋母为小妻。乘之东归也，皋母不肯随乘，乘怒，分皋数千钱，留与母居。年十七，上书梁共王，得召为郎。三年，为王使，与冗从争，见谗恶遇罪，家室没入。皋亡至长安。会赦，上书北阙，自陈枚乘之子。上得之大喜，召入见待诏，皋因赋殿中。诏使赋平乐馆，善之。拜为郎，使匈奴。皋不通经术，诙笑类俳倡，为赋颂，好嫚戏，以故得媟黩贵幸，比东方朔、郭舍人等，而不得比严助等得尊官。

武帝春秋二十九乃得皇子，群臣喜，故皋与东方朔作《皇太子生赋》及《立皇子禖祝》，受诏所为，皆不从故事，重皇子也。

初，卫皇后立，皋奏赋以戒终。皋为赋善于朔也。

从行至甘泉、雍、河东，东巡狩，封泰山，塞决河宣房，游观三辅离宫馆，临山泽，弋猎射驭狗马蹴鞠刻镂，上有所感，辄使赋之。为文疾，受诏辄成，故所赋者多。司马相如善为文而迟，故所作少而善于皋。皋赋辞中自言为赋不如相如，又言为赋乃俳，见视如倡，自悔类倡也。故其赋有诋娸东方朔，又自诋娸。其文骫骳，曲随其事，皆得其意，颇诙笑，不甚闲靡。凡可读者百二十篇，其尤嫚戏不可读者尚数十篇。

路温舒字长君，巨鹿东里人也。父为里监门。使温舒牧羊，温舒取泽中蒲，截以为牒，编用写书。稍习善，求为狱小吏，因学律令，转为狱史，县中疑事皆问焉。太守行县，见而异之，署决曹史。又受《春秋》，通大义。举孝廉，为山邑丞，坐法免，复为郡吏。

元凤中，廷尉光以治诏狱，请温舒署奏曹掾，守廷尉史。会昭帝崩，昌邑王贺废，宣帝初即位，温舒上书，言宜尚德缓刑。其辞曰：

臣闻齐有无知之祸，而桓公以兴；晋有骊姬之难，而文公用伯。近世赵王不终，诸吕作乱，而孝文为大宗。繇是观之，祸乱之作，将以开圣人也。故桓、文扶微兴坏，尊文武之业，泽加百姓，功润诸侯，虽不及三王，天下归仁焉。文帝永思至德，以承天心，崇仁义，省刑罚，通关梁，一远近，敬贤如大宾，爱民如赤子，内恕情之所安，而施之于海内，是以囹圄空虚，天下太平。夫继变化之后，必有异旧之恩，此贤圣所以昭天命也。往者，昭帝即世而无嗣，大臣忧戚，焦心合谋，皆以昌邑尊亲，援而立之。然天不授命，淫乱其心，遂以自亡。深察祸变之故，乃皇天之所以开至圣也。故大将军受命武帝，股肱汉国，披肝胆，决大计，黜亡义，立有德，辅天而行，然后宗庙以安，天下咸宁。

臣闻《春秋》正即位，大一统而慎始也。陛下初登至尊，与天合符，宜改前世之失，正始受命之统，涤烦文，除民疾，存亡继绝，以应天意。

臣闻秦有十失，其一尚存，治狱之吏是也。秦之时，羞文学，好武勇，贱仁义之士，贵治狱之吏；正言者谓之诽谤，遏过者谓之妖言。故盛服先生不用于世，忠良切言皆郁于胸，誉谀之声日满于耳；虚美熏心，实祸蔽塞。此乃秦之所以亡天下也。方今天下赖陛下恩厚，亡金革之危，饥寒之患，父子夫妻戮力安家，然太平未洽者，狱乱之也。夫狱者，天下之大命也，死者不可复生，绝者不可复属。《书》曰："与其杀不辜，宁失不经。"今治狱吏则不然，上下相驱，以刻为明；深者获公名，平者多后患。故治狱之吏皆欲人死，非憎人也，自安之道在人之死。是以死人之血流离于市，被刑之徒比肩而立，大辟之计岁以万数，此仁圣之所以伤也。太平之未洽，凡以此也。夫人情安则乐生，痛则思死。棰楚之下，何求而不得？故囚人不胜痛，则饰辞以视之；吏治者利其然，则指道以明之；上奏畏却，则锻练而周内之。盖奏当之成，虽咎繇听之，犹以为死有余辜。何则？成练者众，文致之罪明也。是以狱吏专为深刻，残贼而亡极，偷为一切，不顾国患，此世之大贼也。故俗语曰："画地为狱，议不入；刻木为吏，期不对。"此皆疾吏之风，悲痛之辞也。故天下之患，莫深于狱；败法乱正，离亲塞道，莫甚乎治狱之吏。此所谓一尚存者也。

臣闻乌鸢之卵不毁，而后凤凰集；诽谤之罪不诛，而后良言进。故古人有言："山薮藏疾，川泽纳污，瑾瑜匿恶，国君含诟。”唯陛下除诽谤以招切言，开天下之口，广箴谏之路，扫亡秦之失，尊文、武之德，省法制，宽刑罚，以废治狱，则太平之风可兴于世，永履和乐，与天亡极，天下幸甚。

上善其言，迁广阳私府长。

内史举温舒文学高第，迁右扶风丞。时，诏书令公卿选可使匈奴者，温舒上书，愿给厮养，暴骨方外，以尽臣节。事下度辽将军范明友、太仆杜延年问状，罢归故官。久之，迁临淮太守，治有异迹，卒于官。

温舒从祖父受历数天文，以为汉厄三七之间，上封事以豫戒。成帝时，谷永亦言如此。及王莽篡位，欲章代汉之符，著其语焉。温舒子及孙皆至牧守大官。

赞曰：春秋鲁臧孙达以礼谏君，君子以为有后。贾山自下劘上，邹阳、枚乘游于危国，然卒免刑戮者，以其言正也。路温舒辞顺而意笃，遂为世家，宜哉！

# 汉书卷五十二

## 窦田灌韩传第二十二

窦婴字王孙，孝文皇后从兄子也。父世观津人也。喜宾客。孝文时为吴相，病免。孝景即位，为詹事。

帝弟梁孝王，母窦太后爱之。孝王朝，因燕昆弟饮。是时，上未立太子，酒酣，上从容曰：“千秋万岁后传王。”太后欢。婴引卮酒进上曰：“天下者，高祖天下，父子相传，汉之约也，上何以得传梁王！”太后由此憎婴。婴亦薄其官，因病免。太后除婴门籍，不得朝请。

孝景三年，吴、楚反，上察宗室诸窦无如婴贤，召入见，固让谢，称病不足任。太后亦惭。于是上曰：“天下方有急，王孙宁可以让邪？”乃拜婴为大将军，赐金千斤。婴言爰盎、栾布诸名将贤士在家者进之。所赐金，陈廊庑下，军吏过，辄令财取为用，金无入家者。婴守荥阳，监齐、赵兵。七国破，封为魏其侯。游士宾客争归之。每朝议大事，条侯、魏其，列侯莫敢与亢礼。

四年，立栗太子，以婴为傅。七年，栗太子废，婴争弗能得，谢病，屏居蓝田南山下数月，诸窦宾客辩士说，莫能来。梁人高遂乃说婴曰："能富贵将军者，上也；能亲将军者，太后也。今将军傅太子，太子废，争不能拔，又不能死，自引谢病，拥赵女屏闲处而不朝，只加怼自明，扬主之过。有如两宫奭将军，则妻子无类矣。"婴然之，乃起，朝请如故。

桃侯免相，窦太后数言魏其。景帝曰："太后岂以臣有爱相魏其者？魏其沾沾自喜耳，多易，难以为相持重。"遂不用，用建陵侯卫绾为丞相。

田蚡，孝景王皇后同母弟也，生长陵。窦婴已为大将军，方盛，蚡为诸曹郎，未贵，往来侍酒婴所，跪起如子姓。及孝景晚节，蚡益贵幸，为中大夫。辩有口，学《盘盂》诸书，王皇后贤之。

孝景崩，武帝初即位，蚡以舅封为武安侯，弟胜为周阳侯。蚡新用事，卑下宾客，进名士家居者贵之，欲以倾诸将相。上所填抚，多蚡宾客计策。会丞相绾病免，上议置丞相、太尉。藉福说蚡曰："魏其侯贵久矣，素天下士归之。今将军初兴，未如，即上以将军为相，必让魏其。魏其为相，将军必为太尉。太尉、相尊等耳，有让贤名。"蚡乃微言太后风上，于是乃以婴为丞相，蚡为太尉。藉福贺婴，因吊曰："君侯资性喜善疾恶，方今善人誉君侯，故至丞相；然恶人众，亦且毁君侯。君侯能兼容，则幸久；不能，今以毁去矣。"婴不听。

婴、蚡俱好儒术，推毂赵绾为御史大夫，王臧为郎中令。迎鲁申公，欲设明堂，令列侯就国，除关，以礼为服制，以兴太平。举谪诸窦宗室无行者，除其属籍。诸外家为列侯，列侯多尚公主，皆不欲就国，以故毁日至窦太后。太后好黄、老言，而婴、蚡、赵绾等务隆推儒术，贬道家言，是以窦太后滋不说。

二年，御史大夫赵绾请毋奏事东宫。窦太后大怒，曰："此欲复为新垣平邪！"乃罢逐赵绾、王臧，而免丞相婴、太尉蚡，以柏至侯许昌为丞相，武强侯庄青翟为御史大夫。婴、蚡以侯家居。蚡虽不任职，以王太后故亲幸，数言事，多效，士吏趋势利者皆去婴而归蚡。蚡日益横。

六年，窦太后崩，丞相昌、御史大夫青翟坐丧事不办，免。上以蚡为丞相，大司农韩安国为御史大夫。天下士郡诸侯愈益附蚡。

蚡为人貌侵，生贵甚。又以为诸侯王多长，上初即位，富于春秋，蚡以肺附为相，非痛折节以礼屈之，天下不肃。当是时，丞相入奏事，语移日，所言皆听。荐人或起家至二千石，权移主上。上乃曰："君除吏尽未？吾亦欲除吏。"尝请考工地益宅，上怒曰："遂取武库！"是后乃退。召客饮，坐其兄盖侯北乡，自坐东乡，以为汉相尊，不可以兄故私桡。由此滋骄，治宅甲诸第，田园极膏腴，市买郡县器物相属于道。前堂罗钟鼓，立曲旃；后房妇女以百数。诸奏珍物狗马玩好，不可胜数。

而婴失窦太后，益疏不用，无势，诸公稍自引而怠骜，唯灌夫独否。故婴墨墨不得意，而厚遇夫也。

灌夫字仲孺，颍阴人也。父张孟，尝为颍阴侯灌婴舍人，得幸，因进之，至二千石，故蒙灌氏姓为灌孟。吴、楚反时，颍阴侯灌婴为将军，属太尉，请孟为校尉。夫以千人与父俱。孟年老，颍阴侯强请之，郁郁不得意，故战常陷坚，遂死吴军中。汉法，父子俱，有死事，得与丧归，夫不肯随丧归。奋曰："愿取吴王若将军头以报父仇!”于是夫被甲持戟，募军中壮士所善愿从数十人。及出壁门，莫敢前。独两人及从奴十余骑驰入吴军，至戏下，所杀伤数十人。不得前，复还走汉壁，亡其奴，独与一骑归。夫身中大创十余，适有万金良药，故得无死。创少瘳，又复请将军曰：“吾益知吴壁曲折，请复往。”将军壮而义之，恐亡夫，乃言太尉，太尉召固止之。吴军破，夫以此名闻天下。

颍阴侯言夫，夫为郎中将。数岁，坐法去，家居长安中，诸公莫不称，由是复为代相。

武帝即位，以为淮阳天下郊，劲兵处，故徙夫为淮阳太守。入为太仆。二年，夫与长乐卫尉窦甫饮，轻重不得，夫醉，搏甫。甫，窦太后昆弟。上恐太后诛夫，徙夫为燕相。数岁，坐法免，家居长安。

夫为人刚直，使酒，不好面谀。贵戚诸势在己之右，欲必陵之；士在己左，愈贫贱，尤益礼敬，与钧。稠人广众，荐宠下辈。士亦以此多之。

夫不好文学，喜任侠，已然诺。诸所与交通，无非豪桀大猾。家累数千万，食客日数十百人。波池田园，宗族宾客为权利，横颍川。颍川儿歌之曰：“颍水清，灌氏宁；颍水浊，灌氏族。”

夫家居，卿相侍中宾客益衰。及窦婴失势，亦欲倚夫引绳排根生平慕之后弃者。夫亦得婴通列侯宗室为名高。两人相为引重，其游如父子然，相得欢甚，无厌，恨相知之晚。

夫尝有服，过丞相蚡。蚡从容曰：“吾欲与仲孺过魏其侯，会仲孺有服。”夫曰：“将军乃肯幸临况魏其侯，夫安敢以服为解！请语魏其具，将军旦日蚤临。”蚡许诺。夫以语婴。婴与夫人益市牛酒，夜洒扫张具至旦。平明，令门下候司。至日中，蚡不来。婴谓夫曰："丞相岂忘之哉?"夫不怿，曰："夫以服请，不宜。"乃驾，自往迎蚡。蚡特前戏许夫，殊无意往。夫至门，蚡尚卧也。于是夫见，曰："将军昨日幸许过魏其，魏其夫妻治具，至今未敢尝食。"蚡悟，谢曰："吾醉，忘与仲孺言。"乃驾往。往又徐行，夫愈益怒。及饮酒酣，夫起舞属蚡，蚡不起。夫徙坐，语侵之。婴乃扶夫去，谢蚡。蚡卒饮至夜，极欢而去。

后蚡使藉福请婴城南田，婴大望曰："老仆虽弃，将军虽贵，宁可以势相夺乎!"不许。夫闻，怒骂福。福恶两人有隙，乃谩好谢蚡曰："魏其老且死，易忍，且待之。"已而蚡闻婴、夫实怒不予，亦怒曰："魏其子尝杀人，蚡活之。蚡事魏其无所不可，爱数顷田?且灌夫何与也?吾不敢复求田!"由此大怒。

元光四年春，蚡言灌夫家在颍川，横甚，民苦之。请案之。上曰："此丞相事，何请?"夫亦持蚡阴事，为奸利，受淮南王金与语言。宾客居间，遂已，俱解。

夏，蚡取燕王女为夫人，太后诏召列侯宗室皆往贺。婴过夫，欲与俱。夫谢曰："夫数以酒失过丞相，丞相今者又与夫有隙。"婴曰："事已解。"强与俱。酒酣，蚡起为寿，坐皆避席伏。已婴为寿，独故人避席，余半膝席。夫行酒，至蚡，蚡膝席曰："不能满觞。"夫怒，因嘻笑曰："将军贵人也，毕之!"时蚡不肯。行酒次至临汝侯灌贤，贤方与程不识耳语，又不避席。夫无所发怒，乃骂贤曰："平生毁程不识不直一钱，今日长者为寿，乃效女曹儿呫嗫耳语!"蚡谓夫曰："程、李俱东西宫卫尉，今众辱程将军，仲孺独不为李将军地乎?"夫曰："今日斩头穴匈，何知程、李!"

坐乃起更衣，稍稍去。婴去，戏夫。夫出，蚡遂怒曰：“此吾骄灌夫罪也。”乃令骑留夫，夫不得出。藉福起为谢，案夫项令谢。夫愈怒，不肯顺。蚡乃戏骑缚夫置传舍，召长史曰：“今日召宗室，有诏。”劾灌夫骂坐不敬，系居室。遂其前事，遣吏分曹逐捕诸灌氏支属，皆得弃市罪。婴愧，为资使宾客请，莫能解。蚡吏皆为耳目，诸灌氏皆亡匿，夫系，遂不得告言蚡阴事。

婴锐为救夫，婴夫人谏曰：“灌将军得罪丞相，与太后家迕，宁可救邪？”婴曰：“侯自我得之，自我捐之，无所恨。且终不令灌仲孺独死，婴独生。”乃匿其家，窃出上书。立召入，具告言灌夫醉饱事，不足诛。上然之，赐婴食，曰：“东朝廷辩之。”

婴东朝，盛推夫善，言其醉饱得过，乃丞相以它事诬罪之。蚡盛毁夫所为横恣，罪逆不道。婴度无可奈何，因言蚡短。蚡曰：“天下幸而安乐无事，蚡得为肺附，所好音乐、狗马、田宅，所爱倡优、巧匠之属，不如魏其、灌夫日夜招聚天下豪桀壮士与论议，腹诽而心谤，卬视天，俯画地，辟睨两宫间，幸天下有变，而欲有大功。臣乃不如魏其等所为。”上问朝臣：“两人孰是？”御史大夫韩安国曰：“魏其言灌夫父死事，身荷戟驰不测之吴军，身被数十创，名冠三军，此天下壮士，非有大恶，争杯酒，不足引它过以诛也。魏其言是。丞相亦言灌夫通奸猾，侵细民，家累巨万，横恣颍川，輘轹宗室，侵犯骨肉，此所谓‘支大于干，胫大于股，不折必披’。丞相言亦是。唯明主裁之。”主爵都尉汲黯是魏其。内史郑当时是魏其，后不坚。余皆莫敢对。上怒内史曰：“公平生数言魏其、武安长短，今日廷论，局趣效辕下驹，吾并斩若属矣！”即罢起入，上食太后。太后亦已使人候司，具以语太后。太后怒，不食，曰："我在也，而人皆藉吾弟，令我百岁后，皆鱼肉之乎！且帝宁能为石人邪！此特帝在，即录录，设百岁后，是属宁有可信者乎？"上谢曰："俱外家，故廷辨之。不然，此一狱吏所决耳。"是时，郎中令石建为上分别言两人。

蚡已罢朝，出止车门，召御史大夫安国载，怒曰："与长孺共一秃翁，何为首鼠两端？"安国良久谓蚡曰："君何不自喜！夫魏其毁君，君当免冠解印绶归，曰：'臣以肺附幸得待罪，固非其任，魏其言皆是。'如此，上必多君有让，不废君。魏其必愧，杜门齰舌自杀。今人毁君，君亦毁之，譬如贾竖女子争言，何其无大体也！"蚡谢曰："争时急，不知出此。"

于是上使御史簿责婴所言灌夫颇不雠，劾系都司空。孝景时，婴尝受遗诏，曰"事有不便，以便宜论上"。及系，灌夫罪至族，事日急，诸公莫敢复明言于上。婴乃使昆弟子上书言之，幸得召见。书奏，案尚书，大行无遗诏。诏书独臧婴家，婴家丞封。乃劾婴矫先帝诏害，罪当弃市。五年十月，悉论灌夫支属。婴良久乃闻有劾，即阳病痱，不食欲死。或闻上无意杀婴，复食，治病，议定不死矣。乃有飞语为恶言闻上，故以十二月晦论弃市渭城。

春，蚡疾，一身尽痛，若有击者，呼服谢罪。上使视鬼者瞻之，曰："魏其侯与灌夫共守，笞欲杀之。"竟死。子恬嗣，元朔中有罪免。

后淮南王安谋反，觉。始安入朝时，蚡为太尉，迎安霸上，谓安曰："上未有太子，大王最贤，高祖孙，即宫车晏驾，非大王立，尚谁立哉？"淮南王大喜，厚遗金钱财物。上自婴、夫事时不直蚡，特为太后故。及闻淮南事，上曰："使武安侯在者，族矣。”

韩安国字长孺，梁成安人也，后徙睢阳。尝受《韩子》、杂说邹田生所。事梁孝王，为中大夫。吴、楚反时，孝王使安国及张羽为将，扞吴兵于东界。张羽力战，安国持重，以故吴不能过梁。吴、楚破，安国、张羽名由此显梁。

梁王以至亲故，得自置相、二千石，出入游戏，僭于天子。天子闻之，心不善。太后知帝弗善，乃怒梁使者，弗见，案责王所为。安国为梁使，见大长公主而泣曰：“何梁王为人子之孝，为人臣之忠，而太后曾不省也？夫前日吴、楚、齐、赵七国反，自关以东皆合从而西向，唯梁最亲，为限难。梁王念太后、帝在中，而诸侯扰乱，壹言泣数行而下，跪送臣等六人将兵击却吴、楚，吴、楚以故兵不敢西，而卒破亡，梁之力也。今太后以小苛礼责望梁王。梁王父兄皆帝王，而所见者大，故出称跸，入言警，车旗皆帝所赐，即以嫮鄙小县，驱驰国中，欲夸诸侯，令天下知太后、帝爱之也。今梁使来，辄案责之，梁王恐，日夜涕泣思慕，不知所为。何梁王之忠孝而太后不恤也？”长公主具以告太后，太后喜曰：“为帝言之。”言之，帝心乃解，而免冠谢太后曰：“兄弟不能相教，乃为太后遗忧。”悉见梁使，厚赐之。其后，梁王益亲欢。太后、长公主更赐安国直千余金。由此显，结于汉。

其后，安国坐法抵罪，蒙狱吏田甲辱安国。安国曰：“死灰独不复然乎？”甲曰：“然即溺之。”居无几，梁内史缺，汉使使者拜安国为梁内史，起徒中为二千石。田甲亡。安国曰：“甲不就官，我灭而宗。”甲肉袒谢，安国笑曰：“公等足与治乎？”卒善遇之。

内史之缺也，王新得齐人公孙诡，说之，欲请为内史。窦太后闻，乃诏王以安国为内史。

公孙诡、羊胜说王求为帝太子及益地事，恐汉大臣不听，乃阴使人刺汉用事谋臣。及杀故吴相爰盎，景帝遂闻诡、胜等计划，乃遣使捕诡、胜，必得。汉使十辈至梁，相以下举国大索，月余弗得。安国闻诡、胜匿王所，乃入见王而泣曰："主辱者臣死。大王无良臣，故纷纷至此。今胜、诡不得，请辞赐死。"王曰："何至此？"安国泣数行下，曰："大王自度于皇帝，孰与太上皇之与高帝及皇帝与临江王亲？"王曰："弗如也。"安国曰："夫太上皇、临江亲父子间，然高帝曰'提三尺取天下者朕也'，故太上终不得制事，居于栎阳。临江，適长太子，以一言过，废王临江；用宫垣事，卒自杀中尉府。何者？治天下终不用私乱公。语曰：'虽有亲父，安知不为虎？虽有亲兄，安知不为狼？'今大王列在诸侯，訹邪臣浮说，犯上禁，桡明法。天子以太后故，不忍致法于大王。太后日夜涕泣，幸大王自改，大王终不觉寤。有如太后宫车即晏驾，大王尚谁攀乎？"语未卒，王泣数行而下，谢安国曰："吾今出之。"即日诡、胜自杀。汉使还报，梁事皆得释，安国力也。景帝、太后益重安国。

孝王薨，共王即位，安国坐法失官，家居。武帝即位，武安侯田蚡为太尉，亲贵用事。安国以五百金遗蚡，蚡言安国太后，上素闻安国贤，即召以为北地都尉，迁为大司农。闽、东越相攻，遣安国、大行王恢将兵。未至越，越杀其王降，汉兵亦罢。其年，田蚡为丞相，安国为御史大夫。

匈奴来请和亲，上下其议。大行王恢，燕人，数为边吏，习胡事，议曰："汉与匈奴和亲，率不过数岁即背约。不如勿许，举兵击之。"安国曰："千里而战，即兵不获利。今匈奴负戎马足，怀鸟兽心，迁徙鸟集，难得而制。得其地不足为广，有其众不足为强，自上古弗属。汉数千里争利，则人马罢，虏以全制其敝，势必危殆。臣故以为不如和亲。"群臣议多附安国，于是上许和亲。

明年，雁门马邑豪聂壹因大行王恢言："匈奴初和亲，亲信边，可诱以利致之，伏兵袭击，必破之道也。"上乃召问公卿曰："朕饰子女以配单于，币帛文锦，赂之甚厚。单于待命加嫚，侵盗无已，边竟数惊，朕甚闵之。今欲举兵攻之，何如？"

大行恢对曰："陛下虽未言，臣固愿效之。臣闻全代之时，北有强胡之敌，内连中国之兵，然尚得养老长幼，种树以时，仓廪常实，匈奴不轻侵也。今以陛下之威，海内为一，天下同任，又遣子弟乘边守塞，转粟挽输，以为之备，然匈奴侵盗不已者，无它，以不恐之故耳。臣窃以为击之便。"

御史大夫安国曰："不然。臣闻高皇帝尝围于平城，匈奴至者投鞍高如城者数所。平城之饥，七日不食，天下歌之，及解围反位，而无忿怒之心。夫圣人以天下为度者也，不以己私怒伤天下之功，故乃遣刘敬奉金千斤，以结和亲，至今为五世利。孝文皇帝又尝壹拥天下之精兵聚之广武常谿，然终无尺寸之功，而天下黔首无不忧者。孝文寤于兵之不可宿，故复合和亲之约。此二圣之迹，足以为效矣。臣窃以为勿击便。"

恢曰："不然。臣闻五帝不相袭礼，三王不相复乐，非故相反也，各因世宜也。且高帝身被坚执锐，蒙雾露，沐霜雪，行几十年，所以不报平城之怨者，非力不能，所以休天下之心也。今边竟数惊，士卒伤死，中国槥车相望，此仁人之所隐也。臣故曰‘击之便’。”

安国曰：“不然。臣闻利不十者不易业，功不百者不变常，是以古之人君谋事必就祖，发政占古语，重作事也。且自三代之盛，夷狄不与正朔服色，非威不能制，强弗能服也，以为远方绝地不牧之民，不足烦中国也。且匈奴，轻疾悍亟之兵也，至如猋风，去如收电，畜牧为业，弧弓射猎，逐兽随草，居处无常，难得而制。今使边郡久废耕织，以支胡之常事，其势不相权也。臣故曰‘勿击便’。”

恢曰：“不然。臣闻凤鸟乘于风，圣人因于时。昔秦缪公都雍，地方三百里，知时宜之变，攻取西戎，辟地千里，并国十四，陇西、北地是也。及后蒙恬为秦侵胡，辟数千里，以河为竟，累石为城，树榆为塞，匈奴不敢饮马于河，置烽燧然后敢牧马。夫匈奴独可以威服，不可以仁畜也。今以中国之盛，万倍之资，遣百分之一以攻匈奴，譬犹以强弩射且溃之痈也，必不留行矣。若是，则北发月氏可得而臣也。臣故曰‘击之便’。”

安国曰：“不然。臣闻用兵者以饱待饥，正治以待其乱，定舍以待其劳。故接兵覆众，伐国堕城，常坐而役敌国，此圣人之兵也。且臣闻之，冲风之衰，不能起毛羽；强弩之末，力不能入鲁缟。夫盛之有衰，犹朝之必莫也。今将卷甲轻举，深入长驱，难以为功；从行则迫胁，衡行则中绝，疾则粮乏，徐则后利，不至千里，人马乏食。兵法曰：‘遗人获也。’意者有它缪巧可以禽之，则臣不知也；不然，则未见深入之利也。臣故曰‘勿击便’。”

恢曰："不然。夫草木遭霜者，不可以风过；清水明镜，不可以形逃；通方之士，不可以文乱。今臣言击之者，固非发而深入也，将顺因单于之欲，诱而致之边，吾选枭骑壮士阴伏而处以为之备，审遮险阻以为其戒。吾势已定，或营其左，或营其右，或当其前，或绝其后，单于可禽，百全必取。"

上曰："善。"乃从恢议。阴使聂壹为间，亡入匈奴，谓单于曰："吾能斩马邑令丞，以城降，财物可尽得。"单于爱信，以为然而许之。聂壹乃诈斩死罪囚，县其头马邑城下，视单于使者为信，曰："马邑长吏已死，可急来。"于是单于穿塞，将十万骑入武州塞。

当是时，汉伏兵车骑材官三十余万，匿马邑旁谷中。卫尉李广为骁骑将军，太仆公孙贺为轻车将军，大行王恢为将屯将军，太中大夫李息为材官将军。御史大夫安国为护军将军，诸将皆属。约单于入马邑纵兵。王恢、李息别从代主击辎重。于是单于入塞，未至马邑百余里，觉之，还去。语在《匈奴传》。塞下传言单于已去，汉兵追至塞，度弗及，王恢等皆罢兵。

上怒恢不出击单于辎重也，恢曰："始约为入马邑城，兵与单于接，而臣击其辎重，可得利。今单于不至而还，臣以三万人众不敌，祗取辱。固知还而斩，然完陛下士三万人。"于是下恢廷尉，廷尉当恢逗桡，当斩。恢行千金丞相蚡，蚡不敢言上，而言于太后曰："王恢首为马邑事，今不成而诛恢，是为匈奴报仇也。"上朝太后，太后以蚡言告上。上曰："首为马邑事者恢，故发天下兵数十万，从其言，为此。且纵单于不可得，恢所部击，犹颇可得，以尉士大夫心。今不诛恢，无以谢天下。"于是恢闻，乃自杀。

安国为人多大略，知足以当世取舍，而出于忠厚。贪耆财利，然所推举皆廉士贤于己者。于梁举壶遂、臧固，至它，皆天下名士，士亦以此称慕之，唯天子以为国器。安国为御史大夫五年，丞相蚡薨。安国行丞相事，引堕车，蹇。上欲用安国为丞相，使使视，蹇甚，乃更以平棘侯薛泽为丞相。安国病免，数月，愈，复为中尉。岁余，徙为卫尉。而将军卫青等击匈奴，破龙城。明年，匈奴大入边。语在《青传》。

安国为材官将军，屯渔阳，捕生口虏，言匈奴远去。即上言方佃作时，请且罢屯。罢屯月余，匈奴大入上谷、渔阳。安国壁乃有七百余人，出与战，安国伤，入壁。匈奴虏略千余人及畜产去。上怒，使使责让安国。徙益东，屯右北平。是时，虏言当入东方。

安国始为御史大夫及护军，后稍下迁。新壮将军卫青等有功，益贵。安国既斥疏，将屯又失亡多，甚自愧。幸得罢归，乃益东徙，意忽忽不乐，数月，病呕血死。

壶遂与太史迁等定汉律历，官至詹事，其人深中笃行君子。上方倚欲以为相，会其病卒。

赞曰：窦婴、田蚡皆以外戚重，灌夫用一时决策，而各名显，并位卿相，大业定矣。然婴不知时变，夫亡术而不逊，蚡负贵而骄溢。凶德参会，待时而发，藉福区区其间，恶能救斯败哉！以韩安国之见器，临其挚而颠坠，陵夷以忧死，遇合有命，悲夫！若王恢为兵首而受其咎，岂命也乎？

# 汉书卷五十三

## 景十三王传第二十三

孝景皇帝十四男。王皇后生孝武皇帝。栗姬生临江闵王荣、河间献王德、临江哀王阏。程姬生鲁共王馀、江都易王非、胶西于王端。贾夫人生赵敬肃王彭祖、中山靖王胜。唐姬生长沙定王发。王夫人生广川惠王越、胶东康王寄、清河哀王乘、常山宪王舜。

河间献王德以孝景前二年立，修学好古，实事求是。从民得善书，必为好写与之，留其真，加金帛赐以招之。繇是四方道术之人不远千里，或有先祖旧书，多奉以奏献王者，故得书多，与汉朝等。是时，淮南王安亦好书，所招致率多浮辩。献王所得书皆古文先秦旧书，《周官》、《尚书》、《礼》、《礼记》、《孟子》、《老子》之属，皆经传说记，七十子之徒所论。其学举六艺，立《毛氏诗》、《左氏春秋》博士。修礼乐，被服儒术，造次必于儒者。山东诸儒多从而游。

武帝时，献王来朝，献雅乐，对三雍宫及诏策所问三十余事。其对推道术而言，得事之中，文约指明。

立二十六年薨。中尉常丽以闻，曰："王身端行治，温仁恭俭，笃敬爱下，明知深察，惠于鳏寡。"大行令奏："谥法曰'聪明睿智曰献'，宜谥曰献王。"子共王不害嗣，四年薨。子刚王堪嗣，十二年薨。子顷王授嗣，十七年薨。子孝王庆嗣，四十三年薨。子元嗣。

元取故广陵厉王、厉王太子及中山怀王故姬廉等以为姬。甘露中，冀州刺史敞奏元，事下廷尉，逮召廉等。元迫胁凡七人，令自杀。有司奏请诛元，有诏"削二县，万一千户"。后元怒少史留贵，留贵逾垣出，欲告元，元使人杀留贵母。有司奏元残贼不改，不可君国子民。废勿王，处汉中房陵。居数年，坐与妻若共乘朱轮车，怒若，又笞击，令自髡。汉中太守请治，病死。立十七年，国除。

绝五岁，成帝建始元年，复立元弟上郡库令良，是为河间惠王。良修献王之行，母太后薨，服丧如礼。哀帝下诏褒扬曰："河间王良，丧太后三年，为宗室仪表，其益封万户。"二十七年薨。子尚嗣，王莽时绝。临江哀王阏以孝景前二年立，三年薨。无子，国除为郡。

临江闵王荣以孝景前四年为皇太子，四岁废为临江王。三岁，坐侵庙壖地为宫，上征荣。荣行，祖于江陵北门，既上车，轴折车废。江陵父老流涕窃言曰："吾王不反矣！"荣至，诣中尉府对簿。中尉郅都簿责讯王，王恐，自杀。葬蓝田，燕数万衔土置冢上。百姓怜之。

荣最长，亡子，国除。地入于汉，为南郡。

鲁恭王馀以孝景前二年立为淮阳王。吴、楚反破后，以孝景前三年徙王鲁。好治宫室、苑囿、狗马，季年好音，不喜辞。为人口吃难言。

二十八年薨。子安王光嗣，初好音乐舆马，晚节遴，唯恐不足于财。四十年薨。子孝王庆忌嗣，三十七年薨。子顷王劲嗣，二十八年薨。子文王睃嗣，十八年薨，亡子，国除。哀帝建平三年，复立顷王子睃弟部乡侯闵为王。王莽时绝。

恭王初好治宫室，坏孔子旧宅以广其宫，闻钟磬琴瑟之声，遂不敢复坏，于其壁中得古文经传。

江都易王非以孝景前二年立为汝南王。吴、楚反时，非年十五，有材气，上书自请击吴。景帝赐非将军印，击吴。吴已破，徙王江都，治故吴国，以军功赐天子旗。元光中，匈奴大入汉边，非上书愿击匈奴，上不许。非好气力，治宫馆，招四方豪桀，骄奢甚。二十七年薨，子建嗣。

建为太子时，邯郸人梁蚡持女欲献之易王，建闻其美，私呼之，因留不出。蚡宣言曰："子乃与其公争妻!"建使人杀蚡。蚡家上书，下廷尉考，会赦，不治。易王薨未葬，建居服舍，召易王所爱美人淖姬等凡十人与奸。建女弟徵臣为盖侯子妇，以易王丧来归，建复与奸。建异母弟定国为淮阳侯，易王最小子也，其母幸立之，具知建事，行钱使男子荼恬上书告建淫乱，不当为后。事下廷尉，廷尉治恬受人钱财为上书，论弃市。建罪不治。后数使使至长安迎徵臣，鲁恭王太后闻之，遗徵臣书曰："国中口语籍籍，慎无复至江都。"后建使谒者吉请问共太后，太后泣谓吉："归以吾言谓而王，王前事漫漫，今当自谨，独不闻燕、齐事乎？言吾为而王泣也!"吉归，致共太后语，建大怒，击吉，斥之。

建游章台宫，令四女子乘小船，建以足蹈覆其船，四人皆溺，二人死。后游雷波，天大风，建使郎二人乘小船入波中。船覆，两郎溺，攀船，乍见乍没。建临观大笑，令皆死。

宫人姬八子有过者，辄令裸立击鼓，或置树上，久者三十日乃得衣；或髡钳以铅杵舂，不中程，辄掠；或纵狼令啮杀之，建观而大笑；或闭不食，令饿死。凡杀不辜三十五人。建欲令人与禽兽交而生子，强令宫人裸而四据，与羝羊及狗交。专为淫虐，自知罪多，国中多欲告言者，建恐诛，心内不安，与其后成光共使越婢下神，祝诅上。与郎中令等语怨望："汉廷使者即复来覆我，我决不独死！"

建亦颇闻淮南、衡山阴谋，恐一日发，为所并，遂作兵器。号王后父胡应为将军。中大夫疾有材力，善骑射，号曰灵武君。作治黄屋盖；刻皇帝玺，铸将军、都尉金银印；作汉使节二十，绶千余；具置军官品员及拜爵封侯之赏；具天下之舆地及军陈图。遣人通越繇王闽侯，遗以锦帛奇珍，繇王闽侯亦遗建荃、葛、珠玑、犀甲、翠羽、蝯熊奇兽，数通使往来，约有急相助。及淮南事发，治党与，颇连及建，建使人多推金钱绝其狱。

后复谓近臣曰："我为王，诏狱岁至，生又无欢怡日，壮士不坐死，欲为人所不能为耳。"建时佩其父所赐将军印，载天子旗出。积数岁，事发觉，汉遣丞相长史与江都相杂案，索得兵器、玺、绶、节反具，有司请捕诛建。制曰："与列侯吏二千石博士议。"议皆曰："建失臣子道，积久，辄蒙不忍，遂谋反逆。所行无道，虽桀、纣恶不至于此。天诛所不赦，当以谋反法诛。"有诏宗正、廷尉即问建。建自杀，后成光等皆弃市。六年国除，地入于汉，为广陵郡。

绝百二十一年，平帝时新都侯王莽秉政，兴灭继绝，立建弟盱眙侯子宫为广陵王，奉易王后。莽篡，国绝。

胶西于王端，孝景前三年立。为人贼盭，又阴痿，一近妇人，病数月。有所爱幸少年，以为郎。郎与后宫乱，端禽灭之，及杀其子母。数犯法，汉公卿数请诛端，天子弗忍，而端所为滋甚。有司比再请，削其国，去太半。端心愠，遂为无訾省。府库坏漏，尽腐财物，以巨万计，终不得收徙。令吏毋得收租赋。端皆去卫，封其宫门，从一门出入。数变名姓，为布衣，之它国。

相二千石至者，奉汉法以治，端辄求其罪告之，亡罪者诈药杀之。所以设诈究变，强足以距谏，知足以饰非。相二千石从王治，则汉绳以法。故胶西小国，而所杀伤二千石甚众。

立四十七年薨，无子，国除。地入于汉，为胶西郡。

赵敬肃王彭祖以孝景前二年立为广川王。赵王遂反破后，徙王赵。彭祖为人巧佞，卑谄足共，而心刻深，好法律，持诡辩以中人。多内宠姬及子孙。相二千石欲奉汉法以治，则害于王家。是以每相二千石至，彭祖衣帛布单衣，自行迎除舍，多设疑事以诈动之，得二千石失言，中忌讳，辄书之。二千石欲治者，则以此迫劫；不听，乃上书告之，及污以奸利事。彭祖立六十余年，相二千石无能满二岁，辄以罪去，大者死，小者刑。以故二千石莫敢治，而赵王擅权。使使即县为贾人榷会，入多于国租税。以是赵王家多金钱，然所赐姬诸子，亦尽之矣。

彭祖不好治宫室禨祥，好为吏。上书愿督国中盗贼。常夜从走卒行徼邯郸中。诸使过客，以彭祖险陂，莫敢留邯郸。

久之，太子丹与其女弟及同产姊奸。江充告丹淫乱，又使人椎埋攻剽，为奸甚众。武帝遣使者发吏卒捕丹，下魏郡诏狱，治罪至死。彭祖上书冤讼丹，愿从国中勇敢击匈奴，赎丹罪，上不许。久之，竟赦出。后彭祖入朝，因帝姊平阳隆虑公主，求复立丹为太子，上不许。

彭祖取江都易王宠姬，王建所奸淖姬者，甚爱之，生一男，号淖子。彭祖以征和元年薨，谥敬肃王。彭祖薨时，淖姬兄为汉宦者，上召问："淖子何如?"对曰："为人多欲。"上曰："多欲不宜君国子民。"问武始侯昌，曰："无咎无誉。"上曰："如是可矣。"遣使者立昌，是为顷王，十九年薨。子怀王尊嗣，五年薨。无子，绝二岁。宣帝立尊弟高，是为哀王，数月薨。子共王充嗣，五十六年薨。子隐嗣，王莽时绝。

初，武帝复以亲亲故，立敬肃王小子偃为平干王，是为顷王，十一年薨。子缪王元嗣，二十五年薨。大鸿胪禹奏："元前以刃贼杀奴婢，子男杀谒者，为刺史所举奏，罪名明白。病先令，令能为乐奴婢从死，迫胁自杀者凡十六人，暴虐不道。故《春秋》之义，诛君之子不宜立。元虽未伏诛，不宜立嗣。"奏可，国除。

中山靖王胜以孝景前三年立，武帝初即位，大臣惩吴、楚七国行事，议者多冤晁错之策，皆以诸侯连城数十，泰强，欲稍侵削，数奏暴其过恶。诸侯王自以骨肉至亲，先帝所以广封连城，犬牙相错者，为盘石宗也。今或无罪，为臣下所侵辱，有司吹毛求疵，笞服其臣，使证其君，多自以侵冤。

建元三年，代王登、长沙王发、中山王胜、济川王明来朝，天子置酒，胜闻乐声而泣。问其故，胜对曰：

臣闻悲者不可为累欷，思者不可为叹息。故高渐离击筑易水之上，荆轲为之低而不食；雍门子壹微吟，孟尝君为之於邑。今臣心结日久，每闻幼眇之声，不知涕泣之横集也。

夫众煦漂山，聚蚊成雷，朋党执虎，十夫桡椎。是以文王拘于牖里，孔子厄于陈、蔡。此乃烝庶之风成，增积之生害也。臣身远与寡，莫为之先，众口铄金，积毁销骨，丛轻折轴，羽翮飞肉，纷惊逢罗，潸然出涕。

臣闻白日晒光，幽隐皆照；明月曜夜，蚊虻宵见。然云蒸列布，杳冥昼昏；尘埃布覆，昧不见泰山。何则？物有蔽之也。今臣雍阏不得闻，谗言之徒蜂生。道辽路远，曾莫为臣闻，臣窃自悲也。

臣闻社鼷不灌，屋鼠不熏。何则？所托者然也。臣虽薄也，得蒙肺附；位虽卑也，得为东藩，属又称兄。今群臣非有葭莩之亲，鸿毛之重，群居党议，朋友相为，使夫宗室摈却，骨肉冰释。斯伯奇所以流离，比干所以横分也。《诗》云“我心忧伤，惄焉如捣；假寐永叹，唯忧用老；心之忧矣，疢如疾首”，臣之谓也。

具以吏所侵闻。于是上乃厚诸侯之礼，省有司所奏诸侯事，加亲亲之恩焉。其后更用主父偃谋，令诸侯以私恩自裂地分其子弟，而汉为定制封号，辄别属汉郡。汉有厚恩，而诸侯地稍自分析弱小云。

胜为人乐酒好内，有子百二十余人。常与赵王彭祖相非曰：“兄为王，专代吏治事。王者当日听音乐，御声色。”赵王亦曰：“中山王但奢淫，不佐天子拊循百姓，何以称为藩臣！”

四十三年薨。子哀王昌嗣，一年薨。子康王昆侈嗣，二十一年薨。子顷王辅嗣，四年薨。子宪王福嗣，十七年薨。子怀王循嗣，十五年薨，无子，绝四十五岁。成帝鸿嘉二年，复立宪王弟孙利乡侯子云客，是为广德夷王。三年薨，无子，绝十四岁。哀帝复立云客弟广汉为广平王。薨，无后。平帝元始二年，复立广川惠王曾孙伦为广德王，奉靖王后。王莽时绝。

长沙定王发，母唐姬，故程姬侍者。景帝召程姬，程姬有所避，不愿进，而饰侍者唐儿使夜进。上醉，不知，以为程姬而幸之，遂有身。已乃觉非程姬也。及生子，因名曰发。以孝景前二年立。以其母微无宠，故王卑湿贫国。二十八年薨。子戴王庸嗣，二十七年薨。子顷王鲋鮈嗣，十七年薨。子剌王建德嗣，宣帝时坐猎纵火燔民九十六家，杀二人，又以县官事怨内史，教人诬告以弃市罪，削八县，罢中尉官。三十四年薨。子炀王旦嗣，二年薨。无子，绝岁余。元帝初元三年复立旦弟宗，是为孝王，五年薨。子鲁人嗣，王莽时绝。

广川惠王越以孝景中二年立，十三年薨。子缪王齐嗣，四十四年薨。初，齐有幸臣乘距，已而有罪，欲诛距。距亡，齐因禽其宗族。距怨王，乃上书告齐与同产奸。是后，齐数告言汉公卿及幸臣所忠等，又告中尉蔡彭祖捕子明，骂曰："吾尽汝种矣！"有司案验，不如王言，劾齐诬罔，大不敬，请系治。齐恐，上书愿与广川勇士奋击匈奴，上许之。未发，病薨。有司请除国，奏可。

后数月，下诏曰："广川惠王于朕为兄，朕不忍绝其宗庙，其以惠王孙去为广川王。"去即缪王齐太子也，师受《易》、《论语》、《孝经》皆通，好文辞、方技、博弈、倡优。其殿门有成庆画，短衣大绔长剑，去好之，作七尺五寸剑，被服皆效焉。有幸姬王昭平、王地馀，许以为后。去尝疾，姬阳成昭信侍视甚谨，更爱之。去与地馀戏，得袖中刀，笞问状，服欲与昭平共杀昭信。笞问昭平，不服，以铁针针之，强服。乃会诸姬，去以剑自击地馀，令昭信击昭平，皆死。昭信曰："两姬婢且泄口。"复绞杀从婢三人。后昭信病，梦见昭平等以状告去。去曰："虏乃复见畏我！独可燔烧耳。"掘出尸，皆烧为灰。

后去立昭信为后；幸姬陶望卿为脩靡夫人，主缯帛；崔脩成为明贞夫人，主永巷。昭信复谮望卿曰："与我无礼，衣服常鲜于我，尽取善缯丐诸宫人。"去曰："若数恶望卿，不能减我爱；设闻其淫，我亨之矣。"后昭信谓去曰："前画工画望卿舍，望卿袒裼傅粉其傍。又数出入南户窥郎吏，疑有奸。"去曰："善司之。"以故益不爱望卿。后与昭信等饮，诸姬皆侍，去为望卿作歌曰："背尊章，嫖以忽，谋屈奇，起自绝。行周流，自生患，谅非望，今谁怨！"使美人相和歌之。去曰："是中当有自知者。"昭信知去已怒，即诬言望卿历指郎吏卧处，具知其主名，又言郎中令锦被，疑有奸。去即与昭信从诸姬至望卿所，裸其身，更击之。令诸姬各持烧铁共灼望卿。望卿走，自投井死。昭信出之，椓杙其阴中，割其鼻唇，断其舌。谓去曰："前杀昭平，反来畏我，今欲靡烂望卿，使不能神。"与去共支解，置大镬中，取桃灰毒药并煮之，召诸姬皆临观，连日夜靡尽。复共杀其女弟都。

后去数召姬荣爱与饮，昭信复谮之，曰："荣姬视瞻，意态不善，疑有私。"时爱为去刺方领绣，去取烧之。爱恐，自投井。出之未死，笞问爱，自诬与医奸。去缚系柱，烧刀灼溃两目，生割两股，销铅灌其口中。爱死，支解以棘埋之。诸幸于去者，昭信辄谮杀之，凡十四人，皆埋太后所居长寿宫中。宫人畏之，莫敢复迕。

昭信欲擅爱，曰："王使明贞夫人主诸姬，淫乱难禁。请闭诸姬舍门，无令出敖。"使其大婢为仆射，主永巷，尽封闭诸舍，上籥于后，非大置酒召，不得见。去怜之，为作歌曰："愁莫愁，居无聊。心重结，意不舒。内茀郁，忧哀积。上不见天，生何益！日崔隤，时不再。愿弃躯，死无悔。"令昭信声鼓为节，以教诸姬歌之，歌罢辄归永巷，封门。独昭信兄子初为乘华夫人，得朝夕见。昭信与去从十余奴博饮游敖。

初，去年十四五，事师受《易》，师数谏正去，去益大，逐之。内史请以为掾，师数令内史禁切王家。去使奴杀师父子，不发觉。后去数置酒，令倡俳裸戏坐中以为乐。相彊劾系倡，阑入殿门，奏状。事下考案，倡辞，本为王教脩靡夫人望卿弟都歌舞。使者召望卿、都，去对"皆淫乱自杀"。会赦不治。望卿前亨煮，即取他死人与都死并付其母。母曰："都是，望卿非也。"数号哭求死，昭信令奴杀之。奴得，辞服。本始三年，相内史奏状，具言赦前所犯。天子遣大鸿胪、丞相长史、御史丞、廷尉正杂治巨鹿诏狱，奏请逮捕去及后昭信。制曰："王后昭信、诸姬奴婢证者皆下狱。"辞服。有司复请诛王。制曰："与列侯、中二千石、二千石、博士议。"议者皆以为去悖虐，听后昭信谗言，燔烧亨煮，生割剥人，距师之谏，杀其父子。凡杀无辜十六人，至一家母子三人，逆节绝理。其十五人在赦前，大恶仍重，当伏显戮以示众。制曰："朕不忍致王于法，议其罚。"有司请废勿王，与妻子徙上庸。奏可，与汤沐邑百户。去道自杀，昭信弃市。

立二十二年，国除。后四岁，宣帝地节四年，复立去兄文，是为戴王。文素正直，数谏王去，故上立焉，二年薨。子海阳嗣，十五年，坐画屋为男女裸交接，置酒请诸父姊妹饮，令仰视画；又海阳女弟为人妻，而使与幸臣奸；又与从弟调等谋杀一家三人，已杀。甘露四年坐废，徙房陵，国除。后十五年，平帝元始二年，复立戴王弟襄隄侯子愈为广德王，奉惠王后，二年薨。子赤嗣，王莽时绝。

胶东康王寄以孝景中二年立，二十八年薨。淮南王谋反时，寄微闻其事，私作兵车镞矢，战守备，备淮南之起。及吏治淮南事，辞出之。寄于上最亲，意自伤，发病而死，不敢置后。于是上闻寄有长子贤，母无宠，少子庆，母爱幸，寄常欲立之，为非次，因有过，遂无所言。上怜之，立贤为胶东王，奉康王祀，而封庆为六安王，王故衡山地。胶东王贤立十五年薨，谥为哀王。子戴王通平嗣，二十四年薨。子顷王音嗣，五十四年薨。子共王授嗣，十四年薨。子殷嗣，王莽时绝。

六安共王庆立三十八年薨。子夷王禄嗣，十年薨。子缪王定嗣，二十二年薨。子顷王光嗣，二十七年薨。子育嗣，王莽时绝。

清河哀王乘以孝景中三年立，十二年薨。无子，国除。

常山宪王舜以孝景中五年立。舜，帝少子，骄淫，数犯禁，上常宽之。三十三年薨，子勃嗣为王。

初，宪王有不爱姬生长男棁，棁以母无宠故，亦不得幸于王。王后脩生太子勃。王内多，所幸姬生子平、子商，王后稀得幸。及宪王疾甚，诸幸姬侍病，王后以妒媢不常在，辄归舍。医进药，太子勃不自尝药，又不宿留侍疾。及王薨，王后、太子乃至。宪王雅不以棁为子数，不分与财物。郎或说太子、王后，令分棁财，皆不听。太子代立，又不收恤棁。棁怨王后及太子。汉使者视宪王丧，棁自言宪王病时，王后、太子不侍，及薨，六日出舍，太子勃私奸、饮酒、博戏、击筑，与女子载驰，环城过市，入狱视囚。天子遣大行骞验问，逮诸证者，王又匿之。吏求捕，勃使人致击笞掠，擅出汉所疑囚。有司请诛勃及宪王后脩。上曰："脩素无行，使棁陷之罪。勃无良师傅，不忍致诛。"有司请废勿王，徙王勃以家属处房陵，上许之。

勃王数月，废，国除。月余，天子为最亲，诏有司曰："常山宪王早夭，后妾不和，適孽诬争，陷于不谊以灭国，朕甚闵焉。其封宪王子平三万户，为真定王；子商三万户，为泗水王。"顷王平立二十五年薨。子烈王偃嗣，十八年薨。子孝王由嗣，二十二年薨。子安王雍嗣，二十六年薨。子共王普嗣，十五年薨。子阳嗣，王莽时绝。

泗水思王商立十二年薨。子哀王安世嗣，一年薨，无子。于是武帝怜泗水王绝，复立安世弟贺，是为戴王。立二十二年薨，有遗腹子煖，相内史不以闻。太后上书，昭帝闵之，抵相内史罪，立煖，是为勤王。立三十九年薨。子戾王骏嗣，三十一年薨。子靖嗣，王莽时绝。

赞曰：昔鲁哀公有言："寡人生于深宫之中，长于妇人之手，未尝知忧，未尝知惧。"信哉斯言也！虽欲不危亡，不可得已。是故古人以宴安为鸩毒，亡德而富贵，谓之不幸。汉兴，至于孝平，诸侯王以百数，率多骄淫失道。何则？沉溺放恣之中，居势使然也。自凡人犹系于习俗，而况哀公之伦乎！夫唯大雅，卓尔不群，河间献王近之矣。

# 汉书卷五十四

## 李广苏建传第二十四

李广，陇西成纪人也。其先曰李信，秦时为将，逐得燕太子丹者也。广世世受射。孝文十四年，匈奴大入萧关，而广以良家子从军击胡，用善射，杀首虏多，为郎，骑常侍。数从射猎，格杀猛兽，文帝曰："惜广不逢时，令当高祖世，万户侯岂足道哉！"

景帝即位，为骑郎将。吴、楚反时，为骁骑都尉，从太尉亚夫战昌邑下，显名。以梁王授广将军印，故还，赏不行。为上谷太守，数与匈奴战。典属国公孙昆邪为上泣曰："李广材气，天下亡双，自负其能，数与虏确，恐亡之。"上乃徙广为上郡太守。

匈奴侵上郡，上使中贵人从广勒习兵击匈奴。中贵人者数十骑从，见匈奴三人，与战。射伤中贵人，杀其骑且尽。中贵人走广，广曰："是必射雕者也。"广乃从百骑往驰三人。三人亡马步行，行数十里。广令其骑张左右翼，而广身自射彼三人者，杀其二人，生得一人，果匈奴射雕者也。已缚之上山，望匈奴数千骑，见广，以为诱骑，惊，上山陈。广之百骑皆大恐，欲驰还走。广曰："我去大军数十里，今如此走，匈奴追射，我立尽。今我留，匈奴必以我为大军之诱，不我击。"广令曰："前!"未到匈奴陈二里所，止，令曰："皆下马解鞍!"骑曰："虏多如是，解鞍，即急，奈何?"广曰："彼虏以我为走，今解鞍以示不去，用坚其意。"有白马将出护兵。广上马，与十余骑奔射杀白马将，而复还至其百骑中，解鞍，纵马卧。时会暮，胡兵终怪之，弗敢击。夜半，胡兵以为汉有伏军于傍欲夜取之，即引去。平旦，广乃归其大军。后徙为陇西、北地、雁门、云中太守。

武帝即位，左右言广名将也，由是入为未央卫尉，而程不识时亦为长乐卫尉。程不识故与广俱以边太守将屯。及出击胡，而广行无部曲行陈，就善水草顿舍，人人自便，不击刁斗自卫，莫府省文书，然亦远斥候，未尝遇害。程不识正部曲行伍营陈，击刁斗，吏治军簿至明，军不得自便。不识曰："李将军极简易，然虏卒犯之，无以禁；而其士亦佚乐，为之死。我军虽烦扰，虏亦不得犯我。"是时，汉边郡李广、程不识为名将，然匈奴畏广，士卒多乐从，而苦程不识。不识孝景时以数直谏为太中大夫，为人廉，谨于文法。

后汉诱单于以马邑城，使大军伏马邑傍，而广为骁骑将军，属护军将军。单于觉之，去，汉军皆无功。后四岁，广以卫尉为将军，出雁门击匈奴。匈奴兵多，破广军，生得广。单于素闻广贤，令曰："得李广必生致之。"胡骑得广，广时伤，置两马间，络而盛卧。行十余里，广阳死，睨其傍有一儿骑善马，暂腾而上胡儿马，因抱儿鞭马南驰数十里，得其余军。匈奴骑数百追之，广行取儿弓射杀追骑，以故得脱。于是至汉，汉下广吏。吏当广亡失多，为虏所生得，当斩，赎为庶人。

数岁，与故颍阴侯屏居蓝田南山中射猎。尝夜从一骑出，从人田间饮。还至亭，霸陵尉醉，呵止广，广骑曰："故李将军。"尉曰："今将军尚不得夜行，何故也！"宿广亭下。居无何，匈奴入辽西，杀太守，败韩将军。韩将军后徙居右北平，死。于是上乃召拜广为右北平太守。广请霸陵尉与俱，至军而斩之，上书自陈谢罪。上报曰："将军者，国之爪牙也。《司马法》曰：'登车不式，遭丧不服，振旅抚师，以征不服；率三军之心，同战士之力，故怒形则千里竦，威振则万物伏；是以名声暴于夷貉，威棱憺乎邻国。'夫报忿除害，捐残去杀，朕之所图于将军也；若乃免冠徒跣，稽颡请罪，岂朕之指哉！将军其率师东辕，弥节白檀，以临右北平盛秋。"广在郡，匈奴号曰"汉飞将军"，避之，数岁不入界。

广出猎，见草中石，以为虎而射之，中石没矢，视之，石也。他日射之，终不能入矣。广所居郡闻有虎，常自射之。及居右北平射虎，虎腾伤广，广亦射杀之。

石建卒，上召广代为郎中令。元朔六年，广复为将军，从大将军出定襄。诸将多中首虏率为侯者，而广军无功。后三岁，广以郎中令将四千骑出右北平，博望侯张骞将万骑与广俱，异道。行数百里，匈奴左贤王将四万骑围广，广军士皆恐，广乃使其子敢往驰之。敢从数十骑直贯胡骑，出其左右而还，报广曰："胡虏易与耳。"军士乃安。为圜陈外乡，胡急击，矢下如雨。汉兵死者过半，汉矢且尽。广乃令持满毋发，而广身自以大黄射其裨将，杀数人，胡虏益解。会暮，吏士无人色，而广意气自如，益治军。

军中服其勇也。明日，复力战，而博望侯军亦至，匈奴乃解去。汉军罢，弗能追。是时，广军几没，罢归。汉法，博望侯后期，当死，赎为庶人。广军自当，亡赏。

初，广与从弟李蔡俱为郎，事文帝。景帝时，蔡积功至二千石。武帝元朔中，为轻车将军，从大将军击右贤王，有功中率，封为乐安侯。元狩二年，代公孙弘为丞相。蔡为人在下中，名声出广下远甚，然广不得爵邑，官不过九卿。广之军吏及士卒或取封侯。广与望气王朔语云："自汉击匈奴，广未尝不在其中，而诸妄校尉已下，材能不及中，以军功取侯者数十人。广不为后人，然终无尺寸功以得封邑者，何也？岂吾相不当侯邪？"朔曰："将军自念，岂尝有恨者乎？"广曰："吾为陇西守，羌尝反，吾诱降者八百余人，诈而同日杀之，至今恨独此耳。"朔曰："祸莫大于杀已降，此乃将军所以不得侯者也。"

广历七郡太守，前后四十余年，得赏赐，辄分其戏下，饮食与士卒共之。家无余财，终不言生产事。为人长，爰臂，其善射亦天性，虽子孙他人学者莫能及。广呐口少言，与人居，则画地为军陈，射阔狭以饮。专以射为戏。将兵乏绝处见水，士卒不尽饮，不近水，不尽餐，不尝食。宽缓不苛，士以此爱乐为用。其射，见敌，非在数十步之内，度不中不发，发即应弦而倒。用此，其将数困辱，及射猛兽，亦数为所伤云。

元狩四年，大将军票骑将军大击匈奴，广数自请行。上以为老，不许；良久乃许之，以为前将军。

大将军青出塞，捕虏知单于所居，乃自以精兵走之，而令广并于右将军军，出东道。东道少回远，大军行，水草少，其势不屯行。广辞曰："臣部为前将军，今大将军乃徙臣出东道，且臣结发而与匈奴战，乃今一得当单于，臣愿居前，先死单于。"大将军阴受上指，以为李广数奇，毋令当单于，恐不得所欲。是时，公孙敖新失侯，为中将军，大将军亦欲使敖与俱当单于，故徙广。广知之，固辞。大将军弗听，令长史封书与广之莫府，曰："急诣部，如书。"广不谢大将军而起行，意象愠怒而就部，引兵与右将军食其合军出东道。惑失道，后大将军。大将军与单于接战，单于遁走，弗能得而还。南绝幕，乃遇两将军。广已见大将军，还入军。大将军使长史持糒醪遗广，因问广、食其失道状，曰："青欲上书报天子失军曲折。"广未对。大将军长史急责广之莫府上簿。广曰："诸校尉亡罪，乃我自失道。吾今自上簿。"

至莫府，谓其麾下曰："广结发与匈奴大小七十余战，今幸从大将军出接单于兵，而大将军徙广部行回远，又迷失道，岂非天哉！且广年六十余，终不能复对刀笔之吏矣！"遂引刀自刭。百姓闻之，知与不知，老壮皆为垂泣。而右将军独下吏，当死，赎为庶人。

广三子，曰当户、椒、敢，皆为郎。上与韩嫣戏，嫣少不逊，当户击嫣，嫣走，于是上以为能。当户蚤死，乃拜椒为代郡太守，皆先广死。广死军中时，敢从票骑将军。广死明年，李蔡以丞相坐诏赐冢地阳陵当得二十亩，蔡盗取三顷，颇卖得四十余万，又盗取神道外壖地一亩葬其中，当下狱，自杀。敢以校尉从票骑将军击胡左贤王，力战，夺左贤王旗鼓，斩首多，赐爵关内侯，食邑二百户，代广为郎中令。顷之，怨大将军青之恨其父，乃击伤大将军，大将军匿讳之。居无何，敢从上雍，至甘泉宫猎，票骑将军去病怨敢伤青，射杀敢。去病时方贵幸，上为讳，云“鹿触杀之”。居岁余，去病死。

敢有女为太子中人，爱幸。敢男禹有宠于太子，然好利，亦有勇。尝与侍中贵人饮，侵陵之，莫敢应。后诉之上，上召禹，使刺虎，县下圈中，未至地，有诏引出之。禹从落中以剑斫绝累，欲刺虎。上壮之，遂救止焉。而当户有遗腹子陵，将兵击胡，兵败，降匈奴。后人告禹谋欲亡从陵，下吏死。

陵字少卿，少为侍中建章监。善骑射，爱人，谦让下士，甚得名誉。武帝以为有广之风，使将八百骑，深入匈奴二千余里，过居延视地形，不见虏，还。拜为骑都尉，将勇敢五千人，教射酒泉、张掖以备胡。数年，汉遣贰师将军伐大宛，使陵将五校兵随后。行至塞，会贰师还。上赐陵书，陵留吏士，与轻骑五百出敦煌，至盐水，迎贰师还，复留屯张掖。

天汉二年，贰师将三万骑出酒泉，击右贤王于天山。召陵，欲使为贰师将辎重。陵召见武台，叩头自请曰：“臣所将屯边者，皆荆楚勇士奇材剑客也，力扼虎，射命中，愿得自当一队，到兰干山南以分单于兵，毋令专乡贰师军。”上曰：“将恶相属邪！吾发军多，毋骑予女。”陵对：“无所事骑，臣愿以少击众，步兵五千人涉单于庭。”上壮而许之，因诏强弩都尉路博德将兵半道迎陵军。博德故伏波将军，亦羞为陵后距，奏言：“方秋匈奴马肥，未可与战，臣愿留陵至春，俱将酒泉、张掖骑各五千人并击东西浚稽，可必禽也。”书奏，上怒，疑陵悔不欲出而教博德上书，乃诏博德：“吾欲予李陵骑，云‘欲以少击众’。今虏入西河，其引兵走西河，遮钩营之道。”诏陵：“以九月发，出遮虏鄣，至东浚稽山南龙勒水上，徘徊观虏，即亡所见，从浞野侯赵破奴故道抵受降城休士，因骑置以闻。所与博德言者云何？具以书对。”陵于是将其步卒五千人出居延，北行三十日，至浚稽山止营，举图所过山川地形，使麾下骑陈步乐还以闻。步乐召见，道陵将率得士死力，上甚说，拜步乐为郎。

陵至浚稽山，与单于相直，骑可三万围陵军。军居两山间，以大车为营。陵引士出营外为陈，前行持戟盾，后行持弓弩，令曰：“闻鼓声而纵，闻金声而止。”虏见汉军少，直前就营。陵搏战攻之，千弩俱发，应弦而倒。虏还走上山，汉军追击，杀数千人。单于大惊，召左右地兵八万余骑攻陵。陵且战且引，南行数日，抵山谷中。连战，士卒中矢伤，三创者载辇，两创者将车，一创者持兵战。陵曰：“吾士气少衰而鼓不起者，何也？军中岂有女子乎？”始军出时，关东群盗妻子徙边者随军为卒妻妇，大匿车中。陵搜得，皆剑斩之。明日复战，斩首三千余级。引兵东南，循故龙城道行，四五日，抵大泽葭苇中，虏从上风纵火，陵亦令军中纵火以自救。南行至山下，单于在南山上，使其子将骑击陵。陵军步斗树木间，复杀数千人，因发连弩射单于，单于下走。是日捕得虏，言：“单于曰：‘此汉精兵，击之不能下，日夜引吾南近塞，得毋有伏兵乎？’诸当户君长皆言：‘单于自将数万骑击汉数千人不能灭，后无以复使边臣，令汉益轻匈奴。复力战山谷间，尚四五十里得平地，不能破，乃还。’”

是时，陵军益急，匈奴骑多，战一日数十合，复伤杀虏二千余人。虏不利，欲去，会陵军候管敢为校尉所辱，亡降匈奴，具言“陵军无后救，射矢且尽，独将军麾下及成安侯校各八百人为前行，以黄与白为帜，当使精骑射之即破矣。”成安侯者，颍川人，父韩千秋，故济南相，奋击南越战死，武帝封子延年为侯，以校尉随陵。单于得敢大喜，使骑并攻汉军，疾呼曰：“李陵、韩延年趣降！”遂遮道急攻陵。陵居谷中，虏在山上，四面射，矢如雨下。汉军南行，未至鞮汗山，一日五十万矢皆尽，即弃车去。士尚三千余人，徒斩车辐而持之，军吏持尺刀，抵山入峡谷。单于遮其后，乘隅下垒石，士卒多死，不得行。昏后，陵便衣独步出营，止左右：“毋随我，丈夫一取单于耳！”良久，陵还，大息曰：“兵败，死矣！”军吏或曰：“将军威震匈奴，天命不遂，后求道径还归，如浞野侯为虏所得，后亡还，天子客遇之，况于将军乎！”陵曰：“公止！吾不死，非壮士也。”于是尽斩旌旗，及珍宝埋地中，陵叹曰：“复得数十矢，足以脱矣。今无兵复战，天明坐受缚矣！各鸟兽散，犹有得脱归报天子者。”令军士人持二升糒，一半冰，期至遮虏鄣者相待。夜半时，击鼓起士，鼓不鸣。陵与韩延年俱上马，壮士从者十余人。虏骑数千追之，韩延年战死。陵曰：“无面目报陛下！”遂降。军人分散，脱至塞者四百余人。

陵败处去塞百余里，边塞以闻。上欲陵死战，召陵母及妇，使相者视之，无死丧色。后闻陵降，上怒甚，责问陈步乐，步乐自杀。群臣皆罪陵，上以问太史令司马迁，迁盛言：“陵事亲孝，与士信，常奋不顾身以殉国家之急。其素所畜积也，有国士之风。今举事一不幸，全躯保妻子之臣随而媒糵其短，诚可痛也！且陵提步卒不满五千，深輮戎马之地，抑数万之师，虏救死扶伤不暇，悉举引弓之民共攻围之。转斗千里，矢尽道穷，士张空拳，冒白刃，北首争死敌，得人之死力，虽古名将不过也。身虽陷败，然其所摧败亦足暴于天下。彼之不死，宜欲得当以报汉也。”

初，上遣贰师大军出，财令陵为助兵，及陵与单于相值，而贰师功少。上以迁诬罔，欲沮贰师，为陵游说，下迁腐刑。久之，上悔陵无救，曰：“陵当发出塞，乃诏强弩都尉令迎军。坐预诏之，得令老将生奸诈。”乃遣使劳赐陵余军得脱者。

陵在匈奴岁余，上遣因杅将军公孙敖将兵深入匈奴迎陵。敖军无功还，曰：“捕得生口，言李陵教单于为兵以备汉军，故臣无所得。”上闻，于是族陵家，母弟妻子皆伏诛。陇西士大夫以李氏为愧。其后，汉遣使使匈奴，陵谓使者曰：“吾为汉将步卒五千人横行匈奴，以亡救而败，何负于汉而诛吾家？”使者曰：“汉闻李少卿教匈奴为兵。”陵曰：“乃李绪，非我也。”李绪本汉塞外都尉，居奚侯城，匈奴攻之，绪降，而单于客遇绪，常坐陵上。陵痛其家以李绪而诛，使人刺杀绪。大阏氏欲杀陵，单于匿之北方，大阏氏死乃还。

单于壮陵，以女妻之，立为右校王，卫律为丁灵王，皆贵用事。卫律者，父本长水胡人。律生长汉，善协律都尉李延年，延年荐言律使匈奴。使还，会延年家收，律惧并诛，亡还降匈奴。匈奴爱之，常在单于左右。陵居外，有大事，乃入议。

昭帝立，大将军霍光、左将军上官桀辅政，素与陵善，遣陵故人陇西任立政等三人俱至匈奴招陵。立政等至，单于置酒赐汉使者，李陵、卫律皆侍坐。立政等见陵，未得私语，即目视陵，而数数自循其刀环，握其足，阴谕之，言可还归汉也。后陵、律持牛酒劳汉使，博饮，两人皆胡服椎结。立政大言曰：“汉已大赦，中国安乐，主上富于春秋，霍子孟、上官少叔用事。”以此言微动之。陵墨不应，孰视而自循其发，答曰：“吾已胡服矣！”有顷，律起更衣，立政曰：“咄，少卿良苦！霍子孟、上官少叔谢女。”陵曰：“霍与上官无恙乎？”立政曰：“请少卿来归故乡，毋忧富贵。”陵字立政曰：“少公，归易耳，恐再辱，奈何！”语未卒，卫律还，颇闻余语。曰：“李少卿贤者，不独居一国。范蠡遍游天下，由余去戎入秦，今何语之亲也！”因罢去。立政随谓陵曰：“亦有意乎？”陵曰：“丈夫不能再辱。”

陵在匈奴二十余年，元平元年病死。

苏建，杜陵人也。以校尉从大将军青击匈奴，封平陵侯。以将军筑朔方。后以卫尉为游击将军，从大将军出朔方。后一岁，以右将军再从大将军出定襄，亡翕侯，失军当斩，赎为庶人。其后为代郡太守，卒官。有三子：嘉为奉车都尉，贤为骑都尉，中子武最知名。

武字子卿，少以父任，兄弟并为郎，稍迁至栘中厩监。时汉连伐胡，数通使相窥观，匈奴留汉使郭吉、路充国等，前后十余辈。匈奴使来，汉亦留之以相当。天汉元年，且鞮侯单于初立，恐汉袭之，乃曰：“汉天子我丈人行也。”尽归汉使路充国等。武帝嘉其义，乃遣武以中郎将使持节送匈奴使留在汉者，因厚赂单于，答其善意。武与副中郎将张胜及假吏常惠等募士斥候百余人俱。既至匈奴，置币遗单于。单于益骄，非汉所望也。

方欲发使送武等，会缑王与长水虞常等谋反匈奴中。缑王者，昆邪王姊子也，与昆邪王俱降汉，后随浞野侯没胡中。及卫律所将降者，阴相与谋劫单于母阏氏归汉。会武等至匈奴，虞常在汉时素与副张胜相知，私候胜曰：“闻汉天子甚怨卫律，常能为汉伏弩射杀之。吾母与弟在汉，幸蒙其赏赐。”张胜许之，以货物与常。后月余，单于出猎，独阏氏子弟在。虞常等七十余人欲发，其一人夜亡，告之。单于子弟发兵与战。缑王等皆死，虞常生得。

单于使卫律治其事。张胜闻之，恐前语发，以状语武。武曰：“事如此，此必及我。见犯乃死，重负国。”欲自杀，胜、惠共止之。虞常果引张胜。单于怒，召诸贵人议，欲杀汉使者。左伊秩訾曰：“即谋单于，何以复加？宜皆降之。”单于使卫律召武受辞，武谓惠等：“屈节辱命，虽生，何面目以归汉！”引佩刀自刺。卫律惊，自抱持武，驰召医。凿地为坎，置煴火，覆武其上，蹈其背以出血。武气绝，半日复息。惠等哭，舆归营。单于壮其节，朝夕遣人候问武，而收系张胜。

武益愈，单于使使晓武。会论虞常，欲因此时降武。剑斩虞常已，律曰：“汉使张胜谋杀单于近臣，当死，单于募降者赦罪。”举剑欲击之，胜请降。律谓武曰：“副有罪，当相坐。”武曰：“本无谋，又非亲属，何谓相坐？”复举剑拟之，武不动。律曰：“苏君，律前负汉归匈奴，幸蒙大恩，赐号称王，拥众数万，马畜弥山，富贵如此。苏君今日降，明日复然，空以身膏草野，谁复知之！”武不应。律曰：“君因我降，与君为兄弟，今不听吾计，后虽欲复见我，尚可得乎？”武骂律曰：“女为人臣子，不顾恩义，畔主背亲，为降虏于蛮夷，何以女为见？且单于信女，使决人死生，不平心持正，反欲斗两主，观祸败。南越杀汉使者，屠为九郡；宛王杀汉使者，头县北阙；朝鲜杀汉使者，即时诛灭。独匈奴未耳。若知我不降明，欲令两国相攻，匈奴之祸从我始矣。”

律知武终不可胁，白单于。单于愈益欲降之，乃幽武置大窖中，绝不饮食。天雨雪，武卧啮雪与旃毛并咽之，数日不死。匈奴以为神，乃徒武北海上无人处，使牧羝，羝乳乃得归。别其官属常惠等，各置他所。

武既至海上，廪食不至，掘野鼠去草实而食之。杖汉节牧羊，卧起操持，节旄尽落。积五六年，单于弟於靬王弋射海上。武能网纺缴，檠弓弩，於靬王爱之，给其衣食。三岁余，王病，赐武马畜、服匿、穹庐。王死后，人众徙去。其冬，丁令盗武牛羊，武复穷厄。

初，武与李陵俱为侍中，武使匈奴明年，陵降，不敢求武。久之，单于使陵至海上，为武置酒设乐，因谓武曰：“单于闻陵与子卿素厚，故使陵来说足下，虚心欲相待。终不得归汉，空自苦亡人之地，信义安所见乎？前长君为奉车，从至雍棫阳宫，扶辇下除，触柱折辕，劾大不敬，伏剑自刎，赐钱二百万以葬。孺卿从祠河东后土，宦骑与黄门驸马争船，推堕驸马河中溺死，宦骑亡，诏使孺卿逐捕不得，惶恐饮药而死。来时，大夫人已不幸，陵送葬至阳陵。子卿妇年少，闻已更嫁矣。独有女弟二人，两女一男，今复十余年，存亡不可知。人生如朝露，何久自苦如此！陵始降时，忽忽如狂，自痛负汉，加以老母系保宫，子卿不欲降，何以过陵？且陛下春秋高，法令亡常，大臣亡罪夷灭者数十家，安危不可知，子卿尚复谁为乎？愿听陵计，勿复有云。”武曰：“武父子亡功德，皆为陛下所成就，位列将，爵通侯，兄弟亲近，常愿肝脑涂地。今得杀身自效，虽蒙斧钺汤镬，诚甘乐之。臣事君，犹子事父也，子为父死亡所恨。愿勿复再言。”陵与武饮数日，复曰：“子卿壹听陵言。”武曰：“自分已死久矣！王必欲降武，请毕今日之欢，效死于前！”陵见其至诚，喟然叹曰：“嗟乎，义士！陵与卫律之罪上通于天。”因泣下沾衿，与武决去。

陵恶自赐武，使其妻赐武牛羊数十头。后陵复至北海上，语武：“区脱捕得云中生口，言太守以下吏民皆白服，曰上崩。”武闻之，南乡号哭，欧血，旦夕临。

数月，昭帝即位。数年，匈奴与汉和亲。汉求武等，匈奴诡言武死。后汉使复至匈奴，常惠请其守者与俱，得夜见汉使，具自陈道。教使者谓单于，言天子射上林中，得雁，足有系帛书，言武等在某泽中。使者大喜，如惠语以让单于。单于视左右而惊，谢汉使曰：“武等实在。”于是李陵置酒贺武曰：“今足下还归，扬名于匈奴，功显于汉室，虽古竹帛所载，丹青所画，何以过子卿！陵虽驽怯，令汉且贳陵罪，全其老母，使得奋大辱之积志，庶几乎曹柯之盟，此陵宿昔之所不忘也。收族陵家，为世大戮，陵尚复何顾乎！已矣！令子卿知吾心耳。异域之人，壹别长绝！”陵起舞，歌曰：“径万里兮度沙幕，为君将兮奋匈奴。路穷绝兮矢刃摧，士众灭兮名已隤。老母已死，虽欲报恩将安归！”陵泣下数行，因与武决。单于召会武官属，前以降及物故，凡随武还者九人。

武以始元六年春至京师。诏武奉一太牢谒武帝园庙，拜为典属国，秩中二千石，赐钱二百万，公田二顷，宅一区。常惠、徐圣、赵终根皆拜为中郎，赐帛各二百匹。其余六人老归家，赐钱人十万，复终身。常惠后至右将军，封列侯，自有传。武留匈奴凡十九岁，始以强壮出，及还，须发尽白。

武来归明年，上官桀子安与桑弘羊及燕王、盖主谋反。武子男元与安有谋，坐死。

初，桀、安与大将军霍光争权，数疏光过失予燕王，令上书告之。又言苏武使匈奴二十年不降，还乃为典属国，大将军长史无功劳，为搜粟都尉，光颛权自恣。及燕王等反诛，穷治党与，武素与桀、弘羊有旧，数为燕王所讼，子又在谋中，廷尉奏请逮捕武。霍光寝其奏，免武官。

数年，昭帝崩，武以故二千石与计谋立宣帝，赐爵关内侯，食邑三百户。久之，卫将军张安世荐武明习故事，奉使不辱命，先帝以为遗言。宣帝即时召武待诏宦者署，数进见，复为右曹典属国。以武著节老臣，命朝朔望，号称祭酒，甚优宠之。

武所得赏赐，尽以施予昆弟故人，家不余财。皇后父平恩侯、帝舅平昌侯、乐昌侯、车骑将军韩增、丞相魏相、御史大夫丙吉皆敬重武。武年老，子前坐事死，上闵之，问左右："武在匈奴久，岂有子乎？"武因平恩侯自白："前发匈奴时，胡妇适产一子通国，有声问来，愿因使者致金帛赎之。"上许焉。后通国随使者至，上以为郎。又以武弟子为右曹。武年八十余，神爵二年病卒。

甘露三年，单于始入朝。上思股肱之美，乃图画其人于麒麟阁，法其形貌，署其官爵、姓名。唯霍光不名，曰大司马大将军博陆侯姓霍氏，次曰卫将军富平侯张安世，次曰车骑将军龙额侯韩增，次曰后将军营平侯赵充国，次曰丞相高平侯魏相，次曰丞相博阳侯丙吉，次曰御史大夫建平侯杜延年，次曰宗正阳城侯刘德，次曰少府梁丘贺，次曰太子太傅萧望之，次曰典属国苏武。

皆有功德，知名当世，是以表而扬之，明著中兴辅佐，列于方叔、召虎、仲山甫焉。凡十一人，皆有传。自丞相黄霸、廷尉于定国、大司农朱邑、京兆尹张敞、右扶风尹翁归及儒者夏侯胜等，皆以善终，著名宣帝之世，然不得列于名臣之图，以此知其选矣。

赞曰：李将军恂恂如鄙人，口不能出辞，及死之日，天下知与不知皆为流涕，彼其中心诚信于士大夫也。谚曰："桃李不言，下自成蹊。"此言虽小，可以喻大。然三代之将，道家所忌，自广至陵，遂亡其宗，哀哉！孔子称"志士仁人，有杀身以成仁，无求生以害仁"，"使于四方，不辱君命"，苏武有之矣。

# 汉书卷五十五

## 卫青霍去病传第二十五

卫青字仲卿。其父郑季，河东平阳人也，以县吏给事侯家。平阳侯曹寿尚武帝姊阳信长公主。季与主家僮卫媪通，生青。青有同母兄卫长君及姊子夫，子夫自平阳公主家得幸武帝，故青冒姓为卫氏。卫媪长女君孺，次女少儿，次女则子夫。子夫男弟步广，皆冒卫氏。

青为侯家人，当时归其父，父使牧羊。民母之子皆奴畜之，不以为兄弟数。青尝从人至甘泉居室，有一钳徒相青曰："贵人也，官至封侯。"青笑曰："人奴之生，得无笞骂即足矣，安得封侯事乎！"

青壮，为侯家骑，从平阳主。建元二年春，青姊子夫得入宫幸上。皇后，大长公主女也，无子，妒。大长公主闻卫子夫幸，有身，妒之，乃使人捕青。青时给事建章，未知名。大长公主执囚青，欲杀之。其友骑郎公孙敖与壮士往篡之，故得不死。上闻，乃召青为建章监，侍中。及母昆弟贵，赏赐数日间累千金。君孺为太仆公孙贺妻，少儿故与陈掌通，上召贵掌。公孙敖由此益显。

子夫为夫人。青为太中大夫。

元光六年，拜为车骑将军，击匈奴，出上谷；公孙贺为轻车将军，出云中；太中大夫公孙敖为骑将军，出代郡；卫尉李广为骁骑将军，出雁门：军各万骑。青至笼城，斩首虏数百。骑将军敖亡七千骑，卫尉广为虏所得，得脱归，皆当斩，赎为庶人。贺亦无功。唯青赐爵关内侯。是后匈奴仍侵犯边。语在《匈奴传》。

元朔元年春，卫夫人有男，立为皇后。其秋，青复将三万骑出雁门，李息出代郡。青斩首虏数千。明年，青复出云中，西至高阙，遂至于陇西，捕首虏数千，畜百余万，走白羊、楼烦王。遂取河南地为朔方郡。以三千八百户封青为长平侯。青校尉苏建为平陵侯，张次公为岸头侯。使建筑朔方城。上曰："匈奴逆天理，乱人伦，暴长虐老，以盗窃为务，行诈诸蛮夷，造谋籍兵，数为边害。故兴师遣将，以征厥罪。《诗》不云乎？'薄伐猃允，至于太原'；'出车彭彭，城彼朔方'。今车骑将军青度西河至高阙，获首二千三百级，车辎畜产毕收为卤，已封为列侯，遂西定河南地，案榆谿旧塞，绝梓领，梁北河，讨蒲泥，破符离，斩轻锐之卒，捕伏听者三千一十七级。执讯获丑，驱马牛羊百有余万，全甲兵而还，益封青三千八百户。"其后匈奴比岁入代郡、雁门、定襄、上郡、朔方，所杀略甚众。语在《匈奴传》。

元朔五年春，令青将三万骑出高阙，卫尉苏建为游击将军，左内史李沮为强弩将军，太仆公孙贺为骑将军，代相李蔡为轻车将军，皆领属车骑将军，俱出朔方。大行李息、岸头侯张次公为将军，俱出右北平。匈奴右贤王当青等兵，以为汉兵不能至此，饮醉，汉兵夜至，围右贤王。右贤王惊，夜逃，独与其爱妾一人骑数百驰，溃围北去。汉轻骑校尉郭成等追数百里，弗得，得右贤裨王十余人，众男女万五千余人，畜数十百万，于是引兵而还。至塞，天子使使者持大将军印，即军中拜青为大将军，诸将皆以兵属，立号而归。上曰："大将军青躬率戎士，师大捷，获匈奴王十有余人，益封青八千七百户。"而封青子伉为宜春侯，子不疑为阴安侯，子登为发干侯。青固谢曰："臣幸得待罪行间，赖陛下神灵，军大捷，皆诸校力战之功也。陛下幸已益封臣青，臣青子在襁褓中，未有勤劳，上幸裂地封为三侯，非臣待罪行间所以劝士力战之意也。伉等三人何敢受封！"上曰："我非忘诸校功也，今固且图之。"乃诏御史曰："护军都尉公孙敖三从大将军击匈奴，常护军傅校获王，封敖为合骑侯。都尉韩说从大军出窴浑，至匈奴右贤王庭，为戏下搏战获王，封说为龙额侯。骑将军贺从大将军获王，封贺为南窌侯。轻车将军李蔡再从大将军获王，封蔡为乐安侯。校尉李朔、赵不虞、公孙戎奴各三从大将军获王，封朔为陟轵侯，不虞为随成侯，戎奴为从平侯。将军李沮、李息及校尉豆如意、中郎将绾皆有功，赐爵关内侯。沮、息、如意食邑各三百户。"其秋，匈奴入代，杀都尉。

明年春，大将军青出定襄，合骑侯敖为中将军，太仆贺为左将军，翕侯赵信为前将军，卫尉苏建为右将军，郎中令李广为后将军，左内史李沮为强弩将军，咸属大将军，斩首数千级而还。月余，悉复出定襄，斩首虏万余人。苏建、赵信并军三千余骑，独逢单于兵，与战一日余，汉兵且尽。信故胡人，降为翕侯，见急，匈奴诱之，遂将其余骑可八百奔降单于。苏建尽亡其军，独以身得亡去，自归青。青问其罪正闳、长史安、议郎周霸等："建当云何？”霸曰：“自大将军出，未尝斩裨将，今建弃军，可斩，以明将军之威。”闳、安曰：“不然。兵法‘小敌之坚，大敌之禽也。’今建以数千当单于数万，力战一日余，士皆不敢有二心。自归而斩之，是示后无反意也。不当斩。”青曰：“青幸得以胏附待罪行间，不患无威，而霸说我以明威，甚失臣意。且使臣职虽当斩将，以臣之尊宠而不敢自擅专诛于境外，其归天子，天子自裁之，于以风为人臣不敢专权，不亦可乎？”军吏皆曰“善”。遂囚建行在所。

是岁也，霍去病始侯。

霍去病，大将军青姊少儿子也。其父霍仲孺先与少儿通，生去病。及卫皇后尊，少儿更为詹事陈掌妻。去病以皇后姊子，年十八为侍中。善骑射，再从大将军。大将军受诏，予壮士，为票姚校尉，与轻勇骑八百直弃大将军数百里赴利，斩捕首虏过当。于是上曰：“票姚校尉去病斩首捕虏二千二十八级，得相国、当户，斩单于大父行籍若侯产，捕季父罗姑比，再冠军，以二千五百户封去病为冠军侯。上谷太守郝贤四从大将军，捕首虏千三百级，封贤为终利侯。骑士孟已有功，赐爵关内侯，邑二百户。”

是岁失两将军，亡翕侯，功不多，故青不益封。苏建至，上弗诛，赎为庶人。青赐千金。是时王夫人方幸于上，甯乘说青曰：“将军所以功未甚多，身食万户，三子皆为侯者，以皇后故也。今王夫人幸而宗族未富贵，愿将军奉所赐千金为王夫人亲寿。”青以五百金为王夫人亲寿。上闻，问青，青以实对。上乃拜甯乘为东海都尉。

校尉张骞从大将军，以尝使大夏，留匈奴中久，道军，知善水草处，军得以无饥渴，因前使绝国功，封骞为博望侯。

去病侯三岁，元狩二年春为票骑将军，将万骑出陇西，有功。上曰："票骑将军率戎士逾乌盭，讨遬濮，涉狐奴，历五王国，辎重人众摄詟者弗取，几获单于子。转战六日，过焉支山千有余里，合短兵，鏖皋兰下，杀折兰王，斩卢侯王，锐悍者诛，全甲获丑，执浑邪王子及相国、都尉，捷首虏八千九百六十级，收休屠祭天金人，师率减什七，益封去病二千二百户。"

其夏，去病与合骑侯敖俱出北地，异道。博望侯张骞、郎中令李广俱出右北平，异道。广将四千骑先至，骞将万骑后。匈奴左贤王将数万骑围广，广与战二日，死者过半，所杀亦过当。骞至，匈奴引兵去。骞坐行留，当斩，赎为庶人。而去病出北地，遂深入，合骑侯失道，不相得。去病至祁连山，捕首虏甚多。上曰："票骑将军涉钧耆，济居延，遂臻小月氏，攻祁连山，扬武乎鲧得，得单于单桓、酋涂王，及相国、都尉以众降下者二千五百人，可谓能舍服知成而止矣。捷首虏三万二百，获五王，王母、单于阏氏、王子五十九人，相国、将军、当户、都尉六十三人，师大率减什三，益封去病五千四百户。赐校尉从至小月氏者爵左庶长。鹰击司马破奴再从票骑将军斩遬濮王，捕稽且王，右千骑将得王、王母各一人，王子以下四十一人，捕虏三千三百三十人，前行捕虏千四百人，封破奴为从票侯。校尉高不识从票骑将军捕呼于耆王王子以下十一人，捕虏千七百六十八人，封不识为宜冠侯。校尉仆多有功，封为煇渠侯。"合骑侯敖坐行留不与票骑将军会，当斩，赎为庶人。诸宿将所将士马兵亦不如去病，去病所将常选，然亦敢深入，常与壮骑先其大军，军亦有天幸，未尝困绝也。然而诸宿将常留落不耦。由此去病日以亲贵，比大将军。

其后，单于怒浑邪王居西方数为汉所破，亡数万人，以票骑之兵也，欲召诛浑邪王。浑邪王与休屠王等谋欲降汉，使人先要道边。是时，大行李息将城河上，得浑邪王使，即驰传以闻。上恐其以诈降而袭边，乃令去病将兵往迎之。去病既渡河，与浑邪众相望。浑邪裨王将见汉军而多欲不降者，颇遁去。去病乃驰入，得与浑邪王相见，斩其欲亡者八千人，遂独遣浑邪王乘传先诣行在所，尽将其众渡河，降者数万人，号称十万。

既至长安，天子所以赏赐数十巨万。封浑邪王万户，为漯阳侯。封其裨王呼毒尼为下摩侯，雁疵为煇渠侯，禽黎为河綦侯，大当户调虽为常乐侯。于是上嘉去病之功，曰："票骑将军去病率师征匈奴，西域王浑邪王及厥众萌咸奔于率，以军粮接食，并将控弦万有余人，诛狡悍，捷首虏八千余级，降异国之王三十二。战士不离伤，十万之众毕怀集服。仍兴之劳，爰及河塞，庶几亡患。以千七百户益封票骑将军。减陇西、北地、上郡戍卒之半，以宽天下繇役。"乃分处降者于边五郡故塞外，而皆在河南，因其故俗为属国。其明年，匈奴入右北平、定襄，杀略汉千余人。

其明年，上与诸将议曰："翕侯赵信为单于画计，常以为汉兵不能度幕轻留，今大发卒，其势必得所欲。"是岁元狩四年也。春，上令大将军青、票骑将军去病各五万骑，步兵转者踵军数十万，而敢力战深入之士皆属去病。去病始为出定襄，当单于。捕虏，虏言单于东，乃更令去病出代郡，令青出定襄。郎中令李广为前将军，太仆公孙贺为左将军，主爵赵食其为右将军，平阳侯襄为后将军，皆属大将军。赵信为单于谋曰："汉兵即度幕，人马罢，匈奴可坐收虏耳。”乃悉远北其辎重，皆以精兵待幕北。而适直青军出塞千余里，见单于兵陈而待，于是青令武刚车自环为营，而纵五千骑往当匈奴，匈奴亦纵万骑。会日且入，而大风起，沙砾击面，两军不相见，汉益纵左右翼绕单于。单于视汉兵多，而士马尚强，战而匈奴不利，薄莫，单于遂乘六骡，壮骑可数百，直冒汉围西北驰去。昏，汉匈奴相纷挐，杀伤大当。汉军左校捕虏，言单于未昏而去，汉军因发轻骑夜追之，青因随其后。匈奴兵亦散走。会明，行二百余里，不得单于，颇捕斩首虏万余级，遂至寘颜山赵信城，得匈奴积粟食军。军留一日而还，悉烧其城余粟以归。

青之与单于会也，而前将军广、右将军食其军别从东道，或失道。大将军引还，过幕南，乃相逢。青欲使使归报，令长史簿责广，广自杀。食其赎为庶人。青军入塞，凡斩首虏万九千级。

是时，匈奴众失单于十余日，右谷蠡王自立为单于。单于后得其众，右王乃去单于之号。

去病骑兵车重与大将军军等，而亡裨将。悉以李敢等为大校，当裨将，出代、右北平二千余里，直左方兵，所斩捕功已多于青。

既皆还，上曰：“票骑将军去病率师躬将所获荤允之士，约轻赍，绝大幕，涉获单于章渠，以诛北车耆，转击左大将双，获旗鼓，历度难侯，济弓卢，获屯头王、韩王等三人，将军、相国、当户、都尉八十三人，封狼居胥山，禅于姑衍，登临翰海，执讯获丑七万有四百四十三级，师率减什二，取食于敌，卓行殊远而粮不绝。以五千八百户益封票骑将军。右北平太守路博德属票骑将军，会兴城，不失期，从至梼余山，斩首捕虏二千八百级，封博德为邳离侯。北地都尉卫山从票骑将军获王，封山为义阳侯。故归义侯因淳王复陆支、楼刳王伊即靬皆从票骑将军有功，封复陆支为杜侯，伊即靬为众利侯。从票侯破奴、昌武侯安稽从票骑有功，益封各三百户。渔阳太守解、校尉敢皆获鼓旗，赐爵关内侯，解食邑三百户，敢二百户。校尉自为爵左庶长。”军吏卒为官，赏赐甚多。而青不得益封，吏卒无封者。唯西河太守常惠、云中太守遂成受赏，遂成秩诸侯相，赐食邑二百户，黄金百斤，惠爵关内侯。

两军之出塞，塞阅官及私马凡十四万匹，而后入塞者不满三万匹。乃置大司马位，大将军、票骑将军皆为大司马。定令，令票骑将军秩禄与大将军等。自是后，青日衰而去病日益贵。青故人门下多去事去病，辄得官爵，唯独任安不肯去。

去病为人少言不泄，有气敢往。上尝欲教之吴、孙兵法，对曰："顾方略何如耳，不至学古兵法。"上为治第，令视之，对曰："匈奴不灭，无以家为也。"由此上益重爱之。然少而侍中，贵不省士。其从军，上为遣太官赍数十乘，既还，重车余弃粱肉，而士有饥者。其在塞外，卒乏粮，或不能自振，而去病尚穿域蹋鞠也，事多此类。青仁，喜士退让，以和柔自媚于上，然于天下未有称也。

去病自四年军后三岁，元狩六年薨。上悼之，发属国玄甲，军陈自长安至茂陵，为冢象祁连山。谥之并武与广地曰景桓侯。子嬗嗣。嬗字子侯，上爱之，幸其壮而将之。为奉车都尉，从封泰山而薨。无子，国除。

自去病死后，青长子宜春侯伉坐法失侯。后五岁，伉弟二人阴安侯不疑、发干侯登，皆坐酎金失侯。后二岁，冠军侯国绝。后四年，元封五年，青薨，谥曰烈侯。子伉嗣，六年坐法免。

自青围单于后十四岁而卒，竟不复击匈奴者，以汉马少，又方南诛两越，东伐朝鲜，击羌、西南夷，以故久不伐胡。

初，青既尊贵，而平阳侯曹寿有恶疾就国，长公主问："列侯谁贤者？"左右皆言大将军。主笑曰："此出吾家，常骑从我，奈何？"左右曰："于今尊贵无比。"于是长公主风白皇后，皇后言之，上乃诏青尚平阳主，与主合葬，起冢象卢山云。

最大将军青凡七出击匈奴，斩捕首虏五万余级。一与单于战，收河南地，置朔方郡。再益封，凡万六千三百户；封三子为侯，侯千三百户，并之二万二百户。其裨将及校尉侯者九人，为特将者十五人，李广、张骞、公孙贺、李蔡、曹襄、韩说、苏建皆自有传。

李息，郁郅人也，事景帝。至武帝立八岁，为材官将军，军马邑；后六岁，为将军，出代；后三岁，为将军，从大将军出朔方：皆无功。凡三为将军，其后常为大行。

公孙敖，义渠人，以郎事景帝。至武帝立十二岁，为骑将军，出代，亡卒七千人，当斩，赎为庶人。后五岁，以校尉从大将军，封合骑侯。后一岁，以中将军从大将军再出定襄，无功。后二岁，以将军出北地，后票骑，失期当斩，赎为庶人。后二岁，以校尉从大将军，无功。后十四岁，以因杅将军筑受降城。七岁，复以因杅将军再出击匈奴，至余吾，亡士多，下吏，当斩，诈死，亡居民间五六岁。后觉，复系。坐妻为巫蛊，族。凡四为将军。

李沮，云中人，事景帝。武帝立十七岁，以左内史为强弩将军。后一岁，复为强弩将军。

张次公，河东人，以校尉从大将军，封岸头侯。其后太后崩，为将军，军北军。后一岁，复从大将军。凡再为将军，后坐法失侯。

赵信，以匈奴相国降，为侯。武帝立十八年，为前将军，与匈奴战，败，降匈奴。

赵食其，祋祤人。武帝立十八年，以主爵都尉从大将军，斩首六百六十级。元狩三年，赐爵关内侯，黄金百斤。明年，为右将军，从大将军出定襄，迷失道，当斩，赎为庶人。

郭昌，云中人，以校尉从大将军。元封四年，以太中大夫为拔胡将军，屯朔方。还击昆明，无功，夺印。

荀彘，太原广武人，以御见，侍中，用校尉数从大将军。元封三年，为左将军击朝鲜，无功，坐捕楼船将军诛。

最票骑将军去病凡六出击匈奴，其四出以将军，斩首虏十一万余级。浑邪王以众降数万，开河西酒泉之地，西方益少胡寇。四益封，凡万七千七百户。其校尉吏有功侯者六人，为将军者二人。

路博德，西河平州人，以右北平太守从票骑将军，封邳离侯。票骑死后，博德以卫尉为伏波将军，伐破南越，益封。其后坐法失侯。为强弩都尉，屯居延，卒。

赵破奴，太原人。尝亡入匈奴，已而归汉，为票骑将军司马。出北地，封从票侯，坐酎金失侯。后一岁，为匈河将军，攻胡至匈河水，无功。后一岁，击虏楼兰王，后为浞野侯。后六岁，以浚稽将军将二万骑击匈奴左王。左王与战，兵八万骑围破奴，破奴为虏所得，遂没其军。居匈奴中十岁，复与其太子安国亡入汉。后坐巫蛊，族。

自卫氏兴，大将军青首封，其后支属五人为侯。凡二十四岁而五侯皆夺国。征和中，戾太子败，卫氏遂灭。而霍去病弟光贵盛，自有传。

赞曰：苏建尝说责：“大将军至尊重，而天下之贤士大夫无称焉，愿将军观古名将所招选者，勉之哉！”青谢曰：“自魏其、武安之厚宾客，天子常切齿。彼亲待士大夫，招贤黜不肖者，人主之柄也。人臣奉法遵职而已，何与招士！”票骑亦方此意，为将如此。

# 汉书卷五十六

## 董仲舒传第二十六

董仲舒，广川人也。少治《春秋》，孝景时为博士。下帷讲诵，弟子传以久次相授业，或莫见其面。盖三年不窥园，其精如此。进退容止，非礼不行，学士皆师尊之。

武帝即位，举贤良文学士前后百数，而仲舒以贤良对策焉。

制曰：朕获承至尊休德，传之亡穷，而施之罔极，任大而守重，是以夙夜不皇康宁，永惟万事之统，犹惧有阙。故广延四方之豪俊，郡国诸侯公选贤良修洁博习之士，欲闻大道之要，至论之极。今子大夫袖然为举首，朕甚嘉之。子大夫其精心至思，朕垂听而问焉。

盖闻五帝三王之道，改制作乐而天下洽和，百王同之。当虞氏之乐莫盛于《韶》，于周莫盛于《勺》。圣王已没，钟鼓管弦之声未衰，而大道微缺，陵夷至乎桀、纣之行，王道大坏矣。夫五百年之间，守文之君，当涂之士，欲则先王之法以戴翼其世者甚众，然犹不能反，日以仆灭，至后王而后止，岂其所持操或悖谬而失其统与？固天降命不可复反，必推之于大衰而后息与？乌虖！

凡所为屑屑，夙兴夜寐，务法上古者，又将无补与？三代受命，其符安在？灾异之变，何缘而起？性命之情，或夭或寿，或仁或鄙，习闻其号，未烛厥理。伊欲风流而令行，刑轻而奸改，百姓和乐，政事宣昭，何修何饬而膏露降，百谷登，德润四海，泽臻草木，三光全，寒暑平，受天之祜，享鬼神之灵，德泽洋溢，施乎方外，延及群生？

子大夫明先圣之业，习俗化之变，终始之序，讲闻高谊之日久矣，其明以谕朕。科别其条，勿猥勿并，取之于术，慎其所出。乃其不正不直，不忠不极，枉于执事，书之不泄，兴于朕躬，毋悼后害。子大夫其尽心，靡有所隐，朕将亲览焉。

仲舒对曰：

陛下发德音，下明诏，求天命与情性，皆非愚臣之所能及也。臣谨案《春秋》之中，视前世已行之事，以观天人相与之际，甚可畏也。国家将有失道之败，而天乃先出灾害以谴告之；不知自省，又出怪异以警惧之；尚不知变，而伤败乃至。以此见天心之仁爱人君而欲止其乱也。自非大亡道之世者，天尽欲扶持而全安之，事在强勉而已矣。强勉学问，则闻见博而知益明；强勉行道，则德日起而大有功：此皆可使还至而有效者也。《诗》曰“夙夜匪解”，《书》云“茂哉茂哉！”皆强勉之谓也。

道者，所繇适于治之路也，仁义礼乐皆其具也。故圣王已没，而子孙长久安宁数百岁，此皆礼乐教化之功也。王者未作乐之时，乃用先王之乐宜于世者，而以深入教化于民。教化之情不得，雅颂之乐不成，故王者功成作乐，乐其德也。乐者，所以变民风，化民俗也；其变民也易，其化人也著。故声发于和而本于情，接于肌肤，臧于骨髓。故王道虽微缺，而管弦之声未衰也。夫虞氏之不为政久矣，然而乐颂遗风犹有存者，是以孔子在齐而闻《韶》也。夫人君莫不欲安存而恶危亡，然而政乱国危者甚众，所任者非其人，而所繇者非其道，是以政日以仆灭也。夫周道衰于幽、厉，非道亡也，幽、厉不繇也。至于宣王，思昔先王之德，兴滞补弊，明文、武之功业，周道粲然复兴，诗人美之而作，上天祐之，为生贤佐，后世称诵，至今不绝。此夙夜不解行善之所致也。孔子曰“人能弘道，非道弘人”也。故治乱废兴在于己，非天降命不可得反，其所操持悖谬失其统也。

臣闻天之所大奉使之王者，必有非人力所能致而自至者，此受命之符也。天下之人同心归之，若归父母，故天瑞应诚而至。《书》曰“白鱼入于王舟，有火复于王屋，流为乌”，此盖受命之符也。周公曰“复哉复哉”，孔子曰“德不孤，必有邻”，皆积善累德之效也。及至后世，淫佚衰微，不能统理群生，诸侯背畔，残贼良民以争壤土，废德教而任刑罚。刑罚不中，则生邪气；邪气积于下，怨恶畜于上。上下不和，则阴阳缪盭而妖孽生矣。此灾异所缘而起也。

臣闻命者天之令也，性者生之质也，情者人之欲也。或夭或寿，或仁或鄙，陶冶而成之，不能粹美，有治乱之所生，故不齐也。孔子曰：“君子之德风，小人之德草，草上之风必偃。”故尧、舜行德则民仁寿，桀、纣行暴则民鄙夭。夫上之化下，下之从上，犹泥之在钧，唯甄者之所为；犹金之在镕，唯冶者之所铸。“绥之斯俫，动之斯和”，此之谓也。

臣谨案《春秋》之文，求王道之端，得之于正。正次王，王次春。春者，天之所为也；正者，王之所为也。其意曰，上承天之所为，而下以正其所为，正王道之端云尔。然则王者欲有所为，宜求其端于天。天道之大者在阴阳。阳为德，阴为刑；刑主杀而德主生。是故阳常居大夏，而以生育养长为事；阴常居大冬，而积于空虚不用之处。以此见天之任德不任刑也。天使阳出布施于上而主岁功，使阴入伏于下而时出佐阳；阳不得阴之助，亦不能独成岁。终阳以成岁为名，此天意也。王者承天意以从事，故任德教而不任刑。刑者不可任以治世，犹阴之不可任以成岁也。为政而任刑，不顺于天，故先王莫之肯为也。今废先王德教之官，而独任执法之吏治民，毋乃任刑之意与！孔子曰："不教而诛谓之虐。"虐政用于下，而欲德教之被四海，故难成也。

臣谨案《春秋》谓一元之意，一者万物之所以从始也，元者辞之所谓大也。谓一为元者，视大始而欲正本也。《春秋》深探其本，而反自贵者始。故为人君者，正心以正朝廷，正朝廷以正百官，正百官以正万民，正万民以正四方。四方正，远近莫敢不壹于正，而亡有邪气奸其间者。是以阴阳调而风雨时，群生和而万民殖，五谷孰而草木茂，天地之间被润泽而大丰美，四海之内闻盛德而皆徕臣，诸福之物，可致之祥，莫不毕至，而王道终矣。

孔子曰："凤鸟不至，河不出图，吾已矣夫!"自悲可致此物，而身卑贱不得致也。今陛下贵为天子，富有四海，居得致之位，操可致之势，又有能致之资，行高而恩厚，知明而意美，爱民而好士，可谓谊主矣。然而天地未应而美祥莫至者，何也？凡以教化不立而万民不正也。夫万民之从利也，如水之走下，不以教化堤防之，不能止也。是故教化立而奸邪皆止者，其堤防完也；

教化废而奸邪并出，刑罚不能胜者，其堤防坏也。古之王者明于此，是故南面而治天下，莫不以教化为大务。立太学以教于国，设庠序以化于邑，渐民以仁，摩民以谊，节民以礼，故其刑罚甚轻而禁不犯者，教化行而习俗美也。

圣王之继乱世也，扫除其迹而悉去之，复修教化而崇起之。教化已明，习俗已成，子孙循之，行五六百岁尚未败也。至周之末世，大为亡道，以失天下。秦继其后，独不能改，又益甚之，重禁文学，不得挟书，弃捐礼谊而恶闻之，其心欲尽灭先王之道，而颛为自恣苟简之治，故立为天子十四岁而国破亡矣。自古以来，未尝有以乱济乱，大败天下之民如秦者也。其遗毒余烈，至今未灭，使习俗薄恶，人民嚚顽，抵冒殊扞，孰烂如此之甚者也。孔子曰："腐朽之木不可雕也，粪土之墙不可圬也。"今汉继秦之后，如朽木、粪墙矣，虽欲善治之，亡可奈何。法出而奸生，令下而诈起，如以汤止沸，抱薪救火，愈甚亡益也。窃譬之琴瑟不调，甚者必解而更张之，乃可鼓也；为政而不行，甚者必变而更化之，乃可理也。当更张而不更张，虽有良工不能善调也；当更化而不更化，虽有大贤不能善治也。故汉得天下以来，常欲善治而至今不可善治者，失之于当更化而不更化也。古人有言曰："临渊羡鱼，不如退而结网。"今临政而愿治七十余岁矣，不如退而更化；更化则可善治，善治则灾害日去，福禄日来。《诗》云："宜民宜人，受禄于天。"为政而宜于民者，固当受禄于天。夫仁、谊、礼、知、信五常之道，王者所当修饬也；五者修饬，故受天之祐，而享鬼神之灵，德施于方外，延及群生也。

天子览其对而异焉，乃复册之曰：

制曰：盖闻虞舜之时，游于岩郎之上，垂拱无为，而天下太平。周文王至于日昃不暇食，而宇内亦治。夫帝王之道，岂不同条共贯与？何逸劳之殊也？

盖俭者不造玄黄旌旗之饰。及至周室，设两观，乘大路，朱干玉戚，八佾陈于庭，而颂声兴。夫帝王之道岂异指哉？或曰良玉不瑑，又曰非文无以辅德，二端异焉。

殷人执五刑以督奸，伤肌肤以征恶。成、康不式，四十余年天下不犯，囹圄空虚。秦国用之，死者甚众，刑者相望，秏矣哀哉！

乌虖！朕夙寤晨兴，惟前帝王之宪，永思所以奉至尊，章洪业，皆在力本任贤。今朕亲耕籍田以为农先，劝孝弟，崇有德，使者冠盖相望，问勤劳，恤孤独，尽思极神，功烈休德未始云获也。今阴阳错缪，氛气充塞，群生寡遂，黎民未济，廉耻贸乱，贤不肖浑殽，未得其真，故详延特起之士，庶几乎！今子大夫待诏百有余人，或道世务而未济，稽诸上古之不同，考之于今而难行，毋乃牵于文系而不得骋与？将所繇异术，所闻殊方与？各悉对，著于篇，毋讳有司。明其指略，切磋究之，以称朕意。

仲舒对曰：

臣闻尧受命，以天下为忧，而未以位为乐也，故诛逐乱臣，务求贤圣，是以得舜、禹、稷、卨、咎繇。众圣辅德，贤能佐职，教化大行，天下和洽，万民皆安仁乐谊，各得其宜，动作应礼，从容中道。故孔子曰“如有王者，必世而后仁”，此之谓也。尧在位七十载，乃逊于位以禅虞舜。尧崩，天下不归尧子丹朱而归舜。舜知不可辟，乃即天子之位，以禹为相，因尧之辅佐，继其统业，是以垂拱无为而天下治。孔子曰“《韶》尽美矣，又尽善矣”，此之谓也。至于殷纣，逆天暴物，杀戮贤知，残贼百姓。伯夷、太公皆当世贤者，隐处而不为臣。守职之人皆奔走逃亡，入于河海。天下秏乱，万民不安，故天下去殷而从周。文王顺天理物，师用贤圣，是以闳夭、大颠、散宜生等亦聚于朝廷。爱施兆民，天下归之，故太公起海滨而即三公也。当此之时，纣尚在上，尊卑昏乱，百姓散亡，故文王悼痛而欲安之，是以日昃而不暇食也。孔子作《春秋》，先正王而系万事，见素王之文焉。由此观之，帝王之条贯同，然而劳逸异者，所遇之时异也。孔子曰“《武》尽美矣，未尽善也”，此之谓也。

臣闻制度文采玄黄之饰，所以明尊卑，异贵贱，而劝有德也。故《春秋》受命所先制者，改正朔，易服色，所以应天也。然则宫室旌旗之制，有法而然者也。故孔子曰：“奢则不逊，俭则固。”俭非圣人之中制也。臣闻良玉不瑑，资质润美，不待刻瑑，此亡异于达巷党人不学而自知也。然则常玉不瑑，不成文章；君子不学，不成其德。

臣闻圣王之治天下也，少则习之学，长则材诸位，爵禄以养其德，刑罚以威其恶，故民晓于礼谊而耻犯其上。武王行大谊，平残贼，周公作礼乐以文之，至于成康之隆，囹圄空虚四十余年。此亦教化之渐而仁谊之流，非独伤肌肤之效也。至秦则不然。师申、商之法，行韩非之说，憎帝王之道，以贪狼为俗，非有文德以教训于下也。诛名而不察实，为善者不必免，而犯恶者未必刑也。是以百官皆饰虚辞而不顾实，外有事君之礼，内有背上之心，造伪饰诈，趣利无耻；又好用憯酷之吏，赋敛亡度，竭民财力，百姓散亡，不得从耕织之业，群盗并起。是以刑者甚众，死者相望，而奸不息，俗化使然也。故孔子曰“导之以政，齐之以刑，民免而无耻”，此之谓也。

今陛下并有天下，海内莫不率服，广览兼听，极群下之知，尽天下之美，至德昭然，施于方外。夜郎、康居，殊方万里，说德归谊，此太平之致也。然而功不加于百姓者，殆王心未加焉。曾子曰：“尊其所闻，则高明矣；行其所知，则光大矣。高明光大，不在于它，在乎加之意而已。”愿陛下因用所闻，设诚于内而致行之，则三王何异哉！

陛下亲耕籍田以为农先，夙寤晨兴，忧劳万民，思惟往古，而务以求贤，此亦尧、舜之用心也，然而未云获者，士素不厉也。夫不素养士而欲求贤，譬犹不琢玉而求文采也。故养士之大者，莫大乎太学；太学者，贤士之所关也，教化之本原也。今以一郡一国之众，对亡应书者，是王道往往而绝也。臣愿陛下兴太学，置明师，以养天下之士，数考问以尽其材，则英俊宜可得矣。今之郡守、县令，民之师帅，所使承流而宣化也；故师帅不贤，则主德不宣，恩泽不流。今吏既亡教训于下，或不承用主上之法，暴虐百姓，与奸为市，贫穷孤弱，冤苦失职，甚不称陛下之意。是以阴阳错缪，氛气充塞，群生寡遂，黎民未济，皆长吏不明，使至于此也。

夫长吏多出于郎中、中郎，吏二千石子弟选郎吏，又以富訾，未必贤也。且古所谓功者，以任官称职为差，非谓积日累久也。故小材虽累日，不离于小官；贤材虽未久，不害为辅佐。是以有司竭力尽知，务治其业而以赴功。今则不然。累日以取贵，积久以致官，是以廉耻贸乱，贤不肖浑殽，未得其真。臣愚以为使诸列侯、郡守、二千石各择其吏民之贤者，岁贡各二人以给宿卫，且以观大臣之能；所贡贤者有赏，所贡不肖者有罚。夫如是，诸侯、吏二千石皆尽心于求贤，天下之士可得而官使也。遍得天下之贤人，则三王之盛易为，而尧、舜之名可及也。毋以日月为功，实试贤能为上，量材而授官，录德而定位，则廉耻殊路，贤不肖异处矣。陛下加惠，宽臣之罪，令勿牵制于文，使得切磋究之，臣敢不尽愚！

于是天子复册之。

制曰：盖闻"善言天者必有征于人，善言古者必有验于今"。故朕垂问乎天人之应，上嘉唐、虞，下悼桀、纣，寖微寖灭寖明寖昌之道，虚心以改。今子大夫明于阴阳所以造化，习于先圣之道业，然而文采未极，岂惑乎当世之务哉？条贯靡竟，统纪未终，意朕之不明与？听若眩与？夫三王之教所祖不同，而皆有失，或谓久而不易者道也，意岂异哉？今子大夫既已著大道之极，陈治乱之端矣，其悉之究之，孰之复之。《诗》不云乎："嗟尔君子，毋常安息，神之听之，介尔景福。"朕将亲览焉，子大夫其茂明之。

仲舒复对曰：

臣闻《论语》曰："有始有卒者，其唯圣人乎！"今陛下幸加惠，留听于承学之臣，复下明册，以切其意，而究尽圣德，非愚臣之所能具也。前所上对，条贯靡竟，统纪不终，辞不别白，指不分明，此臣浅陋之罪也。

册曰："善言天者必有征于人，善言古者必有验于今。"臣闻天者群物之祖也，故遍覆包函而无所殊，建日月风雨以和之，经阴阳寒暑以成之。故圣人法天而立道，亦溥爱而亡私，布德施仁以厚之，设谊立礼以导之。春者天之所以生也，仁者君之所以爱也；夏者天之所以长也，德者君之所以养也；霜者天之所以杀也，刑者君之所以罚也。繇此言之，天人之征，古今之道也。孔子作《春秋》，上揆之天道，下质诸人情，参之于古，考之于今。故《春秋》之所讥，灾害之所加也；《春秋》之所恶，怪异之所施也。书邦家之过，兼灾异之变，以此见人之所为，其美恶之极，乃与天地流通而往来相应，此亦言天之一端也。古者修教训之官，务以德善化民，民已大化之后，天下常亡一人之狱矣。今世废而不修，亡以化民，民以故弃行谊而死财利，是以犯法而罪多，一岁之狱以万千数。以此见古之不可不用也，故《春秋》变古则讥之。天令之谓命，命非圣人不行；质朴之谓性，性非教化不成；人欲之谓情，情非度制不节。是故王者上谨于承天意，以顺命也；下务明教化民，以成性也；正法度之宜，别上下之序，以防欲也：修此三者，而大本举矣。人受命于天，固超然异于群生，入有父子兄弟之亲，出有君臣上下之谊，会聚相遇，则有耆老长幼之施，粲然有文以相接，欢然有恩以相爱，此人之所以贵也。生五谷以食之，桑麻以衣之，六畜以养之，服牛乘马，圈豹槛虎，是其得天之灵，贵于物也。故孔子曰："天地之性人为贵。"明于天性，知自贵于物；知自贵于物，然后知仁谊；知仁谊，然后重礼节；重礼节，然后安处善；安处善，然后乐循理；乐循理，然后谓之君子。故孔子曰"不知命，亡以为君子"，此之谓也。

册曰："上嘉唐、虞，下悼桀、纣，寖微寖灭寖明寖昌之道，虚心以改。”臣闻众少成多，积小致巨，故圣人莫不以晻致明，以微致显。是以尧发于诸侯，舜兴乎深山，非一日而显也，盖有渐以致之矣。言出于己，不可塞也；行发于身，不可掩也。言行，治之大者，君子之所以动天地也。故尽小者大，慎微者著。《诗》云：“惟此文王，小心翼翼。”故尧兢兢日行其道，而舜业业日致其孝，善积而名显，德章而身尊，此其寖明寖昌之道也。积善在身，犹长日加益，而人不知也；积恶在身，犹火之销膏，而人不见也。非明乎情性察乎流俗者，孰能知之？此唐、虞之所以得令名，而桀、纣之可为悼惧者也。夫善恶之相从，如景乡之应形声也。故桀、纣暴谩，谗贼并进，贤知隐伏，恶日显，国日乱，晏然自以如日在天，终陵夷而大坏。夫暴逆不仁者，非一日而亡也，亦以渐至，故桀、纣虽亡道，然犹享国十余年，此其寖微寖灭之道也。

册曰：“三王之教所祖不同，而皆有失，或谓久而不易者道也，意岂异哉？”臣闻夫乐而不乱复而不厌者谓之道；道者万世亡弊，弊者道之失也。先王之道必有偏而不起之处，故政有眊而不行，举其偏者以补其弊而已矣。三王之道所祖不同，非其相反，将以救溢扶衰，所遭之变然也。故孔子曰：“亡为而治者，其舜乎！”改正朔，易服色，以顺天命而已；其余尽循尧道，何更为哉！故王者有改制之名，亡变道之实。然夏上忠，殷上敬，周上文者，所继之救，当用此也。孔子曰：“殷因于夏礼，所损益可知也；周因于殷礼，所损益可知也；其或继周者，虽百世可知也。”此言百王之用，以此三者矣。夏因于虞，而独不言所损益者，其道如一而所上同也。道之大原出于天，天不变，道亦不变，是以禹继舜，舜继尧，三圣相受而守一道，亡救弊之政也，故不言其所损益也。繇是观之，继治世者其道同，继乱世者其道变。今汉继大乱之后，若宜少损周之文致，用夏之忠者。

陛下有明德嘉道，愍世欲之靡薄，悼王道之不昭，故举贤良方正之士，论议考问，将欲兴仁谊之休德，明帝王之法制，建太平之道也。臣愚不肖，述所闻，诵所学，道师之言，廑能勿失耳。若乃论政事之得失，察天下之息秏，此大臣辅佐之职，三公九卿之任，非臣仲舒所能及也。然而臣窃有怪者。夫古之天下亦今之天下，今之天下亦古之天下，共是天下，古以大治，上下和睦，习俗美盛，不令而行，不禁而止，吏亡奸邪，民亡盗贼，囹圄空虚，德润草木，泽被四海，凤皇来集，麒麟来游，以古准今，壹何不相逮之远也！安所缪盭而陵夷若是？意者有所失于古之道与？有所诡于天之理与？试迹之于古，返之于天，党可得见乎？

夫天亦有所分予，予之齿者去其角，傅其翼者两其足，是所受大者不得取小也。古之所予禄者，不食于力，不动于末，是亦受大者不得取小，与天同意者也。夫已受大，又取小，天不能足，而况人乎！此民之所以嚣嚣苦不足也。身宠而载高位，家温而食厚禄，因乘富贵之资力，以与民争利于下，民安能如之哉！是故众其奴婢，多其牛羊，广其田宅，博其产业，畜其积委，务此而亡已，以迫蹴民，民日削月朘，寖以大穷。富者奢侈羡溢，贫者穷急愁苦；穷急愁苦而上不救，则民不乐生；民不乐生，尚不避死，安能避罪！此刑罚之所以蕃而奸邪不可胜者也。故受禄之家，食禄而已，不与民争业，然后利可均布，而民可家足。此上天之理，而亦太古之道，天子之所宜法以为制，大夫之所当循以为行也。故公仪子相鲁，之其家见织帛，怒而出其妻，食于舍而茹葵，愠而拔其葵，曰："吾已食禄，又夺园夫红女利乎！"古之贤人君子在列位者皆如是，是故下高其行而从其教，民化其廉而不贪鄙。及至周室之衰，其卿大夫缓于谊而急于利，亡推让之风而有争田之讼。故诗人疾而刺之，曰："节彼南山，惟石岩岩，赫赫师尹，民具尔瞻。"尔好谊，则民乡仁而俗善；尔好利，则民好邪而俗败。由是观之，天子大夫者，下民之所视效，远方之所四面而内望也。近者视而放之，远者望而效之，岂可以居贤人之位而为庶人行哉！夫皇皇求财利常恐乏匮者，庶人之意也；皇皇求仁义常恐不能化民者，大夫之意也。《易》曰："负且乘，致寇至。"乘车者君子之位也，负担者小人之事也，此言居君子之位而为庶人之行者，其患祸必至也。若居君子之位，当君子之行，则舍公仪休之相鲁，亡可为者矣。

《春秋》大一统者，天地之常经，古今之通谊也。今师异道，人异论，百家殊方，指意不同，是以上亡以持一统；法制数变，下不知所守。臣愚以为诸不在六艺之科孔子之术者，皆绝其道，勿使并进。邪辟之说灭息，然后统纪可一而法度可明，民知所从矣。

对既毕，天子以仲舒为江都相，事易王。易王，帝兄，素骄，好勇。仲舒以礼谊匡正，王敬重焉。久之，王问仲舒曰："粤王句践与大夫泄庸、种、蠡谋伐吴，遂灭之。孔子称殷有三仁，寡人亦以为粤有三仁。桓公决疑于管仲，寡人决疑于君。"仲舒对曰："臣愚不足以奉大对。闻昔者鲁君问柳下惠：'吾欲伐齐，何如？'柳下惠曰：'不可。'归而有忧色，曰：'吾闻伐国不问仁人，此言何为至于我哉！’徒见问耳，且犹羞之，况设诈以伐吴乎？由此言之，粤本无一仁。夫仁人者，正其谊不谋其利，明其道不计其功。是以仲尼之门，五尺之童羞称五伯，为其先诈力而后仁谊也。苟为诈而已，故不足称于大君子之门也。五伯比于他诸侯为贤，其比三王，犹武夫之与美玉也。”王曰：“善。”

仲舒治国，以《春秋》灾异之变推阴阳所以错行，故求雨，闭诸阳，纵诸阴，其止雨反是；行之一国，未尝不得所欲。中废为中大夫。先是辽东高庙、长陵高园殿灾，仲舒居家推说其意，草稿未上，主父偃候仲舒，私见，嫉之，窃其书而奏焉。上召视诸儒，仲舒弟子吕步舒不知其师书，以为大愚。于是下仲舒吏，当死，诏赦之。仲舒遂不敢复言灾异。

仲舒为人廉直。是时方外攘四夷，公孙弘治《春秋》不如仲舒，而弘希世用事，位至公卿。仲舒以弘为从谀，弘嫉之。胶西王亦上兄也，尤纵恣，数害吏二千石。弘乃言于上曰：“独董仲舒可使相胶西王。”胶西王闻仲舒大儒，善待之。仲舒恐久获罪，病免。凡相两国，辄事骄王，正身以率下，数上疏谏争，教令国中，所居而治。及去位归居，终不问家产业，以修学著书为事。

仲舒在家，朝廷如有大议，使使者及廷尉张汤就其家而问之，其对皆有明法。自武帝初立，魏其、武安侯为相而隆儒矣。及仲舒对册，推明孔氏，抑黜百家。立学校之官，州郡举茂材孝廉，皆自仲舒发之。年老，以寿终于家。家徙茂陵，子及孙皆以学至大官。

仲舒所著，皆明经术之意，及上疏条教，凡百二十三篇。而说《春秋》事得失，《闻举》、《玉杯》、《蕃露》、《清明》、《竹林》之属，复数十篇，十余万言，皆传于后世。掇其切当世施朝廷者著于篇。

赞曰：刘向称："董仲舒有王佐之材，虽伊、吕亡以加，管、晏之属，伯者之佐，殆不及也。"至向子歆以为："伊、吕乃圣人之耦，王者不得则不兴。故颜渊死，孔子曰：'噫！天丧余。'唯此一人为能当之，自宰我、子赣、子夏不与焉。仲舒遭汉承秦灭学之后，《六经》离析，下帷发愤，潜心大业，令后学者有所统壹，为群儒首。然考其师友渊源所渐，犹未及乎游、夏，而曰管、晏弗及，伊、吕不加，过矣。"至向曾孙龚，笃论君子也，以歆之言为然。

# 汉书卷五十七上

## 司马相如传第二十七上

司马相如字长卿，蜀郡成都人也。少时好读书，学击剑，名犬子。相如既学，慕蔺相如之为人也，更名相如。以訾为郎，事孝景帝，为武骑常侍，非其好也。会景帝不好辞赋，是时梁孝王来朝，从游说之士齐人邹阳、淮阴枚乘、吴严忌夫子之徒，相如见而说之，因病免，客游梁，得与诸侯游士居，数岁，乃著《子虚之赋》。

会梁孝王薨，相如归，而家贫无以自业。素与临邛令王吉相善，吉曰："长卿久宦游，不遂而困，来过我。"于是相如往舍都亭。临邛令缪为恭敬，日往朝相如。相如初尚见之，后称病，使从者谢吉，吉愈益谨肃。

临邛多富人，卓王孙僮客八百人，程郑亦数百人，乃相谓曰："令有贵客，为具召之。并召令。"令既至，卓氏客以百数，至日中请司马长卿，长卿谢病不能临。临邛令不敢尝食，身自迎相如，相如为不得已而强往，一坐尽倾。酒酣，临邛令前奏琴曰："窃闻长卿好之，愿以自娱。"相如辞谢，为鼓一再行。是时，卓王孙有女文君新寡，好音，故相如缪与令相重而以琴心挑之。相如时从车骑，雍容闲雅，甚都。及饮卓氏弄琴，文君窃从户窥，心说而好之，恐不得当也。既罢，相如乃令侍人重赐文君侍者通殷勤。文君夜亡奔相如，相如与驰归成都。家徒四壁立。卓王孙大怒曰："女不材，我不忍杀，一钱不分也！"人或谓王孙，王孙终不听。文君久之不乐，谓长卿曰："弟俱如临邛，从昆弟假贷，犹足以为生，何至自苦如此！"相如与俱之临邛，尽卖车骑，买酒舍，乃令文君当卢。相如身自著犊鼻裈，与庸保杂作，涤器于市中。卓王孙耻之，为杜门不出。昆弟诸公更谓王孙曰："有一男两女，所不足者非财也。今文君既失身于司马长卿，长卿故倦游，虽贫，其人材足依也。且又令客，奈何相辱如此！"卓王孙不得已，分与文君僮百人，钱百万，及其嫁时衣被财物。文君乃与相如归成都，买田宅，为富人。

居久之，蜀人杨得意为狗监，侍上。上读《子虚赋》而善之，曰："朕独不得与此人同时哉！"得意曰："臣邑人司马相如自言为此赋。"上惊，乃召问相如。相如曰："有是。然此乃诸侯之事，未足观，请为天子游猎之赋。"上令尚书给笔札，相如以"子虚"，虚言也，为楚称；"乌有先生"者，乌有此事也，为齐难；"亡是公"者，亡是人也，欲明天子之义。故虚借此三人为辞，以推天子诸侯之苑囿。其卒章归于节俭，因以风谏。奏之天子，天子大说。其辞曰：

楚使子虚使于齐，齐王悉发车骑与使者出田。田罢，子虚过姹乌有先生，亡是公存焉。坐定，乌有先生问曰："今日田乐乎？"子虚曰："乐。""获多乎？"曰："少。""然则何乐？"对曰："仆乐王之欲夸仆以车骑之众，而仆对以云梦之事也。"曰："可得闻乎？"

子虚曰："可。王驾车千乘，选徒万骑，田于海滨，列卒满泽，罘罔弥山。掩菟辚鹿，射麋格麟，骛于盐浦，割鲜染轮。射中获多，矜而自功，顾谓仆曰：'楚亦有平原广泽游猎之地饶乐若此者乎？楚王之猎孰与寡人？'仆下车对曰：'臣，楚国之鄙人也，幸得宿卫十有余年，时从出游，游于后园，览于有无，然犹未能遍睹也。又乌足以言其外泽乎？'齐王曰：'虽然，略以子之所闻见言之。'

"仆对曰：'唯唯。臣闻楚有七泽，尝见其一，未睹其余也。臣之所见，盖特其小小者耳，名曰云梦。云梦者，方九百里，其中有山焉。其山则盘纡岪郁，隆崇律崒；岑崟参差，日月蔽亏；交错纠纷，上干青云；罢池陂陁，下属江河。其土则丹青赭垩，雌黄白坿，锡碧金银，众色炫耀，照烂龙鳞。其石则赤玉玫瑰，琳珉昆吾，瑊玏玄厉，碝石武夫。其东则有蕙圃，衡兰芷若，穹穷昌蒲，江离蘪芜，诸柘巴且。其南则有平原广泽，登降陁靡，案衍坛曼，缘以大江，限以巫山。其高燥则生葴析苞荔，薛莎青薠。其埤湿则生藏莨蒹葭，东蘠雕胡，莲藕觚卢，奄闾轩于。众物居之，不可胜图。其西则有涌泉清池，激水推移，外发夫容蔆华，内隐巨石白沙。其中则有神龟蛟鼍，毒冒鳖鼋。其北则有阴林巨树，楩楠豫章，桂椒木兰，檗离朱杨，樝梨梬栗，橘柚芬芳。其上则有宛雏孔鸾，腾远射干。其下则有白虎玄豹，蟃蜒貙豻。

"'于是乎乃使钊诸之伦，手格此兽。楚王乃驾驯驳之驷，乘雕玉之舆，靡鱼须之桡旃，曳明月之珠旗，建干将之雄戟，左乌号之雕弓，右夏服之劲箭；阳子骖乘，孅阿为御；案节未舒，即陵狡兽，蹴蛩蛩，辚距虚，轶野马，韢驹駼；乘遗风，射游骐，倏胂倩浰，雷动猋至，星流电击，弓不虚发，中必决眦，洞胸达掖，绝乎心系，获若雨兽，掩草蔽地。于是楚王乃弭节徘徊，翱翔容与，览乎阴林，观壮士之暴怒，与猛兽之恐惧，徼谻受诎，殚睹众物之变态。

"'于是郑女曼姬，被阿锡，揄纻缟，杂纤罗，垂雾縠，襞积褰绉，郁桡谿谷；衯衯裶裶，扬袘戌削，蜚襳垂髾；扶舆猗靡，翕呷萃蔡，下摩兰蕙，上拂羽盖；错翡翠之葳蕤，缪绕玉绥；眇眇忽忽，若神之仿佛。

"'于是乃群相与獠于蕙圃，媻姗勃窣，上金堤，揜翡翠，射鵕䴊，微矰出，孅缴施，弋白鹄，连驾鹅，双鸧下，玄鹤加。怠而后游于清池，浮文鹢，扬旌栧，张翠帷，建羽盖。罔毒冒，钓紫贝，摐金鼓，吹鸣籁，榜人歌，声流喝，水虫骇，波鸿沸，涌泉起，奔扬会，礧石相击，琅琅礚礚，若雷霆之声，闻乎数百里外。

"'将息獠者，击灵鼓，起烽燧，车案行，骑就队，缅乎淫淫，般乎裔裔。于是楚王乃登阳云之台，泊乎无为，澹乎自持，勺药之和具而后御之。不若大王终日驰骋，曾不下舆，脟割轮焠，自以为娱。臣窃观之，齐殆不如。'于是王无以应仆也。"

乌有先生曰："是何言之过也！足下不远千里，来况齐国，王悉境内之士，备车骑之众，与使者出田，乃欲戮力致获，以娱左右也，何名为夸哉！问楚地之有无者，愿闻大国之风烈，先生之余论也。今足下不称楚王之德厚，而盛推云梦以为骄，奢言淫乐而显侈靡，窃为足下不取也。必若所言，固非楚国之美也。有而言之，是章君之恶也；无而言之，是害足下之信也。章君恶，伤私义，二者无一可，而先生行之，必且轻于齐而累于楚矣。且齐东陼巨海，南有琅邪，观乎成山，射乎之罘，浮勃澥，游孟诸，邪与肃慎为邻，右以汤谷为界。秋田乎青丘，仿偟乎海外，吞若云梦者八九，其于匈中曾不蒂芥。若乃俶傥瑰玮，异方殊类，珍怪鸟兽，万端鳞崪，充仞其中者，不可胜记，禹不能名，卨不能计。然在诸侯之位，不敢言游戏之乐，苑囿之大；先生又见客，是以王辞不复，何为无以应哉！”

亡是公听然而笑曰：“楚则失矣，而齐亦未为得也。夫使诸侯纳贡者，非为财币，所以述职也；封疆画界者，非为守御，所以禁淫也。今齐列为东蕃，而外私肃慎，捐国隃限，越海而田，其于义固未可也。且二君之论，不务明君臣之义，正诸侯之礼，徒事争于游戏之乐，苑囿之大，欲以奢侈相胜，荒淫相越，此不可以扬名发誉，而适足以贬君自损也。

“且夫齐、楚之事又乌足道乎！君未睹夫巨丽也，独不闻天子之上林乎？左苍梧，右西极，丹水更其南，紫渊径其北。终始霸、产，出入泾、渭，酆、镐、潦、潏，纡余委蛇，经营其内。荡荡乎八川分流，相背异态，东西南北，驰骛往来，出乎椒丘之阙，行乎州淤之浦，径乎桂林之中，过乎泱莽之野，汩乎混流，顺阿而下，赴隘狭之口，触穹石，激堆埼，沸乎暴怒，汹涌彭湃，滭弗宓汩，逼侧泌瀄，横流逆折，转腾潎洌，滂濞沆溉，穹隆云桡，宛潬胶盭，逾波趋浥，莅莅下濑，批岩冲拥，奔扬滞沛，临坻注壑，瀺灂賈队，沈沈隐隐，砰磅訇礚，潏潏淈淈，湁潗鼎沸，驰波跳沫，汩濦漂疾，悠远长怀。寂漻无声，肆乎永归。然后灏溔潢漾，安翔徐徊，翯乎滈滈，东注大湖，衍溢陂池。于是蛟龙赤螭，䱭䲛渐离，鰅鰫鰬魠，禺禺魼鳎，揵鳍掉尾，振鳞奋翼，潜处乎深岩。鱼鳖欢声，万物众伙。明月珠子，的皪江靡，蜀石黄碝，水玉磊砢，磷磷烂烂，采色澔汗，丛积乎其中。鸿鹔鹄鸨，驾鹅属玉，交精旋目，烦鹜庸渠，箴疵䴔卢，群浮乎其上。泛淫泛滥，随风澹淡，与波摇荡，奄薄水陼，唼喋菁藻，咀嚼菱藕。

“于是乎崇山矗矗，巃嵸崔嵬，深林巨木，崭岩参差。九嵕巀嶭，南山峨峨，岩陁甗锜，嶉崣崛崎，振溪通谷，蹇产沟渎，谽呀豁閜，阜陵别隝，崴磈葨瘣，丘虚崛礨，隐辚郁垒，登降施靡，陂池貏豸。允溶淫鬻，散涣夷陆，亭皋千里，靡不被筑。掩以绿蕙，被以江离，糅以蘼芜，杂以留夷。布结缕，攒戾莎，揭车衡兰，稿本射干，茈姜蘘荷，葴持若荪，鲜支黄砾，蒋茅青薠，布濩闳泽，延曼太原，离靡广衍，应风披靡，吐芳扬烈，郁郁菲菲，众香发越，肸蚃布写，晻薆咇茀。

“于是乎周览泛观，缜纷轧芴，芒芒恍忽，视之无端，察之无涯。日出东沼，入乎西陂。其南则隆冬生长，涌水跃波；其兽则庸旄貘犛，沈牛麈麋，赤首圜题，穷奇象犀。其北则盛夏含冻裂地，涉冰揭河；其兽则麒麟角端，驹駼橐驼，蛩蛩弹騱，駃騠驴骡。

“于是乎离宫别馆，弥山跨谷，高廊四注，重坐曲阁，华榱璧珰，辇道纚属，步榈周流，长途中宿。夷嵕筑堂，累台增成，岩突洞房。俯杳眇而无见，仰攀橑而扪天，奔星更于闺闼，宛虹拖于楯轩。青龙蚴蟉于东箱，象舆婉僤于西清，灵圉燕于闲馆，偓佺之伦暴于南荣，醴泉涌于清室，通川过于中庭。磐石振崖，嵚岩倚倾，嵯峨嶕嶫，刻削峥嵘，玫瑰碧琳，珊瑚丛生，珉玉旁唐，玢豳文磷，赤瑕驳荦，杂臿其间，朝采琬琰，和氏出焉。

“于是乎卢橘夏孰，黄甘橙楱，枇杷橪柿，亭奈厚朴，梬枣杨梅，樱桃蒲陶，隐夫薁棣，答遝离支，罗乎后宫，列乎北园，貤丘陵，下平原，扬翠叶，扤紫茎，发红华，垂朱荣，煌煌扈扈，照曜巨野。沙棠栎槠，华枫枰栌，留落胥邪，仁频并间，欃檀木兰，豫章女贞，长千仞，大连抱，夸条直畅，实叶葰茂，攒立丛倚，连卷欐佹，崔错癹骫，坑衡閜砢，垂条扶疏，落英幡纚，纷溶萷蔘，猗柅从风，莅莅卉歙，盖象金石之声，管籥之音。柴池茈虒，旋还乎后宫，杂袭累辑，被山缘谷，循阪下隰，视之无端，究之亡穷。

“于是乎玄猿素雌，蜼玃飞蠝，蛭蜩玃猱，獑胡豰蛫，栖息乎其间。长啸哀鸣，翩幡互经，夭蛴枝格，偃蹇杪颠，逾绝梁，腾殊榛，捷垂条，掉希间，牢落陆离，烂漫远迁。

“若此者数百千处，娱游往来，宫宿馆舍，庖厨不徙，后宫不移，百官备具。

“于是乎背秋涉冬，天子校猎。乘镂象，六玉虬，拖蜺旌，靡云旗，前皮轩，后道游；孙叔奉辔，卫公参乘，扈从横行，出乎四校之中。鼓严簿，纵猎者，江河为阹，泰山为橹，车骑雷起，殷天动地，先后陆离，离散别追，淫淫裔裔，缘陵流泽，云布雨施。生貔豹，搏豺狼，手熊罴，足野羊，蒙鹖苏，绔白虎，被斑文，跨野马，陵三嵕之危，下碛历之坻，径峻赴险，越壑厉水。推蜚廉，弄解廌，格虾蛤，铤猛氏，羂要裹，射封豕。箭不苟害，解脰陷脑；弓不虚发，应声而倒。

“于是乘舆弭节徘徊，翱翔往来，睨部曲之进退，览将帅之变态。然后侵淫促节，儵夐远去，流离轻禽，蹴履狡兽，轊白鹿，捷狡兔。轶赤电，遗光耀，追怪物，出宇宙，弯蕃弱，满白羽，射游枭，栎蜚遽。择肉而后发，先中而命处，弦矢分，艺殪仆。

“然后扬节而上浮，陵惊风，历骇猋，乘虚亡，与神俱，藺玄鹤，乱昆鸡，遒孔鸾，促鵕鸡，拂翳鸟，捎凤凰，捷鹓鸲，揜焦明。

“道尽涂殚，回车而还。消摇乎襄羊，降集乎北纮，率乎直指，揜乎反乡，蹶石关，历封峦，过鳷鹊，望露寒，下堂梨，息宜春，西驰宣曲，濯鹢牛首，登龙台，掩细柳，观士大夫之勤略，钧猎者之所得获。徒车之所阘轹，骑之所蹂若，人之所蹈藉，与其穷极倦觓，惊惮詟伏，不被创刃而死者，它它藉藉，填坑满谷，掩平弥泽。

“于是乎游戏懈怠，置酒乎颢天之台，张乐乎胶葛之寓，撞千石之钟，立万石之虡，建翠华之旗，树灵鼍之鼓，奏陶唐氏之舞，听葛天氏之歌，千人倡，万人和，山陵为之震动，川谷为之荡波。巴、俞、宋、蔡，淮南《干遮》，文成颠歌，族居递奏，金鼓迭起，铿鎗阘鞈，洞心骇耳。荆、吴、郑、卫之声，《韶》、《濩》、《武》、《象》之乐，阴淫案衍之音，鄢、郢缤纷，《激楚》、《结风》，俳优侏儒，狄鞮之倡，所以娱耳目乐心意者，丽靡烂漫于前，靡曼美色于后。

“若夫青琴、虙妃之徒，绝殊离俗，妖冶闲都，靓庄刻饰，便嬛繛约，柔桡嫚嫚，妩媚纤弱，曳独茧之褕袘，眇阎易以恤削，便姗嫳屑，与世殊服，芬芳沤郁，酷烈淑郁，皓齿粲烂，宜笑的皪，长眉连娟，微睇绵藐，色授魂予，心愉于侧。

“于是酒中乐酣，天子芒然而思，似若有亡，曰：‘嗟乎，此大奢侈！朕以览听余闲，无事弃日，顺天道以杀伐，时休息于此，恐后世靡丽，遂往而不返，非所以为继嗣创业垂统也。’于是乎乃解酒罢猎，而命有司曰：“地可垦辟，悉为农郊，以赡氓隶，陨墙填堑，使山泽之民得至焉。实陂池而勿禁，虚宫馆而勿仞。发仓廪以救贫穷，补不足，恤鳏寡，存孤独。出德号，省刑罚，改制度，易服色，革正朔，与天下为始。”

“于是历吉日以斋戒，袭朝服，乘法驾，建华旗，鸣玉鸾，游于六艺之囿，驰骛乎仁义之涂，览观《春秋》之林，射《狸首》，兼《驺虞》，弋玄鹤，舞干戚，戴云罕，揜群雅，悲《伐檀》，乐乐胥，修容乎《礼》园，翱翔乎《书》圃，述《易》道，放怪兽，登明堂，坐清庙，恣群臣，奏得失，四海之内，靡不受获。于斯之时，天下大说，乡风而听，随流而化，芔然兴道而迁义，刑错而不用，德隆于三皇，功羡于五帝。若此，故猎乃可喜也。

“若夫终日驰骋，劳神苦形，罢车马之用，抏士卒之精，费府库之财，而无德厚之恩，务在独乐，不顾众庶，忘国家之政，贪雉菟之获，则仁者不繇也。从此观之，齐、楚之事，岂不哀哉！地方不过千里，而囿居九百，是草木不得垦辟，而民无所食也。夫以诸侯之细，而乐万乘之所侈，仆恐百姓被其尤也。”

于是二子愀然改容，超若自失，逡巡避席，曰：“鄙人固陋，不知忌讳，乃今日见教，谨受命矣。”

赋奏，天子以为郎。亡是公言上林广大，山谷水泉万物，及子虚言云梦所有甚众，侈靡多过其实，且非义理所止，故删取其要，归正道而论之。

# 汉书卷五十七下

## 司马相如传第二十七下

相如为郎数岁，会唐蒙使略通夜郎、僰中，发巴、蜀吏卒千人，郡又多为发转漕万余人，用军兴法诛其渠率。巴、蜀民大惊恐。上闻之，乃遣相如责唐蒙等，因谕告巴、蜀民以非上意。檄曰：

告巴、蜀太守：蛮夷自擅，不讨之日久矣，时侵犯边境，劳士大夫。陛下即位，存抚天下，集安中国，然后兴师出兵，北征匈奴，单于怖骇，交臂受事，屈膝请和。康居西域，重译纳贡，稽首来享。移师东指，闽越相诛；右吊番禺，太子入朝。南夷之君，西僰之长，常效贡职，不敢惰怠，延颈举踵，喁喁然，皆乡风慕义，欲为臣妾，道里辽远，山川阻深，不能自致。夫不顺者已诛，而为善者未赏，故遣中郎将往宾之，发巴、蜀之士各五百人以奉币，卫使者不然，靡有兵革之事，战斗之患。今闻其乃发军兴制，惊惧子弟，忧患长老，郡又擅为转粟运输，皆非陛下之意也。当行者或亡逃自贼杀，亦非人臣之节也。

夫边郡之士，闻烽举燧燔，皆摄弓而驰，荷兵而走，流汗相属，惟恐居后，触白刃，冒流矢，议不反顾，计不旋踵，人怀怒心，如报私仇。彼岂乐死恶生，非编列之民，而与巴、蜀异主哉？计深虑远，急国家之难，而乐尽人臣之道也。故有剖符之封，析圭而爵，位为通侯，居列东第。终则遗显号于后世，传土地于子孙，事行甚忠敬，居位甚安佚，名声施于无穷，功烈著而不灭。是以贤人君子，肝脑涂中原，膏液润野草而不辞也。今奉币使至南夷，即自贼杀，或亡逃抵诛，身死无名，谥为至愚，耻及父母，为天下笑。人之度量相越，岂不远哉！然此非独行者之罪也，父兄之教不先，子弟之率不谨，寡廉鲜耻，而俗不长厚也。其被刑戮，不亦宜乎！

陛下患使者有司之若彼，悼不肖愚民之如此，故遣信使，晓谕百姓以发卒之事，因数之以不忠死亡之罪，让三老孝弟以不教诲之过。方今田时，重烦百姓，已亲见近县，恐远所谿谷山泽之民不遍闻，檄到，亟下县道，咸谕陛下意，毋忽！

相如还报。唐蒙已略通夜郎，因通西南夷道，发巴、蜀、广汉卒，作者数万人。治道二岁，道不成，士卒多物故，费以亿万计。蜀民及汉用事者多言其不便。是时邛、莋之君长闻南夷与汉通，得赏赐多，多欲愿为内臣妾，请吏，比南夷。上问相如，相如曰："邛、莋、冉、駹者近蜀，道易通，异时尝通为郡县矣，至汉兴而罢。今诚复通，为置县，愈于南夷。"上以为然，乃拜相如为中郎将，建节往使。副使者王然于、壶充国、吕越人，驰四乘之传，因巴、蜀吏币物以赂西南夷。至蜀，太守以下郊迎，县令负弩矢先驱，蜀人以为宠。于是卓王孙、临邛诸公皆因门下献牛、酒以交欢。卓王孙喟然而叹，自以得使女尚司马长卿晚，乃厚分与其女财，与男等。相如使略定西南夷，邛、莋、冉、駹、斯榆之君皆请为臣妾，除边关，边关益斥，西至沫、若水，南至牂牁为徼，通灵山道，桥孙水，以通邛、莋。还报，天子大说。

相如使时，蜀长老多言通西南夷之不为用，大臣亦以为然。相如欲谏，业已建之，不敢，乃著书，借蜀父老为辞，而已诘难之，以风天子，且因宣其使指，令百姓皆知天子意。其辞曰：

汉兴七十有八载，德茂存乎六世，威武纷云，湛恩汪濊，群生沾濡，洋溢乎方外。于是乃命使西征，随流而攘，风之所被，罔不披靡。因朝冉从駹，定莋存邛，略斯榆，举苞蒲，结轨还辕，东乡将报，至于蜀都。

耆老大夫搢绅先生之徒二十有七人，俨然造焉。辞毕，进曰："盖闻天子之于夷狄也，其义羁縻勿绝而已。今罢三郡之士，通夜郎之涂，三年于兹，而功不竟，士卒劳倦，万民不赡；今又接之以西夷，百姓力屈，恐不能卒业，此亦使者之累也，窃为左右患之。且夫邛、莋、西僰之与中国并也，历年兹多，不可记已。仁者不以德来，强者不以力并，意者殆不可乎！今割齐民以附夷狄，弊所恃以事无用，鄙人固陋，不识所谓。"

使者曰："乌谓此乎？必若所云，则是蜀不变服而巴不化俗也，仆尚恶闻若说。然斯事体大，固非观者之所觏也。余之行急，其详不可得闻已。请为大夫粗陈其略：

"盖世必有非常之人，然后有非常之事；有非常之事，然后有非常之功。非常者，固常人之所异也。故曰非常之元，黎民惧焉；及臻厥成，天下晏如也。

"昔者，洪水沸出，泛滥衍溢，民人升降移徙，崎岖而不安。

夏后氏戚之，乃堙洪原，决江疏河，洒沈澹灾，东归之于海，而天下永宁。当斯之勤，岂惟民哉？心烦于虑，而身亲其劳，躬胝骿胝无胈，肤不生毛，故休烈显乎无穷，声称浃乎于兹。

“且夫贤君之践位也，岂特委琐握龊，拘文牵俗，循诵习传，当世取说云尔哉！必将崇论谹议，创业垂统，为万世规。故驰骛乎兼容并包，而勤思乎参天贰地。且《诗》不云乎：‘普天之下，莫非王土；率土之滨，莫非王臣。’是以六合之内，八方之外，浸浔衍溢，怀生之物有不浸润于泽者，贤君耻之。今封疆之内，冠带之伦，咸获嘉祉，靡有阙遗矣。而夷狄殊俗之国，辽绝异党之域，舟车不通，人迹罕至，政教未加，流风犹微，内之则犯义侵礼于边境，外之则邪行横作，放杀其上，君臣易位，尊卑失序，父兄不辜，幼孤为奴虏，系累号泣。内乡而怨，曰：‘盖闻中国有至仁焉，德洋恩普，物靡不得其所，今独曷为遗己！’举踵思慕，若枯旱之望雨，盭夫为之垂涕，况乎上圣，又乌能已？故北出师以讨强胡，南驰使以诮劲越。四面风德，二方之君鳞集仰流，愿得受号者以亿计。故乃关沫、若，徼牂柯，镂灵山，梁孙原，创道德之涂，垂仁义之统，将博恩广施，远抚长驾，使疏逖不闭，曶爽暗昧得耀乎光明，以偃甲兵于此，而息讨伐于彼。遐迩一体，中外禔福，不亦康乎？夫拯民于沈溺，奉至尊之休德，反衰世之陵夷，继周氏之绝业，天子之急务也。百姓虽劳，又恶可以已哉？

“且夫王者固未有不始于忧勤，而终于佚乐者也。然则受命之符合在于此。方将增太山之封，加梁父之事，鸣和鸾，扬乐颂，上咸五，下登三。观者未睹指，听者未闻音，犹焦朋已翔乎寥廓，而罗者犹视乎薮泽，悲夫！”

于是诸大夫茫然丧其所怀来，失厥所以进，喟然并称曰："允哉汉德，此鄙人之所愿闻也。百姓虽劳，请以身先之。"敞罔靡徙，迁延而辞避。其后人有上书言相如使时受金，失官。居岁余，复召为郎。

相如口吃而善著书。常有消渴病。与卓氏婚，饶于财。故其仕宦，未尝肯与公卿国家之事，常称疾闲居，不慕官爵。尝从上至长杨猎。是时天子方好自击熊豕，驰逐野兽，相如因上疏谏。其辞曰：

臣闻物有同类而殊能者，故力称乌获，捷言庆忌，勇期贲、育。臣之愚，窃以为人诚有之，兽亦宜然。今陛下好陵阻险，射猛兽，卒然遇逸材之兽，骇不存之地，犯属车之清尘，舆不及还辕，人不暇施巧，虽有乌获、逢蒙之技不能用，枯木朽株尽为难矣。是胡越起于毂下，而羌夷接轸也，岂不殆哉！虽万全而无患，然本非天子之所宜近也。

且夫清道而后行，中路而驰，犹时有衔橛之变。况乎涉丰草，骋丘虚，前有利兽之乐，而内无存变之意。其为害也不亦难矣！夫轻万乘之重不以为安，乐出万有一危之涂以为娱，臣窃为陛下不取。

盖明者远见于未萌，而知者避危于无形，祸固多藏于隐微而发于人之所忽者也。故鄙谚曰："家累千金，坐不垂堂。"此言虽小，可以谕大。臣愿陛下留意幸察。

上善之。还过宜春宫，相如奏赋以哀二世行失。其辞曰：

登陂陁之长阪兮，坌入曾宫之嵯峨。临曲江之隑州兮，望南山之参差。岩岩深山之谾谾兮，通谷豁乎谽谺。汩淢靸以永逝兮，注平皋之广衍。观众树之蓊薆兮，览竹林之榛榛。东驰土山兮，北揭石濑。弭节容与兮，历吊二世。持身不谨兮，亡国失势；信谗不寤兮，宗庙灭绝。乌乎！操行之不得，墓芜秽而不修兮，魂亡归而不食。

相如拜为孝文园令。上既美子虚之事，相如见上好仙，因曰："上林之事未足美也，尚有靡者。臣尝为《大人赋》，未就，请具而奏之。"相如以为列仙之儒居山泽间，形容甚臞，此非帝王之仙意也，乃遂奏《大人赋》。其辞曰：

世有大人兮，在乎中州。宅弥万里兮，曾不足以少留。悲世俗之迫隘兮，朅轻举而远游。乘绛幡之素蜺兮，载云气而上浮。建格泽之修竿兮，总光耀之采旄。垂旬始以为幓兮，曳彗星而为髾。掉指桥以偃蹇兮，又猗抳以招摇。揽搀抢以为旌兮，靡屈虹而为绸。红杳眇以玄泯兮，猋风涌而云浮。驾应龙象舆之蠖略委丽兮，骖赤螭青虬之蚴蟉宛蜒。低卬夭蟜裾以骄骜兮，诎折隆穷躩以连卷。沛艾赳螑仡以佁拟兮，放散畔岸骧以孱颜。跮踱輵螛容以骫丽兮，蜩蟉偃寋怵臭以梁倚。纠蓼叫奡踏以艐路兮，蔑蒙踊跃腾而狂趭。莅飒卉歙猋至电过兮，焕然雾除，霍然云消。

邪绝少阳而登太阴兮，与真人乎相求。互折窈窕以右转兮，横厉飞泉以正东。悉征灵圉而选之兮，部署众神于摇光。使五帝先导兮，反大壹而从陵阳。左玄冥而右黔雷兮，前长离而后矞皇。厮征伯侨而役羡门兮，诏岐伯使尚方。祝融警而跸御兮，清气氛而后行。屯余车而万乘兮，綷云盖而树华旗。使句芒其将行兮，吾欲往乎南娭。

历唐尧于崇山兮，过虞舜于九疑。纷湛湛其差错兮，杂遝胶辐以方驰。骚扰冲苁其纷挐兮，滂濞泱轧丽以林离。攒罗列聚丛以茏茸兮，衍曼流烂瘆以陆离。径入雷室之砰磷郁律兮，洞出鬼谷之崛礨威魁。遍览八纮而观四海兮，朅度九江越五河。经营炎火而浮弱水兮，杭绝浮渚涉流沙。奄息葱极泛滥水娭兮，使灵娲鼓琴而舞冯夷。时若暧暧将混浊兮，召屏翳诛风伯，刑雨师。西望昆仑之轧沕荒忽兮，直径驰乎三危。排阊阖而入帝宫兮，载玉女而与之归。登阆风而遥集兮，亢乌腾而壹止。低徊阴山翔以纡曲兮，吾乃今日睹西王母。暠然白首戴胜而穴处兮，亦幸有三足乌为之使。必长生若此而不死兮，虽济万世不足以喜。

回车朅来兮，绝道不周，会食幽都，呼吸沆瀣兮餐朝霞，咀噍芝英兮叽琼华。僸祲寻而高纵兮，纷鸿溶而上厉。贯列缺之倒景兮，涉丰隆之滂濞。骋游道而修降兮，骛遗雾而远逝。迫区中隘陕兮，舒节出乎北垠。遗屯骑于玄阙兮，轶先驱于寒门。下峥嵘而无地兮，上嵺廓而无天。视眩泯而亡见兮，听敞恍而亡闻。乘虚亡而上遐兮，超无友而独存。

相如既奏《大人赋》，天子大说，飘飘有陵云气游天地之间意。

相如既病免，家居茂陵。天子曰："司马相如病甚，可往从悉取其书，若后之矣。"使所忠往，而相如已死，家无遗书。问其妻，对曰："长卿未尝有书也。时时著书，人又取去。长卿未死时，为一卷书，曰有使来求书，奏之。"其遗札书言封禅事，所忠奏焉，天子异之。其辞曰：

伊上古之初肇，自颢穹生民。历选列辟，以迄乎秦。率迩者踵武，听逖者风声。纷轮威蕤，堙灭而不称者，不可胜数也。继

《昭》、《夏》，崇号谥，略可道者七十有二君。罔若淑而不昌，畴逆失而能存？

轩辕之前，遐哉邈乎，其详不可得闻已。五三《六经》载籍之传，维见可观也。《书》曰："元首明哉！股肱良哉！"因斯以谈，君莫盛于尧，臣莫贤于后稷。后稷创业于唐，公刘发迹于西戎，文王改制，爰周郅隆，大行越成，而后陵迟衰微，千载亡声，岂不善始善终哉！然无异端，慎所由于前，谨遗教于后耳。故轨迹夷易，易遵也；湛恩庞洪，易丰也；宪度著明，易则也；垂统理顺，易继也。是以业隆于襁保而崇冠乎二后。揆厥所元，终都攸卒，未有殊尤绝迹可考于今者也。然犹蹑梁甫，登太山，建显号，施尊名。大汉之德，逢涌原泉，沕潏曼羡，旁魄四塞，云布雾散，上畅九垓，下溯八埏。怀生之类，沾濡浸润，协气横流，武节焱逝，尔狭游原，回阔泳末，首恶郁没，暗昧昭晰，昆虫闿怿，回首面内。然后囿驺虞之珍群，徼麋鹿之怪兽，导一茎六穗于庖，牺双觡共抵之兽，获周余放龟于岐，招翠黄乘龙于沼。鬼神接灵圉，宾于闲馆。奇物谲诡，俶傥穷变。钦哉，符瑞臻兹，犹以为薄，不敢道封禅。盖周跃鱼陨杭，休之以燎。微夫斯之为符也，以登介丘，不亦恧乎！进攘之道，何其爽与？

于是大司马进曰："陛下仁育群生，义征不憓，诸夏乐贡，百蛮执贽，德牟往初，功无与二，休烈液洽，符瑞众变，期应绍至，不特创见。意者太山、梁父设坛场望幸，盖号以况荣，上帝垂恩储祉，将以庆成，陛下谦让而弗发也。挈三神之欢，缺王道之仪，群臣恧焉。或谓且天为质暗，示珍符固不可辞；若然辞之，是泰山靡记而梁父罔几也。亦各并时而荣，咸济厥也而屈，说者尚何称于后，而云七十二君哉？夫修德以锡符，奉符以行事，不为进越也。故圣王弗替，而修礼地祇，谒款天神，勒功中岳，以章至尊，舒盛德，发号荣，受厚福，以浸黎民。皇皇哉斯事，天下之壮观，王者之卒业，不可贬也。愿陛下全之。而后因杂缙绅先生之略术，使获曜日月之末光绝炎，以展采错事。犹兼正列其义，祓饰厥文，作《春秋》一艺。将袭旧六为七，摅之无穷，俾万世得激清流，扬微波，蜚英声，腾茂实。前圣之所以永保鸿名而常为称首者用此。宜命掌故悉奏其仪而览焉。"

于是天子沛然改容，曰："俞乎，朕其试哉！"乃迁思回虑，总公卿之议，询封禅之事，诗大泽之博，广符瑞之富。遂作颂曰：

自我天覆，云之油油，甘露时雨，厥壤可游。滋液渗漉，何生不育！嘉谷六穗，我穑曷蓄？

匪唯雨之，又润泽之；匪唯偏我，泛布护之；万物熙熙，怀而慕之。名山显位，望君之来。君兮君兮，侯不迈哉！

般般之兽，乐我君圃；白质黑章，其仪可喜；旼旼穆穆，君子之态。盖闻其声，今视其来。厥涂靡从，天瑞之征。兹尔于舜，虞氏以兴。

濯濯之麟，游彼灵畤。孟冬十月，君徂郊祀。驰我君舆，帝用享祉。三代之前，盖未尝有。

宛宛黄龙，兴德而升；采色玄耀，炳炳辉煌。正阳显见，觉寤黎烝。于传载之，云受命所乘。

厥之有章，不必谆谆。依类托寓，谕以封峦。

披艺观之，天人之际已交，上下相发允答。圣王之事，兢兢翼翼。故曰于兴必虑衰，安必思危。是以汤、武至尊严，不失肃祇，舜在假典，顾省厥遗：此之谓也。

相如既卒五岁，上始祭后土。八年而遂礼中岳，封于太山，至梁甫，禅肃然。

相如它所著，若《遗平陵侯书》、《与五公子相难》、《草木书篇》，不采，采其尤著公卿者云。

赞曰：司马迁称“《春秋》推见至隐，《易本》隐以之显，《大雅》言王公大人，而德逮黎庶，《小雅》讥小己之得失，其流及上。所言虽殊，其合德一也。相如虽多虚辞滥说，然要其归引之于节俭，此亦《诗》之风谏何异？”扬雄以为靡丽之赋，劝百而讽一，犹骋郑、卫之声，曲终而奏雅，不已戏乎！

# 汉书卷五十八

## 公孙弘卜式兒宽传第二十八

公孙弘，菑川薛人也。少时为狱吏，有罪，免。家贫，牧豕海上。年四十余，乃学《春秋》杂说。

武帝初即位，招贤良文学士，是时，弘年六十，以贤良征为博士。使匈奴，还报，不合意，上怒，以为不能，弘乃移病免归。

元光五年，复征贤良文学，菑川国复推上弘。弘谢曰："前已尝西，用不能罢，愿更选。"国人固推弘，弘至太常。上策诏诸儒：

制曰：盖闻上古至治，画衣冠，异章服，而民不犯；阴阳和，五谷登，六畜蕃，甘露降，风雨时，嘉禾兴，朱草生，山不童，泽不涸；麟凤在郊薮，龟龙游于沼，河洛出图书；父不丧子，兄不哭弟；北发渠搜，南抚交阯，舟车所至，人迹所及，跂行喙息，咸得其宜。朕甚嘉之，今何道而臻乎此？子大夫修先圣之术，明君臣之义，讲论洽闻，有声乎当世，敢问子大夫：天人之道，何所本始？吉凶之效，安所期焉？禹、汤水旱，厥咎何由？仁、义、礼、知四者之宜，当安设施？属统垂业，物鬼变化，天命之符，废兴何如？天文、地理、人事之纪，子大夫习焉。其悉意正议，详具其对，著之于篇，朕将亲览焉，靡有所隐。

弘对曰：

臣闻上古尧、舜之时，不贵爵赏而民劝善，不重刑罚而民不犯，躬率以正而遇民信也；末世贵爵厚赏而民不劝，深刑重罚而奸不止，其上不正，遇民不信也。夫厚赏重刑未足以劝善而禁非，必信而已矣。是故因能任官，则分职治；去无用之言，则事情得；不作无用之器，即赋敛省；不夺民时，不妨民力，则百姓富；有德者进，无德者退，则朝廷尊；有功者上，无功者下，则群臣逡；罚当罪，则奸邪止；赏当贤，则臣下劝：凡此八者，治民之本也。故民者，业之即不争，理得则不怨，有礼则不暴，爱之则亲上，此有天下之急者也。故法不远义，由民服而不离；和不远礼，则民亲而不暴。故法之所罚，义之所去也；和之所赏，礼之所取也。礼义者，民之所服也，而赏罚顺之，则民不犯禁矣。故画衣冠，异章服，而民不犯者，此道素行也。

臣闻之，气同则从，声比则应。今人主和德于上，百姓和合于下，故心和则气和，气和则形和，形和则声和，声和则天地之和应矣。故阴阳和，风雨时，甘露降，五谷登，六畜蕃，嘉禾兴，朱草生，山不童，泽不涸，此和之至也。故形和则无疾，无疾则不夭，故父不丧子，兄不哭弟。德配天地，明并日月，则麟凤至，龟龙在郊，河出图，洛出书，远方之君莫不说义，奉币而来朝。此和之极也。

臣闻之，仁者爱也，义者宜也，礼者所履也，智者术之原也。致利除害，兼爱无私，谓之仁；明是非，立可否，谓之义；进退有度，尊卑有分，谓之礼；擅杀生之柄，通壅塞之涂，权轻重之数，论得失之道，使远近情伪必见于上，谓之术：凡此四者，治之本，道之用也，皆当设施，不可废也。得其要，则天下安乐，法设而不用；不得其术，则主蔽于上，官乱于下。此事之情，属统垂业之本也。

臣闻尧遭鸿水，使禹治之，未闻禹有水也。若汤之旱，则桀之余烈也。桀、纣行恶，受天之罚；禹、汤积德，以王天下。因此观之，天德无私亲，顺之和起，逆之害生。此天文、地理、人事之纪。臣弘愚戆，不足以奉大对。

时对者百余人，太常奏弘第居下。策奏，天子擢弘对为第一。召入见，容貌甚丽，拜为博士，待诏金马门。

弘复上疏曰："陛下有先圣之位而无先圣之名，有先圣之名而无先圣之吏，是以势同而治异。先世之吏正，故其民笃；今世之吏邪，故其民薄。政弊而不行，令倦而不听。夫使邪吏行弊政，用倦令治薄民，民不可得而化，此治之所以异也。臣闻周公旦治天下，期年而变，三年而化，五年而定。唯陛下之所志。"书奏，天子以册书答曰："问：弘称周公之治，弘之材能自视孰与周公贤？"弘对曰："愚臣浅薄，安敢比材于周公！虽然，愚心晓然见治道之可以然也。夫虎豹马牛，禽兽之不可制者也，及其教驯服习之，至可牵持驾服，唯人之从。臣闻揉曲木者不累日，销金石者不累月，夫人之于利害好恶，岂比禽兽木石之类哉？期年而变，臣弘尚窃迟之。"上异其言。

时方通西南夷，巴、蜀苦之，诏使弘视焉。还奏事，盛毁西南夷无所用，上不听。每朝会议，开陈其端，使人主自择，不肯面折庭争。于是上察其行慎厚，辩论有余，习文法吏事，缘饰以儒术，上说之，一岁中至左内史。

弘奏事，有所不可，不肯庭辩。常与主爵都尉汲黯请间，黯先发之，弘推其后，上常说，所言皆听，以此日益亲贵。尝与公卿约议，至上前，皆背其约以顺上指。汲黯庭诘弘曰："齐人多诈而无情，始为与臣等建此议，今皆背之，不忠。"上问弘，弘谢曰："夫知臣者以臣为忠，不知臣者以臣为不忠。"上然弘言。左右幸臣每毁弘，上益厚遇之。

弘为人谈笑多闻，常称以为人主病不广大，人臣病不俭节。养后母孝谨，后母卒，服丧三年。

为内史数年，迁御史大夫。时又东置苍海，北筑朔方之郡。弘数谏，以为罢弊中国以奉无用之地，愿罢之。于是上乃使朱买臣等难弘置朔方之便。发十策，弘不得一。弘乃谢曰："山东鄙人，不知其便若是，愿罢西南夷、苍海，专奉朔方。"上乃许之。

汲黯曰："弘位在三公，奉禄甚多，然为布被，此诈也。"上问弘，弘谢曰："有之。夫九卿与臣善者无过黯，然今日庭诘弘，诚中弘之病，夫以三公为布被，试饰诈欲以钓名。且臣闻管仲相齐，有三归，侈拟于君，桓公以霸，亦上僭于君。晏婴相景公，食不重肉，妾不衣丝，齐国亦治，亦下比于民。今臣弘位为御史大夫，为布被，自九卿以下至于小吏无差，诚如黯言。且无黯，陛下安闻此言？"上以为有让，愈益贤之。

元朔中，代薛泽为丞相。先是，汉常以列侯为丞相，唯弘无爵，上于是下诏曰："朕嘉先圣之道，开广门路，宣招四方之士，盖古者任贤而序位，量能以授官，劳大者厥禄厚，德盛者获爵尊，故武功以显重，而文德以行褒。其以高成之平津乡户六百五十封丞相弘为平津侯。”其后以为故事，至丞相封，自弘始也。

时上方兴功业，娄举贤良。弘自见为举首，起徒步，数年至宰相封侯，于是起客馆，开东阁以延贤人，与参谋议。弘身食一肉，脱粟饭，故人宾客仰衣食，奉禄皆以给之，家无所余。然其性意忌，外宽内深。诸常与弘有隙，无近远，虽阳与善，后竟报其过。杀主父偃，徙董仲舒胶西，皆弘力也。

后淮南、衡山谋反，治党与方急，弘病甚，自以为无功而封侯，居宰相位，宜佐明主填抚国家，使人由臣子之道。今诸侯有畔逆之计，此大臣奉职不称也。恐病死无以塞责，乃上书曰：“臣闻天下通道五，所以行之者三。君臣、父子、夫妇、长幼、朋友之交，五者天下之通道也；仁、知、勇三者，所以行之也。故曰：‘好问近乎知，力行近乎仁，知耻近乎勇，知此三者，知所以自治；知所以自治，然后知所以治人。’未有不能自治而能治人者也。陛下躬孝弟，监三王，建周道，兼文武，招徕四方之士，任贤序位，量能授官，将以厉百姓劝贤材也。今臣愚驽，无汗马之劳，陛下过意擢臣弘卒伍之中，封为列侯，致位三公。臣弘行能不足以称，加有负薪之疾，恐先狗马填沟壑，终无以报德塞责。愿归侯，乞骸骨，避贤者路。”上报曰：“古者赏有功，褒有德，守成上文，遭遇右武，未有易此者也。朕夙夜庶几，获承至尊，惧不能宁，惟所与共为治者，君宜知之。盖君子善善及后世，若兹行，常在朕躬。君不幸罹霜露之疾，何恙不已，乃上书归侯，乞骸骨，是章朕之不德也。今事少闲，君其存精神，止念虑，辅助医药以自持。”因赐告牛、酒、杂帛。居数月，有瘳，视事。

凡为丞相御史六岁，年八十，终丞相位。其后李蔡、严青翟、赵周、石庆、公孙贺、刘屈氂继踵为丞相。自蔡至庆，丞相府客馆丘虚而已，至贺、屈氂时坏以为马厩车库奴婢室矣。唯庆以惇谨，复终相位，其余尽伏诛云。

弘子度嗣侯，为山阳太守十余岁，诏征钜野令史成诣公车，度留不遣，坐论为城旦。

元始中，修功臣后，下诏曰："汉兴以来，股肱在位，身行俭约，轻财重义，未有若公孙弘者也。位在宰相封侯，而为布被脱粟之饭，奉禄以给故人宾客，无有所余，可谓减于制度，而率下笃俗者也，与内富厚而外为诡服以钓虚誉者殊科。夫表德章义，所以率世厉俗，圣王之制也。其赐弘后子孙之次见为適者，爵关内侯，食邑三百户。"

卜式，河南人也。以田畜为事。有少弟，弟壮，式脱身出，独取畜羊百余，田宅财物尽与弟。式入山牧，十余年，羊致千余头，买田宅。而弟尽破其产，式辄复分与弟者数矣。

时汉方事匈奴，式上书，愿输家财半助边。上使使问式："欲为官乎？"式曰："自小牧羊，不习仕宦，不愿也。"使者曰："家岂有冤，欲言事乎？"式曰："臣生与人亡所争，邑人贫者贷之，不善者教之，所居，人皆从式，式何故见冤！"使者曰："苟，子何欲？"式曰："天子诛匈奴，愚以为贤者宜死节，有财者宜输之，如此而匈奴可灭也。"使者以闻。上以语丞相弘。弘曰："此非人情。不轨之臣不可以化为而乱法，愿陛下勿许。"上不报，数岁乃罢式。式归，复田牧。

岁余，会浑邪等降，县官费众，仓府空，贫民大徙，皆印给县官，无以尽赡。式复持钱二十万与河南太守，以给徙民。河南上富人助贫民者，上识式姓名，曰："是固前欲输其家半财助边。"乃赐式外繇四百人，式又尽复与官。是时，富豪皆争匿财，唯式尤欲助费。上于是以式终长者，乃召拜式为中郎，赐爵左庶长，田十顷，布告天下，尊显以风百姓。

初，式不愿为郎，上曰："吾有羊在上林中，欲令子牧之。"式既为郎，布衣草蹻而牧羊。岁余，羊肥息。上过其羊所，善之。式曰："非独羊也，治民亦犹是矣。以时起居，恶者辄去，毋令败群。"上奇其言，欲试使治民。拜式缑氏令，缑氏便之；迁成皋令，将漕最。上以式朴忠，拜为齐王太傅，转为相。

会吕嘉反，式上书曰："臣闻主愧臣死。群臣宜尽死节，其驽下者宜出财以佐军，如是则强国不犯之道也。臣愿与子男及临菑习弩博昌习船者请行，死之以尽臣节。"上贤之，下诏曰："朕闻报德以德，报怨以直。今天下不幸有事，郡县诸侯未有奋繇直道者也。齐相雅行躬耕，随牧畜番，辄分昆弟，更造，不为利惑。日者北边有兴，上书助官。往年西河岁恶，率齐人入粟。今又首奋，虽未战，可谓义形于内矣。其赐式爵关内侯，黄金四十斤，田十顷，布告天下，使明知之。"

元鼎中，征式代石庆为御史大夫。式既在位，言郡国不便盐铁而船有算，可罢。上由是不说式。明年当封禅，式又不习文章，贬秩为太子太傅，以兒宽代之。式以寿终。

兒宽，千乘人也。治《尚书》，事欧阳生。以郡国选诣博士，受业孔安国。贫无资用，尝为弟子都养。时行赁作，带经而锄，休息辄读诵，其精如此。以射策为掌故，功次，补廷尉文学卒史。

宽为人温良，有廉知自将，善属文，然懦于武，口弗能发明也。时张汤为廷尉，廷尉府尽用文史法律之吏，而宽以儒生在其间，见谓不习事，不署曹，除为从史，之北地视畜数年。还至府，上畜簿，会廷尉时有疑奏，已再见却矣，掾史莫知所为。宽为言其意，掾史因使宽为奏。奏成，读之皆服，以白廷尉汤。汤大惊，召宽与语，乃奇其材，以为掾。上宽所作奏，即时得可。异日，汤见上。问曰："前奏非俗吏所及，谁为之者？"汤言兒宽。上曰："吾固闻之久矣。"汤由是乡学，以宽为奏谳掾，以古法义决疑狱，甚重之。及汤为御史大夫，以宽为掾，举侍御史。见上，语经学，上说之，从问《尚书》一篇。擢为中大夫，迁左内史。

宽既治民，劝农业，缓刑罚，理狱讼，卑体下士，务在于得人心；择用仁厚士，推情与下，不求名声，吏民大信爱之。宽表奏开六辅渠，定水令以广溉田。收租税，时裁阔狭，与民相假贷，以故租多不入。后有军发，左内史以负租课殿，当免。民闻当免，皆恐失之，大家牛车，小家担负，输租繦属不绝，课更以最。上由此愈奇宽。

及议欲放古巡狩封禅之事，诸儒对者五十余人，未能有所定。先是，司马相如病死，有遗书，颂功德，言符瑞，足以封泰山。上奇其书，以问宽，宽对曰："陛下躬发圣德，统楫群元，宗祀天地，荐礼百神，精神所乡，征兆必报，天地并应，符瑞昭明。其封泰山，禅梁父，昭姓考瑞，帝王之盛节也。然享荐之义，不著于经，以为封禅告成，合袪于天地神祇，祇戒精专以接神明。总百官之职，各称事宜而为之节文。唯圣主所由，制定其当，非群臣之所能列。今将举大事，优游数年，使群臣得人自尽，终莫能成。唯天子建中和之极，兼总条贯，金声而玉振之，以顺成天庆，垂万世之基。”上然之，乃自制仪，采儒术以文焉。

既成，将用事，拜宽为御史大夫，从东封泰山，还登明堂。宽上寿曰：“臣闻三代改制，属象相因。间者圣统废绝，陛下发愤，合指天地，祖立明堂辟雍，宗祀泰一，六律五声，幽赞圣意，神乐四合，各有方象，以丞嘉祀，为万世则，天下幸甚。将建大元本瑞，登告岱宗，发祉閶门，以候景至。癸亥宗祀，日宣重光；上元甲子，肃邕永享。光辉充塞，天文粲然，见象日昭，报降符应。臣宽奉觞再拜，上千万岁寿。”制曰：“敬举君之觞。”

后太史令司马迁等言：“历纪坏废，汉兴未改正朔，宜可正。”上乃诏宽与迁等共定汉《太初历》。语在《律历志》。

初，梁相褚大通《五经》，为博士，时宽为弟子。及御史大夫缺，征褚大，大自以为得御史大夫。至洛阳，闻兒宽为之，褚大笑。及至，与宽议封禅于上前，大不能及，退而服曰：“上诚知人。”宽为御史大夫，以称意任职，故久无有所匡谏于上，官属易之。居位九岁，以官卒。

赞曰：公孙弘、卜式、兒宽皆以鸿渐之翼困于燕爵，远迹羊豕之间，非遇其时，焉能致此位乎？是时，汉兴六十余载，海内艾安，府库充实，而四夷未宾，制度多阙。上方欲用文武，求之如弗及，始以蒲轮迎枚生，见主父而叹息。群士慕向，异人并出。卜式拔于刍牧，弘羊擢于贾竖，卫青奋于奴仆，日磾出于降虏，斯亦曩时版筑饭牛之朋已。汉之得人，于兹为盛，儒雅则公孙弘、董仲舒、兒宽，笃行则石建、石庆，质直则汲黯、卜式，推贤则韩安国、郑当时，定令则赵禹、张汤，文章则司马迁、相如，滑稽则东方朔、枚皋，应对则严助、朱买臣，历数则唐都、洛下闳，协律则李延年，运筹则桑弘羊，奉使则张骞、苏武，将率则卫青、霍去病，受遗则霍光、金日磾，其余不可胜纪。是以兴造功业，制度遗文，后世莫及。孝宣承统，纂修洪业，亦讲论六艺，招选茂异，而萧望之、梁丘贺、夏侯胜、韦玄成、严彭祖、尹更始以儒术进，刘向、王褒以文章显，将相则张安世、赵充国、魏相、丙吉、于定国、杜延年，治民则黄霸、王成、龚遂、郑弘、召信臣、韩延寿、尹翁归、赵广汉、严延年、张敞之属，皆有功迹见述于世。参其名臣，亦其次也。

# 汉书卷五十九

## 张汤传第二十九

张汤，杜陵人也。父为长安丞，出，汤为儿守舍。还，鼠盗肉，父怒，笞汤。汤掘熏得鼠及余肉，劾鼠掠治，传爰书，讯鞫论报，并取鼠与肉，具狱磔堂下。父见之，视文辞如老狱吏，大惊，遂使书狱。

父死后，汤为长安吏。周阳侯为诸卿时，尝系长安，汤倾身事之。及出为侯，大与汤交，遍见贵人。汤给事内史，为甯成掾，以汤为无害，言大府，调茂陵尉，治方中。

武安侯为丞相，征汤为吏。荐补侍御史。治陈皇后巫蛊狱，深竟党与，上以为能，迁太中大夫。与赵禹共定诸律令，务在深文，拘守职之吏。已而禹至少府，汤为廷尉，两人交欢，兄事禹。禹志在奉公孤立，而汤舞知以御人。始为小吏，干没，与长安富贾田甲、鱼翁叔之属交私。及列九卿，收接天下名士大夫，已心内虽不合，然阳浮道与之。

是时，上方乡文学，汤决大狱，欲傅古义，乃请博士弟子治《尚书》、《春秋》，补廷尉史，平亭疑法。奏谳疑，必奏先为上分别其原，上所是，受而著谳法廷尉挈令，扬主之明。奏事即谴，汤摧谢，乡上意所便，必引正监掾史贤者，曰："固为臣议，如上责臣，臣弗用，愚抵此。"罪常释。间即奏事，上善之，曰："臣非知为此奏，乃监、掾、史某所为。"其欲荐吏，扬人之善解人之过如此。所治即上意所欲罪，予监吏深刻者；即上意所欲释，予监吏轻平者。所治即豪，必舞文巧诋；即下户羸弱，时口言"虽文致法，上裁察"。于是往往释汤所言。汤至于大吏，内行修，交通宾客饮食，于故人子弟为吏及贫昆弟，调护之尤厚，其造请诸公，不避寒暑。是以汤虽文深意忌不专平，然得此声誉。而深刻吏多为爪牙用者，依于文学之士。丞相弘数称其美。

及治淮南、衡山、江都反狱，皆穷根本。严助、伍被，上欲释之，汤争曰："伍被本造反谋，而助亲幸出入禁闼腹心之臣，乃交私诸侯，如此弗诛，后不可治。"上可论之。其治狱所巧排大臣自以为功，多此类。繇是益尊任，迁御史大夫。

会浑邪等降汉，大兴兵伐匈奴，山东水旱，贫民流徙，皆卬给县官，县官空虚。汤承上指，请造白金及五铢钱，笼天下盐铁，排富商大贾，出告缗令，锄豪强并兼之家，舞文巧诋以辅法。汤每朝奏事，语国家用，日旰，天子忘食。丞相取充位，天下事皆决汤。百姓不安其生，骚动，县官所兴未获其利，奸吏并侵渔，于是痛绳以罪。自公卿以下至于庶人咸指汤。汤尝病，上自至舍视，其隆贵如此。

匈奴求和亲，群臣议前，博士狄山曰："和亲便。"上问其便，山曰："兵，凶器，未易数动。高帝欲伐匈奴，大困平城，乃遂结和亲。孝惠、高后时，天下安乐，及文帝欲事匈奴，北边萧然苦兵。孝景时，吴、楚七国反，景帝往来东宫间，天下寒心数月。吴、楚已破，竟景帝不言兵，天下富实。今自陛下兴兵击匈奴，中国以空虚，边大困贫。由是观之，不如和亲。”上问汤，汤曰：“此愚儒无知。”狄山曰：“臣固愚忠，若御史大夫汤，乃诈忠。汤之治淮南、江都，以深文痛诋诸侯，别疏骨肉，使藩臣不自安，臣固知汤之诈忠。”于是上作色曰：“吾使生居一郡，能无使虏入盗乎？”山曰：“不能。”曰：“居一县？”曰：“不能。”复曰：“居一鄣间？”山自度辩穷且下吏，曰：“能。”乃遣山乘鄣。至月余，匈奴斩山头而去。是后群臣震詟。

汤客田甲虽贾人，有贤操，始汤为小吏，与钱通，及为大吏，而甲所以责汤行义，有烈士之风。

汤为御史大夫七岁，败。

河东人李文，故尝与汤有隙，已而为御史中丞，荐数从中文事有可以伤汤者，不能为地。汤有所爱史鲁谒居，知汤弗平，使人上飞变告文奸事，事下汤，汤治论杀文，而汤心知谒居为之。上问：“变事从迹安起？”汤阳惊曰：“此殆文故人怨之。”谒居病卧闾里主人，汤自往视病，为谒居摩足。赵国以冶铸为业，王数讼铁官事，汤常排赵王。赵王求汤阴事。谒居尝案赵王，赵王怨之，并上书告：“汤大臣也，史谒居有病，汤至为摩足，疑与为大奸。”事下廷尉。谒居病死，事连其弟，弟系导官。汤亦治它囚导官。见谒居弟，欲阴为之，而阳不省。谒居弟不知而怨汤，使人上书，告汤与谒居谋，共变李文。事下减宣。宣尝与汤有隙，及得此事，穷竟其事，未奏也。会人有盗发孝文园瘗钱，丞相青翟朝，与汤约俱谢，至前，汤念独丞相以四时行园，当谢，汤无与也，不谢。丞相谢，上使御史案其事。汤欲致其文丞相见知，丞相患之。三长史皆害汤，欲陷之。

始，长史朱买臣素怨汤，语在其传。王朝，齐人，以术至右内史。边通学短长，刚暴人也，官至济南相。故皆居汤右，已而失官，守长史，诎体于汤。汤数行丞相事，知此三长史素贵，常陵折之。故三长史合谋曰："始汤约与君谢，已而卖君；今欲劾君以宗庙事，此欲代君耳。吾知汤阴事。"使吏捕案汤左田信等，曰汤且欲为请奏，信辄先知之，居物致富，与汤分之，及它奸事。事辞颇闻。上问汤曰："吾所为，贾人辄知，益居其物，是类有以吾谋告之者。"汤不谢，又阳惊曰："固宜有。"减宣亦奏谒居事。上以汤怀诈面欺，使使八辈簿责汤。汤具自道无此，不服。于是上使赵禹责汤。禹至，让汤曰："君何不知分也！君所治，夷灭者几何人矣！今人言君皆有状，天子重致君狱，欲令君自为计，何多以对为？"汤乃为书谢曰："汤无尺寸之功，起刀笔吏，陛下幸致位三公，无以塞责。然谋陷汤者，三长史也。"遂自杀。

汤死，家产直不过五百金，皆所得奉赐，无它赢。昆弟诸子欲厚葬汤，汤母曰："汤为天子大臣，被恶言而死，何厚葬为！"载以牛车，有棺而无椁。上闻之，曰："非此母不生此子。"乃尽按诛三长史。丞相青翟自杀。出田信。上惜汤，复稍进其子安世。

安世字子孺，少以父任为郎。用善书给事尚书，精力于职，休沐未尝出。上行幸河东，尝亡书三箧，诏问莫能知，唯安世识之，具作其事。后购求得书，以相校无所遗失。上奇其材，擢为尚书令，迁光禄大夫。

昭帝即位，大将军霍光秉政，以安世笃行，光亲重之。会左将军上官桀父子及御史大夫桑弘羊皆与燕王、盖主谋反诛，光以朝无旧臣，白用安世为右将军光禄勋，以自副焉。久之，天子下诏曰："右将军光禄勋安世辅政宿卫，肃敬不怠，十有三年，咸以康宁。夫亲亲任贤，唐、虞之道也，其封安世为富平侯。"

明年，昭帝崩，未葬，大将军光白太后，徙安世为车骑将军，与共征立昌邑王。王行淫乱，光复与安世谋废王，尊立宣帝。帝初即位，褒赏大臣，下诏曰："夫褒有德，赏有功，古今之通义也。车骑将军光禄勋富平侯安世，宿卫忠正，宣德明恩，勤劳国家，守职秉义，以安宗庙，其益封万六百户，功次大将军光。"安世子千秋、延寿、彭祖，皆中郎将侍中。

大将军光薨后数月，御史大夫魏相上封事曰："圣王褒有德以怀万方，显有功以劝百寮，是以朝廷尊荣，天下乡风。国家承祖宗之业，制诸侯之重，新失大将军，宜宣章盛德以示天下，显明功臣以填藩国。毋空大位，以塞争权，所以安社稷绝未萌也。车骑将军安世事孝武皇帝三十余年，忠信谨厚，勤劳政事，夙夜不怠，与大将军定策，天下受其福，国家重臣也，宜尊其位，以为大将军，毋令领光禄勋事，使专精神，忧念天下，思惟得失。安世子延寿重厚，可以为光禄勋，领宿卫臣。"上亦欲用之。安世闻指，惧不敢当，请间求见，免冠顿首曰："老臣耳妄闻，言之为先事，不言情不达，诚自量不足以居大位，继大将军后。唯天子财哀，以全老臣之命。"上笑曰："君言泰谦。君而不可，尚谁可者！"安世深辞弗能得。后数日，竟拜为大司马车骑将军，领尚书事。数月，罢车骑将军屯兵，更为卫将军，两宫卫尉，城门、北军兵属焉。

时，霍光子禹为右将军，上亦以禹为大司马，罢其右将军屯兵，以虚尊加之，而实夺其众。后岁余，禹谋反，夷宗族，安世素小心畏忌，已内忧矣。其女孙敬为霍氏外属妇，当相坐，安世瘦惧，形于颜色。上怪而怜之，以问左右，乃赦敬，以慰其意。安世寖恐。职典枢机，以谨慎周密自著，外内无间。每定大政，已决，辄移病出；闻有诏令，乃惊，使吏之丞相府问焉。自朝廷大臣莫知其与议也。

尝有所荐，其人来谢，安世大恨，以为举贤达能，岂有私谢邪？绝勿复为通。有郎功高不调，自言，安世应曰："君之功高，明主所知。人臣执事，何长短而自言乎！"绝不许。已而郎果迁。莫府长史迁，辞去之官，安世问以过失。长史曰："将军为明主股肱，而士无所进，论者以为讥。"安世曰："明主在上，贤不肖较然，臣下自修而已，何知士而荐之？"其欲匿名迹远权势如此。

为光禄勋，郎有醉小便殿上，主事白行法，安世曰："何以知其不反水浆邪？如何以小过成罪！"郎淫官婢，婢兄自言，安世曰："奴以恚怒，诬污衣冠。"告署適奴。其隐人过失，皆此类也。

安世自见父子尊显，怀不自安，为子延寿求出补吏，上以为北地太守。岁余，上闵安世年老，复征延寿为左曹太仆。

初，安世兄贺幸于卫太子，太子败，宾客皆诛，安世为贺上书，得下蚕室。后为掖庭令，而宣帝以皇曾孙收养掖庭。贺内伤太子无辜，而曾孙孤幼，所以视养拊循，恩甚密焉。及曾孙壮大，贺教书，令受《诗》，为取许妃，以家财聘之。曾孙数有征怪，语在《宣纪》。贺闻知，为安世道之，称其材美。安世辄绝止，以为少主在上，不宜称述曾孙。及宣帝即位，而贺已死。上谓安世曰："掖庭令平生称我，将军止之，是也。"上追思贺恩，欲封其家为恩德侯，置守冢二百家。贺有一子蚤死，无子，子安世小男彭祖。彭祖又小与上同席研书，指欲封之，先赐爵关内侯。故安世深辞贺封，又求损守冢户数，稍减至三十户。上曰："吾自为掖庭令，非为将军也。"安世乃止，不敢复言。遂下诏曰："其为故掖庭令张贺置守冢三十家。"上自处置其里，居冢西斗鸡翁舍南，上少时所尝游处也。明年，复下诏曰："朕微眇时，故掖庭令张贺辅道朕躬，修文学经术，恩惠卓异，厥功茂焉。《诗》云：'无言不雠，无德不报。'其封贺弟子侍中关内侯彭祖为阳都侯，赐贺谥曰阳都哀侯。"时，贺有孤孙霸，年七岁，拜为散骑、中郎将，赐爵关内侯，食邑三百户。安世以父子封侯，在位大盛，乃辞禄。诏都内别臧张氏无名钱以百万数。

安世尊为公侯，食邑万户，然身衣弋绨，夫人自纺绩，家童七百人，皆有手技作事，内治产业，累积纤微，是以能殖其货，富于大将军光。天子甚尊惮大将军，然内亲安世，心密于光焉。

元康四年春，安世病，上疏归侯，乞骸骨。天子报曰："将军年老被病，朕甚闵之。虽不能视事，折冲万里，君先帝大臣，明于治乱，朕所不及，得数问焉，何感而上书归卫将军富平侯印？薄朕忘故，非所望也！愿将军强餐食，近医药，专精神，以辅天年。"安世复强起视事，至秋薨。天子赠印绶，送以轻车介士，谥曰敬侯。赐茔杜东，将作穿复土，起冢祠堂。子延寿嗣。

延寿已历位九卿，既嗣侯，国在陈留，别邑在魏郡，租入岁千余万。延寿自以身无功德，何以能久堪先人大国，数上书让减户邑，又因弟阳都侯彭祖口陈至诚。天子以为有让，乃徙封平原，并一国，户口如故，而租税减半。薨，谥曰爱侯。子勃嗣，为散骑谏大夫。

元帝初即位，诏列侯举茂材，勃举太官献丞陈汤。汤有罪，勃坐削户二百，会薨，故赐谥曰缪侯。后汤立功西域，世以勃为知人。子临嗣。

临亦谦俭，每登阁殿，常叹曰："桑、霍为我戒，岂不厚哉!"且死，分施宗族故旧，薄葬不起坟。临尚敬武公主。薨，子放嗣。

鸿嘉中，上欲遵武帝故事，与近臣游宴，放以公主子开敏得幸。放取皇后弟平恩侯许嘉女，上为放供张，赐甲第，充以乘舆服饰，号为天子取妇，皇后嫁女。大官私官并供其第，两宫使者冠盖不绝，赏赐以千万数。放为侍中、中郎将，监平乐屯兵，置莫府，仪比将军。与上卧起，宠爱殊绝，常从为微行出游，北至甘泉，南至长杨、五莋，斗鸡走马长安中，积数年。

是时，上诸舅皆害其宠，白太后。太后以上春秋富，动作不节，甚以过放。时数有灾异，议者归咎放等。于是丞相宣、御史大夫方进奏："放骄蹇纵恣，奢淫不制。前侍御史修等四人奉使至放家逐名捕贼，时放见在，奴从者闭门设兵弩射吏，距使者不肯内。知男子李游君欲献女，使乐府音监景武强求不得，使奴康等之其家，贼伤三人。又以县官事怨乐府游徼莽，而使大奴骏等四十余人群党盛兵弩，白昼入乐府攻射官寺，缚束长吏子弟，斫破器物，宫中皆奔走伏匿。莽自髡钳，衣赭衣，及守令史调等皆徒跣叩头谢放，放乃止。奴从者支属并乘权势为暴虐，至求吏妻不得，杀其夫，或恚一人，妄杀其亲属，辄亡入放第，不得，幸得勿治。放行轻薄，连犯大恶，有感动阴阳之咎，为臣不忠首，罪名虽显，前蒙恩。骄逸悖理，与背畔无异，臣子之恶，莫大于是，不宜宿卫在位。臣请免放归国，以销众邪之萌，厌海内之心。”

上不得已，左迁放为北地都尉。数月，复征入侍中。太后以放为言，出放为天水属国都尉。永始、元延间，比年日蚀，故久不还放，玺书劳问不绝。居岁余，征放归第视母公主疾。数月，主有瘳，出放为河东都尉。上虽爱放，然上迫太后，下用大臣，故常涕泣而遣之。后复征放为侍中光禄大夫，秩中二千石。岁余，丞相方进复奏放，上不得已，免放，赐钱五百万，遣就国。数月，成帝崩，放思慕哭泣而死。

初，安世长子千秋与霍光子禹俱为中郎将，将兵随度辽将军范明友击乌桓。还，谒大将军光，问千秋战斗方略，山川形势，千秋口对兵事，画地成图，无所忘失。光复问禹，禹不能记，曰：“皆有文书。”光由是贤千秋，以禹为不材，叹曰：“霍氏世衰，张氏兴矣!”及禹诛灭，而安世子孙相继，自宣、元以来为侍中、中常侍、诸曹散骑、列校尉者凡十余人。功臣之世，唯有金氏、张氏，亲近宠贵，比于外戚。

放子纯嗣侯，恭俭自修，明习汉家制度故事，有敬侯遗风。王莽时不失爵，建武中历位至大司空，更封富平之别乡为武始侯。

张汤本居杜陵，安世武、昭、宣世辄随陵，凡三徙，复还杜陵。

赞曰：冯商称张汤之先与留侯同祖，而司马迁不言，故阙焉。汉兴以来，侯者百数，保国持宠，未有若富平者也。汤虽酷烈，及身蒙咎，其推贤扬善，固宜有后。安世履道，满而不溢。贺之阴德，亦有助云。

# 汉书卷六十

## 杜周传第三十

杜周，南阳杜衍人也。义纵为南阳太守，以周为爪牙，荐之张汤，为廷尉史。使案边失亡，所论杀甚多。奏事中意，任用，与减宣更为中丞者十余岁。

周少言重迟，而内深次骨。宣为左内史，周为廷尉，其治大抵放张汤，而善候司。上所欲挤者，因而陷之；上所欲释，久系待问而微见其冤状。客有谓周曰："君为天下决平，不循三尺法，专以人主意指为狱，狱者固如是乎？"周曰："三尺安出哉？前主所是著为律，后主所是疏为令；当时为是，何古之法乎！"

至周为廷尉，诏狱亦益多矣。二千石系者新故相因，不减百余人。郡吏大府举之廷尉，一岁至千余章。章大者连逮证案数百，小者数十人；远者数千里，近者数百里。会狱，吏因责如章告劾，不服，以掠笞定之。于是闻有逮证，皆亡匿。狱久者至更数赦十余岁而相告言，大氐尽诋以不道，以上廷尉及中都官，诏狱逮至六七万人，吏所增加十有余万。

周中废，后为执金吾，逐捕桑弘羊、卫皇后昆弟子刻深，上以为尽力无私，迁为御史大夫。

始周为廷史，有一马，及久任事，列三公，而两子夹河为郡守，家訾累巨万矣。治皆酷暴，唯少子延年行宽厚云。

延年字幼公，亦明法律。昭帝初立，大将军霍光秉政，以延年三公子，吏材有余，补军司空。始元四年，益州蛮夷反，延年以校尉将南阳士击益州，还，为谏大夫。左将军上官桀父子与盖主、燕王谋为逆乱，假稻田使者燕仓知其谋，以告大司农杨敞。敞惶惧，移病，以语延年。延年以闻，桀等伏辜。延年封为建平侯。

延年本大将军霍光吏，首发大奸，有忠节，由是擢为太仆、右曹、给事中。光持刑罚严，延年辅之以宽。治燕王狱时，御史大夫桑弘羊子迁亡，过父故吏侯史吴。后迁捕得，伏法。会赦，侯史吴自出系狱，廷尉王平与少府徐仁杂治反事，皆以为桑迁坐父谋反而侯史吴藏之，非匿反者，乃匿为随者也。即以赦令除吴罪。后侍御史治实，以桑迁通经术，知父谋反而不谏争，与反者身无异；侯史吴故三百石吏，首匿迁，不与庶人匿随从者等，吴不得赦。奏请复治，劾廷尉、少府纵反者。少府徐仁即丞相车千秋女婿也，故千秋数为侯史吴言。恐光不听，千秋即召中二千石、博士会公车门，议问吴法。议者知大将军指，皆执吴为不道。明日，千秋封上众议，光于是以千秋擅召中二千石以下，外内异言，遂下廷尉平、少府仁狱。朝廷皆恐丞相坐之。延年乃奏记光争，以为"吏纵罪人，有常法，今更诋吴为不道，恐于法深。又丞相素无所守持，而为好言于下，尽其素行也。至擅召中二千石，甚无状。延年愚，以为丞相久故，及先帝用事，非有大故，不可弃也。间者民颇言狱深，吏为峻诋，今丞相所议，又狱事也，如是以及丞相，恐不合众心。群下欢哗，庶人私议，流言四布，延年窃重将军失此名于天下也！”光以廷尉、少府弄法轻重，皆论弃市，而不以及丞相，终与相竟。延年论议持平，合和朝廷，皆此类也。

见国家承武帝奢侈师旅之后，数为大将军光言：“年岁比不登，流民未尽还，宜修孝文时政，示以俭约宽和，顺天心，说民意，年岁宜应。”光纳其言，举贤良，议罢酒榷、盐、铁，皆自延年发之。吏民上书言便宜，有异，辄下延年平处复奏。言可官试者，至为县令，或丞相、御史除用，满岁以状闻，或抵其罪法，常与两府及廷尉分章。

昭帝末，寝疾，征天下名医，延年典领方药。帝崩，昌邑王即位，废，大将军光、车骑将军张安世与大臣议所立。时，宣帝养于掖廷，号皇曾孙，与延年中子佗相爱善，延年知曾孙德美，劝光、安世立焉。宣帝即位，褒赏大臣，延年以定策安宗庙，益户二千三百，与始封所食邑凡四千三百户。诏有司论定策功：大司马大将军光功德过太尉绛侯周勃；车骑将军安世、丞相杨敞功比丞相陈平；前将军韩增、御史大夫蔡谊功比颍阴侯灌婴；太仆杜延年功比朱虚侯刘章；后将军赵充国、大司农田延年、少府史乐成功比典客刘揭，皆封侯益土。

延年为人安和，备于诸事，久典朝政，上任信之，出即奉驾，入给事中，居九卿位十余年，赏赐赂遗，訾数千万。

霍光薨后，子禹与宗族谋反，诛。上以延年霍氏旧人，欲退之，而丞相魏相奏延年素贵用事，官职多奸。遣吏考案，但得苑马多死，官奴婢乏衣食，延年坐免官，削户二千。后数月，复召拜为北地太守。延年以故九卿外为边吏，治郡不进，上以玺书让延年。延年乃选用良吏，捕击豪强，郡中清静。居岁余，上使谒者赐延年玺书，黄金二十斤，徙为西河太守，治甚有名。五凤中，征入为御史大夫。延年居父官府，不敢当旧位，坐卧皆易其处。是时，四夷和，海内平，延年视事三岁，以老病乞骸骨，天子优之，使光禄大夫持节赐延年黄金百斤、牛酒，加致医药，延年遂称病笃。赐安车驷马，罢就第。后数月薨，谥曰敬侯，子缓嗣。

缓少为郎，本始中以校尉从蒲类将军击匈奴，还为谏大夫，迁上谷都尉，雁门太守。父延年薨，征视丧事，拜为太常，治诸陵县，每冬月封具狱日，常去酒省食，官属称其有恩。元帝初即位，谷贵民流，永光中西羌反，缓辄上书入钱、谷以助用，前后数百万。

缓六弟，五人至大官，少弟熊历五郡二千石、三州牧刺史，有能名，唯中弟钦官不至而最知名。

钦字子夏，少好经书，家富而目偏盲，故不好为吏。茂陵杜邺与钦同姓字，俱以材能称京师，故衣冠谓钦为“盲杜子夏”以相别。钦恶以疾见诋，乃为小冠，高广财二寸，由是京师更谓钦为“小冠杜子夏”，而邺为“大冠杜子夏”云。

时，帝舅大将军王凤以外戚辅政，求贤知自助。凤父顷侯禁与钦兄缓相善，故凤深知钦能，奏请钦为大将军军武库令。职闲无事，钦所好也。

钦为人深博有谋。自上为太子时，以好色闻，及即位。皇太后诏采良家女。钦因是说大将军凤曰：“礼壹娶九女，所以极阳数，广嗣重祖也；必乡举求窈窕，不问华色，所以助德理内也；娣侄虽缺不复补，所以养寿塞争也。故后妃有贞淑之行，则胤嗣有贤圣之君；制度有威仪之节，则人君有寿考之福。废而不由，则女德不厌；女德不厌，则寿命不究于高年。《书》云'或四三年'，言失欲之生害也。男子五十，好色未衰；妇人四十，容貌改前。以改前之容侍于未衰之年，而不以礼为制，则其原不可救而后徕异态；后徕异态，则正后自疑而支庶有间適之心。是以晋献被纳谗之谤，申生蒙无罪之辜。今圣主富于春秋，未有適嗣，方乡术入学，未亲后妃之议。将军辅政，宜因始初之隆，建九女之制，详择有行义之家，求淑女之质，毋必有色声音技能，为万世大法。夫少，戒之在色，《小卞》之作，可为寒心。唯将军常以为忧。"

凤白之太后，太后以为故事无有。钦复重言："《诗》云'殷监不远，在夏后氏之世'。刺戒者至迫近，而省听者常怠忽，可不慎哉！前言九女，略陈其祸福，甚可悼惧，窃恐将军不深留意。后妃之制，夭寿治乱存亡之端也。迹三代之季世，览宗、宣之飨国，察近属之符验，祸败曷常不由女德？是以佩玉晏鸣，《关雎》叹之，知好色之伐性短年，离制度之生无厌，天下将蒙化，陵夷而成俗也。故咏淑女，几以配上，忠孝之笃，仁厚之作也。夫君亲寿尊，国家治安，诚臣子至愿，所当勉之也。《易》曰：'正其本，万物理。'凡事论有疑未可立行者，求之往古则典刑无，考之来今则吉凶同，卒摇易之则民心惑，若是者诚难施也。今九女之制，合于往古，无害于今，不逆于民心，至易行也，行之至有福也，将军辅政而不蚤定，非天下之所望也。唯将军信臣子之愿，念《关雎》之思，逮委政之隆，及始初清明，为汉家建无穷之基，诚难以忽，不可以遴。”凤不能自立法度，循故事而已。会皇太后女弟司马君力与钦兄子私通，事上闻，钦惭惧，乞骸骨去。

后有日蚀、地震之变，诏举贤良方正能直言士，合阳侯梁放举钦。钦上对曰：“陛下畏天命，悼变异，延见公卿，举直言之士，将以求天心，迹得失也。臣钦愚戆，经术浅薄，不足以奉大对。臣闻日蚀、地震，阳微阴盛也。臣者，君之阴也；子者，父之阴也；妻者，夫之阴也；夷狄者，中国之阴也。《春秋》日蚀三十六，地震五，或夷狄侵中国，或政权在臣下，或妇乘夫，或臣子背君父，事虽不同，其类一也。臣窃观人事以考变异，则本朝大臣无不自安之人，外戚亲属无乖剌之心，关东诸侯无强大之国，三垂蛮夷无逆理之节；殆为后宫。何以言之？日以戊申蚀，时加未。戊未，土也。土者，中宫之部也。其夜地震未央宫殿中，此必適妾将有争宠相害而为患者，唯陛下深戒之。变感以类相应，人事失于下，变象见于上。能应之以德，则异咎消亡；不能应之以善，则祸败至。高宗遭雊雉之戒，饬己正事，享百年之寿，殷道复兴，要在所以应之。应之非诚不立，非信不行。宋景公，小国之诸侯耳，有不忍移祸之诚，出人君之言三，荧惑为之退舍。以陛下圣明，内推至诚，深思天变，何应而不感？何摇而不动？孔子曰：‘仁远乎哉！’唯陛下正后妾，抑女宠，防奢泰，去佚游，躬节俭，亲万事，数御安车，由辇道，亲二宫之饔膳，致晨昏之定省。如此，即尧、舜不足与比隆，咎异何足消灭！如不留听于庶事，不论材而授位，殚天下之财以奉淫侈，匮万姓之力以从耳目，近谄谀之人而远公方，信谗贼之臣以诛忠良，贤俊失在岩穴，大臣怨于不以，虽无变异，社稷之忧也。天下至大，万事至众，祖业至重，诚不可以佚豫为，不可以奢泰持也。唯陛下忍无益之欲，以全众庶之命。臣钦愚戆，言不足采。”

其夏，上尽召直言之士诣白虎殿对策，策曰：“天地之道何贵？王者之法何如？《六经》之义何上？人之行何先？取人之术何以？当世之治何务？各以经对。”

钦对曰：“臣闻天道贵信，地道贵贞；不信不贞，万物不生。生，天地之所贵也。王者承天地之所生，理而成之，昆虫草木靡不得其所。王者法天地，非仁无以广施，非义无以正身；克己就义，恕以及人，《六经》之所上也。不孝，则事君不忠，莅官不敬，战陈无勇，朋友不信。孔子曰：‘孝无终始，而患不及者，未之有也。’孝，人行之所先也。观本行于乡党，考功能于官职，达观其所举，富观其所予，穷观其所不为，乏观其所不取，近观其所为主，远观其所主。孔子曰：‘视其所以，观其所由，察其所安，人焉廋哉？’取人之术也。殷因于夏尚质，周因于殷尚文，今汉家承周、秦之敝，宜抑文尚质，废奢长俭，表实去伪。孔子曰‘恶紫之夺朱’，当世治之所务也。臣窃有所忧，言之则拂心逆指，不言则渐日长，为祸不细，然小臣不敢废道而求从，违忠而耦意。臣闻玩色无厌，必生好憎之心；好憎之心生，则爱宠偏于一人；爱宠偏于一人，则继嗣之路不广，而嫉妒之心兴矣。如此，则匹妇之说，不可胜也。唯陛下纯德普施，无欲是从，此则众庶咸说，继嗣日广，而海内长安。万事之是非何足备言！”

钦以前事病，赐帛罢，后为议郎，复以病免。

征诣大将军莫府，国家政谋，凤常与钦虑之。数称达名士王骏、韦安世、王延世等，救解冯野王、王尊、胡常之罪过，及继功臣绝世，填抚四夷，当世善政，多出于钦者。见凤专政泰重，戒之曰："昔周公身有至圣之德，属有叔父之亲，而成王有独见之明，无信谗之听，然管、蔡流言而周公惧。穰侯，昭王之舅也，权重于秦，威震邻敌，有旦莫偃伏之爱，心不介然有间，然范雎起徒步，由异国，无雅信，开一朝之说，而穰侯就封。及近者武安侯之见退，三事之迹，相去各数百岁，若合符节，甚不可不察。愿将军由周公之谦惧，损穰侯之威，放武安之欲，毋使范雎之徒得间其说。"

顷之，复日蚀，京兆尹王章上封事求见，果言凤专权蔽主之过，宜废勿用，以应天变。于是天子感悟，召见章，与议，欲退凤。凤甚忧惧，钦令凤上疏谢罪，乞骸骨，文指甚哀。太后涕泣为不食。上少而亲倚凤，亦不忍废，复起凤就位。凤心惭，称病笃，欲遂退。钦复说之曰："将军深悼辅政十年，变异不已，故乞骸骨，归咎于身，刻己自责，至诚动众，愚知莫不感伤。虽然，是无属之臣，执进退之分，絜其去就之节者耳，非主上所以待将军，非将军所以报主上也。昔周公虽老，犹在京师，明不离成周，示不忘王室也。仲山父异姓之臣，无亲于宣，就封于齐，犹叹息永怀，宿夜徘徊，不忍远去，况将军之于主上，主上之与将军哉！夫欲天下治安变异之意，莫有将军，主上照然知之，故攀援不遣，《书》称'公毋困我！'唯将军不为四国流言自疑于成王，以固至忠。"凤复起视事。上令尚书劾奏京兆尹章，章死诏狱。语在《元后传》。

章既死，众庶冤之，以讥朝廷。钦欲救其过，复说凤曰："京兆尹章所坐事密。吏民见章素好言事，以为不坐官职，疑其以日蚀见对有所言也。假令章内有所犯，虽陷正法，事不暴扬，自京师不晓，况于远方。恐天下不知章实有罪，而以为坐言事也。如是，塞争引之原，损宽明之德。钦愚以为宜因章事举直言极谏，并见郎从官展尽其意，加于往前，以明示四方，使天下咸知主上圣明，不以言罪下也。若此，则流言消释，疑惑著明。”凤白行其策。钦之补过将美，皆此类也。

优游不仕，以寿终。钦子及昆弟支属至二千石者且十人。钦兄缓前免太常，以列侯奉朝请，成帝时乃薨，子业嗣。

业有材能，以列侯选，复为太常。数言得失，不事权贵，与丞相翟方进、卫尉定陵侯淳于长不平。后业坐法免官，复为函谷关都尉。会定陵侯长有罪，当就国，长舅红阳侯立与业书曰：“诚哀老姊垂白，随无状子出关，愿勿复用前事相侵。”定陵侯既出关，伏罪复发，下洛阳狱。丞相史搜得红阳侯书，奏业听请，不敬，坐免就国。

其春，丞相方进薨，业上书言：“方进本与长深结厚，更相称荐，长陷大恶，独得不坐，苟欲障塞前过，不为陛下广持平例，又无恐惧之心，反因时信其邪辟，报睚眦怨。故事，大逆朋友坐免官，无归故郡者，今坐长者归故郡，已深一等；红阳侯立坐子受长货赂故就国耳，非大逆也，而方进复奏立党友后将军朱博、钜鹿太守孙宏、故少府陈咸，皆免官，归咸故郡。刑罚无平，在方进之笔端，众庶莫不疑惑，皆言孙宏不与红阳侯相爱。宏前为中丞时，方进为御史大夫，举掾隆可侍御史，宏奏隆前奉使欺谩，不宜执法近侍，方进以此怨宏。又方进为京兆尹时，陈咸为少府，在九卿高弟，陛下所自知也。方进素与司直师丹相善，临御史大夫缺，使丹奏咸为奸利，请案验，卒不能有所得，而方进果自得御史大夫。为丞相，即时诋欺，奏免咸，复因红阳侯事归咸故郡。众人皆言国家假方进权太甚。案师丹行能无异，及光禄勋许商被病残人，皆但以附从方进，尝获尊官。丹前亲荐邑子丞相史能使巫下神，为国求福，几获大利。幸赖陛下至明，遣使者毛莫如先考验，卒得其奸，皆坐死。假令丹知而白之，此诬罔罪也；不知而白之，是背经术惑左道也：二者皆在大辟，重于朱博、孙宏、陈咸所坐。方进终不举白，专作威福，阿党所厚，排挤英俊，托公报私，横厉无所畏忌，欲以熏轑天下。天下莫不望风而靡，自尚书近臣皆结舌杜口，骨肉亲属莫不股栗。威权泰盛而不忠信，非所以安国家也。今闻方进卒病死，不以尉示天下，反复赏赐厚葬，唯陛下深思往事，以戒来今。"

会成帝崩，哀帝即位，业复上书言："王氏世权日久，朝无骨鲠之臣，宗室诸侯微弱，与系囚无异，自佐史以上至于大吏皆权臣之党。曲阳侯根前为三公辅政，知赵昭仪杀皇子，不辄白奏，反与赵氏比周，恣意妄行，谮诉故许后，被加以非罪，诛破诸许族，败元帝外家。内嫉妒同产兄姊红阳侯立及淳于氏，皆老被放弃。新喋血京师，威权可畏。高阳侯薛宣有不养母之名，安昌侯张禹奸人之雄，惑乱朝廷，使先帝负谤于海内，尤不可不慎。陛下初即位，谦让未皇，孤独特立，莫可据仗，权臣易世，意若探汤。宜蚤以义割恩，安百姓心。窃见朱博忠信勇猛，材略不世出，诚国家雄俊之宝臣也，宜征博置左右，以填天下。此人在朝，则陛下可高枕而卧矣。昔诸吕欲危刘氏，赖有高祖遗臣周勃、陈平尚存，不者，几为奸臣笑。”

业又言宜为恭王立庙京师，以章孝道。时，高昌侯董宏亦言宜尊帝母定陶王丁后为帝太后。大司空师丹等劾宏误朝不道，坐免为庶人，业复上书讼宏。前后所言皆合指施行，朱博果见拔用。业由是征，复为太常。岁余，左迁上党都尉。会司隶奏业为太常选举不实，业坐免官，复就国。

哀帝崩，王莽秉政，诸前议立庙尊号者皆免，徙合浦。业以前罢黜，故见阔略，忧恐，发病死。业成帝初尚帝妹颍邑公主，主无子，薨，业家上书求还京师与主合葬，不许，而赐谥曰荒侯，传子至孙绝。初，杜周武帝时徙茂陵，至延年徙杜陵云。

赞曰：张汤、杜周并起文墨小吏，致位三公，列于酷吏。而俱有良子，德器自过，爵位尊显，继世立朝，相与提衡，至于建武，杜氏爵乃独绝，迹其福祚，元功儒林之后莫能及也。自谓唐杜苗裔，岂其然乎？及钦浮沉当世，好谋而成，以建始之初深陈女戒，终如其言，庶几乎《关雎》之见微。非夫浮华博习之徒所能规也。业因势而抵陒，称朱博，毁师丹，爱憎之议可不畏哉！

# 汉书卷六十一

## 张骞李广利传第三十一

张骞，汉中人也，建元中为郎。时，匈奴降者言匈奴破月氏王，以其头为饮器，月氏遁而怨匈奴，无与共击之。汉方欲事灭胡，闻此言，欲通使，道必更匈奴中，乃募能使者。骞以郎应募，使月氏，与堂邑氏奴甘父俱出陇西。径匈奴，匈奴得之，传诣单于。单于曰："月氏在吾北，汉何以得往使？吾欲使越，汉肯听我乎？"留骞十余岁，予妻，有子，然骞持汉节不失。

居匈奴西，骞因与其属亡乡月氏，西走数十日，至大宛。大宛闻汉之饶财，欲通不得，见骞，喜，问欲何之。骞曰："为汉使月氏而为匈奴所闭道，今亡，唯王使人道送我。诚得至，反汉，汉之赂遗王财物不可胜言。"大宛以为然，遣骞，为发译道，抵康居。康居传致大月氏。大月氏王已为胡所杀，立其夫人为王。既臣大夏而君之，地肥饶，少寇，志安乐。又自以远远汉，殊无报胡之心。骞从月氏至大夏，竟不能得月氏要领。

留岁余，还，并南山，欲从羌中归，复为匈奴所得。留岁余，单于死，国内乱，骞与胡妻及堂邑父俱亡归汉。拜骞太中大夫，堂邑父为奉使君。

骞为人强力，宽大信人，蛮夷爱之。堂邑父胡人，善射，穷急射禽兽给食。初，骞行时百余人，去十三岁，唯二人得还。

骞身所至者，大宛、大月氏、大夏、康居，而传闻其旁大国五六，具为天子言其地形。所有语皆在《西域传》。

骞曰："臣在大夏时，见邛竹杖、蜀布，问：'安得此？'大夏国人曰：'吾贾人往市之身毒国。身毒国在大夏东南可数千里。其俗土著。与大夏同，而卑湿暑热。其民乘象以战。其国临大水焉。'以骞度之，大夏去汉万二千里，居西南。今身毒又居大夏东南数千里，有蜀物，此其去蜀不远矣。今使大夏，从羌中，险，羌人恶之；少北，则为匈奴所得；从蜀，宜径，又无寇。"天子既闻大宛及大夏、安息之属皆大国，多奇物，土著，颇与中国同俗，而兵弱，贵汉财物；其北则大月氏、康居之属，兵强，可以赂遗设利朝也。诚得而以义属之，则广地万里，重九译，致殊俗，威德遍于四海。天子欣欣以骞言为然。乃令因蜀犍为发间使，四道并出：出駹，出莋，出徙、邛，出僰，皆各行一二千里。其北方闭氐、莋，南方闭嶲、昆明。昆明之属无君长，善寇盗，辄杀略汉使，终莫得通。然闻其西可千余里，有乘象国，名滇越，而蜀贾间出物者或至焉，于是汉以求大夏道始通滇国。初，汉欲通西南夷，费多，罢之。及骞言可以通大夏，乃复事西南夷。

骞以校尉从大将军击匈奴。知水草处，军得以不乏，乃封骞为博望侯。是岁，元朔六年也。后二年，骞为卫尉，与李广俱出右北平击匈奴。匈奴围李将军，军失亡多，而骞后期当斩，赎为庶人。是岁，骠骑将军破匈奴西边，杀数万人，至祁连山。其秋，浑邪王率众降汉，而金城、河西并南山至盐泽，空无匈奴，匈奴时有候者到，而希矣。后二年，汉击走单于于幕北。

天子数问骞大夏之属。骞既失侯，因曰："臣居匈奴中，闻乌孙王号昆莫。昆莫父难兜靡本与大月氏俱在祁连、敦煌间，小国也。大月氏攻杀难兜靡，夺其地，人民亡走匈奴。子昆莫新生，傅父布就翎侯抱亡置草中，为求食，还，见狼乳之，又乌衔肉翔其旁，以为神，遂持归匈奴，单于爱养之。及壮，以其父民众与昆莫，使将兵，数有功。时，月氏已为匈奴所破，西击塞王。塞王南走远徙，月氏居其地。昆莫既健，自请单于报父怨，遂西攻破大月氏。大月氏复西走，徙大夏地。昆莫略其众，因留居，兵稍强，会单于死，不肯复朝事匈奴。匈奴遣兵击之，不胜，益以为神而远之。今单于新困于汉，而昆莫地空。蛮夷恋故地，又贪汉物，诚以此时厚赂乌孙，招以东居故地，汉遣公主为夫人，结昆弟，其势宜听，则是断匈奴右臂也。既连乌孙，自其西大夏之属皆可招来而为外臣。"天子以为然，拜骞为中郎将，将三百人，马各二匹，牛、羊以万数，赍金币帛直数千巨万，多持节副使，道可便遣之旁国。骞既至乌孙，致赐谕指，未能得其决。语在《西域传》。骞即分遣副使使大宛、康居、月氏、大夏。乌孙发译道送骞，与乌孙使数十人，马数十匹，报谢，因令窥汉，知其广大。

骞还，拜为大行。岁余，骞卒。后岁余，其所遣副使通大夏之属者皆颇与其人俱来，于是西北国始通于汉矣。然骞凿空，诸后使往者皆称博望侯，以为质于外国，外国由是信之。其后，乌孙竟与汉结婚。

初，天子发书《易》，曰“神马当从西北来”。得乌孙马好，名曰“天马”。及得宛汗血马，益壮，更名乌孙马曰“西极马”，宛马曰“天马”云。而汉始筑令居以西，初置酒泉郡，以通西北国。因益发使抵安息、奄蔡、犛靬、条支、身毒国。而天子好宛马，使者相望于道，一辈大者数百，少者百余人，所赍操，大放博望侯时。其后益习而衰少焉。汉率一岁中使者多者十余，少者五六辈，远者八九岁，近者数岁而反。

是时，汉既灭越，蜀所通西南夷皆震，请吏。置牂柯、越嶲、益州、沈黎、文山郡，欲地接以前通大夏。乃遣使岁十余辈，出此初郡，皆复闭昆明，为所杀，夺币物。于是汉发兵击昆明，斩首数万。后复遣使，竟不得通。语在《西南夷传》。

自骞开外国道以尊贵，其吏士争上书言外国奇怪利害，求使。天子为其绝远，非人所乐，听其言，予节，募吏民无问所从来，为具备人众遣之，以广其道。来还不能无侵盗币物，及使失指，天子为其习之，辄复按致重罪，以激怒令赎，复求使。使端无穷，而轻犯法。其吏卒亦辄复盛推外国所有，言大者予节，言小者为副，故妄言无行之徒皆争相效。其使皆私县官赍物，欲贱市以私其利。外国亦厌汉使人人有言轻重，度汉兵远，不能至，而禁其食物，以苦汉使。汉使乏绝，责怨，至相攻击。楼兰、姑师小国，当空道，攻劫汉使王恢等尤甚。而匈奴奇兵又时时遮击之。使者争言外国利害，皆有城邑，兵弱易击。于是天子遣从票侯破奴将属国骑及郡兵数万以击胡，胡皆去。明年，击破姑师，虏楼兰王。酒泉列亭鄣至玉门矣。

而大宛诸国发使随汉使来，观汉广大，以大鸟卵及犛靬眩人献于汉，天子大说。而汉使穷河源，其山多玉石，采来，天子案古图书，名河所出山曰昆仑云。

是时，上方数巡狩海上，乃悉从外国客，大都多人则过之，散财帛赏赐，厚具饶给之，以览视汉富厚焉。大角氏，出奇戏诸怪物，多聚观者，行赏赐，酒池肉林，令外国客遍观各仓库府臧之积，欲以见汉广大，倾骇之。及加其眩者之工，而角氏奇戏岁增变，其益兴，自此始。而外国使更来更去。大宛以西皆自恃远，尚骄恣，未可诎以礼羁縻而使也。

汉使往既多，其少从率进孰于天子，言大宛有善马在贰师城，匿不肯示汉使。天子既好宛马，闻之甘心，使壮士车令等持千金及金马以请宛王贰师城善马。宛国饶汉物，相与谋曰："汉去我远，而盐水中数有败，出其北有胡寇，出其南乏水草，又且往往而绝邑，乏食者多。汉使数百人为辈来，常乏食，死者过半，是安能致大军乎？且贰师马，宛宝马也。"遂不肯予汉使。汉使怒，妄言，椎金马而去。宛中贵人怒曰："汉使至轻我！"遣汉使去，令其东边郁成王遮攻，杀汉使，取其财物。天子大怒。诸尝使宛姚定汉等言："宛兵弱，诚以汉兵不过三千人，强弩射之，即破宛矣。"天子以尝使浞野侯攻楼兰，以七百骑先至，虏其王，以定汉等言为然，而欲侯宠姬李氏，乃以李广利为将军，伐宛。

骞孙猛，字子游，有俊才。元帝时为光禄大夫，使匈奴，给事中，为石显所谮，自杀。

李广利，女弟李夫人有宠于上，产昌邑哀王。太初元年，以广利为贰师将军，发属国六千骑及郡国恶少年数万人以往，期至贰师城取善马，故号"贰师将军"。故浩侯王恢使道军。既西过盐水，当道小国各坚城守，不肯给食，攻之不能下。下者得食，不下者数日则去。比至郁成，士财有数千，皆饥罢。攻郁成城，郁成距之，所杀伤甚众。贰师将军与左右计："至郁成尚不能举，况至其王都乎？"引而还。往来二岁，至敦煌，士不过什一二。使使上书言："道远，多乏食，且士卒不患战而患饥。人少，不足以拔宛。愿且罢兵，益发而复往。"天子闻之，大怒，使使遮玉门关，曰："军有敢入，斩之。"贰师恐，因留屯敦煌。

其夏，汉亡浞野之兵二万余于匈奴，公卿议者皆愿罢宛军，专力攻胡。天子业出兵诛宛，宛小国而不能下，则大夏之属渐轻汉，而宛善马绝不来，乌孙、轮台易苦汉使，为外国笑。乃案言伐宛尤不便者邓光等。赦囚徒扞寇盗，发恶少年及边骑，岁余而出敦煌六万人。负私从者不与。牛十万，马三万匹，驴、橐驼以万数赍粮，兵弩甚设。天下骚动，转相奉伐宛，五十余校尉。宛城中无井，汲城外流水，于是遣水工徙其城下水空以穴其城。益发戍甲卒十八万酒泉、张掖北，置居延、休屠以卫酒泉。而发天下七科適，及载糒给贰师，转车人徒相连属至敦煌。而拜习马者二人为执驱马校尉，备破宛择取其善马云。

于是贰师后复行，兵多，所至小国莫不迎，出食给军。至轮台，轮台不下，攻数日，屠之。自此而西，平行至宛城，兵到者三万。宛兵迎击汉兵，汉兵射败之，宛兵走入保其城。贰师欲攻郁成城，恐留行而令宛益生诈，乃先至宛，决其水原，移之，则宛固已忧困。围其城，攻之四十余日。宛贵人谋曰："王毋寡匿善马，杀汉使。今杀王而出善马，汉兵宜解；即不，乃力战而死，未晚也。"宛贵人皆以为然，共杀王。其外城坏，虏宛贵人勇将煎靡。宛大恐，走入中城，相与谋曰：“汉所为攻宛，以王毋寡。”持其头，遣人使贰师，约曰：“汉无攻我，我尽出善马，恣所取，而给汉军食。即不听我，我尽杀善马，康居之救又且至。至，我居内，康居居外，与汉军战。孰计之，何从？”是时，康居候视汉兵尚盛，不敢进。贰师闻宛城中新得汉人知穿井，而其内食尚多。计以为来诛首恶者毋寡，毋寡头已至，如此不许，则坚守，而康居候汉兵罢来救宛，破汉军必矣。军吏皆以为然，许宛之约。宛乃出其马，令汉自择之，而多出食食汉军。汉军取其善马数十匹，中马以下牝牡三千余匹，而立宛贵人之故时遇汉善者名昧蔡为宛王，与盟而罢兵。终不得入中城，罢而引归。

初，贰师起敦煌西，为人多，道上国不能食，分为数军，从南北道。校尉王申生、故鸿胪壶充国等千余人别至郁成，城守不肯给食。申生去大军二百里，负而轻之，攻郁成急。郁成窥知申生军少，晨用三千人攻杀申生等，数人脱亡，走贰师。贰师令搜粟都尉上官桀往攻破郁成，郁成降。其王亡走康居，桀追至康居。康居闻汉已破宛，出郁成王与桀，桀令四骑士缚守诣大将军。四人相谓：“郁成，汉所毒，今生将，卒失大事。”欲杀，莫適先击。上邽骑士赵弟拔剑击斩郁成王。桀等遂追及大将军。

初，贰师后行，天子使使告乌孙大发兵击宛。乌孙发二千骑往，持两端，不肯前。贰师将军之东，诸所过小国闻宛破，皆使其子弟从入贡献，见天子，因为质焉。军还，入玉门者万余人，马千余匹。后行，非乏食，战死不甚多，而将吏贪，不爱卒，侵牟之，以此物故者众。天子为万里征伐，不录其过，乃下诏曰：“匈奴为害久矣，今虽徙幕北，与旁国谋共要绝大月氏使，遮杀中郎将江、故雁门守攘。危须以西及大宛皆合约杀期门车令、中郎将朝及身毒国使，隔东西道。贰师将军广利征讨厥罪，伐胜大宛。赖天之灵。从溯河山，涉流沙，通西海，山雪不积，士大夫径度，获王首虏，珍怪之物毕陈于阙。其封广利为海西侯，食邑八千户。"又封斩郁成王者赵弟为新畤侯；军正赵始成功最多，为光禄大夫；上官桀敢深入，为少府；李哆有计谋，为上党太守。军官吏为九卿者三人，诸侯相、郡守、二千石百余人，千石以下千余人。奋行者官过其望，以適过行者皆黜其劳。士卒赐直四万钱。伐宛再反，凡四岁而得罢焉。

后十一岁，征和三年，贰师复将七万骑出五原，击匈奴，度郅居水。兵败，降匈奴，为单于所杀。语在《匈奴传》。

赞曰："《禹本纪》言河出昆仑，昆仑高二千五百里余，日月所相避隐为光明也。自张骞使大夏之后，穷河原，恶睹所谓昆仑者乎？故言九州山川，《尚书》近之矣。至《禹本纪》、《山经》所有，放哉！"

# 汉书卷六十二

## 司马迁传第三十二

昔在颛顼，命南正重司天，火正黎司地。唐、虞之际，绍重、黎之后，使复典之，至于夏、商，故重、黎氏世序天地。其在周，程伯休甫其后也。当宣王时，官失其守而为司马氏。司马氏世典周史。惠、襄之间，司马氏适晋。晋中军随会奔魏，而司马氏入少梁。

自司马氏去周适晋，分散，或在卫，或在赵，或在秦。其在卫者，相中山。在赵者，以传剑论显，蒯聩其后也。在秦者错，与张仪争论，于是惠王使错将兵伐蜀，遂拔，因而守之。错孙蕲，事武安君白起。而少梁更名夏阳。蕲与武安君坑赵长平军，还而与之俱赐死杜邮，葬于华池。蕲孙昌，为秦王铁官。当始皇之时，蒯聩玄孙卬为武信君将而徇朝歌。诸侯之相王，王卬于殷。汉之伐楚，卬归汉，以其地为河内郡。昌生毋怿，毋怿为汉市长。毋怿生喜，喜为五大夫，卒，皆葬高门。喜生谈，谈为太史公。

太史公学天官于唐都，受《易》于杨何，习道论于黄子。太史公仕于建元、元封之间，愍学者不达其意而师悖，乃论六家之要指曰：

《易大传》："天下一致而百虑，同归而殊涂。"夫阴阳、儒、墨、名、法、道德，此务为治者也。直所从言之异路，有省不省耳。尝窃观阴阳之术，大详而众忌讳，使人拘而多畏，然其序四时之大顺，不可失也。儒者博而寡要，劳而少功，是以其事难尽从，然其叙君臣、父子之礼，列夫妇、长幼之别，不可易也。墨者俭而难遵，是以其事不可遍循，然其强本节用，不可废也。法家严而少恩，然其正君臣上下之分，不可改也。名家使人俭而善失真，然其正名实，不可不察也。道家使人精神专一，动合无形，澹足万物。其为术也，因阴阳之大顺，采儒、墨之善，撮名、法之要，与时迁徙，应物变化，立俗施事，无所不宜，指约而易操，事少而功多。儒者则不然，以为人主天下之仪表也，君唱臣和，主先臣随。如此，则主劳而臣佚。至于大道之要，去健羡，黜聪明，释此而任术。夫神大用则竭，形大劳则敝；神形蚤衰，欲与天地长久，非所闻也。

夫阴阳，四时、八位、十二度、二十四节各有教令，曰"顺之者昌，逆之者亡"，未必然也，故曰"使人拘而多畏"。夫春生、夏长、秋收、冬藏，此天道之大经也，弗顺，则无以为天下纪纲。故曰"四时之大顺，不可失也"。夫儒者，以六艺为法，六艺经传以千万数，累世不能通其学，当年不能究其礼。故曰"博而寡要，劳而少功"。若夫列君臣、父子之礼，序夫妇、长幼之别，虽百家弗能易也。

墨者亦上尧、舜，言其德行，曰："堂高三尺，土阶三等，茅茨不剪，采椽不斫；饭土簋，歠土刑，粝粱之食，藜藿之羹；夏日葛衣，冬日鹿裘。”其送死，桐棺三寸，举音不尽其哀。教丧礼，必以此为万民率。故天下共若此，则尊卑无别也。夫世异时移，事业不必同，故曰“俭而难遵”也。要曰“强本节用”，则人给家足之道也。此墨子之所长，虽百家不能废也。

法家不别亲疏，不殊贵贱，一断于法，则亲亲尊尊之恩绝矣，可以行一时之计，而不可长用也，故曰“严而少恩”。若尊主卑臣，明分职不得相逾越，虽百家不能改也。

名家苛察缴绕，使人不得反其意，剸决于名，时失人情，故曰“使人俭而善失真”。若夫控名责实，参伍不失，此不可不察也。

道家无为，又曰无不为，其实易行，其辞难知。其术以虚无为本，以因循为用。无成势，无常形，故能究万物之情。不为物先后，故能为万物主。有法无法，因时为业；有度无度，因物兴舍。故曰“圣人不巧，时变是守”。虚者，道之常也；因者，君之纲也。群臣并至，使各自明也。其实中其声者谓之端，实不中其声者谓之款。款言不听，奸乃不生，贤不肖自分，白黑乃形。在所欲用耳，何事不成！乃合大道，混混冥冥。光耀天下，复反无名。凡人所生者神也，所托者形也。神大用则竭，形大劳则敝，形神离则死。死者不可复生，离者不可复合，故圣人重之。由此观之，神者生之本，形者生之具。不先定其神形，而曰“我有以治天下”，何由哉？

太史公既掌天官，不治民。有子曰迁。

迁生龙门，耕牧河山之阳。年十岁则诵古文。二十而南游江、淮，上会稽，探禹穴，窥九疑，浮沅、湘。北涉汶、泗，讲业齐鲁之都，观夫子遗风，乡射邹峄；厄困蕃、薛、彭城，过梁、楚以归。于是迁仕为郎中，奉使西征巴、蜀以南，略邛、莋、昆明，还报命。

是岁，天子始建汉家之封，而太史公留滞周南，不得与从事，发愤且卒。而子迁适反，见父于河、洛之间。太史公执迁手而泣曰："予先，周室之太史也。自上世尝显功名虞、夏，典天官事。后世中衰，绝于予乎？汝复为太史，则续吾祖矣。今天子接千岁之统，封泰山，而予不得从行，是命也夫！命也夫！予死，尔必为太史；为太史，毋忘吾所欲论著矣。且夫孝，始于事亲，中于事君，终于立身；扬名于后世，以显父母，此孝之大也。夫天下称周公，言其能论歌文、武之德，宣周、召之风，达大王、王季思虑，爰及公刘，以尊后稷也。幽、厉之后，王道缺，礼乐衰，孔子修旧起废，论《诗》、《书》，作《春秋》，则学者至今则之。自获麟以来四百有余岁，而诸侯相兼，史记放绝。今汉兴，海内一统，明主贤君，忠臣义士，予为太史而不论载，废天下之文，予甚惧焉，尔其念哉！"迁俯首流涕曰："小子不敏，请悉论先人所次旧闻，不敢阙。"卒三岁，而迁为太史令，细史记石室金匮之书。五年而当太初元年，十一月甲子朔旦冬至，天历始改，建于明堂，诸神受记。

太史公曰："先人有言：'自周公卒五百岁而有孔子，孔子至于今五百岁，有能绍而明之，正《易传》，继《春秋》，本《诗》、《书》、《礼》、《乐》之际。'意在斯乎！意在斯乎！小子何敢攘焉！"

上大夫壶遂曰："昔孔子为何作《春秋》哉？"太史公曰：

“余闻之董生：‘周道废，孔子为鲁司寇，诸侯害之，大夫壅之。孔子知时之不用，道之不行也，是非二百四十二年之中，以为天下仪表，贬诸侯，讨大夫，以达王事而已矣。’子曰：‘我欲载之空言，不如见之于行事之深切著明也。’《春秋》上明三王之道，下辨人事之经纪，别嫌疑，明是非，定犹与，善善恶恶，贤贤贱不肖，存亡国，继绝世，补弊起废，王道之大者也。《易》，著天地、阴阳、四时、五行，故长于变；《礼》，纲纪人伦，故长于行；《书》，记先王之事，故长于政；《诗》，记山川、溪谷、禽兽、草木、牝牡、雌雄，故长于风；《乐》，乐所以立，故长于和；《春秋》，辩是非，故长于治人。是故《礼》以节人，《乐》以发和，《书》以道事，《诗》以达意，《易》以道化，《春秋》以道义。拨乱世反之正，莫近于《春秋》。《春秋》文成数万，其指数千。万物之散聚皆在《春秋》。《春秋》之中，弑君三十六，亡国五十二，诸侯奔走不得保社稷者不可胜数。察其所以，皆失其本已。故《易》曰‘差以豪厘，谬以千里’。故‘臣弑君，子弑父，非一朝一夕之故，其渐久矣’。有国者不可以不知《春秋》，前有谗而不见，后有贼而不知。为人臣者不可以不知《春秋》，守经事而不知其宜，遭变事而不知其权。为人君父者而不通于《春秋》之义者，必蒙首恶之名。为人臣子不通于《春秋》之义者，必陷篡弑诛死之罪。其实皆以善为之，而不知其义，被之空言不敢辞。夫不通礼义之指，至于君不君，臣不臣，父不父，子不子。夫君不君则犯，臣不臣则诛，父不父则无道，子不子则不孝：此四行者，天下之大过也。以天下大过予之，受而不敢辞。故《春秋》者，礼义之大宗也。夫礼禁未然之前，法施已然之后；法之所为用者易见，而礼之所为禁者难知。”

壶遂曰：“孔子之时，上无明君，下不得任用，故作《春秋》，垂空文以断礼义，当一王之法。今夫子上遇明天子，下得守职，万事既具，咸各序其宜，夫子所论，欲以何明？”太史公曰：“唯唯，否否，不然。余闻之先人曰：‘虙戏至纯厚，作《易》八卦。尧、舜之盛，《尚书》载之，礼乐作焉。汤、武之隆，诗人歌之。《春秋》采善贬恶，推三代之德，褒周室，非独刺讥而已也。’汉兴已来，至明天子，获符瑞，封禅，改正朔，易服色，受命于穆清，泽流罔极，海外殊俗，重译款塞，请来献见者，不可胜道。臣下百官，力诵圣德，犹不能宣尽其意。且士贤能矣，而不用，有国者耻也；主上明圣，德不布闻，有司之过也。且余掌其官，废明圣盛德不载，灭功臣、贤大夫之业不述，堕先人所言，罪莫大焉。余所谓述故事，整齐其世传，非所谓作也，而君比之《春秋》，谬矣。”

于是论次其文。十年而遭李陵之祸，幽于累绁。乃喟然而叹曰：“是余之罪夫！身亏不用矣。”退而深惟曰：“夫《诗》、《书》隐约者，欲遂其志之思也。”卒述陶唐以来，至于麟止，自黄帝始。

《五帝本纪》第一，《夏本纪》第二，《殷本纪》第三，《周本纪》第四，《秦本纪》第五，《始皇本纪》第六，《项羽本纪》第七，《高祖本纪》第八，《吕后本纪》第九，《孝文本纪》第十，《孝景本纪》第十一，《今上本纪》第十二。《三代世表》第一，《十二诸侯年表》第二，《六国年表》第三，《秦楚之际月表》第四，《汉诸侯年表》第五，《高祖功臣年表》第六，《惠景间功臣年表》第七，《建元以来侯者年表》第八，《王子侯者年表》第九，《汉兴以来将相名臣年表》第十。《礼书》第一，《乐书》第二，《律书》第三，《历书》第四，《天官书》第五，《封禅书》第六，《河渠书》第七，《平准书》第八。《吴太伯世家》第一，《齐太公世家》第二，《鲁周公世家》第三，《燕召公世家》第四，《管蔡世家》第五，《陈杞世家》第六，《卫康叔世家》第七，《宋微子世家》第八，《晋世家》第九，《楚世家》第十，《越世家》第十一，《郑世家》第十二，《赵世家》第十三，《魏世家》第十四，《韩世家》第十五，《田完世家》第十六，《孔子世家》第十七，《陈涉世家》第十八，《外戚世家》第十九，《楚元王世家》第二十，《荆燕王世家》第二十一，《齐悼惠王世家》第二十二，《萧相国世家》第二十三，《曹相国世家》第二十四，《留侯世家》第二十五，《陈丞相世家》第二十六，《绛侯世家》第二十七，《梁孝王世家》第二十八，《五宗世家》第二十九，《三王世家》第三十。《伯夷列传》第一，《管晏列传》第二，《老子韩非列传》第三，《司马穰苴列传》第四，《孙子吴起列传》第五，《伍子胥列传》第六，《仲尼弟子列传》第七，《商君列传》第八，《苏秦列传》第九，《张仪列传》第十，《樗里甘茂列传》第十一，《穰侯列传》第十二，《白起王翦列传》第十三，《孟子荀卿列传》第十四，《平原虞卿列传》第十五，《孟尝君列传》第十六，《魏公子列传》第十七，《春申君列传》第十八，《范睢蔡泽列传》第十九，《乐毅列传》第二十，《廉颇蔺相如列传》第二十一，《田单列传》第二十二，《鲁仲连列传》第二十三，《屈原贾生列传》第二十四，《吕不韦列传》第二十五，《刺客列传》第二十六，

《李斯列传》第二十七，《蒙恬列传》第二十八，《张耳陈馀列传》第二十九，《魏豹彭越列传》第三十，《黥布列传》第三十一，《淮阴侯韩信列传》第三十二，《韩王信卢绾列传》第三十三，《田儋列传》第三十四，《樊郦滕灌列传》第三十五，《张丞相仓列传》第三十六，《郦生陆贾列传》第三十七，《傅靳蒯成侯列传》第三十八，《刘敬叔孙通列传》第三十九，《季布栾布列传》第四十，《爰盎晁错列传》第四十一，《张释之冯唐列传》第四十二，《万石张叔列传》第四十三，《田叔列传》第四十四，《扁鹊仓公列传》第四十五，《吴王濞列传》第四十六，《魏其武安列传》第四十七，《韩长孺列传》第四十八，《李将军列传》第四十九，《卫将军骠骑列传》第五十，《平津主父列传》第五十一，《匈奴列传》第五十二，《南越列传》第五十三，《闽越列传》第五十四，《朝鲜列传》第五十五，《西南夷列传》第五十六，《司马相如列传》第五十七，《淮南衡山列传》第五十八，《循吏列传》第五十九，《汲郑列传》第六十，《儒林列传》第六十一，《酷吏列传》第六十二，《大宛列传》第六十三，《游侠列传》第六十四，《佞幸列传》第六十五，《滑稽列传》第六十六，《日者列传》第六十七，《龟策列传》第六十八，《货殖列传》第六十九。

惟汉继五帝末流，接三代绝业。周道既废，秦拨去古文，焚灭《诗》、《书》，故明堂、石室、金匮、玉版图籍散乱。汉兴，萧何次律令，韩信申军法，张苍为章程，叔孙通定礼仪，则文学彬彬稍进，《诗》、《书》往往间出。自曹参荐盖公言黄、老，而贾谊、晁错明申、韩，公孙弘以儒显，百年之间，天下遗文古事靡不毕集。太史公仍父子相继纂其职，曰："于戏！余维先人尝掌斯事，显于唐、虞；至于周，复典之。故司马氏世主天官，至于余乎，钦念哉！"网罗天下放失旧闻，王迹所兴，原始察终，见盛观衰，论考之行事，略三代，录秦、汉，上记轩辕，下至于兹，著十二本纪；既科条之矣，并时异世，年差不明，作十表；礼乐损益，律历改易，兵权、山川、鬼神，天人之际，承敝通变，作八书；二十八宿环北辰，三十辐共一毂，运行无穷，辅弼股肱之臣配焉，忠信行道以奉主上，作三十世家；扶义俶傥，不令己失时，立功名于天下，作七十列传：凡百三十篇，五十二万六千五百字，为《太史公书》。序略，以拾遗补蓺，成一家言，协《六经》异传，齐百家杂语，臧之名山，副在京师，以俟后圣君子。第七十，迁之自叙云尔。而十篇缺，有录无书。

迁既被刑之后，为中书令，尊宠任职。故人益州刺史任安予迁书，责以古贤臣之义。迁报之曰：

少卿足下：曩者辱赐书，教以慎于接物，推贤进士为务。意气勤勤恳恳，若望仆不相师用，而流俗人之言。仆非敢如是也。虽罢驽，亦尝侧闻长者遗风矣。顾自以为身残处秽，动而见尤，欲益反损，是以抑郁而无谁语。谚曰："谁为为之，孰令听之？"盖钟子期死，伯牙终身不复鼓琴。何则？士为知己用，女为说己容。若仆大质已亏缺，虽材怀随、和，行若由、夷，终不可以为荣，适足以发笑而自点耳。

书辞宜答，会东从上来，又迫贱事，相见日浅，卒卒无须臾之间得竭指意。今少卿抱不测之罪，涉旬月，迫季冬，仆又薄从上上雍，恐卒然不可讳。是仆终已不得舒愤懑以晓左右，则长逝者魂魄私恨无穷。请略陈固陋。阙然不报，幸勿过。

仆闻之：修身者，智之府也；爱施者，仁之端也；取予者，义之符也；耻辱者，勇之决也；立名者，行之极也：士有此五者，然后可以托于世，列于君子之林矣。故祸莫憯于欲利，悲莫痛于伤心，行莫丑于辱先，而诟莫大于宫刑。刑余之人，无所比数，非一世也，所从来远矣！昔卫灵公与雍渠载，孔子适陈；商鞅因景监见，赵良寒心；同子参乘，爰丝变色：自古而耻之。夫中材之人，事关于宦竖，莫不伤气，况慷慨之士乎！如今朝虽乏人，奈何令刀锯之余荐天下豪隽哉！仆赖先人绪业，得待罪辇毂下，二十余年矣。所以自惟：上之，不能纳忠效信，有奇策材力之誉，自结明主；次之，又不能拾遗补阙，招贤进能，显岩穴之士；外之，不能备行伍，攻城野战，有斩将搴旗之功；下之，不能累日积劳，取尊官厚禄，以为宗族交游光宠。四者无一遂，苟合取容，无所短长之效，可见于此矣。乡者，仆亦尝厕下大夫之列，陪外廷末议。不以此时引维纲，尽思虑，今已亏形为扫除之隶，在阘茸之中，乃欲卬首信眉，论列是非，不亦轻朝廷，羞当世之士邪！嗟乎！嗟乎！如仆，尚何言哉！尚何言哉！

且事本末未易明也。仆少负不羁之才，长无乡曲之誉，主上幸以先人之故，使得奉薄技，出入周卫之中。仆以为戴盆何以望天，故绝宾客之知，忘室家之业，日夜思竭其不肖之材力，务壹心营职，以求亲媚于主上。而事乃有大谬不然者。夫仆与李陵俱居门下，素非相善也，趣舍异路，未尝衔杯酒接殷勤之欢。然仆观其为人自奇士，事亲孝，与士信，临财廉，取予义，分别有让，恭俭下人，常思奋不顾身以徇国家之急。其素所畜积也，仆以为有国士之风。夫人臣出万死不顾一生之计，赴公家之难，斯已奇矣。今举事壹不当，而全躯保妻子之臣随而媒孽其短，仆诚私心痛之！且李陵提步卒不满五千，深践戎马之地，足历王庭，垂饵虎口，横挑强胡，卬亿万之师，与单于连战十余日，所杀过当。虏救死扶伤不给，旃裘之君长咸震怖，乃悉征左右贤王，举引弓之民，一国共攻而围之。转斗千里，矢尽道穷，救兵不至，士卒死伤如积。然李陵一呼劳军，士无不起，躬流涕，沬血饮泣，张空弮，冒白刃，北首争死敌。陵未没时，使有来报，汉公卿王侯皆奉觞上寿。后数日，陵败书闻，主上为之食不甘味，听朝不怡。大臣忧惧，不知所出。仆窃不自料其卑贱，见主上惨凄怛悼，诚欲效其款款之愚。以为李陵素与士大夫绝甘分少，能得人之死力，虽古名将不过也。身虽陷败，彼观其意，且欲得其当而报汉。事已无可奈何，其所摧败，功亦足以暴于天下。仆怀欲陈之，而未有路，适会召问，即以此指推言陵功，欲以广主上之意，塞睚眦之辞。未能尽明，明主不深晓，以为仆沮贰师，而为李陵游说，遂下于理。拳拳之忠，终不能自列。因为诬上，卒从吏议。家贫，财赂不足以自赎，交游莫救，左右亲近不为一言。身非木石，独与法吏为伍，深幽囹圄之中，谁可告诉者！此正少卿所亲见，仆行事岂不然邪？李陵既生降，颓其家声，而仆又茸以蚕室，重为天下观笑。悲夫！悲夫！

事未易一二为俗人言也。仆之先人，非有剖符丹书之功，文史、星历，近乎卜祝之间，固主上所戏弄，倡优畜之，流俗之所轻也。假令仆伏法受诛，若九牛亡一毛，与蝼蚁何异！而世又不与能死节者比，特以为智穷罪极，不能自免，卒就死耳。何也？

素所自树立使然。人固有一死，死有重于泰山，或轻于鸿毛，用之所趋异也。太上不辱先，其次不辱身，其次不辱理色，其次不辱辞令，其次诎体受辱，其次易服受辱，其次关木索被箠楚受辱，其次剔毛发婴金铁受辱，其次毁肌肤断支体受辱，最下腐刑，极矣。传曰“刑不上大夫”，此言士节不可不厉也。猛虎处深山，百兽震恐，及其在阱槛之中，摇尾而求食，积威约之渐也。故士有画地为牢势不入，削木为吏议不对，定计于鲜也。今交手足，受木索，暴肌肤，受榜箠，幽于圜墙之中，当此之时，见狱吏则头枪地，视徒隶则心惕息。何者？积威约之势也。及已至此，言不辱者，所谓强颜耳，曷足贵乎！且西伯，伯也，拘牖里；李斯，相也，具五刑；淮阴，王也，受械于陈；彭越、张敖，南乡称孤，系狱具罪；绛侯诛诸吕，权倾五伯，囚于请室；魏其，大将也，衣赭，关三木；季布为朱家钳奴；灌夫受辱居室：此人皆身至王侯将相，声闻邻国，及罪至罔加，不能引决自财。在尘埃之中，古今一体，安在其不辱也！由此言之，勇怯，势也；强弱，形也。审矣，曷足怪乎！且人不能蚤自财绳墨之外，已稍陵夷至于鞭箠之间，乃欲引节，斯不亦远乎！古人所以重施刑于大夫者，殆为此也。夫人情莫不贪生恶死，念亲戚，顾妻子，至激于义理者不然，乃有不得已也。今仆不幸，蚤失二亲，无兄弟之亲，独身孤立，少卿视仆于妻子何如哉？且勇者不必死节，怯夫慕义，何处不勉焉！仆虽怯耎欲苟活，亦颇识去就之分矣，何至自湛溺累绁之辱哉！且夫臧获婢妾犹能引决，况若仆之不得已乎！所以隐忍苟活，函粪土之中而不辞者，恨私心有所不尽，鄙没世而文采不表于后也。

古者富贵而名摩灭，不可胜记，唯俶傥非常之人称焉。盖西伯拘而演《周易》；仲尼厄而作《春秋》；屈原放逐，乃赋《离骚》；左丘失明，厥有《国语》；孙子膑脚，《兵法》修列；不韦迁蜀，世传《吕览》；韩非囚秦，《说难》、《孤愤》。《诗》三百篇，大氐贤圣发愤之所为作也。此人皆意有所郁结，不得通其道，故述往事，思来者。及如左丘明无目，孙子断足，终不可用，退论书策以舒其愤，思垂空文以自见。仆窃不逊，近自托于无能之辞，网罗天下放失旧闻，考之行事，稽其成败兴坏之理，凡百三十篇，亦欲以究天人之际，通古今之变，成一家之言。草创未就，适会此祸，惜其不成，是以就极刑而无愠色。仆诚已著此书，藏之名山，传之其人，通邑大都，则仆偿前辱之责，虽万被戮，岂有悔哉！然此可为智者道，难为俗人言也。

且负下未易居，下流多谤议。仆以口语遇遭此祸，重为乡党戮笑，污辱先人，亦何面目复上父母之丘墓乎？虽累百世，垢弥甚耳！是以肠一日而九回，居则忽忽若有所亡，出则不知所如往。每念斯耻，汗未尝不发背沾衣也。身直为闺阁之臣，宁得自引深臧于岩穴邪！故且从俗浮湛，与时俯仰，以通其狂惑。今少卿乃教以推贤进士，无乃与仆之私指谬乎？今虽欲自雕瑑，曼辞以自解，无益，于俗不信，只取辱耳。要之死日，然后是非乃定。书不能尽意，故略陈固陋。

迁既死后，其书稍出。宣帝时，迁外孙平通侯杨恽祖述其书，遂宣布焉。至王莽时，求封迁后，为史通子。

赞曰：自古书契之作而有史官，其载籍博矣。至孔氏篹之，上断唐尧，下讫秦缪。唐、虞以前，虽有遗文，其语不经，故言黄帝、颛顼之事未可明也。及孔子因鲁史记而作《春秋》，而左丘明论辑其本事以为之传，又撰异同为《国语》。又有《世本》，录黄帝以来至春秋时帝王、公、侯、卿、大夫祖世所出。春秋之后，七国并争，秦兼诸侯，有《战国策》。汉兴伐秦定天下，有《楚汉春秋》。故司马迁据《左氏》、《国语》，采《世本》、《战国策》，述《楚汉春秋》，接其后事，讫于天汉。其言秦、汉，详矣。至于采经摭传，分散数家之事，甚多疏略，或有抵梧。亦其涉猎者广博，贯穿经传，驰骋古今，上下数千载间，斯以勤矣。又，其是非颇缪于圣人，论大道则先黄、老而后六经，序游侠则退处士而进奸雄，述货殖则崇势利而羞贱贫，此其所蔽也。然自刘向、扬雄博极群书，皆称迁有良史之材，服其善序事理，辨而不华，质而不俚，其文直，其事核，不虚美，不隐恶，故谓之实录。乌呼！以迁之博物洽闻，而不能以知自全，既陷极刑，幽而发愤，书亦信矣。迹其所以自伤悼，《小雅》巷伯之伦。夫唯《大雅》“既明且哲，能保其身”，难矣哉！

# 汉书卷六十三

## 武五子传第三十三

孝武皇帝六男。卫皇后生戾太子，赵婕妤生孝昭帝，王夫人生齐怀王闳，李姬生燕剌王旦、广陵厉王胥，李夫人生昌邑哀王髆。

戾太子据，元狩元年立为皇太子，年七岁矣。初，上年二十九乃得太子，甚喜，为立禖，使东方朔、枚皋作禖祝。少壮，诏受《公羊春秋》，又从瑕丘江公受《穀梁》。及冠就宫，上为立博望苑，使通宾客，从其所好，故多以异端进者。元鼎四年，纳史良娣，产子男进，号曰史皇孙。

武帝末，卫后宠衰，江充用事。充与太子及卫氏有隙，恐上晏驾后为太子所诛，会巫蛊事起，充因此为奸。是时，上春秋高，意多所恶，以为左右皆为蛊道祝诅，穷治其事。丞相公孙贺父子，阳石、诸邑公主，及皇后弟子长平侯卫伉皆坐诛。语在《公孙贺》、《江充传》。

充典治巫蛊，既知上意，白言宫中有蛊气，入宫至省中，坏御座掘地。上使按道侯韩说、御史章赣、黄门苏文等助充。充遂至太子宫掘蛊，得桐木人。时上疾，辟暑甘泉宫，独皇后、太子在。太子召问少傅石德，德惧为师傅并诛，因谓太子曰："前丞相父子、两公主及卫氏皆坐此，今巫与使者掘地得征验，不知巫置之邪，将实有也，无以自明，可矫以节收捕充等系狱，穷治其奸诈。且上疾在甘泉，皇后及家吏请问皆不报，上存亡未可知，而奸臣如此，太子将不念秦扶苏事耶？"太子急，然德言。

征和二年七月壬午，乃使客为使者收捕充等。按道侯说疑使者有诈，不肯受诏，客格杀说。御史章赣被创突亡，自归甘泉。太子使舍人无且持节夜入未央宫殿长秋门，因长御倚华具白皇后，发中厩车载射士，出武库兵，发长乐宫卫，告令百官曰江充反。乃斩充以徇，炙胡巫上林中。遂部宾客为将率，与丞相刘屈氂等战。长安中扰乱，言太子反，以故众不肯附。太子兵败，亡，不得。

上怒甚，群下忧惧，不知所出。壶关三老茂上书曰："臣闻父者犹天，母者犹地，子犹万物也。故天平地安，阴阳和调，物乃茂成；父慈母爱，室家之中，子乃孝顺。阴阳不和，则万物夭伤；父子不和，则室家丧亡。故父不父则子不子，君不君则臣不臣，虽有粟，吾岂得而食诸！昔者虞舜，孝之至也，而不中于瞽叟；孝己被谤，伯奇放流，骨肉至亲，父子相疑。何者？积毁之所生也。由是观之，子无不孝，而父有不察。今皇太子为汉適嗣，承万世之业，体祖宗之重，亲则皇帝之宗子也。江充，布衣之人，闾阎之隶臣耳，陛下显而用之，衔至尊之命以迫蹴皇太子，造饰奸诈，群邪错谬，是以亲戚之路隔塞而不通。太子进则不得上见，退则困于乱臣，独冤结而亡告，不忍忿忿之心，起而杀充，恐惧逋逃，子盗父兵以救难自免耳，臣窃以为无邪心。《诗》曰：‘营营青蝇，止于藩；恺悌君子，无信谗言；谗言罔极，交乱四国。’往者江充谗杀赵太子，天下莫不闻，其罪固宜。陛下不省察，深过太子，发盛怒，举大兵而求之，三公自将，智者不敢言，辩士不敢说，臣窃痛之。臣闻子胥尽忠而忘其号，比干尽仁而遗其身，忠臣竭诚不顾铁钺之诛以陈其愚，志在匡君安社稷也。《诗》云：‘取彼谮人，投畀豺虎。’唯陛下宽心慰意，少察所亲，毋患太子之非，亟罢甲兵，无令太子久亡。臣不胜惓惓，出一旦之命，待罪建章阙下。”书奏，天子感寤。

太子之亡也，东至湖，臧匿泉鸠里。主人家贫，常卖屦以给太子。太子有故人在湖，闻其富赡，使人呼之而发觉。吏围捕太子，太子自度不得脱，即入室距户自经。山阳男子张富昌为卒，足蹋开户，新安令史李寿趋抱解太子，主人公遂格斗死，皇孙二人皆并遇害。上既伤太子，乃下诏曰：“盖行疑赏，所以申信也。其封李寿为邘侯，张富昌为题侯。”

久之，巫蛊事多不信。上知太子惶恐无他意，而车千秋复讼太子冤，上遂擢千秋为丞相，而族灭江充家，焚苏文于横桥上，及泉鸠里加兵刃于太子者，初为北地太守，后族。上怜太子无辜，乃作思子宫，为归来望思之台于湖。天下闻而悲之。

初，太子有三男一女，女者平舆侯嗣子尚焉。及太子败，皆同时遇害。卫后、史良娣葬长安城南。史皇孙、皇孙妃王夫人及皇女孙葬广明。皇孙二人随太子者，与太子并葬湖。

太子有遗孙一人，史皇孙子，王夫人男，年十八即尊位，是为孝宣帝。帝初即位，下诏曰：“故皇太子在湖，未有号谥，岁时祠，其议谥，置园邑。”有司奏请：“《礼》‘为人后者，为之子也’，故降其父母不得祭，尊祖之义也。陛下为孝昭帝后，承祖宗之祀，制礼不逾闲。谨行视孝昭帝所为故皇太子起位在湖，史良娣冢在博望苑北，亲史皇孙位在广明郭北。谥法曰‘谥者，行之迹也’，愚以为亲谥宜曰悼，母曰悼后，比诸侯王园，置奉邑三百家。故皇太子谥曰戾，置奉邑二百家。史良娣曰戾夫人，置守冢三十家。园置长丞，周卫奉守如法。”以湖阌乡邪里聚为戾园，长安白亭东为戾后园，广明成乡为悼园。皆改葬焉。

后八岁，有司复言：“《礼》‘父为士，子为天子，祭以天子’。悼园宜称尊号曰皇考，立庙，因园为寝，以时荐享焉。益奉园民满千六百家，以为奉明县。尊戾夫人曰戾后，置园奉邑，及益戾园各满三百家。”

齐怀王闳与燕王旦、广陵王胥同日立，皆赐策，各以国土风俗申戒焉，曰：“惟元狩六年四月乙巳，皇帝使御史大夫汤庙立子闳为齐王，曰：‘乌呼！小子闳，受兹青社。朕承天序，惟稽古，建尔国家，封于东土，世为汉藩辅。乌呼！念哉，共朕之诏。惟命不于常，人之好德，克明显光；义之不图，俾君子怠。悉尔心，允执其中，天禄永终；厥有愆不臧，乃凶于乃国，而害于尔躬。呜呼！保国乂民，可不敬与！王其戒之！’”闳母王夫人有宠，闳尤爱幸，立八年，薨，无子，国除。

燕刺王旦赐策曰：“呜呼！小子旦，受兹玄社，建尔国家，封于北土，世为汉藩辅。呜呼！薰鬻氏虐老兽心，以奸巧边甿。朕命将率，徂征厥罪。万夫长、千夫长，三十有二帅，降旗奔师。薰鬻徙域，北州以妥。悉尔心，毋作怨，毋作棐德，毋乃废备。

非教士不得从征。王其戒之!”

旦壮大就国，为人辩略，博学经书、杂说，好星历、数术、倡优、射猎之事，招致游士。及卫太子败，齐怀王又薨，旦自以次第当立，上书求入宿卫。上怒，下其使狱。后坐臧匿亡命，削良乡、安次、文安三县。武帝由是恶旦，后遂立少子为太子。

帝崩，太子立，是为孝昭帝，赐诸侯王玺书。旦得书，不肯哭，曰：“玺书封小。京师疑有变。”遣幸臣寿西长、孙纵之、王孺等之长安，以问礼仪为名。王孺见执金吾广意，问：“帝崩所病？立者谁子？年几岁？”广意言：“待诏五莋宫，宫中讙言帝崩，诸将军共立太子为帝，年八九岁，葬时不出临。”归以报王。王曰：“上弃群臣，无语言，盖主又不得见，甚可怪也。”复遣中大夫至京师上言：“窃见孝武皇帝躬圣道，孝宗庙，慈爱骨肉，和集兆民，德配天地，明并日月，威武洋溢，远方执宝而朝，增郡数十，斥地且倍，封泰山，禅梁父，巡狩天下，远方珍物陈于太庙，德甚休盛，请立庙郡国。”奏报闻。时大将军霍光秉政，褒赐燕王钱三千万，益封万三千户。旦怒曰：“我当为帝，何赐也!”遂与宗室中山哀王子刘长、齐孝王孙刘泽等结谋，诈言以武帝时受诏，得职吏事，修武备，备非常。

长于是为旦命令群臣曰：“寡人赖先帝休德，获奉北藩，亲受明诏，职吏事，领库兵，饬武备，任重职大，夙夜兢兢，子大夫将何以规佐寡人？且燕国虽小，成周之建国也，上自召公，下及昭、襄，于今千载，岂可谓无贤哉？寡人束带听朝三十余年，曾无闻焉。其者寡人之不及与？意亦子大夫之思有所不至乎？其咎安在？方今寡人欲挢邪防非，章闻扬和，抚慰百姓，移风易俗，厥路何由？子大夫其各悉心以对，寡人将察焉。”

群臣皆免冠谢。郎中成轸谓旦曰：“大王失职，独可起而索，不可坐而得也。大王壹起，国中虽女子皆奋臂随大王。”旦曰：“前高后时，伪立子弘为皇帝，诸侯交手事之八年。吕太后崩，大臣诛诸吕，迎立文帝，天下乃知非孝惠子也。我亲武帝长子，反不得立，上书请立庙，又不听。立者疑非刘氏。”

即与刘泽谋为奸书，言少帝非武帝子，大臣所共立，天下宜共伐之。使人传行郡国，以摇动百姓。泽谋归发兵临淄，与燕王俱起。旦遂招来郡国奸人，赋敛铜铁作甲兵，数阅其车骑材官卒，建旌旗鼓车，旄头先驱，郎中侍从者著貂羽，黄金附蝉，皆号侍中。旦从相、中尉以下，勒车骑，发民会围，大猎文安县，以讲士马，须期日。郎中韩义等数谏旦，旦杀义等凡十五人。会缾侯刘成知泽等谋，告之青州刺史隽不疑，不疑收捕泽以闻。天子遣大鸿胪丞治，连引燕王。有诏勿治，而刘泽等伏诛。益封缾侯。

久之，旦姊鄂邑盖长公主、左将军上官桀父子与霍光争权有隙，皆知旦怨光，即私与燕交通。旦遣孙纵之等前后十余辈，多赍金宝走马，赂遗盖主。上官桀及御史大夫桑弘羊等皆与交通，数记疏光过失与旦，令上书告之。桀欲从中下其章。旦闻之，喜，上疏曰：“昔秦据南面之位，制一世之命，威服四夷，轻弱骨肉，显重异族，废道任刑，无恩宗室。其后尉佗入南夷，陈涉呼楚泽，近狎作乱，内外俱发，赵氏无炊火焉。高皇帝览踪迹，观得失，见秦建本非是，故改其路，规土连城，布王子孙，是以支叶扶疏，异姓不得间也。今陛下承明继成，委任公卿，群臣连与成朋，非毁宗室，肤受之诉，日骋于廷，恶吏废法立威，主恩不及下究。

臣闻武帝使中郎将苏武使匈奴，见留二十年不降，还亶为典属国。今大将军长史敞无劳，为搜粟都尉。又将军都郎羽林，道上移跸，太官先置。臣旦愿归符玺，入宿卫，察奸臣之变。”

是时，昭帝年十四，觉其有诈，遂亲信霍光，而疏上官桀等。桀等因谋共杀光，废帝，迎立燕王为天子。旦置驿书，往来相报，许立桀为王，外连郡国豪桀以千数。旦以语相平，平曰：“大王前与刘泽结谋，事未成而发觉者，以刘泽素夸，好侵陵也。平闻左将军素轻易，车骑将军少而骄，臣恐其如刘泽时不能成，又恐既成，反大王也。”旦曰：“前日一男子诣阙，自谓故太子，长安中民趣乡之，正讙不可止，大将军恐，出兵陈之，以自备耳。我帝长子，天下所信，何忧见反？”后谓群臣：“盖主报言，独患大将军与右将军王莽。今右将军物故，丞相病，幸事必成，征不久。”令群臣皆装。

是时天雨，虹下属宫中饮井水，井水竭。厕中豕群出，坏大官灶。乌鹊斗死。鼠舞殿端门中。殿上户自闭，不可开。天火烧城门。大风坏宫城楼，折拔树木。流星下堕。后姬以下皆恐。王惊病，使人祠葭水、台水。王客吕广等知星，为王言“当有兵围城，期在九月、十月，汉当有大臣戮死者”。语具在《五行志》。

王愈忧恐，谓广等曰：“谋事不成，妖祥数见，兵气且至，奈何？”会盖主舍人父燕仓知其谋，告之，由是发觉。丞相赐玺书，部中二千石逐捕孙纵之及左将军桀等，皆伏诛。旦闻之，召相平曰：“事败，遂发兵乎？”平曰：“左将军已死，百姓皆知之，不可发也。”王忧懑，置酒万载宫，会宾客、群臣、妃妾坐饮。王自歌曰：“归空城兮，狗不吠，鸡不鸣，横术何广广兮，固知国中之无人!”华容夫人起舞曰:“发纷纷兮置渠,骨籍籍兮亡居。母求死子兮,妻求死夫。裴回两渠间兮,君子独安居!”坐者皆泣。

有赦令到,王读之,曰:“嗟乎!独赦吏民,不赦我。”因迎后姬诸夫人之明光殿,王曰:“老虏曹为事当族!”欲自杀。左右曰:“党得削国,幸不死。”后姬夫人共啼泣止王。会天子使使者赐燕王玺书曰:“昔高皇帝王天下,建立子弟以藩屏社稷。先日诸吕阴谋大逆,刘氏不绝若发,赖绛侯等诛讨贼乱,尊立孝文,以安宗庙,非以中外有人,表里相应故邪?樊、郦、曹、灌,携剑推锋,从高皇帝垦灾除害,耘锄海内,当此之时,头如蓬葆,勤苦至矣,然其赏不过封侯。今宗室子孙曾无暴衣露冠之劳,裂地而王之,分财而赐之,父死子继,兄终弟及。今王骨肉至亲,敌吾一体,乃与他姓异族谋害社稷,亲其所疏,疏其所亲,有逆悖之心,无忠爱之义。如使古人有知,当何面目复奉齐酎见高祖之庙乎!”

旦得书,以符玺属医工长,谢相二千石:“奉事不谨,死矣。”即以绶自绞。后夫人随旦自杀者二十余人。天子加恩,赦王太子建为庶人,赐旦谥号剌王。旦立三十八年而诛,国除。

后六年,宣帝即位,封旦两子,庆为新昌侯,贤为安定侯。又立故太子建,是为广阳顷王,二十九年薨。子穆王舜嗣,二十一年薨。子思王璜嗣,二十年薨。子嘉嗣。王莽时,皆废汉藩王为家人,嘉独以献符命封扶美侯,赐姓王氏。

广陵厉王胥赐策曰:“呜呼!小子胥,受兹赤社,建尔国家,封于南土,世世为汉藩辅。古人有言曰:‘大江之南,五湖之间,其人轻心。扬州保强,三代要服,不及以正。’呜呼!悉尔心,祗祗兢兢，乃惠乃顺，毋桐好逸，毋迩宵人，惟法惟则！《书》云‘臣不作福，不作威’，靡有后羞。王其戒之！”

胥壮大，好倡乐逸游，力扛鼎，空手搏熊彘猛兽。动作无法度，故终不得为汉嗣。

昭帝初立，益封胥万三千户，元凤中入朝，复益万户，赐钱二千万，黄金二千斤，安车驷马宝剑。及宣帝即位，封胥四子圣、曾、宝、昌皆为列侯，又立胥小子弘为高密王。所以褒赏甚厚。

始，昭帝时，胥见上年少无子，有觊欲心。而楚地巫鬼，胥迎女巫李女须，使下神祝诅。女须泣曰：“孝武帝下我。”左右皆伏。言“吾必令胥为天子”。胥多赐女须钱，使祷巫山。会昭帝崩，胥曰：“女须良巫也！”杀牛塞祷。及昌邑王征，复使巫祝诅之。后王废，胥寖信女须等，数赐予钱物。宣帝即位，胥曰：“太子孙何以反得立？”复令女须祝诅如前。又胥女为楚王延寿后弟妇，数相馈遗，通私书。后延寿坐谋反诛，辞连及胥。有诏勿治，赐胥黄金前后五千斤，它器物甚众。胥又闻汉立太子，谓姬南等曰：“我终不得立矣。”乃止不诅。后胥子南利侯宝坐杀人夺爵，还归广陵，与胥姬左修奸。事发觉，系狱，弃市。相胜之奏夺王射陂草田以赋贫民，奏可。胥复使巫祝诅如前。

胥宫园中枣树生十余茎，茎正赤，叶白如素。池水变赤，鱼死。有鼠昼立舞王后廷中。胥谓姬南等曰：“枣水鱼鼠之怪甚可恶也。”居数月，祝诅事发觉，有司按验，胥惶恐，药杀巫及宫人二十余人以绝口。公卿请诛胥，天子遣廷尉、大鸿胪即讯。胥谢曰：“罪死有余，诚皆有之。事久远，请归思念具对。”胥既见使者还，置酒显阳殿，召太子霸及子女董訾、胡生等夜饮，使所幸八子郭昭君、家人子赵左君等鼓瑟歌舞。王自歌曰："欲久生兮无终，长不乐兮安穷！奉天期兮不得须臾，千里马兮驻待路。黄泉下兮幽深，人生要死，何为苦心！何用为乐心所喜，出入无悰为乐亟。蒿里召兮郭门阅，死不得取代庸，自身逝。"左右悉更涕泣奏酒，至鸡鸣时罢。胥谓太子霸曰："上遇我厚，今负之甚。我死，骸骨当暴。幸而得葬，薄之，无厚也。"即以绶自绞死。及八子郭昭君等二人皆自杀。天子加恩，赦王诸子皆为庶人，赐谥曰厉王。立六十四年而诛，国除。

后七年，元帝复立胥太子霸，是为孝王，十三年薨。子共王意嗣，三年薨。子哀王护嗣，十六年薨，无子，绝。后六年，成帝复立孝王子守，是为靖王，立二十年薨。子宏嗣，王莽时绝。

初，高密哀王弘本始元年以广陵王胥少子立，九年薨。子顷王章嗣，三十三年薨。子怀王宽嗣，十一年薨。子慎嗣，王莽时绝。

昌邑哀王髆，天汉四年立，十一年薨，子贺嗣。立十三年，昭帝崩，无嗣，大将军霍光征王贺典丧。玺书曰："制诏昌邑王：使行大鸿胪事少府乐成，宗正德、光禄大夫吉、中郎将利汉征王，乘七乘传诣长安邸。"夜漏未尽一刻，以火发书。其日中，贺发，晡时至定陶，行百三十五里，侍从者马死相望于道。郎中令龚遂谏王，令还郎谒者五十余人。贺到济阳，求长鸣鸡，道买积竹杖。过弘农，使大奴善以衣车载女子。至湖，使者以让相安乐。安乐告遂，遂入问贺，贺曰："无有。"遂曰："即无有，何爱一善以毁行义！请收属吏，以湔洒大王。"即捽善，属卫士长行法。

贺到霸上，大鸿胪郊迎，驺奉乘舆车。王使仆寿成御，郎中令遂参乘。且至广明东都门，遂曰："礼，奔丧望见国都哭。此长安东郭门也。"贺曰："我嗌痛，不能哭。"至城门，遂复言，贺曰："城门与郭门等耳。"且至未央宫东阙，遂曰："昌邑帐在是阙外驰道北，未至帐所，有南北行道，马足未至数步，大王宜下车，乡阙西面伏，哭尽哀止。"王曰："诺。"到，哭如仪。

王受皇帝玺绶，袭尊号。即位二十七日，行淫乱。大将军光与群臣议，白孝昭皇后，废贺归故国，赐汤沐邑二千户，故王家财物皆与贺。及哀王女四人各赐汤沐邑千户。语在《霍光传》。国除，为山阳郡。

初，贺在国时，数有怪。尝见白犬，高三尺，无头，其颈以下似人，而冠方山冠。后见熊，左右皆莫见。又大鸟飞集宫中。王知，恶之，辄以问郎中令遂。遂为言其故，语在《五行志》。王卬天叹曰："不祥何为数来！"遂叩头曰："臣不敢隐忠，数言危亡之戒，大王不说。夫国之存亡，岂在臣言哉？愿王内自揆度。大王诵《诗》三百五篇，人事浃，王道备，王之所行中《诗》一篇何等也？大王位为诸侯王，行污于庶人，以存难，以亡易，宜深察之。"后又血污王坐席，王问遂，遂叫然号曰："宫空不久，祆祥数至。血者，阴忧象也。宜畏慎自省。"贺终不改节。居无何，征。既即位，后王梦青蝇之矢积西阶东，可五六石，以屋版瓦覆，发视之，青蝇矢也。以问遂，遂曰："陛下之《诗》不云乎？'营营青蝇，至于藩；恺悌君子，毋信谗言。'陛下左侧谗人众多，如是青蝇恶矣。宜进先帝大臣子孙亲近以为左右。如不忍昌邑故人，信用谗谀，必有凶咎。愿诡祸为福，皆放逐之。臣当先逐矣。”贺不用其言，卒至于废。

大将军光更尊立武帝曾孙，是为孝宣帝。即位，心内忌贺，元康二年遣使者赐山阳太守张敞玺书曰：“制诏山阳太守：其谨备盗贼，察往来过客。毋下所赐书！”敞于是条奏贺居处，著其废亡之效，曰：“臣敞地节三年五月视事，故昌邑王居故宫，奴婢在中者百八十三人，闭大门，开小门，廉吏一人为领钱物市买，朝内食物，它不得出入。督盗一人别主徼循，察往来者。以王家钱取卒，迾宫清中备盗贼。臣敞数遣丞吏行察。四年九月中，臣敞入视居处状，故王年二十六七，为人青黑色，小目，鼻末锐卑，少须眉，身体长大，疾痿，行步不便。衣短衣大裤，冠惠文冠，佩玉环，簪笔持牍趋谒。臣敞与坐语中庭，阅妻子奴婢。臣敞欲动观其意，即以恶鸟感之，曰：‘昌邑多枭。’故王应曰：‘然。前贺西至长安，殊无枭。复来，东至济阳，乃复闻枭声。’臣敞阅至子女持辔，故王跪曰：‘持辔母，严长孙女也。’臣敞故知执金吾严延年字长孙，女罗紨，前为故王妻。察故王衣服言语跪起，清狂不惠。妻十六人，子二十二人，其十一人男，十一人女。昧死奏名籍及奴婢财物簿。臣敞前书言：‘昌邑哀王歌舞者张修等十人，无子，又非姬，但良人，无官名，王薨当罢归。太傅豹等擅留，以为哀王园中人，所不当得为，请罢归。’故王闻之曰：‘中人守园，疾者当勿治，相杀伤者当勿法，欲令亟死，太守奈何而欲罢之？’其天资喜由乱亡，终不见仁义如此。后丞相御史以臣敞书闻，奏可。皆以遣。”上由此知贺不足忌。

其明年春，乃下诏曰：“盖闻象有罪，舜封之，骨肉之亲，析而不殊。其封故昌邑王贺为海昏侯，食邑四千户。”侍中卫尉金安上上书言：“贺，天之所弃，陛下至仁，复封为列侯。贺嚚顽放废之人，不宜得奉宗庙朝聘之礼。”奏可。贺就国豫章。

数年，扬州刺史柯奏贺与故太守卒史孙万世交通，万世问贺：“前见废时，何不坚守毋出宫，斩大将军，而听人夺玺绶乎？”贺曰：“然。失之。”万世又以贺且王豫章，不久为列侯。贺曰：“且然，非所宜言。”有司案验，请逮捕。制曰：“削户三千。”后薨。

豫章太守廖奏言：“舜封象于有鼻，死不为置后，以为暴乱之人不宜为太祖。海昏侯贺死，上当为后者子充国；充国死，复上弟奉亲；奉亲复死，是天绝之也。陛下圣仁，于贺甚厚，虽舜于象无以加也。宜以礼绝贺，以奉天意。愿下有司议。”议皆以为不宜为立嗣，国除。

元帝即位，复封贺子代宗为海昏侯，传子至孙，今见为侯。

赞曰：巫蛊之祸，岂不哀哉！此不唯一江充之辜，亦有天时，非人力所致焉。建元六年，蚩尤之旗见，其长竟天。后遂命将出征，略取河南，建置朔方。其春，戾太子生。自是之后，师行三十年，兵所诛屠夷灭死者不可胜数。及巫蛊事起，京师流血，僵尸数万，太子子父皆败。故太子生长于兵，与之终始，何独一嬖臣哉！秦始皇即位三十九年，内平六国，外攘四夷，死人如乱麻，暴骨长城之下，头卢相属于道，不一日而无兵。由是山东之难兴，四方溃而逆秦。秦将吏外畔，贼臣内发，乱作萧墙，祸成二世。故曰“兵犹火也，弗戢必自焚”，信矣。是以仓颉作书，“止”“戈”为“武”。圣人以武禁暴整乱，止息兵戈，非以为残而兴纵之也。《易》曰："天之所助者顺也，人之所助者信也；君子履信思顺，自天祐之，吉无不利也。"故车千秋指明蛊情，章太子之冤。千秋材知未必能过人也，以其销恶运，遏乱原，因衰激极，道迎善气，传得天人之祐助也。

# 汉书卷六十四上

## 严朱吾丘主父徐严终王贾传第三十四上

严助，会稽吴人，严夫子子也，或言族家子也。郡举贤良，对策百余人，武帝善助对，由是独擢助为中大夫。后得朱买臣、吾丘寿王、司马相如、主父偃、徐乐、严安、东方朔、枚皋、胶仓、终军、严葱奇等，并在左右。是时，征伐四夷，开置边郡，军旅数发，内改制度，朝廷多事，娄举贤良文学之士。公孙弘起徒步，数年至丞相，开东阁，延贤人与谋议，朝觐奏事，因言国家便宜。上令助等大臣辩论，中外相应以义理之文，大臣数诎。其尤亲幸者，东方朔、枚皋、严助、吾丘寿王、司马相如。相如常称疾避事。朔、皋不根持论，上颇俳优畜之。唯助与寿王见任用，而助最先进。

建元三年，闽越举兵围东瓯，东瓯告急于汉。时，武帝年未二十，以问太尉田蚡。蚡以为越人相攻击，其常事，又数反复，不足烦中国往救也，自秦时弃不属。于是助诘蚡曰："特患力不能救，德不能覆，诚能，何故弃之？且秦举咸阳而弃之，何但越也！今小国以穷困来告急，天子不振，尚安所诉，又何以子万国乎？"

上曰："太尉不足与计。吾新即位，不欲出虎符发兵郡国。"乃遣助以节发兵会稽。会稽守欲距法，不为发。助乃斩一司马，谕意指，遂发兵浮海救东瓯。未至，闽越引兵罢。

后三岁，闽越复兴兵击南越。南越守天子约，不敢擅发兵，而上书以闻。上多其义，大为发兴，遣两将军将兵诛闽越。淮南王安上书谏曰：

陛下临天下，布德施惠，缓刑罚，薄赋敛，哀鳏寡，恤孤独，养耆老，振匮乏，盛德上隆，和泽下洽，近者亲附，远者怀德，天下摄然，人安其生，自以没身不见兵革。今闻有司举兵将以诛越，臣安窃为陛下重之。越，方外之地，劗发文身之民也。不可以冠带之国法度理也。自三代之盛，胡越不与受正朔，非强弗能服，威弗能制也，以为不居之地，不牧之民，不足以烦中国也。故古者封内甸服，封外侯服，侯卫宾服，蛮夷要服，戎狄荒服，远近势异也。自汉初定已来七十二年，吴越人相攻击者不可胜数，然天子未尝举兵而入其地也。

臣闻越非有城郭邑里也，处溪谷之间，篁竹之中，习于水斗，便于用舟，地深昧而多水险，中国之人不知其势阻而入其地，虽百不当其一。得其地，不可郡县也；攻之，不可暴取也。以地图察其山川要塞，相去不过寸数，而间独数百千里，阻险林丛弗能尽著。视之若易，行之甚难。天下赖宗庙之灵，方内大宁，戴白之老不见兵革，民得夫妇相守，父子相保，陛下之德也。越人名为藩臣，贡酎之奉，不输大内，一卒之用不给上事。自相攻击而陛下发兵救之，是反以中国而劳蛮夷也。且越人愚戆轻薄，负约反覆，其不用天子之法度，非一日之积也。一不奉诏，举兵诛之，臣恐后兵革无时得息也。

间者，数年岁比不登，民待卖爵赘子以接衣食，赖陛下德泽振救之，得毋转死沟壑。四年不登，五年复蝗，民生未复。今发兵行数千里，资衣粮，入越地，舆轿而隃领，拖舟而入水，行数百千里，夹以深林丛竹，水道上下击石，林中多蝮蛇猛兽，夏月暑时，呕泄霍乱之病相随属也，曾未施兵接刃，死伤者必众矣。前时南海王反，陛下先臣使将军间忌将兵击之，以其军降，处之上淦。后复反，会天暑多雨，楼船卒水居击棹，未战而疾死者过半。亲老涕泣，孤子啼号，破家散业，迎尸千里之外，裹骸骨而归。悲哀之气数年不息，长老至今以为记。曾未入其地而祸已至此矣。

臣闻军旅之后，必有凶年，言民之各以其愁苦之气，薄阴阳之和，感天地之精，而灾气为之生也。陛下德配天地，明象日月，恩至禽兽，泽及草木，一人有饥寒不终其天年而死者，为之凄怆于心。今方内无狗吠之警，而使陛下甲卒死亡，暴露中原，沾渍山谷，边境之民为之早闭晏开，朝不及夕，臣安窃为陛下重之。

不习南方地形者，多以越为人众兵强，能难边城。淮南全国之时，多为边吏，臣窃闻之，与中国异。限以高山，人迹所绝，车道不通，天地所以隔外内也。其入中国必下领水，领水之山峭峻，漂石破舟，不可以大船载食粮下也。越人欲为变，必先田馀干界中，积食粮，乃入伐材治船。边城守候诚谨，越人有入伐材者，辄收捕，焚其积聚，虽百越，奈边城何！且越人绵力薄材，不能陆战，又无车骑弓弩之用，然而不可入者，以保地险，而中国之人不能其水土也。臣闻越甲卒不下数十万，所以入之，五倍乃足，輓车奉饷者，不在其中。南方暑湿，近夏瘅热，暴露水居，蝮蛇蠚生，疾疠多作，兵未血刃而病死者什二三，虽举越国而虏之，不足以偿所亡。

臣闻道路言，闽越王弟甲弑而杀之，甲以诛死，其民未有所属。陛下若欲来内，处之中国，使重臣临存，施德垂赏以招致之，此必携幼扶老以归圣德。若陛下无所用之，则继其绝世，存其亡国，建其王侯，以为畜越，此必委质为藩臣，世共贡职。陛下以方寸之印，丈二之组，填抚方外，不劳一卒，不顿一戟，而威德并行。今以兵入其地，此必震恐，以有司欲屠灭之也，必雉兔逃入山林险阻。背而去之，则复相群聚；留而守之，历岁经年，则士卒罢倦，食粮乏绝，男子不得耕稼树种，妇人不得纺绩织纴，丁壮从军，老弱转饷，居者无食，行者无粮。民苦兵事，亡逃者必众，随而诛之，不可胜尽，盗贼必起。

臣闻长老言，秦之时尝使尉屠睢击越，又使监禄凿渠通道。越人逃入深山林丛，不可得攻。留军屯守空地，旷日引久，士卒劳倦，越出击之。秦兵大破，乃发適戍以备之。当此之时，外内骚动，百姓靡敝，行者不还，往者莫反，皆不聊生，亡逃相从，群为盗贼，于是山东之难始兴。此老子所谓“师之所处，荆棘生之”者也。兵者凶事，一方有急，四面皆从。臣恐变故之生，奸邪之作，由此始也。《周易》曰：“高宗伐鬼方，三年而克之。”鬼方，小蛮夷；高宗，殷之盛天子也。以盛天子伐小蛮夷，三年而后克，言用兵之不可不重也。

臣闻天子之兵有征而无战，言莫敢校也。如使越人蒙徼幸以逆执事之颜行，厮舆之卒有一不备而归者，虽得越王之首，臣犹窃为大汉羞之。陛下以四海为境，九州为家，八薮为囿，江汉为池，生民之属皆为臣妾。人徒之众足以奉千官之共，租税之收足以给乘舆之御。玩心神明，秉执圣道，负黼依，冯玉几，南面而听断，号令天下，四海之内莫不向应。陛下垂德惠以覆露之，使元元之民安生乐业，则泽被万世，传之子孙，施之无穷。天下之安犹泰山而四维之也，夷狄之地何足以为一日之闲，而烦汗马之劳乎！《诗》云"王犹允塞，徐方既来"，言王道甚大，而远方怀之也。臣闻之，农夫劳而君子养焉，愚者言而智者择焉。臣安幸得为陛下守藩，以身为障蔽，人臣之任也。边境有警，爱身之死而不毕其愚，非忠臣也。臣安窃恐将吏之以十万之师为一使之任也！

是时，汉兵遂出，未逾领，适会闽越王弟馀善杀王以降。汉兵罢。上嘉淮南之意，美将卒之功，乃令严助谕意风指于南越。南越王顿首曰："天子乃幸兴兵诛闽越，死无以报！"即遣太子随助入侍。

助还，又谕淮南曰："皇帝问淮南王：使中大夫玉上书言事，闻之。朕奉先帝之休德，夙兴夜寐，明不能烛，重以不德，是以比年凶灾害众。夫以眇眇之身，托于王侯之上，内有饥寒之民，南夷相攘，使边骚然不安，朕甚惧焉。今王深惟重虑，明太平以弼朕失，称三代至盛，际天接地，人迹所及，咸尽宾服，藐然甚惭。嘉王之意，靡有所终，使中大夫助谕朕意，告王越事。"

助谕意曰："今者大王以发屯临越事上书，陛下故遣臣助告王其事。王居远，事薄遽，不与王同其计。朝有阙政，遗王之忧，陛下甚恨之。夫兵固凶器，明主之所重出也，然自五帝、三王禁暴止乱，非兵，未之闻也。汉为天下宗，操杀生之柄，以制海内之命，危者望安，乱者印治。今闽越王狠戾不仁，杀其骨肉，离其亲戚，所为甚多不义，又数举兵侵陵百越，并兼邻国，以为暴强，阴计奇策，入燔寻阳楼船，欲招会稽之地，以践句践之迹。今者，边又言闽王率两国击南越。陛下为万民安危久远之计，使人谕告之曰：'天下安宁，各继世抚民，禁毋敢相并。'有司疑其以虎狼之心，贪据百越之利，或于逆顺，不奉明诏，则会稽、豫章必有长患。且天子诛而不伐，焉有劳百姓苦士卒乎？故遣两将屯于境上，震威武，扬声乡。屯曾未会，天诱其衷，闽王陨命，辄遣使者罢屯，毋后农时。南越王甚嘉被惠泽，蒙休德，愿革心易行，身从使者入谢。有狗马之病，不能胜服，故遣太子婴齐入侍；病有瘳，愿伏北阙，望大廷，以报盛德。闽王以八月举兵于冶南，士卒罢倦，三王之众相与攻之，因其弱弟馀善以成其诛。至今国空虚，遣使者上符节，请所立，不敢自立，以待天子之明诏。此一举，不挫一兵之锋，不用一卒之死，而闽王伏辜，南越被泽，威震暴王，义存危国，此则陛下深计远虑之所出也。事效见前，故使臣助来谕王意。"

于是王谢曰："虽汤伐桀，文王伐崇，诚不过此。臣安妄以愚意狂言，陛下不忍加诛，使使者临诏臣安以所不闻，臣不胜厚幸！"助由是与淮南王相结而还。上大说。

助侍燕从容，上问助居乡里时，助对曰："家贫，为友婿富人所辱。"上问所欲，对愿为会稽太守。于是拜为会稽太守。数年，不闻问。赐书曰："制诏会稽太守：君厌承明之庐，劳侍从之事，怀故土，出为郡吏。会稽东接于海，南近诸越，北枕大江。间者，阔焉久不闻问，具以《春秋》对，毋以苏秦从横。”助恐，上书谢称：“《春秋》天王出居于郑，不能事母，故绝之。臣事君，犹子事父母也，臣助当伏诛。陛下不忍加诛，愿奉三年计最。”诏许，因留侍中。有奇异，辄使为文，及作赋颂数十篇。

后淮南王来朝，厚赂遗助，交私论议。及淮南王反，事与助相连，上薄其罪，欲勿诛。廷尉张汤争，以为助出入禁门，腹心之臣，而外与诸侯交私如此，不诛，后不可治。助竟弃市。

朱买臣字翁子，吴人也。家贫，好读书，不治产业，常艾薪樵，卖以给食，担束薪，行且诵书。其妻亦负戴相随，数止买臣毋歌呕道中。买臣愈益疾歌，妻羞之，求去。买臣笑曰：“我年五十当富贵，今已四十余矣。女苦日久，待我富贵报女功。”妻恚怒曰：“如公等，终饿死沟中耳，何能富贵!”买臣不能留，即听去。其后，买臣独行歌道中，负薪墓间。故妻与夫家俱上冢，见买臣饥寒，呼饭饮之。

后数岁，买臣随上计吏为卒，将重车至长安，诣阙上书，书久不报。待诏公车，粮用乏，上计吏卒更乞丐之。会邑子严助贵幸，荐买臣。召见，说《春秋》，言《楚词》，帝甚说之，拜买臣为中大夫，与严助俱侍中。是时，方筑朔方，公孙弘谏，以为罢敝中国。上使买臣难诎弘，语在《弘传》。后买臣坐事免，久之，召待诏。

是时，东越数反复，买臣因言：“故东越王居保泉山，一人守险，千人不得上。今闻东越王更徙处南行，去泉山五百里，居大泽中。今发兵浮海，直指泉山，陈舟列兵，席卷南行，可破灭也。”上拜买臣会稽太守。上谓买臣曰：“富贵不归故乡，如衣绣夜行，今子何如?”买臣顿首辞谢。诏买臣到郡，治楼船，备粮食、水战具，须诏书到，军与俱进。

初，买臣免，待诏，常从会稽守邸者寄居饭食。拜为太守，买臣衣故衣，怀其印绶，步归郡邸。直上计时，会稽吏方相与群饮，不视买臣。买臣入室中，守邸与共食，食且饱，少见其绶。守邸怪之，前引其绶，视其印，会稽太守章也。守邸惊，出语上计掾吏。皆醉，大呼曰:“妄诞耳!”守邸曰:“试来视之。”其故人素轻买臣者入内视之，还走，疾呼曰:“实然!”坐中惊骇，白守丞，相推排陈列中庭拜谒。买臣徐出户。有顷，长安厩吏乘驷马车来迎，买臣遂乘传去。会稽闻太守且至，发民除道，县吏并送迎，车百余乘。入吴界，见其故妻、妻夫治道。买臣驻车，呼令后车载其夫妻，到太守舍，置园中，给食之。居一月，妻自经死，买臣乞其夫钱，令葬。悉召见故人与饮食诸尝有恩者，皆报复焉。

居岁余，买臣受诏将兵，与横海将军韩说等俱击破东越，有功。征入为主爵都尉，列于九卿。

数年，坐法免官，复为丞相长史。张汤为御史大夫。始，买臣与严助俱侍中，贵用事，汤尚为小吏，趋走买臣等前。后汤以廷尉治淮南狱，排陷严助，买臣怨汤。及买臣为长史，汤数行丞相事，知买臣素贵，故陵折之。买臣见汤，坐床上弗为礼。买臣深怨，常欲死之。后遂告汤阴事，汤自杀，上亦诛买臣。买臣子山拊官至郡守，右扶风。

吾丘寿王字子赣，赵人也。年少，以善格五召待诏。诏使从中大夫董仲舒受《春秋》，高材通明。迁侍中中郎，坐法免。上书谢罪，愿养马黄门，上不许。后愿守塞扞寇难，复不许。久之，上疏愿击匈奴，诏问状，寿王对良善，复召为郎。

稍迁，会东郡盗贼起，拜为东郡都尉。上以寿王为都尉，不复置太守。是时，军旅数发，年岁不孰，多盗贼。诏赐寿王玺书曰："子在朕前之时，知略辐凑，以为天下少双，海内寡二。及至连十余城之守，任四千石之重，职事并废，盗贼从横，甚不称在前时，何也?"寿王谢罪，因言其状。

后征入为光禄大夫侍中。丞相公孙弘奏言："民不得挟弓弩。十贼彍弩，百吏不敢前，盗贼不辄伏辜，免脱者众，害寡而利多，此盗贼所以蕃也。禁民不得挟弓弩，则盗贼执短兵，短兵接则众者胜。以众吏捕寡贼，其势必得。盗贼有害无利，则莫犯法，刑错之道也。臣愚以为禁民毋得挟弓弩便。"上下其议，寿王对曰：

臣闻古者作五兵，非以相害，以禁暴讨邪也。安居则以制猛兽而备非常，有事则以设守卫而施行阵。及至周室衰微，上无明王，诸侯力政，强侵弱，众暴寡，海内抏敝，巧诈并生。是以知者陷愚，勇者威怯，苟以得胜为务，不顾义理。故机变械饰，所以相贼害之具不可胜数。于是秦兼天下，废王道，立私议，灭《诗》、《书》而首法令，去仁恩而任刑戮，堕名城，杀豪桀，销甲兵，折锋刃。其后，民以耰鉏箠梃相挞击，犯法滋众，盗贼不胜，至于赭衣塞路，群盗满山，卒以乱亡。故圣王务教化而省禁防，知其不足恃也。

今陛下昭明德，建太平，举俊才，兴学官，三公有司或由穷巷，起白屋，裂地而封，宇内日化，方外乡风，然而盗贼犹有者，郡国二千石之罪，非挟弓弩之过也。《礼》曰男子生，桑弧蓬矢以举之，明示有事也。孔子曰："吾何执，执射乎？"大射之礼，自天子降及庶人，三代之道也。《诗》云"大侯既抗，弓矢斯张，射夫既同，献尔发功"，言贵中也。愚闻圣王合射以明教矣，未闻弓矢之为禁也。且所为禁者，为盗贼之以攻夺也。攻夺之罪死，然而不止者，大奸之于重诛固不避也。臣恐邪人挟之而吏不能止，良民以自备而抵法禁，是擅贼威而夺民救也。窃以为无益于禁奸，而废先王之典，使学者不得习行其礼，大不便。

书奏，上以难丞相弘。弘诎服焉。

及汾阴得宝鼎，武帝嘉之，荐见宗庙，臧于甘泉宫。群臣皆上寿贺曰："陛下得周鼎。"寿王独曰非周鼎。上闻之，召而问之，曰："今朕得周鼎，群臣皆以为然，寿王独以为非，何也？有说则可，无说则死。"寿王对曰："臣安敢无说！臣闻周德始乎后稷，长于公刘，大于大王，成于文、武，显于周公，德泽上昭，天下漏泉，无所不通。上天报应，鼎为周出，故名曰周鼎。今汉自高祖继周，亦昭德显行，布恩施惠，六合和同。至于陛下，恢廓祖业，功德愈盛，天瑞并至，珍祥毕见。昔秦始皇亲出鼎于彭城而不能得，天祚有德而宝鼎自出，此天之所以与汉，乃汉宝，非周宝也。"上曰："善。"群臣皆称万岁。是日，赐寿王黄金十斤。后坐事诛。

主父偃，齐国临菑人也。学长短从横术，晚乃学《易》、《春秋》、百家之言。游齐诸子间，诸儒生相与排傧，不容于齐。家贫，假贷无所得，北游燕、赵、中山，皆莫能厚，客甚困。以诸侯莫足游者，元光元年，乃西入关见卫将军。卫将军数言上，上不省。资用乏，留久，诸侯宾客多厌之，乃上书阙下。朝奏，暮召入见。所言九事，其八事为律令，一事谏伐匈奴，曰：

臣闻明主不恶切谏以博观，忠臣不避重诛以直谏，是故事无遗策而功流万世。今臣不敢隐忠避死，以效愚计，愿陛下幸赦而少察之。

《司马法》曰："国虽大，好战必亡；天下虽平，忘战必危。"天下既平，天子大恺，春搜秋狝，诸侯春振旅，秋治兵，所以不忘战也。且怒者逆德也，兵者凶器也，争者末节也。古之人君一怒必伏尸流血，故圣王重行之。夫务战胜，穷武事，未有不悔者也。

昔秦皇帝任战胜之威，蚕食天下，并吞战国，海内为一，功齐三代。务胜不休，欲攻匈奴，李斯谏曰："不可。夫匈奴无城郭之居，委积之守，迁徙鸟举，难得而制。轻兵深入，粮食必绝；运粮以行，重不及事。得其地，不足以为利；得其民，不可调而守也。胜必弃之，非民父母。靡敝中国，甘心匈奴，非完计也。"秦皇帝不听，遂使蒙恬将兵而攻胡，却地千里，以河为境。地固泽卤，不生五谷，然后发天下丁男以守北河。暴兵露师十有余年，死者不可胜数，终不能逾河而北。是岂人众之不足，兵革之不备哉？其势不可也。又使天下飞刍挽粟，起于黄、腄、琅邪负海之郡，转输北河，率三十钟而致一石。男子疾耕不足于粮饷，女子纺绩不足于帷幕。百姓靡敝，孤寡老弱不能相养，道死者相望，盖天下始叛也。

及至高皇帝定天下，略地于边，闻匈奴聚代谷之外而欲击之。御史成谏曰："不可。夫匈奴，兽聚而鸟散，从之如搏景，今以陛下盛德攻匈奴，臣窃危之。”高帝不听，遂至代谷，果有平城之围。高帝悔之，乃使刘敬往结和亲，然后天下亡干戈之事。

故兵法曰：“兴师十万，日费千金。”秦常积众数十万人，虽有覆军杀将，系虏单于，适足以结怨深仇，不足以偿天下之费。夫匈奴行盗侵驱，所以为业，天性固然。上自虞、夏、殷、周，固不程督，禽兽畜之，不比为人。夫不上观虞、夏、殷、周之统，而下循近世之失，此臣之所以大恐，百姓所疾苦也。且夫兵久则变生，事苦则虑易。使边境之民靡敝愁苦，将吏相疑而外市，故尉佗、章邯得成其私，而秦政不行，权分二子，此得失之效也。故《周书》曰：“安危在出令，存亡在所用。”愿陛下孰计之而加察焉。

是时，徐乐、严安亦俱上书言世务。书奏，上召见三人，谓曰：“公皆安在？何相见之晚也！”乃拜偃、乐、安皆为郎中。偃数上疏言事，迁谒者、中郎、中大夫。岁中四迁。

偃说上曰：“古者诸侯地不过百里，强弱之形易制。今诸侯或连城数十，地方千里。缓则骄奢易为淫乱，急则阻其强而合从以逆京师。今以法割削，则逆节萌起，前日朝错是也。今诸侯子弟或十数，而適嗣代立，余虽骨肉，无尺地之封，则仁孝之道不宣。愿陛下令诸侯得推恩分子弟，以地侯之。彼人人喜得所愿，上以德施，实分其国，必稍自销弱矣。”于是上从其计。又说上曰：“茂陵初立，天下豪桀兼并之家，乱众民，皆可徙茂陵，内实京师，外销奸猾，此所谓不诛而害除。”上又从之。

尊立卫皇后及发燕王定国阴事，偃有功焉。大臣皆畏其口，赂遗累千金。或说偃曰：“大横！”偃曰：“臣结发游学四十余年，身不得遂，亲不以为子，昆弟不收，宾客弃我，我厄日久矣。丈夫生不五鼎食，死则五鼎亨耳！吾日暮，故倒行逆施之。”

偃盛言朔方地肥饶，外阻河，蒙恬筑城以逐匈奴，内省转输戍漕，广中国，灭胡之本也。上览其说，下公卿议，皆言不便。公孙弘曰：“秦时尝发三十万众筑北河，终不可就，已而弃之。”朱买臣难诎弘，遂置朔方，本偃计也。

元朔中，偃言齐王内有淫失之行，上拜偃为齐相。至齐，遍召昆弟宾客，散五百金予之，数曰：“始吾贫时，昆弟不我衣食，宾客不我内门。今吾相齐，诸君迎我或千里。吾与诸君绝矣，毋复入偃之门！”乃使人以王与姊奸事动王。王以为终不得脱，恐效燕王论死，乃自杀。

偃始为布衣时，尝游燕、赵，及其贵，发燕事。赵王恐其为国患，欲上书言其阴事，为居中，不敢发。及其为齐相，出关，即使人上书，告偃受诸侯金，以故诸侯子多以得封者。及齐王以自杀闻，上大怒，以为偃劫其王令自杀，乃征下吏治。偃服受诸侯之金，实不劫齐王令自杀。上欲勿诛。公孙弘争曰：“齐王自杀无后，国除为郡，入汉，偃本首恶，非诛偃无以谢天下。”乃遂族偃。

偃方贵幸时，客以千数，及族死，无一人视，独孔车收葬焉。上闻之，以车为长者。

徐乐，燕无终人也。上书曰：

臣闻天下之患，在于土崩，不在瓦解，古今一也。何谓土崩？秦之末世是也。陈涉无千乘之尊、尺土之地，身非王公大人名族之后，无乡曲之誉，非有孔、曾、墨子之贤，陶朱、猗顿之富也。然起穷巷，奋棘矜，偏袒大呼，天下从风，此其故何也？由民困而主不恤，下怨而上不知，俗已乱而政不修，此三者陈涉之所以为资也。此之谓土崩。故曰天下之患在乎土崩。何谓瓦解？吴、楚、齐、赵之兵是也。七国谋为大逆，号皆称万乘之君，带甲数十万，威足以严其境内，财足以劝其士民，然不能西攘尺寸之地，而身为禽于中原者，此其故何也？非权轻于匹夫而兵弱于陈涉也。当是之时，先帝之德未衰，而安土乐俗之民众，故诸侯无竟外之助。此之谓瓦解。故曰天下之患不在瓦解。

由此观之，天下诚有土崩之势，虽布衣穷处之士或首难而危海内，陈涉是也，况三晋之君或存乎？天下虽未治也，诚能无土崩之势，虽有强国劲兵，不得还踵而身为禽，吴、楚是也，况群臣、百姓，能为乱乎？此二体者，安危之明要，贤主之所留意而深察也。

间者，关东五谷数不登，年岁未复，民多穷困，重之以边境之事，推数循理而观之，民宜有不安其处者矣。不安故易动，易动者，土崩之势也。故贤主独观万化之原，明于安危之机，修之庙堂之上，而销未形之患也。其要，期使天下无土崩之势而已矣。故虽有强国劲兵，陛下逐走兽，射飞鸟，弘游燕之囿，淫从恣之观，极驰骋之乐，自若。金石丝竹之声不绝于耳，帷幄之私、俳优侏儒之笑不乏于前，而天下无宿忧。名何必夏、子，俗何必成、康！虽然，臣窃以为陛下天然之质，宽仁之资，而诚以天下为务，则禹、汤之名不难侔，而成、康之俗未必不复兴也。此二体者立，然后处尊安之实，扬广誉于当世，亲天下而服四夷，余恩遗德为数世隆，南面背依摄袂而揖王公，此陛下之所服也。臣闻图王不成，其敝足以安。安则陛下何求而不得，何威而不成，奚征而不服哉？

# 汉书卷六十四下

## 严朱吾丘主父徐严终王贾传第三十四下

严安者，临菑人也。以故丞相史上书，曰：

臣闻《邹子》曰："政教文质者，所以云救也，当时则用，过则舍之，有易则易之，故守一而不变者，未睹治之至也。"今天下人民用财侈靡，车马衣裘宫室皆竞修饰，调五声使有节族，杂五色使有文章，重五味方丈于前，以观欲天下。彼民之情，见美则愿之，是教民以侈也。侈而无节，则不可赡，民离本而徼末矣。末不可徒得，故搢绅者不惮为诈，带剑者夸杀人以矫夺，而世不知愧，故奸轨浸长。夫佳丽珍怪固顺于耳目，故养失而泰，乐失而淫，礼失而采，教失而伪。伪、采、淫、泰，非所以范民之道也。是以天下人民逐利无已，犯法者众。臣愿为民制度以防其淫，使贫富不相耀以和其心。心既和平，其性恬安。恬安不营，则盗贼销；盗贼销，则刑罚少；刑罚少，则阴阳和，四时正，风雨时，草木畅茂，五谷蕃孰，六畜遂字，民不夭厉，和之至也。

臣闻周有天下，其治三百余岁，成、康其隆也，刑错四十余年而不用。及其衰，亦三百余年，故五伯更起。伯者，常佐天子兴利除害，诛暴禁邪，匡正海内，以尊天子。五伯既没，贤圣莫续，天子孤弱，号令不行。诸侯恣行，强陵弱，众暴寡。田常篡齐，六卿分晋，并为战国，此民之始苦也。于是强国务攻，弱国修守，合从连衡，驰车毂击，介胄生虮虱，民无所告诉。

及至秦王，蚕食天下，并吞战国，称号皇帝，一海内之政，坏诸侯之城。销其兵，铸以为钟虡，示不复用。元元黎民得免于战国，逢明天子，人人自以为更生。乡使秦缓刑罚，薄赋敛，省繇役，贵仁义，贱权利，上笃厚，下佞巧，变风易俗，化于海内，则世世必安矣。秦不行是风，循其故俗，为知巧权利者进，笃厚忠正者退，法严令苛，谄谀者众，日闻其美，意广心逸。欲威海外，使蒙恬将兵以北攻强胡，辟地进境，戍于北河，飞刍挽粟以随其后。又使尉屠睢将楼船之士攻越，使监禄凿渠运粮，深入越地，越人遁逃。旷日持久，粮食乏绝，越人击之，秦兵大败。秦乃使尉佗将卒以戍越。当是时，秦祸北构于胡，南挂于越，宿兵于无用之地，进而不得退。行十余年，丁男被甲，丁女转输，苦不聊生，自经于道树，死者相望。及秦皇帝崩，天下大畔。陈胜、吴广举陈，武臣、张耳举赵，项梁举吴，田儋举齐，景驹举郢，周市举魏，韩广举燕，穷山通谷，豪士并起，不可胜载也。然本皆非公侯之后，非长官之吏，无尺寸之势，起闾巷，杖棘矜，应时而动，不谋而俱起，不约而同会，壤长地进，至乎伯王，时教使然也。秦贵为天子，富有天下，灭世绝祀，穷兵之祸也。故周失之弱，秦失之强，不变之患也。

今徇南夷，朝夜郎，降羌僰，略薉州，建城邑，深入匈奴，燔其龙城，议者美之。此人臣之利，非天下之长策也。今中国无狗吠之警，而外累于远方之备，靡敝国家，非所以子民也。行无穷之欲，甘心快意，结怨于匈奴，非所以安边也。祸挐而不解，兵休而复起，近者愁苦，远者惊骇，非所以持久也。今天下锻甲摩剑，矫箭控弦，转输军粮，未见休时，此天下所共忧也。夫兵久而变起，事烦而虑生。今外郡之地或几千里，列城数十，形束壤制，带胁诸侯，非宗室之利也。上观齐、晋所以亡，公室卑削，六卿大盛也；下览秦之所以灭，刑严文刻，欲大无穷也。今郡守之权非特六卿之重也，地几千里非特闾巷之资也。甲兵器械非特棘矜之用也。以逢万世之变，则不可胜讳也。

后以安为骑马令。

终军字子云，济南人也。少好学，以辩博能属文闻于郡中。年十八，选为博士弟子。至府受遣，太守闻其有异材，召见军。甚奇之，与交结。军揖太守而去，至长安上书言事。武帝异其文，拜军为谒者给事中。

从上幸雍祠五畤，获白麟，一角而五蹄。时又得奇木，其枝旁出，辄复合于木上。上异此二物，博谋群臣。军上对曰：

臣闻《诗》颂君德，《乐》舞后功，异经而同指，明盛德之所隆也。南越窜屏葭苇，与鸟鱼群，正朔不及其俗。有司临境，而东瓯内附，闽王伏辜，南越赖救。北胡随畜荐居，禽兽行，虎狼心，上古未能摄。大将军秉钺，单于奔幕；票骑抗旌，昆邪右衽。是泽南洽而威北畅也。若罚不阿近，举不遗远，设官俟贤，县赏待功，能者进以保禄，罢者退而劳力，刑于宇内矣。履众美而不足，怀圣明而不专，建三宫之文质，章厥职之所宜，封禅之君无闻焉。

夫天命初定，万事草创，及臻六合同风，九州共贯，必待明圣润色，祖业传于无穷。故周至成王，然后制定，而休征之应见。陛下盛日月之光，垂圣思于勒成，专神明之敬，奉燔瘗于郊宫，献享之精交神，积和之气塞明，而异兽来获，宜矣。昔武王中流未济，白鱼入于王舟，俯取以燎，群公咸曰“休哉！”今郊祀未见于神祇，而获兽以馈，此天之所以示飨，而上通之符合也。宜因昭时令日，改定告元，苴白茅于江、淮，发嘉号于营丘，以应缉熙，使著事者有纪焉。

盖六鹢退飞，逆也；白鱼登舟，顺也。夫明暗之征，上乱飞鸟，下动渊鱼，各以类推。今野兽并角，明同本也；众支内附，示无外也。若此之应，殆将有解编发、削左衽、袭冠带、要衣裳而蒙化者焉。斯拱而俟之耳！

对奏，上甚异之，由是改元为元狩。后数月，越地及匈奴名王有率众来降者，时皆以军言为中。

元鼎中，博士徐偃使行风俗。偃矫制，使胶东、鲁国鼓铸盐铁。还，奏事，徙为太常丞。御史大夫张汤劾偃矫制大害，法至死。偃以为《春秋》之义，大夫出疆，有可以安社稷，存万民，颛之可也。汤以致其法，不能诎其义。有诏下军问状，军诘偃曰：“古者诸侯国异俗分，百里不通，时有聘会之事，安危之势，呼吸成变，故有不受辞造命颛己之宜；今天下为一，万里同风，故《春秋》‘王者无外’。偃巡封域之中，称以出疆何也？且盐铁，郡有余臧，正二国废，国家不足以为利害，而以安社稷存万民为辞，何也？”又诘偃：“胶东南近琅邪，北接北海，鲁国西枕泰山，东有东海，受其盐铁。偃度四郡口数、田地，率其用器食盐，不足以并给二郡邪？将势宜有余，而吏不能也？何以言之？偃矫制而鼓铸者，欲及春耕种赡民器也。今鲁国之鼓，当先具其备，至秋乃能举火。此言与实反者非？偃已前三奏，无诏，不惟所为不许，而直矫作威福，以从民望，干名采誉，此明圣所必加诛也。'枉尺直寻'，孟子称其不可；今所犯罪重，所就者小，偃自予必死而为之邪？将幸诛不加，欲以采名也？"偃穷诎，服罪当死。军奏"偃矫制颛行，非奉使体，请下御史征偃即罪。"奏可。上善其诘，有诏示御史大夫。

初，军从济南当诣博士，步入关，关吏予军繻。军问："以此何为？"吏曰："为复传，还当以合符。"军曰："大丈夫西游，终不复传还。"弃繻而去。军为谒者，使行郡国，建节东出关，关吏识之，曰："此使者乃前弃繻生也。"军行郡国，所见便宜以闻。还奏事，上甚说。

当发使匈奴，军自请曰："军无横草之功，得列宿卫，食禄五年。边境时有风尘之警，臣宜被坚执锐，当矢石，启前行。驽下不习金革之事，今闻将遣匈奴使者，臣愿尽精厉气，奉佐明使，画吉凶于单于之前。臣年少材下，孤于外官，不足以亢一方之任，窃不胜愤懑。"诏问画吉凶之状，上奇军对，擢为谏大夫。

南越与汉和亲，乃遣军使南越，说其王，欲令入朝，比内诸侯。军自请："愿受长缨，必羁南越王而致之阙下。"军遂往说越王，越王听许，请举国内属。天子大说，赐南越大臣印绶，一用汉法，以新改其俗，令使者留填抚之。越相吕嘉不欲内属，发兵攻杀其王及汉使者，皆死。语在《南越传》。军死时年二十余，故世谓之"终童"。

王褒字子渊，蜀人也。宣帝时修武帝故事，讲论六艺群书，博尽奇异之好，征能为《楚辞》九江被公，召见诵读，益召高材刘向、张子侨、华龙、柳褒等待诏金马门。神爵、五凤之间，天下殷富，数有嘉应。上颇作歌诗，欲兴协律之事，丞相魏相奏言知音善鼓雅琴者渤海赵定、梁国龚德，皆召见待诏。于是益州刺史王襄欲宣风化于众庶，闻王褒有俊材，请与相见，使褒作《中和》、《乐职》、《宣布》诗，选好事者令依《鹿鸣》之声习而歌之。时，汜乡侯何武为僮子，选在歌中。久之，武等学长安，歌太学下，转而上闻。宣帝召见武等观之，皆赐帛，谓曰："此盛德之事，吾何足以当之！"

褒既为刺史作颂，又作其传，益州刺史因奏褒有轶材。上乃征褒。既至，诏褒为圣主得贤臣颂其意。褒对曰：

夫荷旃被毳者，难与道纯绵之丽密；羹藜含糗者，不足与论太牢之滋味。今臣辟在西蜀，生于穷巷之中，长于蓬茨之下，无有游观广览之知，顾有至愚极陋之累，不足以塞厚望，应明指。虽然，敢不略陈愚而抒情素！

记曰：共惟《春秋》法五始之要，在乎审己正统而已。夫贤者，国家之器用也。所任贤，则趋舍省而功施普；器用利，则用力少而就效众。故工人之用钝器也，劳筋苦骨，终日砣砣。及至巧冶铸干将之朴，清水焠其锋，越砥敛其咢，水断蛟龙，陆钊犀革，忽若彗氾画涂。如此，则使离娄督绳，公输削墨，虽崇台五增，延袤百丈，而不溷者，工用相得也。庸人之御驽马，亦伤吻敝策而不进于行，匈喘肤汗，人极马倦。及至驾啮膝，骖乘旦，王良执靶，韩哀附舆，纵驰骋骛，忽如景靡，过都越国，蹶如历块；追奔电，逐遗风，周流八极，万里一息。何其辽哉？人马相得也。故服絺绤之凉者，不苦盛暑之郁燠；袭貂狐之暖者，不忧至寒之凄怆。何则？有其具者易其备。贤人君子，亦圣王之所以易海内也。是以呕喻受之，开宽裕之路，以延天下英俊也。夫竭知附贤者，必建仁策；索人求士者，必树伯迹。昔周公躬吐捉之劳，故有圄空之隆；齐桓设庭燎之礼，故有匡合之功。由此观之，君人者勤于求贤而逸于得人。

人臣亦然。昔贤者之未遭遇也，图事揆策则君不用其谋，陈见悃诚则上不然其信，进仕不得施效，斥逐又非其愆。是故伊尹勤于鼎俎，太公困于鼓刀，百里自鬻，甯子饭牛，离此患也。及其遇明君遭圣主也，运筹合上意，谏诤即见听，进退得关其忠，任职得行其术，去卑辱奥渫而升本朝，离疏释跅而享膏粱，剖符锡壤而光祖考，传之子孙，以资说士。故世必有圣知之君，而后有贤明之臣。故虎啸而风冽，龙兴而致云，蟋蟀俟秋吟，蜉蝤出以阴。《易》曰："飞龙在天，利见大人。"《诗》曰："思皇多士，生此王国。"故世平主圣，俊艾将自至，若尧、舜、禹、汤、文、武之君，获稷、契、皋陶、伊尹、吕望，明明在朝，穆穆列布，聚精会神，相得益章。虽伯牙操递钟，逢门子弯乌号，犹未足以喻其意也。

故圣主必待贤臣而弘功业，俊士亦俟明主以显其德。上下俱欲，欢然交欣，千载一合，论说无疑，翼乎如鸿毛过顺风，沛乎如巨鱼纵大壑。其得意若此，则胡禁不止，曷令不行？化溢四表，横被无穷，遐夷贡献，万祥毕溱。是以圣王不遍窥望而视已明，不单顷耳而听已聪；恩从祥风翱，德与和气游，太平之责塞，优游之望得；遵游自然之势，恬淡无为之场，休征自至，寿考无疆，雍容垂拱，永永万年，何必偃印诎信若彭祖，呴嘘呼吸如侨、松，眇然绝俗离世哉！《诗》云“济济多士，文王以宁”，盖信乎其以宁也！

是时，上颇好神仙，故褒对及之。

上令褒与张子侨等并待诏，数从褒等放猎，所幸宫馆，辄为歌颂，第其高下，以差赐帛。议者多以为淫靡不急，上曰：“‘不有博弈者乎，为之犹贤乎已！’辞赋大者与古诗同义，小者辩丽可喜。辟如女工有绮縠，音乐有郑、卫，今世俗犹皆以此虞说耳目，辞赋比之，尚有仁义风谕，鸟兽草木多闻之观，贤于倡优博弈远矣。”顷之，擢褒为谏大夫。

其后太子体不安，苦忽忽善忘，不乐。诏使褒等皆之太子宫虞侍太子，朝夕诵读奇文及所自造作。疾平复，乃归。太子喜褒所为《甘泉》及《洞箫颂》，令后宫贵人左右皆诵读之。

后方士言益州有金马碧鸡之宝，可祭祀致也，宣帝使褒往祀焉。褒于道病死，上闵惜之。

贾捐之字君房，贾谊之曾孙也。元帝初即位，上疏言得失，召待诏金马门。

初，武帝征南越，元封元年立儋耳、珠厓郡，皆在南方海中洲居，广袤可千里，合十六县，户二万三千余。其民暴恶，自以阻绝，数犯吏禁，吏亦酷之，率数年一反，杀吏，汉辄发兵击定之。自初为郡至昭帝始元元年，二十余年间，凡六反叛。至其五年，罢儋耳郡并属珠厓。至宣帝神爵三年，珠厓三县复反。反后七年，甘露元年，九县反，辄发兵击定之。元帝初元元年，珠厓又反，发兵击之。诸县更叛，连年不定。上与有司议大发军，捐之建议，以为不当击。上使侍中、驸马都尉、乐昌侯王商诘问捐之曰："珠厓内属为郡久矣，今背畔逆节，而云不当击，长蛮夷之乱，亏先帝功德，经义何以处之？"捐之对曰：

臣幸得遭明盛之朝，蒙危言之策，无忌讳之患，敢昧死竭卷卷。

臣闻尧、舜，圣之盛也，禹入圣域而不优，故孔子称尧曰"大哉"，《韶》曰"尽善"，禹曰"无间"。以三圣之德，地方不过数千里，西被流沙，东渐于海，朔南暨声教，迄于四海，欲与声教则治之，不欲与者不强治也。故君臣歌德，含气之物各得其宜。武丁、成王，殷、周大仁也，然地东不过江、黄，西不过氐、羌，南不过蛮荆，北不过朔方。是以颂声并作，视听之类咸乐其生，越裳氏重九译而献，此非兵革之所能致。及其衰也，南征不还，齐桓救其难，孔子定其文。以至乎秦，兴兵远攻，贪外虚内，务欲广地，不虑其害。然地南不过闽越，北不过太原，而天下溃畔，祸卒在于二世之末，《长城之歌》至今未绝。

赖圣汉初兴，为百姓请命，平定天下。至孝文皇帝，闵中国未安，偃武行文，则断狱数百，民赋四十，丁男三年而一事。时有献千里马者，诏曰："鸾旗在前，属车在后，吉行日五十里，师行三十里，朕乘千里之马，独先安之？"于是还马，与道里费，而下诏曰："朕不受献也，其令四方毋求来献。"当此之时，逸游之乐绝，奇丽之赂塞，郑、卫之倡微矣。夫后宫盛色则贤者隐处，佞人用事则诤臣杜口，而文帝不行，故谥为孝文，庙称太宗。至孝武皇帝元狩六年，太仓之粟红腐而不可食，都内之钱贯朽而不可校。乃探平城之事，录冒顿以来数为边害，籍兵厉马，因富民以攘服之。西连诸国至于安息，东过碣石以玄菟、乐浪为郡，北却匈奴万里，更起营塞，制南海以为八郡，则天下断狱万数，民赋数百，造盐、铁、酒榷之利以佐用度，犹不能足。当此之时，寇贼并起，军旅数发，父战死于前，子斗伤于后，女子乘亭障，孤儿号于道，老母寡妇饮泣巷哭，遥设虚祭，想魂乎万里之外。淮南王盗写虎符，阴聘名士，关东公孙勇等诈为使者，是皆廓地泰大，征伐不休之故也。

今天下独有关东，关东大者独有齐、楚，民众久困，连年流离，离其城郭，相枕席于道路。人情莫亲父母，莫乐夫妇，至嫁妻卖子，法不能禁，义不能止，此社稷之忧也。今陛下不忍悁悁之忿，欲驱士众挤之大海之中，快心幽冥之地，非所以救助饥馑，保全元元也。《诗》云“蠢尔蛮荆，大邦为仇”，言圣人起则后服，中国衰则先畔，动为国家难，自古而患之久矣，何况乃复其南方万里之蛮乎！骆越之人父子同川而浴，相习以鼻饮，与禽兽无异，本不足郡县置也。颛颛独居一海之中，雾露气湿，多毒草虫蛇水土之害，人未见虏，战士自死。又非独珠厓有珠犀玳瑁也，弃之不足惜，不击不损威。其民譬犹鱼鳖，何足贪也！

臣窃以往者羌军言之，暴师未一年，出兵不逾千里，费四十余万万，大司农钱尽，乃以少府禁钱续之。夫一隅为不善，费尚如此，况于劳师远攻，亡士毋功乎！求之往古则不合，施之当今又不便。臣愚以为非冠带之国，《禹贡》所及，《春秋》所治，皆可且无以为。愿遂弃珠厓，专用恤关东为忧。

对奏，上以问丞相御史。御史大夫陈万年以为当击；丞相于定国以为：“前日兴兵击之连年，护军都尉、校尉及丞凡十一人，还者二人，卒士及转输死者万人以上，费用三万万余，尚未能尽降。今关东困乏，民难摇动，捐之议是。”上乃从之。遂下诏曰：“珠厓虏杀吏民，背畔为逆，今廷议者或言可击，或言可守，或欲弃之，其指各殊。朕日夜惟思议者之言，羞威不行，则欲诛之；狐疑辟难，则守屯田；通于时变，则忧万民。夫万民之饥饿，与远蛮之不讨，危孰大焉？且宗庙之祭，凶年不备，况乎辟不嫌之辱哉！今关东大困，仓库空虚，无以相赡，又以动兵，非特劳民，凶年随之。其罢珠厓郡。民有慕义欲内属，便处之；不欲，勿强。”珠厓由是罢。

捐之数召见，言多纳用。时，中书令石显用事，捐之数短显，以故不得官，后稀复见。而长安令杨兴新以材能得幸，与捐之相善。捐之欲得召见，谓兴曰：“京兆尹缺，使我得见，言君兰，京兆尹可立得。”兴曰：“县官尝言兴愈薛大夫，我易助也。君房下笔，言语妙天下，使君房为尚书令，胜五鹿充宗远甚。”捐之曰：“令我得代充宗，君兰为京兆，京兆，郡国首，尚书，百官本，天下真大治，士则不隔矣。捐之前言平恩侯可为将军，期思侯并可为诸曹，皆如言；又荐谒者满宣，立为冀州刺史；言中谒者不宜受事，宦者不宜入宗庙，立止。相荐之信，不当如是乎！”兴曰：“我复见，言君房也。”捐之复短石显。兴曰：“显鼎贵，上信用之。今欲进，弟从我计，且与合意，即得入矣。”

捐之即与兴共为荐显奏，曰：“窃见石显本山东名族，有礼义之家也。持正六年，未尝有过，明习于事，敏而疾见，出公门，入私门。宜赐爵关内侯，引其兄弟以为诸曹。”又共为荐兴奏，曰：“窃见长安令兴，幸得以知名数召见。兴事父母有曾氏之孝，事师有颜、闵之材，荣名闻于四方。明诏举茂材，列侯以为首。

为长安令，吏民敬乡，道路皆称能。观其下笔属文，则董仲舒；进谈动辞，则东方生；置之争臣，则汲直；用之介胄，则冠军侯；施之治民，则赵广汉；抱公绝私，则尹翁归。兴兼此六人而有之，守道坚固，执义不回，临大节而不可夺，国之良臣也，可试守京兆尹。”

石显闻知，白之上。乃下兴、捐之狱，令皇后父阳平侯禁与显共杂治，奏“兴、捐之怀诈伪，以上语相风，更相荐誉，欲得大位，漏泄省中语，罔上不道。《书》曰：‘谗说殄行，震惊朕师。’《王制》：‘顺非而泽，不听而诛。’请论如法”。

捐之竟坐弃市。兴减死罪一等，髡钳为城旦。成帝时，至部刺史。

赞曰：《诗》称“戎狄是膺，荆舒是惩”，久矣其为诸夏患也。汉兴，征伐胡越，于是为盛。究观淮南、捐之、主父、严安之义，深切著明，故备论其语。世称公孙弘排主父，张扬陷严助，石显谮捐之，察其行迹，主父求欲鼎亨而得族，严、贾出入禁门招权利，死皆其所也，亦何排陷之恨哉！

# 汉书卷六十五

## 东方朔传第三十五

东方朔字曼倩，平原厌次人也。武帝初即位，征天下举方正贤良文学材力之士，待以不次之位，四方士多上书言得失，自衒鬻者以千数，其不足采者辄报闻罢。朔初来，上书曰："臣朔少失父母，长养兄嫂。年十三学书，三冬文史足用。十五学击剑。十六学《诗》、《书》，诵二十二万言。十九学孙、吴兵法，战阵之具，钲鼓之教，亦诵二十二万言。凡臣朔固已诵四十四万言。又常服子路之言。臣朔年二十二，长九尺三寸，目若悬珠，齿若编贝，勇若孟贲，捷若庆忌，廉若鲍叔，信若尾生。若此，可以为天子大臣矣。臣朔昧死再拜以闻。"

朔文辞不逊，高自称誉，上伟之，令待诏公车，奉禄薄，未得省见。

久之，朔绐驺朱儒，曰："上以若曹无益于县官，耕田力作固不及人，临众处官不能治民，从军击虏不任兵事，无益于国用，徒索衣食，今欲尽杀若曹。"朱儒大恐，啼泣。朔教曰："上即过，叩头请罪。"居有顷，闻上过，朱儒皆号泣顿首。上问："何为？”对曰：“东方朔言上欲尽诛臣等。”上知朔多端，召问朔：“何恐朱儒为？”对曰：“臣朔生亦言，死亦言。朱儒长三尺余，奉一囊粟，钱二百四十。臣朔长九尺余，亦奉一囊粟，钱二百四十。朱儒饱欲死，臣朔饥欲死。臣言可用，幸异其礼；不可用，罢之，无令但索长安米。”上大笑，因使待诏金马门，稍得亲近。

上尝使诸数家射覆，置守宫盂下，身之，皆不能中。朔自赞曰：“臣尝受《易》，请射之。”乃别蓍布卦而对曰：“臣以为龙又无角，谓之为蛇又有足，跂跂脉脉善缘壁，是非守宫即蜥蜴。”上曰：“善。”赐帛十匹。复使射他物，连中，辄赐帛。

时，有幸倡郭舍人，滑稽不穷，常侍左右，曰：“朔狂，幸中耳，非至数也。臣愿令朔复射，朔中之，臣榜百，不能中，臣赐帛。”乃覆树上寄生，令朔射之。朔曰：“是窭薮也。”舍人曰：“果知朔不能中也。”朔曰：“生肉为脍，干肉为脯；著树为寄生，盆下为窭薮。”上令倡临榜舍人，舍人不胜痛，呼謈。朔笑之曰：“咄！口无毛，声謷謷，尻益高。”舍人恚曰：“朔擅诋欺天子从官，当弃市。”上问朔：“何故诋之？”对曰：“臣非敢诋之，乃与为隐耳。”上曰：“隐云何？”朔曰：“夫口无毛者，狗窦也；声謷謷者，鸟哺鷇也；尻益高者，鹤俯啄也。”舍人不服，因曰：“臣愿复问朔隐语，不知，亦当榜。”即妄为谐语曰：“令壶龃，老柏涂，伊优亚，狋吽牙。何谓也？”朔曰：“令者，命也。壶者，所以盛也。龃者，齿不正也。老者，人所敬也。柏者，鬼之廷也。涂者，渐洳径也。伊优亚者，辞未定也。狋吽牙者，两犬争也。”舍人所问，朔应声辄对，变诈锋出，莫能穷者，左右大惊。上以朔为常侍郎，遂得爱幸。

久之，伏日，诏赐从官肉。大官丞日晏不来，朔独拔剑割肉，谓其同官曰："伏日当早归，请受赐。"即怀肉去。大官奏之。朔入，上曰："昨赐肉，不待诏，以剑割肉而去之，何也？"朔免冠谢。上曰："先生起，自责也！"朔再拜曰："朔来！朔来！受赐不待诏，何无礼也！拔剑割肉，一何壮也！割之不多，又何廉也！归遗细君，又何仁也！"上笑曰："使先生自责，乃反自誉！"复赐酒一石，肉百斤，归遗细君。

初，建元三年，微行始出，北至池阳，西至黄山，南猎长杨，东游宜春。微行常用饮酎已。八九月中，与侍中常侍武骑及待诏陇西北地良家子能骑射者期诸殿门，故有"期门"之号自此始。微行以夜漏下十刻乃出，常称平阳侯。旦明，入山下驰射鹿豕狐兔，手格熊罴，驰骛禾稼稻粳之地。民皆号呼骂詈，相聚会，自言鄠杜令。令往，欲谒平阳侯，诸骑欲击鞭之。令大怒，使吏呵止，猎者数骑见留，乃示以乘舆物，久之乃得去。时夜出夕还，后赍五日粮，会朝长信宫，上大欢乐之。是后，南山下乃知微行数出也。然尚迫于太后，未敢远出，丞相御史知指，乃使右辅都尉徼循长杨以东，右内史发小民共待会所。后乃私置更衣，从宣曲以南十二所，中休更衣，投宿诸宫，长杨、五柞、倍阳、宣曲尤幸。于是上以为道远劳苦，又为百姓患，乃使太中大夫吾丘寿王与待诏能用算者二人，举籍阿城以南，盩厔以东，宜春以西，提封顷亩，及其贾直，欲除以为上林苑，属之南山。又诏中尉、左右内史表属县草田，欲以偿鄠杜之民。吾丘寿王奏事，上大说称善。时朔在傍，进谏曰：

臣闻谦逊静悫，天表之应，应之以福；骄溢靡丽，天表之应，应之以异。今陛下累郎台，恐其不高也；弋猎之处，恐其不广也。如天不为变，则三辅之地尽可以为苑，何必盩厔、鄠、杜乎！奢侈越制，天为之变，上林虽小，臣尚以为大也。

夫南山，天下之阻也，南有江、淮，北有河、渭，其地从汧、陇以东，商、雒以西，厥壤肥饶。汉兴，去三河之地，止霸、产以西，都泾、渭之南，此所谓天下陆海之地，秦之所以虏西戎兼山东者也。其山出玉石，金、银、铜、铁，豫章、檀、柘，异类之物，不可胜原，此百工所取给，万民所卬足也。又有粳稻、梨、栗、桑、麻、竹箭之饶，土宜姜芋，水多蛙鱼，贫者得以人给家足，无饥寒之忧。故酆、镐之间号为土膏，其贾亩一金。今规以为苑，绝陂池水泽之利，而取民膏腴之地，上乏国家之用，下夺农桑之业，弃成功，就败事，损耗五谷，是其不可一也。且盛荆棘之林，而长养麋鹿，广狐兔之苑，大虎狼之虚，又坏人冢墓，发人室庐，令幼弱怀土而思，耆老泣涕而悲，是其不可二也。斥而营之，垣而囿之，骑驰东西，车骛南北，又有深沟大渠，夫一日之乐不足以危无堤之舆，是其不可三也。故务苑囿之大，不恤农时，非所以强国富人也。

夫殷作九市之宫而诸侯畔，灵王起章华之台而楚民散，秦兴阿房之殿而天下乱。粪土愚臣，忘生触死，逆盛意，犯隆指，罪当万死，不胜大愿，愿陈《泰阶六符》，以观天变，不可不省。

是日因奏《泰阶》之事，上乃拜朔为太中大夫、给事中，赐黄金百斤。然遂起上林苑，如寿王所奏云。

久之，隆虑公主子昭平君尚帝女夷安公主，隆虑主病困，以金千斤、钱千万为昭平君豫赎死罪，上许之。隆虑主卒，昭平君日骄，醉杀主傅，狱系内官。以公主子，廷尉上请请论。左右人人为言："前又入赎，陛下许之。"上曰："吾弟老有是一子，死以属我。"于是为之垂涕叹息良久，曰："法令者，先帝所造也。用弟故而诬先帝之法，吾何面目入高庙乎！又下负万民。"乃可其奏，哀不能自止，左右尽悲。朔前上寿，曰："臣闻圣王为政，赏不避仇雠，诛不择骨肉。《书》曰：'不偏不党，王道荡荡。'此二者，五帝所重，三王所难也。陛下行之，是以四海之内元元之民各得其所，天下幸甚！臣朔奉觞，昧死再拜上万岁寿。"上乃起，入省中，夕时召让朔，曰："传曰'时然后言，人不厌其言'。今先生上寿，时乎？"朔免冠顿首曰："臣闻乐太盛则阳溢，哀太盛则阴陨，阴阳变则心气动，心气动则精神散，精神散而邪气及。销忧者莫若酒，臣朔所以上寿者，明陛下正而不阿，因以止哀也。愚不知忌讳，当死。"先是，朔尝醉入殿中，小遗殿上，劾不敬。有诏免为庶人，待诏宦者署，因此对复为中郎，赐帛百匹。

初，帝姑馆陶公主号窦太主，堂邑侯陈午尚之。午死，主寡居，年五十余矣，近幸董偃。始偃与母以卖珠为事，偃年十三，随母出入主家。左右言其姣好，主召见，曰："吾为母养之。"因留第中，教书计相马御射，颇读传记。至年十八而冠，出则执辔，入则侍内。为人温柔爱人，以主故，诸公接之，名称城中，号曰董君。主因推令散财交士，令中府曰："董君所发，一日金满百斤，钱满百万，帛满千匹，乃白之。"安陵爰叔者，爰盎兄子也，与偃善，谓偃曰："足下私侍汉主，挟不测之罪，将欲安处乎？"偃惧曰："忧之久矣，不知所以。"爰叔曰："顾城庙远无宿宫，又有萩竹籍田，足下何不白主献长门园？此上所欲也。如是，上知计出于足下也，则安枕而卧，长无惨怛之忧。久之不然，上且请之，于足下何如？”偃顿首曰：“敬奉教。”入言之主，主立奏书献之。上大说，更名窦太主园为长门宫。主大喜，使偃以黄金百斤为爰叔寿。

叔因是为董君画求见上之策，令主称疾不朝。上往临疾，问所欲，主辞谢曰：“妾幸蒙陛下厚恩，先帝遗德，奉朝请之礼，备臣妾之仪，列为公主，赏赐邑入，隆天重地，死无以塞责。一日卒有不胜洒扫之职，先狗马填沟壑，窃有所恨，不胜大愿，愿陛下时忘万事，养精游神，从中掖庭回舆，枉路临妾山林，得献觞上寿，娱乐左右。如是而死，何恨之有！”上曰：“主何忧？幸得愈。恐群臣从官多，大为主费。”上还，有顷，主疾愈，起谒，上以钱千万从主饮。后数日，上临山林，主自执宰敝膝，道入登阶就坐。坐未定，上曰：“愿谒主人翁。”主乃下殿，去簪珥，徒跣顿首谢曰：“妾无状，负陛下，身当伏诛。陛下不致之法，顿首死罪。”有诏谢。主簪履起，之东厢自引董君。董君绿帻傅韝，随主前，伏殿下。主乃赞：“馆陶公主胞人臣偃昧死再拜谒。”因叩头谢，上为之起。有诏赐衣冠上。偃起，走就衣冠。主自奉食进觞。当是时，董君见尊不名，称为“主人翁”，饮大欢乐。主乃请赐将军、列侯、从官金钱杂缯各有数。于是董君贵宠，天下莫不闻。郡国狗马蹴鞠剑客辐凑董氏。常从游戏北宫，驰逐平乐，观鸡鞠之会，角狗马之足，上大欢乐之。于是上为窦太主置酒宣室，使谒者引内董君。

是时，朔陛戟殿下，辟戟而前曰：“董偃有斩罪三，安得入乎？”上曰：“何谓也？”朔曰：“偃以人臣私侍公主，其罪一也。败男女之化，而乱婚姻之礼，伤王制，其罪二也。陛下富于春秋，方积思于《六经》，留神于王事，驰骛于唐、虞，折节于三代，偃不遵经劝学，反以靡丽为右，奢侈为务，尽狗马之乐，极耳目之欲，行邪枉之道，径淫辟之路，是乃国家之大贼，人主之大蜮。偃为淫首，其罪三也。昔伯姬燔而诸侯惮，奈何乎陛下？”上默然不应良久，曰：“吾业以设饮，后而自改。”朔曰：“不可。夫宣室者，先帝之正处也，非法度之政不得入焉。故淫乱之渐，其变为篡，是以竖貂为淫而易牙作患，庆父死而鲁国全，管、蔡诛而周室安。”上曰：“善。”有诏止，更置酒北宫，引董君从东司马门。东司马门更名东交门。赐朔黄金三十斤。董君之宠由是日衰，至年三十而终。后数岁，窦太主卒，与董君会葬于霸陵。是后，公主贵人多逾礼制，自董偃始。

时，天下侈靡趋末，百姓多离农亩。上从容问朔：“吾欲化民，岂有道乎？”朔对曰：“尧、舜、禹、汤、文、武、成、康上古之事，经历数千载，尚难言也，臣不敢陈。愿近述孝文皇帝之时，当世耆老皆闻见之。贵为天子，富有四海，身衣弋绨，足履革舄，以韦带剑，莞蒲为席，兵木无刃，衣缊无文，集上书囊以为殿帷；以道德为丽，以仁义为准。于是天下望风成俗，昭然化之。今陛下以城中为小，图起建章，左凤阙，右神明，号称千门万户；木土衣绮绣，狗马被缋罽；宫人簪玳瑁，垂珠玑；设戏车，教驰逐，饰文采，丛珍怪；撞万石之钟，击雷霆之鼓，作俳优，舞郑女。上为淫侈如此，而欲使民独不奢侈失农，事之难者也。陛下诚能用臣朔之计，推甲乙之帐燔之于四通之衢，却走马示不复用，则尧、舜之隆宜可与比治矣。《易》曰：‘正其本，万事理；失之毫厘，差以千里。’愿陛下留意察之。”

朔虽诙笑，然时观察颜色，直言切谏，上常用之。自公卿在位，朔皆敖弄，无所为屈。

上以朔口谐辞给，好作问之。尝问朔曰：“先生视朕何如主也？”朔对曰：“自唐、虞之隆，成、康之际，未足以谕当世。臣伏观陛下功德，陈五帝之上，在三王之右。非若此而已，诚得天下贤士，公卿在位咸得其人矣。譬若以周、邵为丞相，孔丘为御史大夫，太公为将军，毕公高拾遗于后，弁严子为卫尉，皋陶为大理，后稷为司农，伊尹为少府，子赣使外国，颜、闵为博士，子夏为太常，益为右扶风，季路为执金吾，契为鸿胪，龙逢为宗正，伯夷为京兆，管仲为冯翊，鲁般为将作，仲山甫为光禄，申伯为太仆，延陵季子为水衡，百里奚为典属国，柳下惠为大长秋，史鱼为司直，蘧伯玉为太傅，孔父为詹事，孙叔敖为诸侯相，子产为郡守，王庆忌为期门，夏育为鼎官，羿为旄头，宋万为式道候。”上乃大笑。

是时，朝廷多贤材，上复问朔：“方今公孙丞相、兒大夫、董仲舒、夏侯始昌、司马相如、吾丘寿王、主父偃、朱买臣、严助、汲黯、胶仓、终军、严安、徐乐、司马迁之伦，皆辩知闳达，溢于文辞，先生自视，何与比哉？”朔对曰：“臣观其臿齿牙，树颊胲，吐唇吻，擢项颐，结股脚，连脽尻，遗蛇其迹，行步偊旅，臣朔虽不肖，尚兼此数子者。”朔之进对澹辞，皆此类也。

武帝既招英俊，程其器能，用之如不及。时方外事胡、越，内兴制度，国家多事，自公孙弘以下至司马迁，皆奉使方外，或为郡国守相至公卿，而朔尝至太中大夫，后常为郎，与枚皋、郭舍人俱在左右，诙啁而已。久之，朔上书陈农战强国之计，因自讼独不得大官，欲求试用。其言专商鞅、韩非之语也，指意放荡，颇复诙谐，辞数万言，终不见用。朔因著论，设客难己，用位卑以自慰谕。其辞曰：

客难东方朔曰："苏秦、张仪一当万乘之主，而都卿相之位，泽及后世。今子大夫修先王之术，慕圣人之义，讽诵《诗》、《书》百家之言，不可胜数，著于竹帛，唇腐齿落，服膺而不释，好学乐道之效，明白甚矣；自以智能海内无双，则可谓博闻辩智矣。然悉力尽忠以事圣帝，旷日持久，官不过侍郎，位不过执戟，意者尚有遗行邪？同胞之徒无所容居，其故何也？"

东方先生喟然长息，仰而应之曰："是固非子之所能备也，彼一时也，此一时也，岂可同哉？夫苏秦、张仪之时，周室大坏，诸侯不朝，力政争权，相禽以兵，并为十二国，未有雌雄，得士者强，失士者亡，故谈说行焉。身处尊位，珍宝充内，外有廪仓，泽及后世，子孙长享。今则不然。圣帝流德，天下震慑，诸侯宾服，连四海之外以为带，安于覆盂，动犹运之掌，贤不肖何以异哉？遵天之道，顺地之理，物无不得其所；故绥之则安，动之则苦；尊之则为将，卑之则为虏；抗之则在青云之上，抑之则在深泉之下；用之则为虎，不用则为鼠；虽欲尽节效情，安知前后？夫天地之大，士民之众，竭精谈说，并进辐凑者不可胜数，悉力募之，困于衣食，或失门户。使苏秦、张仪与仆并生于今之世，曾不得掌故，安敢望常侍郎乎？故曰时异事异。

"虽然，安可以不务修身乎哉！《诗》云：'鼓钟于宫，声闻于外。’‘鹤鸣于九皋，声闻于天。’苟能修身，何患不荣！太公体行仁义，七十有二乃设用于文、武，得信厥说，封于齐，七百岁而不绝。此士所以日夜孳孳，敏行而不敢怠也。辟若鹏鸰，飞且鸣矣。传曰：‘天不为人之恶寒而辍其冬，地不为人之恶险而辍其广，君子不为小人之匈匈而易其行。’‘天有常度，地有常形，君子有常行；君子道其常，小人计其功。’《诗》云：‘礼义之不愆，何恤人之言？’故曰：‘水至清则无鱼，人至察则无徒。冕而前旒，所以蔽明；黈纩充耳，所以塞聪。’明有所不见，聪有所不闻，举大德，赦小过，无求备于一人之义也。枉而直之，使自得之；优而柔之，使自求之；揆而度之，使自索之。盖圣人教化如此，欲自得之；自得之，则敏且广矣。

“今世之处士，魁然无徒，廓然独居，上观许由，下察接舆，计同范蠡，忠合子胥，天下和平，与义相扶，寡耦少徒，固其宜也。子何疑于我哉？若夫燕之用乐毅，秦之任李斯，郦食其之下齐，说行如流，曲从如环，所欲必得，功若丘山，海内定，国家安，是遇其时也，子又何怪之邪？语曰‘以管窥天，以蠡测海，以莛撞钟’，岂能通其条贯，考其文理，发其音声哉！繇是观之，譬犹鼱鼩之袭狗，孤豚之咋虎，至则靡耳，何功之有？今以下愚而非处士，虽欲勿困，固不得已，此适足以明其不知权变而终或于大道也。”

又设非有先生之论，其辞曰：

非有先生仕于吴，进不称往古以厉主意，退不能扬君美以显其功，默然无言者三年矣。吴王怪而问之，曰：“寡人获先人之功，寄于众贤之上，夙兴夜寐，未尝敢怠也。今先生率然高举，远集吴地，将以辅治寡人，诚窃嘉之，体不安席，食不甘味，目不视靡曼之色，耳不听钟鼓之音，虚心定志欲闻流议者三年于兹矣。今先生进无以辅治，退不扬主誉，窃不为先生取之也。盖怀能而不见，是不忠也；见而不行，主不明也。意者寡人殆不明乎？”非有先生伏而唯唯。吴王曰：“可以谈矣，寡人将竦意而览焉。”先生曰：“於戏！可乎哉？可乎哉？谈何容易！夫谈有悖于目、拂于耳、谬于心而便于身者；或有说于目、顺于耳、快于心而毁于行者，非有明王圣主，孰能听之？”吴王曰：“何为其然也？‘中人已上可以语上也。’先生试言，寡人将听焉。”

先生对曰：“昔者关龙逢深谏于桀，而王子比干直言于纣，此二臣者，皆极虑尽忠，闵王泽不下流，而万民骚动，故直言其失，切谏其邪者，将以为君之荣，除主之祸也。今则不然，反以为诽谤君之行，无人臣之礼，果纷然伤于身，蒙不辜之名，戮及先人，为天下笑，故曰谈何容易！是以辅弼之臣瓦解，而邪谄之人并进，遂及蜚廉、恶来革等。二人皆诈伪，巧言利口以进其身，阴奉雕瑑刻镂之好以纳其心。务快耳目之欲，以苟容为度。遂往不戒，身没被戮，宗庙崩阤，国家为虚，放戮圣贤，亲近谗夫。《诗》不云乎？‘谗人罔极，交乱四国’，此之谓也。故卑身贱体，说色微辞，愉愉呴呴，终无益于主上之治，则志士仁人不忍为也。将俨然作矜严之色，深言直谏，上以拂主之邪，下以损百姓之害，则忤于邪主之心，历于衰世之法。故养寿命之士莫肯进也，遂居深山之间，积土为室，编蓬为户，弹琴其中，以咏先王之风，亦可以乐而忘死矣。是以伯夷、叔齐避周，饿于首阳之下，后世称其仁。如是，邪主之行固足畏也，故曰谈何容易！”

于是吴王惧然易容，捐荐去几，危坐而听。先生曰："接舆避世，箕子被发阳狂，此二人者，皆避浊世以全其身者也。使遇明王圣主，得清燕之闲，宽和之色，发愤毕诚，图画安危，揆度得失，上以安主体，下以便万民，则五帝、三王之道可几而见也。故伊尹蒙耻辱、负鼎俎、和五味以干汤，太公钓于渭之阳以见文王。心合意同，谋无不成，计无不从，诚得其君也。深念远虑，引义以正其身，推恩以广其下，本仁祖义，褒有德，禄贤能，诛恶乱，总远方，一统类，美风俗，此帝王所由昌也。上不变天性，下不夺人伦，则天地和洽，远方怀之，故号圣王。臣子之职既加矣，于是裂地定封，爵为公侯，传国子孙，名显后世，民到于今称之，以遇汤与文王也。太公、伊尹以如此，龙逢、比干独如彼，岂不哀哉！故曰谈何容易！"

于是吴王穆然，俯而深惟，仰而泣下交颐，曰："嗟乎！余国之不亡也，绵绵连连，殆哉，世之不绝也！"于是正明堂之朝，齐君臣之位，举贤材，布德惠，施仁义，赏有功；躬节俭，减后宫之费，损车马之用；放郑声，远佞人，省庖厨，去侈靡；卑宫馆，坏苑囿，填池堑，以予贫民无产业者；开内藏，振贫穷，存耆老，恤孤独；薄赋敛，省刑辟。行此三年，海内晏然，天下大洽，阴阳和调，万物咸得其宜；国无灾害之变，民无饥寒之色，家给人足，畜积有余，囹圄空虚；凤凰来集，麒麟在郊，甘露既降，朱草萌牙；远方异俗之人乡风慕义，各奉其职而来朝贺。故治乱之道，存亡之端，若此易见，而君人者莫肯为也，臣愚窃以为过。故《诗》云："王国克生，惟周之桢，济济多士，文王以宁。"此之谓也。

朔之文辞，此二篇最善。其余有《封泰山》、《责和氏璧》及《皇太子生禖》、《屏风》、《殿上柏柱》、《平乐观赋猎》，八言、七言上下，《从公孙弘借车》，凡刘向所录朔书具是矣。世所传他事皆非也。

赞曰：刘向言少时数问长老贤人通于事及朔时者，皆曰朔口谐倡辩，不能持论，喜为庸人诵说，故令后世多传闻者。而扬雄亦以为朔言不纯师，行不纯德，其流风遗书蔑如也。然朔名过实者，以其诙达多端，不名一行，应谐似优，不穷似智，正谏似直，秽德似隐。非夷、齐而是柳下惠，戒其子以上容："首阳为拙，柱下为工；饱食安步，以仕易农；依隐玩世，诡时不逢。"其滑稽之雄乎！朔之诙谐，逢占射覆，其事浮浅，行于众庶，童儿牧竖莫不眩耀。而后世好事者因取奇言怪语附着之朔，故详录焉。

# 汉书卷六十六

## 公孙刘田王杨蔡陈郑传第三十六

公孙贺字子叔，北地义渠人也。贺祖父昆邪，景帝时为陇西守，以将军击吴、楚有功，封平曲侯，著书十余篇。

贺少为骑士，从军数有功。自武帝为太子时，贺为舍人，及武帝即位，迁至太仆。贺夫人君孺，卫皇后姊也，贺由是有宠。元光中为轻车将军，军马邑。后四岁，出云中。后五岁，以车骑将军从大将军青出，有功，封南窌侯。后再以左将军出定襄，无功，坐酎金，失侯。复以浮沮将军出五原二千余里，无功。后八岁，遂代石庆为丞相，封葛绎侯。时朝廷多事，督责大臣。自公孙弘后，丞相李蔡、严青翟、赵周三人比坐事死。石庆虽以谨得终，然数被谴。初，贺引拜为丞相，不受印绶，顿首涕泣，曰："臣本边鄙，以鞍马骑射为官，材诚不任宰相。"上与左右见贺悲哀，感动下泣，曰："扶起丞相。"贺不肯起，上乃起去，贺不得已拜。出，左右问其故，贺曰："主上贤明，臣不足以称，恐负重责，从是殆矣。"

贺子敬声，代贺为太仆，父子并居公卿位。敬声以皇后姊子，骄奢不奉法，征和中擅用北军钱千九百万，发觉，下狱。是时，诏捕阳陵朱安世不能得，上求之急，贺自请逐捕安世以赎敬声罪。上许之。后果得安世。安世者，京师大侠也，闻贺欲以赎子，笑曰："丞相祸及宗矣。南山之竹不足受我辞，斜谷之木不足为我械。"安世遂从狱中上书，告敬声与阳石公主私通，及使人巫祭祠诅上，且上甘泉当驰道埋偶人，祝诅有恶言。下有司案验贺，穷治所犯，遂父子死狱中，家族。

巫蛊之祸起自朱安世，成于江充，遂及公主、皇后、太子，皆败。语在《江充》、《戾园传》。

刘屈氂，武帝庶兄中山靖王子也，不知其始所以进。

征和二年春，制诏御史："故丞相贺倚旧故乘高势而为邪，兴美田以利子弟宾客，不顾元元，无益边谷，货赂上流，朕忍之久矣。终不自革，乃以边为援，使内郡自省作车，又令耕者自转，以困农烦扰畜者，重马伤耗，武备衰减；下吏妄赋，百姓流亡；又诈为诏书，以奸传朱安世。狱已正于理。其以涿郡太守屈氂为左丞相，分丞相长史为两府，以待天下远方之选。夫亲亲任贤，周、唐之道也。以澎户二千二百封左丞相为澎侯。"

其秋，戾太子为江充所谮，杀充，发兵入丞相府，屈氂挺身逃，亡其印绶。是时，上避暑在甘泉宫，丞相长史乘疾置以闻。上问："丞相何为？"对曰："丞相秘之，未敢发兵。"上怒曰："事籍籍如此，何谓秘也？丞相无周公之风矣。周公不诛管、蔡乎？"乃赐丞相玺书曰："捕斩反者，自有赏罚。以牛车为橹，毋接短兵，多杀伤士众。坚闭城门，毋令反者得出。"

太子既诛充发兵，宣言帝在甘泉病困，疑有变，奸臣欲作乱。

上于是从甘泉来，幸城西建章宫，诏发三辅近县兵，部中二千石以下，丞相兼将。太子亦遣使者挢制赦长安中都官囚徒，发武库兵，命少傅石德及宾客张光等分将，使长安囚如侯持节发长水及宣曲胡骑，皆以装会。侍郎莽通使长安，因追捕如侯，告胡人曰："节有诈，勿听也。"遂斩如侯，引骑入长安，又发辑濯士，以予大鸿胪商丘成。初，汉节纯赤，以太子持赤节，故更为黄旄加上以相别。太子召监北军使者任安发北军兵，安受节已，闭军门，不肯应太子。太子引兵去，驱四市人凡数万众，至长乐西阙下，逢丞相军，合战五日，死者数万人，血流入沟中。丞相附兵浸多，太子军败，南奔覆盎城门，得出。会夜司直田仁部闭城门，坐令太子得出，丞相欲斩仁。御史大夫暴胜之谓丞相曰："司直，吏二千石，当先请，奈何擅斩之？"丞相释仁。上闻而大怒，下吏责问御史大夫曰："司直纵反者，丞相斩之，法也，大夫何以擅止之？"胜之皇恐，自杀。及北军使者任安，坐受太子节，怀二心，司直田仁纵太子，皆要斩。上曰："侍郎莽通获反将如侯，长安男子景建从通获少傅石德，可谓元功矣。大鸿胪商丘成力战获反将张光。其封通为重合侯，建为德侯，成为秺侯。"诸太子宾客，尝出入宫门，皆坐诛。其随太子发兵，以反法族。吏士劫略者，皆徙敦煌郡。以太子在外，始置屯兵长安诸城门。后二十余日，太子得于湖。语在《太子传》。

其明年，贰师将军李广利将兵出击匈奴，丞相为祖道，送至渭桥，与广利辞决。广利曰："愿君侯早请昌邑王为太子。如立为帝，君侯长何忧乎？"屈氂许诺。昌邑王者，贰师将军女弟李夫人子也。贰师女为屈氂子妻，故共欲立焉。是时，治巫蛊狱急，内者令郭穰告丞相夫人以丞相数有谴，使巫祠社，祝诅主上，有恶言，及与贰师共祷祠，欲令昌邑王为帝。有司奏请案验，罪至大逆不道。有诏载屈氂厨车以徇，要斩东市，妻子枭首华阳街。贰师将军妻子亦收。贰师闻之，降匈奴，宗族遂灭。

车千秋本姓田氏，其先齐诸田徙长陵。千秋为高寝郎。会卫太子为江充所谮败，久之，千秋上急变讼太子冤，曰："子弄父兵，罪当笞；天子之子过误杀人，当何罪哉！臣尝梦见一白头翁教臣言。"是时，上颇知太子惶恐无他意，乃大感寤，召见千秋。至前，千秋长八尺余，体貌甚丽，武帝见而说之，谓曰："父子之间，人所难言也，公独明其不然。此高庙神灵使公教我，公当遂为吾辅佐。"立拜千秋为大鸿胪。数月，遂代刘屈氂为丞相，封富民侯。千秋无他材能术学，又无伐阅功劳，特以一言寤意，旬月取宰相封侯，世未尝有也。后汉使者至匈奴，单于问曰："闻汉新拜丞相，何有得之？"使者曰："以上书言事故。"单于曰："苟如是，汉置丞相，非用贤也。妄一男子上书即得之矣。"使者还，道单于语。武帝以为辱命，欲下之吏。良久，乃贳之。

然千秋为人敦厚有智，居位自称，逾于前后数公。初，千秋始视事，见上连年治太子狱，诛罚尤多，群下恐惧，思欲宽广上意，慰安众庶。乃与御史、中二千石共上寿颂德美，劝上施恩惠，缓刑罚，玩听音乐，养志和神，为天下自虞乐。上报曰："朕之不德，自左丞相与贰师阴谋逆乱，巫蛊之祸流及士大夫。朕日一食者累月，乃何乐之听？痛士大夫常在心，既事不咎。虽然，巫蛊始发，诏丞相、御史督二千石求捕，廷尉治，未闻九卿、廷尉有所鞫也。曩者，江充先治甘泉宫人，转至未央椒房，以及敬声之畴、李禹之属谋入匈奴，有司无所发，今丞相亲掘兰台蛊验，所明知也。至今余巫颇脱不止，阴贼侵身，远近为蛊，朕愧之甚，何寿之有？敬不举君之觞！谨谢丞相、二千石各就馆。书曰：‘毋偏毋党，王道荡荡。’毋有复言。”

后岁余，武帝疾，立皇子钩弋夫人男为太子，拜大将军霍光、车骑将军金日磾、御史大夫桑弘羊及丞相千秋，并受遗诏，辅道少主。武帝崩，昭帝初即位，未任听政，政事一决大将军光。千秋居丞相位，谨厚有重德。每公卿朝会，光谓千秋曰：“始与君侯俱受先帝遗诏，今光治内，君侯治外，宜有以教督，使光毋负天下。”千秋曰：“唯将军留意，即天下幸甚。”终不肯有所言。光以此重之。每有吉祥嘉应，数褒赏丞相。讫昭帝世，国家少事，百姓稍益充实。始元六年，诏郡国举贤良文学士，问以民所疾苦，于是盐铁之议起焉。

千秋为相十二年，薨，谥曰定侯。初，千秋年老，上优之，朝见，得乘小车入宫殿中，故因号曰“车丞相”。子顺嗣侯，官至云中太守，宣帝时以虎牙将军击匈奴，坐盗增卤获自杀，国除。

桑弘羊为御史大夫八年，自以为国家兴榷管之利，伐其功，欲为子弟得官，怨望霍光，与上官桀等谋反，遂诛灭。

王䜣，济南人也。以郡县吏积功，稍迁为被阳令。武帝末，军旅数发，郡国盗贼群起，绣衣御史暴胜之使持斧逐捕盗贼，以军兴从事，诛二千石以下。胜之过被阳，欲斩䜣，䜣已解衣伏质，仰言曰：“使君颛杀生之柄，威震郡国，今复斩一䜣，不足以增威，不如时有所宽，以明恩贷，令尽死力。”胜之壮其言，贯不诛，因与䜣相结厚。

胜之使还，荐䜣，征为右辅都尉，守右扶风。上数出幸安定、北地，过扶风，宫馆驰道修治，供张办。武帝嘉之，驻车，拜䜣为真，视事十余年。昭帝时为御史大夫，代车千秋为丞相，封宜春侯。明年薨，谥曰敬侯。

子谭嗣，以列侯与谋废昌邑王立宣帝，益封三百户。薨，子咸嗣。王莽妻即咸女，莽篡位，宜春氏以外戚宠。自䜣传国至玄孙，莽败，乃绝。

杨敞，华阴人也。给事大将军莫府，为军司马，霍光爱厚之，稍迁至大司农。元凤中，稻田使者燕苍知上官桀等反谋，以告敞。敞素谨畏事，不敢言，乃移病卧。以告谏大夫杜延年，延年以闻。苍、延年皆封，敞以九卿不辄言，故不得侯。后迁御史大夫，代王䜣为丞相，封安平侯。

明年，昭帝崩。昌邑王征即位，淫乱，大将军光与车骑将军张安世谋欲废王更立。议既定，使大司农田延年报敞。敞惊惧，不知所言，汗出洽背，徒唯唯而已。延年起至更衣，敞夫人遽从东箱谓敞曰："此国大事，今大将军议已定，使九卿来报君侯。君侯不疾应，与大将军同心，犹与无决，先事诛矣。"延年从更衣还，敞、夫人与延年参语许诺，请奉大将军教令，遂共废昌邑王，立宣帝。宣帝即位月余，敞薨，谥曰敬侯。子忠嗣，以敞居位定策安宗庙，益封三千五百户。

忠弟恽，字子幼，以忠任为郎，补常侍骑。恽母，司马迁女也。恽始读外祖《太史公记》，颇为《春秋》。以材能称。好交英俊诸儒，名显朝廷，擢为左曹。霍氏谋反，恽先闻知，因侍中金安上以闻，召见言状。霍氏伏诛，恽等五人皆封，恽为平通侯，迁中郎将。

郎官故事，令郎出钱市财用，给文书，乃得出，名曰“山郎”。移病尽一日，辄偿一沐，或至岁余不得沐。其豪富郎，日出游戏，或行钱得善部。货赂流行，传相放效。恽为中郎将，罢山郎，移长度大司农，以给财用。其疾病休谒洗沐，皆以法令从事。郎、谒者有罪过，辄奏免，荐举其高弟有行能者，至郡守、九卿。郎官化之，莫不自厉，绝请谒货赂之端，令行禁止，宫殿之内翕然同声。由是擢为诸吏光禄勋，亲近用事。

初，恽受父财五百万，及身封侯，皆以分宗族。后母无子，财亦数百万，死皆予恽，恽尽复分后母昆弟。再受訾千余万，皆以分施。其轻财好义如此。

恽居殿中，廉洁无私，郎官称公平。然恽伐其行治，又性刻害，好发人阴状，同位有忤己者，必欲害之，以其能高人。由是多怨于朝廷，与太仆戴长乐相失，卒以是败。

长乐者，宣帝在民间时与相知，及即位，拔擢亲近。长乐尝使行事肄宗庙，还谓掾史曰：“我亲面见受诏，副帝肄，秺侯御。”人有上书告长乐非所宜言，事下廷尉。长乐疑恽教人告之，亦上书告恽罪：

高昌侯车奔入北掖门，恽语富平侯张延寿曰：“闻前曾有奔车抵殿门，门关折，马死，而昭帝崩。今复如此，天时，非人力也。”左冯翊韩延寿有罪下狱，恽上书讼延寿。郎中丘常谓恽曰：“闻君侯讼韩冯翊，当得活乎？”恽曰：“事何容易！胫胫者未必全也。我不能自保，真人所谓鼠不容穴衔窭数者也。”又中书谒者令宣持单于使者语，视诸将军、中朝二千石。恽曰：“冒顿单于得汉美食好物，谓之殠恶，单于不来明甚。”恽上观西阁上画人，指桀、纣画谓乐昌侯王武曰：“天子过此，一二问其过，可以得师矣。”画人有尧、舜、禹、汤，不称，而举桀、纣。恽闻匈奴降者道单于见杀，恽曰：“得不肖君，大臣为画善计不用，自令身无处所。若秦时但任小臣，诛杀忠良，竟以灭亡；令亲任大臣，即至今耳。古与今如一丘之貉。”恽妄引亡国以诽谤当世，无人臣礼。又语长乐曰：“正月以来，天阴不雨，此《春秋》所记，夏侯君所言。行必不至河东矣。”以主上为戏语，尤悖逆绝理。

事下廷尉。廷尉定国考问，左验明白，奏：

恽不服罪，而召户将尊，欲令戒饬富平侯延寿，曰：“太仆定有死罪数事，朝暮人也。恽幸与富平侯婚姻，今独三人坐语，侯言‘时不闻恽语’，自与太仆相触也。”尊曰：“不可。”恽怒，持大刀，曰：“蒙富平侯力，得族罪！毋泄恽语，令太仆闻之乱余事。”恽幸得列九卿诸吏，宿卫近臣，上所信任，与闻政事，不竭忠爱，尽臣子义，而妄怨望，称引为妖恶言，大逆不道，请逮捕治。

上不忍加诛，有诏皆免恽、长乐为庶人。

恽既失爵位，家居治产业，起室宅，以财自娱。岁余，其友人安定太守西河孙会宗，知略士也，与恽书谏戒之，为言大臣废退，当阖门惶惧，为可怜之意，不当治产业，通宾客，有称誉。恽宰相子，少显朝廷，一朝以暗昧语言见废，内怀不服，报会宗书曰：

恽材朽行秽，文质无所底，幸赖先人余业得备宿卫，遭遇时变以获爵位，终非其任，卒与祸会。足下哀其愚，蒙赐书，教督以所不及，殷勤甚厚。然窃恨足下不深惟其终始，而猥随俗之毁誉也。言鄙陋之愚心，若逆指而文过，默而息乎，恐违孔氏“各言尔志”之义，故敢略陈其愚，唯君子察焉！

恽家方隆盛时，乘朱轮者十人，位在列卿，爵为通侯，总领从官，与闻政事，曾不能以此时有所建明，以宣德化，又不能与群僚同心并力，陪辅朝廷之遗忘，已负窃位素餐之责久矣。怀禄贪势，不能自退，遭遇变故，横被口语，身幽北阙，妻子满狱。当此之时，自以夷灭不足以塞责，岂意得全首领，复奉先人之丘墓乎？伏惟圣主之恩，不可胜量。君子游道，乐以忘忧；小人全躯，说以忘罪。窃自思念，过已大矣，行已亏矣，长为农夫以没世矣。是故身率妻子，戮力耕桑，灌园治产，以给公上，不意当复用此为讥议也。

夫人情所不能止者，圣人弗禁，故君父至尊亲，送其终也，有时而既。臣之得罪，已三年矣。田家作苦，岁时伏腊，亨羊炰羔，斗酒自劳。家本秦也，能为秦声。妇，赵女也，雅善鼓瑟。奴婢歌者数人，酒后耳热，仰天拊缶而呼乌乌。其诗曰：“田彼南山，芜秽不治，种一顷豆，落而为萁。人生行乐耳，须富贵何时！”是日也，拂衣而喜，奋袖低卬，顿足起舞，诚淫荒无度，不知其不可也。恽幸有余禄，方籴贱贩贵，逐什一之利，此贾竖之事，污辱之处，恽亲行之。下流之人，众毁所归，不寒而栗。虽雅知恽者，犹随风而靡，尚何称誉之有！董生不云乎？“明明求仁义，常恐不能化民者，卿大夫意也；明明求财利，常恐困乏者，庶人之事也。”故“道不同，不相为谋”。今子尚安得以卿大夫之制而责仆哉！

夫西河魏土，文侯所兴，有段干木、田子方之遗风，漂然皆有节概，知去就之分。顷者，足下离旧土，临安定，安定山谷之间，昆戎旧壤，子弟贪鄙，岂习俗之移人哉？于今乃睹子之志矣。方当盛汉之隆，愿勉旃，毋多谈。

又恽兄子安平侯谭为典属国，谓恽曰："西河太守建平杜侯前以罪过出，今征为御史大夫。侯罪薄，又有功，且复用。"恽曰："有功何益？县官不足为尽力。"恽素与盖宽饶、韩延寿善，谭即曰："县官实然，盖司隶、韩冯翊皆尽力吏也，俱坐事诛。"会有日食变，驺马猥佐成上书告恽"骄奢不悔过，日食之咎，此人所致"。章下廷尉案验，得所予会宗书，宣帝见而恶之。廷尉当恽大逆无道，要斩。妻子徙酒泉郡。谭坐不谏正恽，与相应，有怨望语，免为庶人。召拜成为郎，诸在位与恽厚善者，未央卫尉韦玄成、京兆尹张敞及孙会宗等，皆免官。

蔡义，河内温人也。以明经给事大将军莫府。家贫，常步行，资礼不逮众门下，好事者相合为义买犊车，令乘之。数岁，迁补覆盎城门候。

久之，诏求能为《韩诗》者，征义待诏，久不进见。义上疏曰："臣山东草莱之人，行能亡所比，容貌不及众，然而不弃人伦者，窃以闻道于先师，自托于经术也。愿赐清闲之燕，得尽精思于前。"上召见义，说《诗》，甚说之，擢为光禄大夫、给事中，进授昭帝。数岁，拜为少府，迁御史大夫，代杨敞为丞相，封阳平侯。又以定策安宗庙益封，加赐黄金二百斤。

义为丞相时年八十余，短小无须眉，貌似老妪，行步俯偻，常两吏扶夹乃能行。时大将军光秉政，议者或言光置宰相不选贤，苟用可颛制者。光闻之，谓侍中左右及官属曰："以为人主师当为宰相，何谓云云？此语不可使天下闻也。"

义为相四岁，薨，谥曰节侯。无子，国除。

陈万年字幼公，沛郡相人也。为郡吏，察举，至县令，迁广陵太守，以高弟入为右扶风，迁太仆。

万年廉平，内行修，然善事人。赂遗外戚许、史，倾家自尽，尤事乐陵侯史高。丞相丙吉病，中二千石上谒问疾。遣家丞出谢，谢已皆去，万年独留，昏夜乃归。及吉病甚，上自临，问以大臣行能。吉荐于定国、杜延年及万年。万年竟代定国为御史大夫，八岁，病卒。

子咸字子康，年十八，以万年任为郎。有异材，抗直，数言事，刺讥近臣，书数十上，迁为左曹。万年尝病，召咸教戒于床下，语至夜半，咸睡，头触屏风。万年大怒，欲杖之，曰："乃公教戒汝，汝反睡，不听吾言，何也？"咸叩头谢曰："具晓所言，大要教咸谄也。"万年乃不复言。

万年死后，元帝擢咸为御史中丞，总领州郡奏事，课第诸刺史，内执法殿中，公卿以下皆敬惮之。是时，中书令石显用事颛权，咸颇言显短，显等恨之。时槐里令朱云残酷杀不辜，有司举奏，未下。咸素善云，云从刺候，教令上书自讼。于是石显微伺知之，白奏咸漏泄省中语，下狱掠治，减死，髡为城旦，因废。

成帝初即位，大将军王凤以咸前指言石显，有忠直节，奏请咸补长史。迁冀州刺史，奉使称意，征为谏大夫。复出为楚内史，北海、东郡太守。坐为京兆尹王章所荐，章诛，咸免官。起家复为南阳太守。所居以杀伐立威，豪猾吏及大姓犯法，辄论输府，以律程作司空，为地臼木杵，舂不中程，或私解脱钳釱，衣服不如法，辄加罪笞，督作剧，不胜痛，自绞死，岁数百千人，久者虫出腐烂，家不得收。其治放严延年，其廉不如。所居调发属县所出食物以自奉养，奢侈玉食。然操持掾史，郡中长吏皆令闭门自敛，不得逾法。公移敕书曰："即各欲求索自快，是一郡百太守也，何得然哉！"下吏畏之，豪强执服，令行禁止，然亦以此见废。咸，三公子，少显名于朝廷，而薛宣、朱博、翟方进、孔光等仕宦绝在咸后，皆以廉俭先至公卿，而咸滞于郡守。

时，车骑将军王音辅政，信用陈汤。咸数赂遗汤，予书曰："即蒙子公力，得入帝城，死不恨。"后竟征入为少府。少府多宝物，属官咸皆钩校，发其奸臧，没入辜榷财物。官属及诸中宫黄门、钩盾、掖庭官吏，举奏按论，畏咸，皆失气。为少府三岁，与翟方进有隙。方进为丞相，奏："咸前为郡守，所在残酷，毒螫加于吏民。主守盗，受所监。而官媚邪臣陈汤以求荐举。苟得无耻，不宜处位。"咸坐免。顷之，红阳侯立举咸方正，为光禄大夫给事中，方进复奏免之。后数年，立有罪就国，方进奏归咸故郡，以忧死。

郑弘字稚卿，泰山刚人也。兄昌字次卿，亦好学，皆明经，通法律政事。次卿为太原、涿郡太守，弘为南阳太守，皆著治迹，条教法度，为后所述。次卿用刑罚深，不如弘平。迁淮阳相，以高第入为右扶风，京师称之。代韦玄成为御史大夫。六岁，坐与京房论议免，语在《房传》。

赞曰：所谓盐铁议者，起始元中，征文学贤良问以治乱，皆对愿罢郡国盐铁、酒榷均输，务本抑末，毋与天下争利，然后教化可兴。御史大夫弘羊以为此乃所以安边竟，制四夷，国家大业，不可废也。当时相诘难，颇有其议文。至宣帝时，汝南桓宽次公治《公羊春秋》，举为郎，至庐江太守丞，博通善属文，推衍盐铁之议，增广条目，极其论难，著数万言，亦欲以究治乱，成一家之法焉。其辞曰："观公卿贤良文学之议，'异乎吾所闻'。闻汝南朱生言，当此之时，英俊并进，贤良茂陵唐生、文学鲁国万生之徒六十有余人咸聚阙庭，舒六艺之风，陈治平之原，知者赞其虑，仁者明其施，勇者见其断，辩者骋其辞，龂龂焉，行行焉，虽未详备，斯可略观矣。中山刘子推言王道，挢当世，反诸正，彬彬然弘博君子也。九江祝生奋史鱼之节，发愤懑，讥公卿，介然直而不挠，可谓不畏强圉矣。桑大夫据当世，合时变，上权利之略，虽非正法，巨儒宿学不能自解，博物通达之士也。然摄公卿之柄，不师古始，放于末利，处非其位，行非其道，果陨其性，以及厥宗。车丞相履伊、吕之列，当轴处中，括囊不言，容身而去，彼哉！彼哉！若夫丞相、御史两府之士，不能正议以辅宰相，成同类，长同行，阿意苟合，以说其上，'斗筲之徒，何足选也！'"

# 汉书卷六十七

## 杨胡朱梅云传第三十七

杨王孙者，孝武时人也。学黄、老之术，家业千金，厚自奉养生，亡所不致。及病且终，先令其子，曰："吾欲裸葬，以反吾真，必亡易吾意。死则为布囊盛尸，入地七尺，既下，从足引脱其囊，以身亲土。"其子欲默而不从，重废父命；欲从之，心又不忍，乃往见王孙友人祁侯。

祁侯与王孙书曰："王孙苦疾，仆迫从上祠雍，未得诣前。愿存精神，省思虑，进医药，厚自持。窃闻王孙先令裸葬，令死者亡知则已，若其有知，是戮尸地下，将裸见先人，窃为王孙不取也。且《孝经》曰'为之棺椁衣衾'，是亦圣人之遗制，何必区区独守所闻？愿王孙察焉。"

王孙报曰："盖闻古之圣王，缘人情不忍其亲，故为制礼，今则越之，吾是以裸葬，将以矫世也。夫厚葬诚亡益于死者，而俗人竞以相高，靡财单币，腐之地下。或乃今日入而明日发，此真与暴骸于中野何异！且夫死者，终生之化，而物之归者也。归者得至，化者得变，是物各反其真也。反真冥冥，亡形亡声，乃合道情。夫饰外以华众，厚葬以鬲真，使归者不得至，化者不得变，是使物各失其所也。且吾闻之，精神者天之有也，形骸者地之有也。精神离形，各归其真，故谓之鬼，鬼之为言归也。其尸块然独处，岂有知哉？裹以币帛，鬲以棺椁，支体络束，口含玉石，欲化不得，郁为枯腊，千载之后，棺椁朽腐，乃得归土，就其真宅。由是言之，焉用久客！昔帝尧之葬也，窾木为椟，葛藟为缄，其穿下不乱泉，上不泄殠。故圣王生易尚，死易葬也。不加功于亡用，不损财于亡谓。今费财厚葬，留归鬲至，死者不知，生者不得，是谓重惑。於戏！吾不为也。”

祁侯曰：“善。”遂裸葬。

胡建字子孟，河东人也。孝武天汉中，守军正丞，贫亡车马，常步与走卒起居，所以尉荐走卒，甚得其心。时监军御史为奸，穿北军垒垣以为贾区，建欲诛之，乃约其走卒曰：“我欲与公有所诛，吾言取之则取，斩之则斩。”于是当选士马日，监御史与护军诸校列坐堂皇上，建从走卒趋至堂皇下拜谒，因上堂皇，走卒皆上。建指监御史曰：“取彼。”走卒前曳下堂皇。建曰：“斩之。”遂斩御史。护军诸校皆愕惊，不知所以。建亦已有成奏在其怀中，遂上奏曰：“臣闻军法，立武以威众，诛恶以禁邪。今监御史公穿军垣以求贾利，私买卖以与士市，不立刚毅之心，勇猛之节，亡以帅先士大夫，尤失理不公。用文吏议，不至重法。《黄帝李法》曰：‘壁垒已定，穿窬不由路，是谓奸人，奸人者杀。’臣谨按军法曰：‘正亡属将军，将军有罪以闻，二千石以下行法焉。’丞于用法疑，执事不诿上，臣谨以斩，昧死以闻。”制曰：“《司马法》曰‘国容不入军，军容不入国’，何文吏也？三王或誓于军中，欲民先成其虑也；或誓于军门之外，欲民先意以待事也；或将交刃而誓，致民志也。建又何疑焉？”建由是显名。

后为渭城令，治甚有声。值昭帝幼，皇后父上官将军安与帝姊盖主私夫丁外人相善。外人骄恣，怨故京兆尹樊福，使客射杀之。客臧公主庐，吏不敢捕。渭城令建将吏卒围捕。盖主闻之，与外人、上官将军多从奴客往，奔射追吏，吏散走。主使仆射劾渭城令游徼伤主家奴。建报亡它坐。盖主怒，使人上书告建侵辱长公主，射甲舍门。知吏贼伤奴，辟报故不穷审。大将军霍光寝其奏。后光病，上官氏代听事，下吏捕建。建自杀。吏民称冤，至今渭城立其祠。

朱云字游，鲁人也，徙平陵。少时通轻侠，借客报仇。长八尺余，容貌甚壮，以勇力闻。年四十，乃变节从博士白子友受《易》，又事前将军萧望之受《论语》，皆能传其业。好倜傥大节，当世以是高之。

元帝时，琅邪贡禹为御史大夫，而华阴守丞嘉上封事，言“治道在于得贤，御史之官，宰相之副，九卿之右，不可不选。平陵朱云，兼资文武，忠正有智略，可使以六百石秩试守御史大夫，以尽其能”。上乃下其事问公卿。太子少傅匡衡对，以为“大臣者，国家之股肱，万姓所瞻仰，明王所慎择也。传曰下轻其上爵，贱人图柄臣，则国家摇动而民不静矣。今嘉从守丞而图大臣之位，欲以匹夫徒步之人而超九卿之右，非所以重国家而尊社稷也。自尧之用舜，文王于太公，犹试然后爵之，又况朱云者乎？云素好勇，数犯法亡命，受《易》颇有师道，其行义未有以异。今御史大夫禹洁白廉正，经术通明，有伯夷、史鱼之风，海内莫不闻知，而嘉猥称云，欲令为御史大夫，妄相称举，疑有奸心，渐不可长，宜下有司案验以明好恶”。嘉竟坐之。

是时，少府五鹿充宗贵幸，为《梁丘易》。自宣帝时善梁丘氏说，元帝好之，欲考其异同，令充宗与诸《易》家论。充宗乘贵辩口，诸儒莫能与抗，皆称疾不敢会。有荐云者，召入，摄斋登堂，抗首而请，音动左右。既论难，连拄五鹿君，故诸儒为之语曰：“五鹿岳岳，朱云折其角。”由是为博士。

迁杜陵令，坐故纵亡命，会赦，举方正，为槐里令。时中书令石显用事，与充宗为党，百僚畏之。唯御史中丞陈咸年少抗节，不附显等，而与云相结。云数上疏，言丞相韦玄成容身保位，亡能往来，而咸数毁石显。久之，有司考云，疑风吏杀人。群臣朝见，上问丞相以云治行。丞相玄成言云暴虐亡状。时，陈咸在前，闻之，以语云。云上书自讼，咸为定奏草，求下御史中丞。事下丞相，丞相部吏考立其杀人罪。云亡入长安，复与咸计议。丞相具发其事，奏：“咸宿卫执法之臣，幸得进见，漏泄所闻，以私语云，为定奏草，欲令自下治，后知云亡命罪人，而与交通，云以故不得。”上于是下咸、云狱，减死为城旦。咸、云遂废锢，终元帝世。

至成帝时，丞相故安昌侯张禹以帝师位特进，甚尊重。云上书求见，公卿在前。云曰：“今朝廷大臣上不能匡主，下亡以益民，皆尸位素餐，孔子所谓‘鄙夫不可与事君’，‘苟患失之，亡所不至’者也。臣愿赐尚方斩马剑，断佞臣一人以厉其余。”上问：“谁也？”对曰：“安昌侯张禹。”上大怒，曰：“小臣居下讪上，廷辱师傅，罪死不赦。”御史将云下，云攀殿槛，槛折。云呼曰："臣得下从龙逢、比干游于地下，足矣！未知圣朝何如耳?"御史遂将云去。于是左将军辛庆忌免冠解印绶，叩头殿下曰："此臣素著狂直于世。使其言是，不可诛；其言非，固当容之。臣敢以死争。"庆忌叩头流血。上意解，然后得已。及后当治槛，上曰："勿易！因而辑之，以旌直臣。"

云自是之后不复仕，常居鄠田，时出乘牛车从诸生，所过皆敬事焉。薛宣为丞相，云往见之。宣备宾主礼，因留云宿，从容谓云曰："在田野亡事，且留我东阁，可以观四方奇士。"云曰："小生乃欲相吏邪?"宣不敢复言。

其教授，择诸生，然后为弟子。九江严望及望兄子元，字仲，能传云学，皆为博士。望至泰山太守。

云年七十余，终于家。病不呼医饮药。遗言以身服敛，棺周于身，土周于椁，为丈五坟，葬平陵东郭外。

梅福字子真，九江寿春人也。少学长安，明《尚书》、《穀梁春秋》，为郡文学，补南昌尉。后去官归寿春，数因县道上言变事，求假轺传，诣行在所条对急政，辄报罢。

是时，成帝委任大将军王凤，凤专势擅朝，而京兆尹王章素忠直，讥刺凤，为凤所诛。王氏浸盛，灾异数见，郡下莫敢正言。福复上书曰：

臣闻箕子佯狂于殷，而为周陈《洪范》；叔孙通遁秦归汉，制作仪品。夫叔孙先非不忠也，箕子非疏其家而畔亲也，不可为言也。昔高祖纳善若不及，从谏若转圜，听言不求其能，举功不考其素。陈平起于亡命而为谋主，韩信拔于行陈而建上将。故天下之士云合归汉，争进奇异，知者竭其策，愚者尽其虑，勇士极其节，怯夫勉其死。合天下之知，并天下之威，是以举秦如鸿毛，取楚若拾遗，此高祖所以亡敌于天下也。孝文皇帝起于代谷，非有周、召之师，伊、吕之佐也，循高祖之法，加以恭俭。当此之时，天下几平。繇是言之，循高祖之法则治，不循则乱。何者？秦为亡道，削仲尼之迹，灭周公之轨，坏井田，除五等，礼废乐崩，王道不通，故欲行王道者莫能致其功也。孝武皇帝好忠谏，说至言，出爵不待廉茂，庆赐不须显功，是以天下布衣各厉志竭精以赴阙廷自炫鬻者不可胜数。汉家得贤，于此为盛。使孝武皇帝听用其计，升平可致。于是积尸暴骨，快心胡、越，故淮南王安缘间而起。所以计虑不成而谋议泄者，以众贤聚于本朝，故其大臣势陵不敢和从也。方今布衣乃窥国家之隙，见间而起者，蜀郡是也。及山阳亡徒苏令之群，蹈藉名都大郡，求党与，索随和，而亡逃匿之意。此皆轻量大臣，亡所畏忌，国家之权轻，故匹夫欲与上争衡也。

士者，国之重器；得士则重，失士则轻。《诗》云："济济多士，文王以宁。"庙堂之议，非草茅所当言也。臣诚恐身涂野草，尸并卒伍，故数上书求见，辄报罢。臣闻齐桓之时有以九九见者，桓公不逆，欲以致大也。今臣所言非特九九也，陛下距臣者三矣，此天下士所以不至也。昔秦武王好力，任鄙叩关自鬻；缪公行伯，繇余归德。今欲致天下之士，民有上书求见者，辄使诣尚书问其所言，言可采取者，秩以升斗之禄，赐以一束之帛。若此，则天下之士发愤懑，吐忠言，嘉谋日闻于上，天下条贯，国家表里，烂然可睹矣。夫以四海之广，士民之数，能言之类至众多也。然其俊杰指世陈政，言成文章，质之先圣而不缪，施之当世合时务，若此者，亦亡几人。故爵禄束帛者，天下之底石，高祖所以厉世摩钝也。孔子曰："工欲善其事，必先利其器。"至秦则不然，张诽谤之罔，以为汉驱除，倒持泰阿，授楚其柄，故诚能勿失其柄，天下虽有不顺，莫敢触其锋，此孝武皇帝所以辟地建功为汉世宗也。今不循伯者之道，乃欲以三代选举之法取当时之士，犹察伯乐之图，求骐骥于市，而不可得，亦已明矣。故高祖弃陈平之过而获其谋，晋文召天王，齐桓用其仇，有益于时，不顾逆顺，此所谓伯道者也。一色成体谓之醇，白黑杂合谓之驳。欲以承平之法治暴秦之绪，犹以乡饮酒之礼理军市也。

今陛下既不纳天之言，又加戮焉。夫戴鹊遭害，则仁鸟增逝；愚者蒙戮，则知士深退。间者愚民上疏，多触不急之法，或下廷尉，而死者众。自阳朔以来，天下以言为讳，朝廷尤甚，群臣皆承顺上指，莫有执正。何以明其然也？取民所上书，陛下之所善，试下之廷尉，廷尉必曰："非所宜言，大不敬。"以此卜之，一矣。故京兆尹王章资质忠直，敢面引廷争，孝元皇帝擢之，以厉具臣而矫曲朝。及至陛下，戮及妻子。且恶恶止其身，王章非有反畔之辜，而殃及家。折直士之节，结谏臣之舌，群臣皆知其非，然不敢争，天下以言为戒，最国家之大患也。愿陛下循高祖之轨，杜亡秦之路，数御《十月》之歌，留意《亡逸》之戒，除不急之法，下亡讳之诏，博览兼听，谋及疏贱，令深者不隐，远者不塞，所谓"辟四门，明四目"也。且不急之法，诽谤之微者也。"往者不可及，来者犹可追。"方今君命犯而主威夺，外戚之权日以益隆，陛下不见其形，愿察其景。建始以来，日食地震，以率言之，三倍春秋，水灾亡与比数。阴盛阳微，金铁为飞，此何景也！汉兴以来，社稷三危。吕、霍、上官皆母后之家也，亲亲之道，全之为右，当与之贤师良傅，教以忠孝之道。今乃尊宠其位，授以魁柄，使之骄逆，至于夷灭，此失亲亲之大者也。自霍光之贤，不能为子孙虑，故权臣易世则危。《书》曰："毋若火，始庸庸。"势陵于君，权隆于主，然后防之，亦亡及已。

上遂不纳。

成帝久亡继嗣，福以为宜建三统，封孔子之世以为殷后，复上书曰：

臣闻"不在其位，不谋其政"。政者职也，位卑而言高者罪也。越职触罪，危言世患，虽伏质横分，臣之愿也。守职不言，没齿身全，死之日，尸未腐而名灭，虽有景公之位，伏历千驷，臣不贪也。故愿一登文石之陛，涉赤墀之途，当户牖之法坐，尽平生之愚虑。亡益于时，有遗于世，此臣寝所以不安，食所以忘味也。愿陛下深省臣言。

臣闻存人所以自立也，壅人所以自塞也。善恶之报，各如其事。昔者秦灭二周，夷六国，隐士不显，佚民不举，绝三统，灭天道，是以身危子杀，厥孙不嗣，所谓壅人以自塞者也。故武王克殷，未下车，存五帝之后，封殷于宋，绍夏于杞，明著三统，示不独有也。是以姬姓半天下，迁庙之主，流出于户，所谓存人以自立者也。今成汤不祀，殷人亡后，陛下继嗣久微，殆为此也。《春秋经》曰："宋杀其大夫。"《穀梁传》曰："其不称名姓，以其在祖位，尊之也。"此言孔子故殷后也，虽不正统，封其子孙以为殷后，礼亦宜之。何者？诸侯夺宗，圣庶夺適。传曰"贤者子孙宜有土"，而况圣人，又殷之后哉！昔成王以诸侯礼葬周公，而皇天动威，雷风著灾。今仲尼之庙不出阙里，孔氏子孙不免编户，以圣人而歆匹夫之祀，非皇天之意也。今陛下诚能据仲尼之素功，以封其子孙，则国家必获其福，又陛下之名与天亡极。何者？追圣人素功，封其子孙，未有法也，后圣必以为则。不灭之名，可不勉哉！

福孤远，又讥切王氏，故终不见纳。

初，武帝时，始封周后姬嘉为周子南君，至元帝时，尊周子南君为周承休侯，位次诸侯王。使诸大夫博士求殷后，分散为十余姓，郡国往往得其大家，推求子孙，绝不能纪。时，匡衡议，以为“王者存二王后，所以尊其先王而通三统也。其犯诛绝之罪者绝，而更封他亲为始封君，上承其王者之始祖。《春秋》之义，诸侯不能守其社稷者绝。今宋国已不守其统而失国矣，则宜更立殷后为始封君，而上承汤统，非当继宋之绝侯也，宜明得殷后而已。今之故宋，推求其嫡，久远不可得；虽得其嫡，嫡之先已绝，不当得立。《礼记》孔子曰：‘丘，殷人也。’先师所共传，宜以孔子世为汤后。”上以其语不经，遂见寝。至成帝时，梅福复言宜封孔子后以奉汤祀。绥和元年，立二王后，推迹古文，以《左氏》、《穀梁》、《世本》、《礼记》相明，遂下诏封孔子世为殷绍嘉公。语在《成纪》。是时，福居家，常以读书养性为事。

至元始中，王莽颛政，福一朝弃妻子，去九江，至今传以为仙。其后，人有见福于会稽者，变名姓，为吴市门卒云。

云敞字幼孺，平陵人也。师事同县吴章，章治《尚书经》为博士。平帝以中山王即帝位，年幼，莽秉政，自号安汉公。以平帝为成帝后，不得顾私亲，帝母及外家卫氏皆留中山，不得至京师。莽长子宇，非莽隔绝卫氏，恐帝长大后见怨。宇与吴章谋，夜以血涂莽门，若鬼神之戒，冀以惧莽。章欲因对其咎。事发觉，莽杀宇，诛灭卫氏，谋所联及，死者百余人。章坐要斩，磔尸东市门。初，章为当世名儒，教授尤盛，弟子千余人，莽以为恶人党，皆当禁锢，不得仕宦。门人尽更名他师。敞时为大司徒掾，自劾吴章弟子，收抱章尸归，棺敛葬之，京师称焉。车骑将军王舜高其志节，比之栾布，表奏以为掾，荐为中郎谏大夫。莽篡位，王舜为太师，复荐敞可辅职。以病免。唐林言敞可典郡，擢为鲁郡大尹。更始时，安车征敞为御史大夫，复病免去，卒于家。

赞曰：昔仲尼称不得中行，则思狂狷。观杨王孙之志，贤于秦始皇远矣。世称朱云多过其实，故曰："盖有不知而作之者，我亡是也。"胡建临敌敢断，武昭于外。斩伐奸隙，军旅不队。梅福之辞，合于《大雅》，虽无老成，尚有典刑；殷监不远，夏后所闻。遂从所好，全性市门。云敞之义，著于吴章，为仁由己，再入大府，清则濯缨，何远之有？

# 汉书卷六十八

## 霍光金日磾传第三十八

霍光字子孟，票骑将军去病弟也。父中孺，河东平阳人也，以县吏给事平阳侯家，与侍者卫少儿私通而生去病。中孺吏毕归家，娶妇生光，因绝不相闻。久之，少儿女弟子夫得幸于武帝，立为皇后，去病以皇后姊子贵幸。既壮大，乃自知父为霍中孺，未及求问。会为票骑将军击匈奴，道出河东，河东太守郊迎，负弩矢先驱，至平阳传舍，遣吏迎霍中孺。中孺趋入拜谒，将军迎拜，因跪曰："去病不早自知为大人遗体也。"中孺扶服叩头，曰："老臣得托命将军，此天力也。"去病大为中孺买田宅、奴婢而去。还，复过焉，乃将光西至长安，时年十余岁，任光为郎，稍迁诸曹、侍中。去病死后，光为奉车都尉、光禄大夫，出则奉车，入侍左右，出入禁闼二十余年，小心谨慎，未尝有过，甚见亲信。

征和二年，卫太子为江充所败，而燕王旦、广陵王胥皆多过失。是时，上年老，宠姬钩弋赵倢伃有男，上心欲以为嗣，命大臣辅之。察群臣唯光任大重，可属社稷。上乃使黄门画者画周公负成王朝诸侯以赐光。后元二年春，上游五柞宫，病笃，光涕泣问曰："如有不讳，谁当嗣者?"上曰："君未谕前画意邪?立少子，君行周公之事。"光顿首让曰："臣不如金日磾。"日磾亦曰："臣外国人，不如光。"上以光为大司马大将军，日磾为车骑将军，及太仆上官桀为左将军，搜粟都尉桑弘羊为御史大夫，皆拜卧内床下，受遗诏辅少主。明日，武帝崩，太子袭尊号，是为孝昭皇帝。帝年八岁，政事一决于光。

先是，后元年，侍中仆射莽何罗与弟重合侯通谋为逆，时，光与金日磾、上官桀等共诛之，功未录。武帝病，封玺书曰："帝崩发书以从事。"遗诏封金日磾为秺侯，上官桀为安阳侯，光为博陆侯，皆以前捕反者功封。时，卫尉王莽子男忽侍中，扬语曰："帝崩，忽常在左右，安得遗诏封三子事！群儿自相贵耳。"光闻之，切让王莽，莽鸩杀忽。

光为人沉静详审，长财七尺三寸，白皙，疏眉目，美须髯。每出入下殿门，止进有常处，郎仆射窃识视之，不失尺寸，其资性端正如此。初辅幼主，政自己出，天下想闻其风采。殿中尝有怪，一夜群臣相惊，光召尚符玺郎，郎不肯授光。光欲夺之，郎按剑曰："臣头可得，玺不可得也!"光甚谊之。明日，诏增此郎秩二等。众庶莫不多光。

光与左将军桀结婚相亲，光长女为桀子安妻。有女年与帝相配，桀因帝姊鄂邑盖主内安女后宫为倢伃，数月立为皇后。父安为票骑将军，封桑乐侯。光时休沐出，桀辄入代光决事。桀父子既尊盛，而德长公主。公主内行不修，近幸河间丁外人。桀、安欲为外人求封，幸依国家故事以列侯尚公主者，光不许。又为外人求光禄大夫，欲令得召见，又不许。长主大以是怨光。而桀、安数为外人求官爵弗能得，亦惭。自先帝时，桀已为九卿，位在光右。及父子并为将军，有椒房中宫之重，皇后亲安女，光乃其外祖，而顾专制朝事，繇是与光争权。

燕王旦自以昭帝兄，常怀怨望。及御史大夫桑弘羊建造酒榷、盐铁，为国兴利，伐其功，欲为子弟得官，亦怨恨光。于是盖主、上官桀、安及弘羊皆与燕王旦通谋，诈令人为燕王上书，言："光出都肄郎羽林，道上称跸，太官先置。又引苏武前使匈奴，拘留二十年不降，还乃为典属国，而大将军长史敞亡功为搜粟都尉。又擅调益莫府校尉。光专权自恣，疑有非常。臣旦愿归符玺，入宿卫，察奸臣变。"候司光出沐日奏之。桀欲从中下其事，桑弘羊当与诸大臣共执退光。书奏，帝不肯下。

明旦，光闻之，止画室中不入。上问："大将军安在？"左将军桀对曰："以燕王告其罪，故不敢入。"有诏召大将军。光入，免冠顿首谢，上曰："将军冠。朕知是书诈也，将军亡罪。"光曰："陛下何以知之？"上曰："将军之广明，都郎属耳。调校尉以来未能十日，燕王何以得知之？且将军为非，不须校尉。"是时，帝年十四，尚书左右皆惊，而上书者果亡，捕之甚急。桀等惧，白上小事不足遂，上不听。

后桀党有谮光者，上辄怒曰："大将军忠臣，先帝所属以辅朕身，敢有毁者坐之。"自是桀等不敢复言，乃谋令长公主置酒请光，伏兵格杀之，因废帝，迎立燕王为天子。事发觉，光尽诛桀、安、弘羊、外人宗族。燕王、盖主皆自杀。光威震海内。昭帝既冠，遂委任光，讫十三年，百姓充实，四夷宾服。

元平元年，昭帝崩，亡嗣。武帝六男独有广陵王胥在，群臣议所立，咸持广陵王。王本以行失道，先帝所不用。光内不自安。郎有上书言："周太王废太伯立王季，文王舍伯邑考立武王，唯在所宜，虽废长立少可也。广陵王不可以承宗庙。"言合光意。光以其书视丞相敞等，擢郎为九江太守，即日承皇太后诏，遣行大鸿胪事少府乐成、宗正德、光禄大夫吉、中郎将利汉迎昌邑王贺。

贺者，武帝孙，昌邑哀王子也。既至，即位，行淫乱。光忧懑，独以问所亲故吏大司农田延年。延年曰："将军为国柱石，审此人不可，何不建白太后，更选贤而立之?"光曰："今欲如是，于古尝有此不?"延年曰："伊尹相殷，废太甲以安宗庙，后世称其忠。将军若能行此，亦汉之伊尹也。"光乃引延年给事中，阴与车骑将军张安世图计，遂召丞相、御史、将军、列侯、中二千石、大夫、博士会议未央宫。光曰："昌邑王行昏乱，恐危社稷，如何?"群臣皆惊鄂失色，莫敢发言，但唯唯而已。田延年前，离席按剑，曰："先帝属将军以幼孤，寄将军以天下，以将军忠贤能安刘氏也。今群下鼎沸，社稷将倾，且汉之传谥常为孝者，以长有天下，令宗庙血食也。如令汉家绝祀，将军虽死，何面目见先帝于地下乎?今日之议，不得旋踵。群臣后应者，臣请剑斩之。"光谢曰："九卿责光是也。天下匈匈不安，光当受难。"于是议者皆叩头，曰："万姓之命在于将军，唯大将军令。"

光即与群臣俱见白太后，具陈昌邑王不可以承宗庙状。皇太后乃车驾幸未央承明殿，诏诸禁门毋内昌邑群臣。王入朝太后还，乘辇欲归温室，中黄门宦者各持门扇，王入，门闭，昌邑群臣不得入。王曰："何为?"大将军跪曰："有皇太后诏，毋内昌邑群臣。”王曰：“徐之，何乃惊人如是！”光使尽驱出昌邑群臣，置金马门外。车骑将军安世将羽林骑收缚二百余人，皆送廷尉诏狱。令故昭帝侍中中臣侍守王。光敕左右：“谨宿卫，卒有物故自裁，令我负天下，有杀主名。”王尚未自知当废，谓左右：“我故群臣从官安得罪，而大将军尽系之乎？”顷之，有太后诏召王，王闻召，意恐，乃曰：“我安得罪而召我哉！”太后被珠襦，盛服坐武帐中，侍御数百人皆持兵，期门武士陛戟，陈列殿下。群臣以次上殿，召昌邑王伏前听诏。光与群臣连名奏王，尚书令读奏曰：

丞相臣敞、大司马大将军臣光、车骑将军臣安世、度辽将军臣明友、前将军臣增、后将军臣充国、御史大夫臣谊、宜春侯臣谭、当涂侯臣圣、随桃侯臣昌乐、杜侯臣屠耆堂、太仆臣延年、太常臣昌、大司农臣延年、宗正臣德、少府臣乐成、廷尉臣光、执金吾臣延寿、大鸿胪臣贤、左冯翊臣广明、右扶风臣德、长信少府臣嘉、典属国臣武、京辅都尉臣广汉、司隶校尉臣辟兵、诸吏文学光禄大夫臣迁、臣畸、臣吉、臣赐、臣管、臣胜、臣梁、臣长幸、臣夏侯胜、太中大夫臣德、臣印昧死言皇太后陛下：臣敞等顿首死罪。天子所以永保宗庙总一海内者，以慈孝、礼谊、赏罚为本。孝昭皇帝早弃天下，亡嗣，臣敞等议，礼曰“为人后者为之子也”，昌邑王宜嗣后，遣宗正、大鸿胪、光禄大夫奉节使征昌邑王典丧。服斩缞，亡悲哀之心，废礼谊，居道上不素食，使从官略女子载衣车，内所居传舍。始至谒见，立为皇太子，常私买鸡豚以食。受皇帝信玺、行玺大行前，就次发玺不封。从官更持节，引内昌邑从官驺宰官奴二百余人，常与居禁闼内敖戏。自之符玺取节十六，朝暮临，令从官更持节从。为书曰：“皇帝问侍中君卿：使中御府令高昌奉黄金千斤，赐君卿取十妻。”大行在前殿，发乐府乐器，引内昌邑乐人，击鼓歌吹作俳倡。会下还，上前殿，击钟磬，召内泰壹宗庙乐人辇道牟首，鼓吹歌舞，悉奏众乐。发长安厨三太牢具祠阁室中，祀已，与从官饮啖。驾法驾，皮轩鸾旗，驱驰北宫、桂宫，弄彘斗虎。召皇太后御小马车，使官奴骑乘，游戏掖庭中。与孝昭皇帝宫人蒙等淫乱，诏掖庭令敢泄言要斩。

太后曰：“止！为人臣子当悖乱如是邪！”王离席伏。尚书令复读曰：

取诸侯王、列侯、二千石绶及墨绶、黄绶以并佩昌邑郎官者免奴。变易节上黄旄以赤。发御府金钱、刀剑、玉器、采缯，赏赐所与游戏者。与从官官奴夜饮，湛沔于酒。诏太官上乘舆食如故。食监奏未释服未可御故食，复诏太官趣具，无关食监。太官不敢具，即使从官出买鸡豚，诏殿门内，以为常。独夜设九宾温室，延见姊夫昌邑关内侯。祖宗庙祠未举，为玺书使使者持节，以三太牢祠昌邑哀王园庙，称嗣子皇帝。受玺以来二十七日，使者旁午，持节诏诸官署征发，凡一千一百二十七事。文学、光禄大夫夏侯胜等及侍中傅嘉数进谏以过失，使人簿责胜，缚嘉系狱。荒淫迷惑，失帝王礼谊，乱汉制度。臣敞等数进谏，不变更，日以益甚，恐危社稷，天下不安。

臣敞等谨与博士臣霸、臣隽舍、臣德、臣虞舍、臣射、臣仓议，皆曰：“高皇帝建功业为汉太祖，孝文皇帝慈仁节俭为太宗，今陛下嗣孝昭皇帝后，行淫辟不轨。《诗》云：‘籍曰未知，亦既抱子。’五辟之属，莫大不孝。周襄王不能事母，《春秋》曰‘天王出居于郑'，繇不孝出之，绝之于天下也。宗庙重于君，陛下未见命高庙，不可以承天序，奉祖宗庙，子万姓，当废。"臣请有司御史大夫臣谊、宗正臣德、太常臣昌与太祝以一太牢具，告祠高庙。臣敞等昧死以闻。

皇太后诏曰："可。"光令王起拜受诏，王曰："闻天子有争臣七人，虽无道不失天下。"光曰："皇太后诏废，安得天子！"乃即持其手，解脱其玺组，奉上太后，扶王下殿，出金马门，群臣随送。王西面拜，曰："愚戆不任汉事。"起就乘舆副车。大将军光送至昌邑邸，光谢曰："王行自绝于天，臣等驽怯，不能杀身报德。臣宁负王，不敢负社稷。愿王自爱，臣长不复见左右。"光涕泣而去。群臣奏言："古者废放之人屏于远方，不及以政，请徙王贺汉中房陵县。"太后诏归贺昌邑，赐汤沐邑二千户。昌邑群臣坐亡辅导之谊，陷王于恶，光悉诛杀二百余人。出死，号呼市中曰："当断不断，反受其乱。"

光坐庭中，会丞相以下议定所立。广陵王已前不用，及燕刺王反诛，其子不在议中。近亲唯有卫太子孙号皇曾孙在民间，咸称述焉。光遂复与丞相敞等上奏曰："《礼》曰：'人道亲亲故尊祖，尊祖故敬宗。'大宗亡嗣，择支子孙贤者为嗣。孝武皇帝曾孙病已，武帝时有诏掖庭养视，至今年十八，师受《诗》、《论语》、《孝经》，躬行节俭，慈仁爱人，可以嗣孝昭皇帝后，奉承祖宗庙，子万姓。臣昧死以闻。"皇太后诏曰："可。"光遣宗正刘德至曾孙家尚冠里，洗沐赐御衣，太仆以軨猎车迎曾孙就斋宗正府，入未央宫见皇太后，封为阳武侯。已而光奉上皇帝玺绶，谒于高庙，是为孝宣皇帝。明年，下诏曰："夫褒有德，赏元功，古今通谊也。大司马大将军光宿卫忠正，宣德明恩，守节秉谊，以安宗庙。其以河北、东武阳益封光万七千户。”与故所食凡二万户。赏赐前后黄金七千斤，钱六千万，杂缯三万匹，奴婢百七十人，马二千匹，甲第一区。

自昭帝时，光子禹及兄孙云皆中郎将，云弟山奉车都尉、侍中，领胡、越兵。光两女婿为东西宫卫尉，昆弟诸婿外孙皆奉朝请，为诸曹大夫、骑都尉、给事中。党亲连体，根据于朝廷。光自后元秉持万机，及上即位，及归政。上谦让不受，诸事皆先关白光，然后奏御天子。光每朝见，上虚己敛容，礼下之已甚。

光秉政前后二十年，地节二年春病笃，车驾自临问光病，上为之涕泣。光上书谢恩曰：“愿分国邑三千户，以封兄孙奉车都尉山为列侯，奉兄票骑将军去病祀。”事下丞相、御史，即日拜光子禹为右将军。

光薨，上及皇太后亲临光丧。太中大夫任宣与侍御史五人持节护丧事。中二千石治莫府冢上。赐金钱、缯絮，绣被百领，衣五十箧，璧珠玑玉衣，梓宫、便房、黄肠题凑各一具，枞木外臧椁十五具。东园温明，皆如乘舆制度。载光尸柩以辒辌车，黄屋左纛，发材官轻车北军五校士军陈至茂陵，以送其葬。谥曰宣成侯。发三河卒穿复土，起冢祠堂，置园邑三百家，长丞奉守如旧法。

既葬，封山为乐平侯，以奉车都尉领尚书事。天子思光功德，下诏曰：“故大司马大将军博陆侯宿卫孝武皇帝三十有余年，辅孝昭皇帝十有余年，遭大难，躬秉谊，率三公、九卿、大夫定万世册，以安社稷，天下蒸庶咸以康宁。功德茂盛，朕甚嘉之。复其后世，畴其爵邑，世世无有所与，功如萧相国。”明年夏，封太子外祖父许广汉为平恩侯。复下诏曰：“宣成侯光宿卫忠正，勤劳国家，善善及后世，其封光兄孙中郎将云为冠阳侯。”

禹既嗣为博陆侯，太夫人显改光时所自造茔制而侈大起。起三出阙，筑神道，北临昭灵，南出承恩，盛饰祠室，辇阁通属永巷，而幽良人婢妾守之。广治第室，作乘舆辇，加画绣茵冯，黄金涂，韦絮荐轮，侍婢以五采丝挽显，游戏第中。初，光爱幸监奴冯子都，常与计事，及显寡居，与子都乱。而禹、山亦并缮治第宅，走马驰逐平乐馆。云当朝请，数称病私出，多从宾客，张围猎黄山苑中，使苍头奴上朝谒，莫敢谴者。而显及诸女，昼夜出入长信宫殿中，亡期度。

宣帝自在民间闻知霍氏尊盛日久，内不能善。光薨，上始躬亲朝政，御史大夫魏相给事中。显谓禹、云、山：“女曹不务奉大将军余业，今大夫给事中，他人一间，女能复自救邪？”后两家奴争道，霍氏奴入御史府，欲蹋大夫门，御史为叩头谢，乃去。人以谓霍氏，显等始知忧。会魏大夫为丞相，数燕见言事。平恩侯与侍中金安上等径出入省中。时，霍山自若领尚书，上令吏民得奏封事，不关尚书，群臣进见独往来，于是霍氏甚恶之。

宣帝始立，立微时许妃为皇后。显爱小女成君，欲贵之，私使乳医淳于衍行毒药杀许后，因劝光内成君，代立为后。语在《外戚传》。始，许后暴崩，吏捕诸医，劾衍侍疾亡状不道，下狱。吏簿问急，显恐事败，即具以实语光。光大惊，欲自发举，不忍，犹与。会奏上，因署衍勿论。光薨后，语稍泄。于是上始闻之而未察，乃徙光女婿度辽将军、未央卫尉、平陵侯范明友为光禄勋，次婿诸吏中郎将、羽林监任胜出为安定太守。数月，复出光姊婿给事中光禄大夫张朔为蜀郡太守，群孙婿中郎将王汉为武威太守。顷之，复徙光长女婿长乐卫尉邓广汉为少府。更以禹为大司马，冠小冠，亡印绶，罢其右将军屯兵官属，特使禹官名与光俱大司马者。又收范明友度辽将军印绶，但为光禄勋。及光中女婿赵平为散骑、骑都尉、光禄大夫将屯兵，又收平骑都尉印绶。诸领胡越骑、羽林及两宫卫将屯兵，悉易以所亲信许、史子弟代之。

禹为大司马，称病。禹故长史任宣候问，禹曰："我何病？县官非我家将军不得至是，今将军坟墓未干，尽外我家，反任许、史，夺我印绶，令人不省死。"宣见禹恨望深，乃谓曰："大将军时何可复行！持国权柄，杀生在手中。廷尉李种、王平、左冯翊贾胜胡及车丞相女婿少府徐仁皆坐逆将军意下狱死。使乐成小家子得幸将军，至九卿封侯。百官以下但事冯子都、王子方等，视丞相亡如也。各自有时，今许、史自天子骨肉，贵正宜耳。大司马欲用是怨恨，愚以为不可。"禹默然。数日，起视事。

显及禹、山、云自见日侵削，数相对啼泣，自怨。山曰："今丞相用事，县官信之，尽变易大将军时法令，以公田赋与贫民，发扬大将军过失。又诸儒生多窭人子，远客饥寒，喜亡说狂言，不避忌讳，大将军常仇之，今陛下好与诸儒生语，人人自使书对事，多言我家者。尝有上书言大将军时主弱臣强，专制擅权，今其子孙用事，昆弟益骄恣，恐危宗庙，灾异数见，尽为是也。其言绝痛，山屏不奏其书。后上书者益黠，尽奏封事，辄下中书令出取之，不关尚书，益不信人。"显曰："丞相数言我家，独无罪乎？”山曰：“丞相廉正，安得罪？我家昆弟诸婿多不谨。又闻民间讙言霍氏毒杀许皇后。宁有是邪？”显恐急，即具以实告山、云、禹。山、云、禹惊曰：“如是，何不早告禹等！县官离散斥逐诸婿，用是故也。此大事，诛罚不小，奈何？”于是始有邪谋矣。

初，赵平客石夏善为天官，语平曰：“荧惑守御星，御星，太仆奉车都尉也。不黜则死。”平内忧山等。云舅李竟所善张赦见云家卒卒，谓竟曰：“今丞相与平恩侯用事，可令太夫人言太后，先诛此两人。移徙陛下，在太后耳。”长安男子张章告之，事下廷尉。执金吾捕张赦、石夏等，后有诏止勿捕。山等愈恐，相谓曰：“此县官重太后，故不竟也。然恶端已见，又有弑许后事，陛下虽宽仁，恐左右不听，久之犹发，发即族矣，不如先也。”遂令诸女各归报其夫，皆曰：“安所相避？”

会李竟坐与诸侯王交通，辞语及霍氏，有诏云、山不宜宿卫，免，就第。光诸女遇太后无礼，冯子都数犯法，上并以为让，山、禹等甚恐。显梦第中井水溢流庭下，灶居树上，又梦大将军谓显曰：“知捕儿不？亟下捕之。”第中鼠暴多，与人相触，以尾画地。鸮数鸣殿前树上。第门自坏。云尚冠里宅中门亦坏。巷端人共见有人居云屋上，彻瓦投地，就视，亡有，大怪之。禹梦车骑声正讙来捕禹，举家忧愁。山曰：“丞相擅减宗庙羔、菟、蛙，可以此罪也。”谋令太后为博平君置酒，召丞相、平恩侯以下，使范明友、邓广汉承太后制引斩之，因废天子而立禹。约定未发，云拜为玄菟太守，太中大夫任宣为代郡太守。山又坐写秘书，显为上书献城西第，入马千匹，以赎山罪。书报闻，会事发觉，云、山、明友自杀，显、禹、广汉等捕得。禹要斩，显及诸女昆弟皆弃市。唯独霍后废处昭台宫，与霍氏相连坐诛灭者数千家。

上乃下诏曰："乃者东织室令史张赦使魏郡豪李竟报冠阳侯云谋为大逆，朕以大将军故，抑而不扬，冀其自新。今大司马博陆侯禹与母宣成侯夫人显及从昆弟子冠阳侯云、乐平侯山诸姊妹婿谋为大逆，欲诖误百姓。赖宗庙神灵，先发得，咸伏其辜，朕甚悼之。诸为霍氏所诖误，事在丙申前，未发觉在吏者，皆赦除之。男子张章先发觉，以语期门董忠，忠告左曹杨恽，恽告侍中金安上。恽召见对状，后章上书以闻。侍中史高与金安上建发其事，言无入霍氏禁闼，卒不得遂其谋，皆雠有功。封章为博成侯，忠高昌侯，恽平通侯，安上都成侯，高乐陵侯。"

初，霍氏奢侈，茂陵徐生曰："霍氏必亡。夫奢则不逊，不逊必侮上。侮上者，逆道也。在人之右，众必害之。霍氏秉权日久，害之者多矣。天下害之，而又行逆道，不亡何待！"乃上疏言："霍氏泰盛，陛下即爱厚之，宜以时抑制，无使至亡。"书三上，辄报闻。其后霍氏诛灭，而告霍氏者皆封。人为徐生上书曰："臣闻客有过主人者，见其灶直突，傍有积薪，客谓主人，更为曲突，远徙其薪，不者且有火患。主人嘿然不应。俄而家果失火，邻里共救之，幸而得息。于是杀牛置酒，谢其邻人，灼烂者在于上行，余各以功次坐，而不录言曲突者。人谓主人曰：'乡使听客之言，不费牛、酒，终亡火患。今论功而请宾，曲突徙薪亡恩泽，焦头烂额为上客耶？'主人乃寤而请之。今茂陵徐福数上书言霍氏且有变，宜防绝之。乡使福说得行，则国亡裂土出爵之费，臣亡逆乱诛灭之败。往事既已，而福独不蒙其功，唯陛下察之，贵徙薪曲突之策，使居焦发灼烂之右。"上乃赐福帛十匹，后以为郎。

宣帝始立，谒见高庙，大将军光从骖乘，上内严惮之，若有芒刺在背。后车骑将军张安世代光骖乘，天子从容肆体，甚安近焉。及光身死而宗族竟诛，故俗传之曰："威震主者不畜，霍氏之祸萌于骖乘。"

至成帝时，为光置守冢百家，吏卒奉祠焉。元始二年，封光从父昆弟曾孙阳为博陆侯，千户。

金日磾字翁叔，本匈奴休屠王太子也。武帝元狩中，票骑将军霍去病将兵击匈奴右地，多斩首，虏获休屠王祭天金人。其夏，票骑复西过居延，攻祁连山，大克获。于是单于怨昆邪、休屠居西方之为汉所破，召其王欲诛之。昆邪、休屠恐，谋降汉。休屠王后悔，昆邪王杀之，并将众降汉。封昆邪王为列侯。日磾以父不降见杀，与母阏氏、弟伦俱没入官，输黄门养马，时年十四矣。

久之，武帝游宴见马，后宫满侧。日磾等数十人牵马过殿下，莫不窃视，至日磾独不敢。日磾长八尺二寸，容貌甚严，马又肥好，上异而问之，具以本状对。上奇焉，即日赐汤沐衣冠，拜为马监，迁侍中、驸马都尉、光禄大夫。日磾既亲近，未尝有过失，上甚信爱之，常赐累千金，出则骖乘，入侍左右。贵戚多窃怨，曰："陛下妄得一胡儿，反贵重之！"上闻，愈厚焉。

日磾母教诲两子，甚有法度，上闻而嘉之。病死，诏图画于甘泉宫，署曰"休屠王阏氏"。日磾每见画常拜，乡之涕泣，然后乃去。日磾子二人皆爱，为帝弄儿，常在旁侧。弄儿或自后拥上项，日磾在前，见而目之。弄儿走且啼曰："翁怒。"上谓日磾："何怒吾儿为？"其后弄儿壮大，不谨，自殿下与宫人戏，日磾适见之，恶其淫乱，遂杀弄儿。弄儿即日磾长子也。上闻之大怒，日磾顿首谢，具言所以杀弄儿状。上甚哀，为之泣，已而心敬日磾。

初，莽何罗与江充相善，及充败卫太子，何罗弟通用诛太子时力战得封。后上知太子冤，乃夷灭充宗族党与。何罗兄弟惧及，遂谋为逆。日磾视其志意有非常，心疑之，阴独察其动静，与俱上下。何罗亦觉日磾意，以故久不得发。是时，上行幸林光宫，日磾小疾卧庐。何罗与通及小弟安成矫制夜出，共杀使者，发兵。明旦，上未起，何罗亡何从外入。日磾奏厕心动，立入坐内户下。须臾，何罗袖白刃从东箱上，见日磾，色变，走趋卧内欲入，行触宝瑟，僵。日磾得抱何罗，因传曰："莽何罗反！"上惊起，左右拔刃欲格之，上恐并中日磾，止勿格。日磾捽胡投何罗殿下，得禽缚之，穷治，皆伏辜。由是著忠孝节。

日磾自在左右，目不忤视者数十年。赐出宫女，不敢近。上欲内其女后宫，不肯。其笃慎如此，上尤奇异之。及上病，属霍光以辅少主，光让日磾。日磾曰："臣外国人，且使匈奴轻汉。"于是遂为光副。光以女妻日磾嗣子赏。初，武帝遗诏以讨莽何罗功封日磾为秺侯，日磾以帝少不受封。辅政岁余，病困，大将军光白封日磾，卧授印绶。一日，薨，赐葬具冢地，遂以轻车介士，军陈至茂陵，谥曰敬侯。

日磾两子，赏、建，俱侍中，与昭帝略同年，共卧起。赏为奉车，建驸马都尉。及赏嗣侯，佩两绶。上谓霍将军曰："金氏兄弟两人不可使俱两绶邪？"霍光对曰："赏自嗣父为侯耳。"上笑曰："侯不在我与将军乎？"光曰："先帝之约，有功乃得封侯。"时年俱八九岁。宣帝即位，赏为太仆，霍氏有事萌牙，上书去妻。

上亦自哀之，独得不坐。元帝时为光禄勋，薨，亡子，国除。元始中继绝世，封建孙当为秺侯，奉日磾后。

初，日磾所将俱降弟伦，字少卿，为黄门郎，早卒。日磾两子贵，及孙则衰矣。而伦后嗣遂盛，子安上始贵显封侯。

安上字子侯，少为侍中，惇笃有智，宣帝爱之。颇与发举楚王延寿反谋，赐爵关内侯，食邑三百户。后霍氏反，安上传禁门闼，无内霍氏亲属，封为都成侯，至建章卫尉。薨，赐冢茔杜陵，谥曰敬侯。四子，常、敞、岑、明。

岑、明皆为诸曹、中郎将，常光禄大夫。元帝为太子时，敞为中庶子，幸有宠，帝即位，为骑都尉光禄大夫、中郎将侍中。元帝崩，故事，近臣皆随陵为园郎，敞以世名忠孝，太后诏留侍成帝，为奉车水衡都尉，至卫尉。敞为人正直，敢犯颜色，左右惮之，唯上亦难焉。病甚，上使使者问所欲，以弟岑为托。上召岑，拜为使主客。敞子涉本为左曹，上拜涉为侍中，使待幸绿车载送卫尉舍。须臾卒。敞三子，涉、参、饶。

涉明经俭节，诸儒称之。成帝时为侍中、骑都尉，领三辅胡越骑。哀帝即位，为奉车都尉，至长信少府。而参使匈奴，匈奴中郎将、越骑校尉、关内都尉，安定、东海太守。饶为越骑校尉。

涉两子，汤、融，皆侍中、诸曹、将、大夫。而涉之从父弟钦举明经，为太子门大夫，哀帝即位，为太中大夫给事中，钦从父弟迁为尚书令，兄弟用事。帝祖母傅太后崩，钦使护作，职办，擢为泰山、弘农太守，著威名。平帝即位，征为大司马司直、京兆尹。帝年幼，选置师友，大司徒孙光以明经高行为孔氏师，京兆尹金钦以家世忠孝为金氏友。徙光禄大夫、侍中，秩中二千石，封都成侯。

时，王莽新诛平帝外家卫氏，召明礼少府宗伯凤入说为人后之谊，白令公卿、将军、侍中、朝臣并听，欲以内厉平帝而外塞百姓之议。钦与族昆弟秺侯当俱封。初，当曾祖父日磾传子节侯赏，而钦祖父安上传子夷侯常，皆亡子，国绝，故莽封钦、当奉其后。当母南即莽母功显君同产弟也。当上南大行为太夫人。钦因缘谓当："诏书陈日磾功，亡有赏语。当名为以孙继祖也。自当为父、祖父立庙。赏故国君，使大夫主其祭。"时，甄邯在旁，庭叱钦，因劾奏曰："钦幸得以通经术，超擢侍帷幄，重蒙厚恩，封袭爵号，知圣朝以世有为人后之谊。前遭故定陶太后背本逆天，孝哀不获厥福，乃者吕宽、卫宝复造奸谋，至于反逆，咸伏厥辜。太皇太后惩艾悼惧，逆天之咎，非圣诬法，大乱之殃，诚欲奉承天心，遵明圣制，专壹为后之谊，以安天下之命，数临正殿，延见群臣，讲习《礼经》。孙继祖者，谓亡正统持重者也。赏见嗣日磾，后成为君，持大宗重，则《礼》所谓'尊祖故敬宗'，大宗不可以绝者也。钦自知与当俱拜同谊，即数扬言殿省中，教当云云。当即如其言，则钦亦欲为父明立庙而不入夷侯常庙矣。进退异言，颇惑众心，乱国大纲，开祸乱原，诬祖不孝，罪莫大焉。尤非大臣所宜，大不敬。秺侯当上母南为太夫人，失礼不敬。"莽白太后，下四辅、公卿、大夫、博士、议郎，皆曰："钦宜以时即罪。"谒者召钦诣诏狱，钦自杀。邯以纲纪国体，亡所阿私，忠孝尤著，益封千户。更封长信少府涉子右曹汤为都成侯。汤受封日，不敢还归家，以明为人后之谊。益封之后，莽复用钦弟遵，封侯，历九卿位。

赞曰：霍光以结发内侍，起于阶闼之间，确然秉志，谊形于主。受襁褓之托，任汉室之寄，当庙堂，拥幼君，摧燕王，仆上官，因权制敌，以成其忠。处废置之际，临大节而不可夺，遂匡国家，安社稷。拥昭立宣，光为师保，虽周公、阿衡，何以加此！然光不学亡术，暗于大理，阴妻邪谋，立女为后，湛溺淫溢之欲，以增颠覆之祸，死财三年，宗族诛夷，哀哉！昔霍叔封于晋，晋即河东，光岂其苗裔乎！金日磾夷狄亡国，羁虏汉庭，而以笃敬寤主，忠信自著，勒功上将，传国后嗣，世名忠孝，七世内侍，何其盛也！本以休屠作金人为祭天主，故因赐姓金氏云。

# 汉书卷六十九

## 赵充国辛庆忌传第三十九

赵充国字翁孙，陇西上邽人也，后徙金城令居。始为骑士，以六郡良家子善骑射补羽林。为人沉勇有大略，少好将帅之节，而学兵法，通知四夷事。

武帝时，以假司马从贰师将军击匈奴，大为虏所围。汉军乏食数日，死伤者多，充国乃与壮士百余人溃围陷陈，贰师引兵随之，遂得解。身被二十余创，贰师奏状，诏征充国诣行在所。武帝亲见视其创，嗟叹之，拜为中郎，迁车骑将军长史。

昭帝时，武都氐人反，充国以大将军、护军都尉将兵击定之，迁中郎将，将屯上谷，还为水衡都尉。击匈奴，获西祁王，擢为后将军，兼水衡如故。

与大将军霍光定册尊立宣帝，封营平侯。本始中，为蒲类将军征匈奴，斩虏数百级，还为后将军、少府。匈奴大发十余万骑，南旁塞，至符奚庐山，欲入为寇。亡者题除渠堂降汉言之，遣充国将四万骑屯缘边九郡。单于闻之，引去。

是时，光禄大夫义渠安国使行诸羌，先零豪言愿时渡湟水北，逐民所不田处畜牧。安国以闻，充国劾安国奉使不敬。是后，羌人旁缘前言，抵冒渡湟水，郡县不能禁。元康三年，先零遂与诸羌种豪二百余人解仇交质盟诅。上闻之，以问充国，对曰："羌人所以易制者，以其种自有豪，数相攻击，势不一也。往三十余岁，西羌反时，亦先解仇合约攻令居，与汉相距，五六年乃定。至征和五年，先零豪封煎等通使匈奴，匈奴使人至小月氏，传告诸羌曰：'汉贰师将军众十余万人降匈奴。羌人为汉事苦。张掖、酒泉本我地，地肥美，可共击居之。'以此观匈奴欲与羌合，非一世也。间者匈奴困于西方，闻乌桓来保塞，恐兵复从东方起，数使使尉黎、危须诸国，设以子女貂裘，欲沮解之。其计不合。疑匈奴更遣使至羌中，道从沙阴地，出盐泽，过长坑，入穷水塞，南抵属国，与先零相直。臣恐羌变未止此，且复结联他种，宜及未然为之备。"后月余，羌侯狼何果遣使至匈奴借兵，欲击鄯善、敦煌以绝汉道。充国以为："狼何，小月氏种，在阳关西南，势不能独造此计，疑匈奴使已至羌中，先零、罕、开乃解仇作约。到秋马肥，变必起矣。宜遣使者行边兵豫为备，敕视诸羌，毋令解仇，以发觉其谋。"于是两府复白遣义渠安国行视诸羌，分别善恶。安国至，召先零诸豪三十余人，以尤桀黠，皆斩之。纵兵击其种人，斩首千余级。于是诸降羌及归义羌侯杨玉等恐怒，亡所信乡，遂劫略小种，背畔犯塞，攻城邑，杀长吏。安国以骑都尉将骑三千屯备羌，至浩亹，为虏所击，失亡车重兵器甚众。安国引还，至令居，以闻。是岁，神爵元年春也。

时，充国年七十余，上老之，使御史大夫丙吉问谁可将者，充国对曰："亡逾于老臣者矣。"上遣问焉，曰："将军度羌虏何如，当用几人？”充国曰：“百闻不如一见。兵难隃度，臣愿驰至金城，图上方略。然羌戎小夷，逆天背畔，灭亡不久，愿陛下以属老臣，勿以为忧。”上笑曰：“诺。”

充国至金城，须兵满万骑，欲渡河，恐为虏所遮，即夜遣三校衔枚先渡，渡辄营陈，会明，毕，遂以次尽渡。虏数十百骑来，出入军傍。充国曰：“吾士马新倦，不可驰逐。此皆骁骑难制，又恐其为诱兵也。击虏以殄灭为期，小利不足贪。”令军勿击。遣骑候四望狭中，亡虏。夜引兵上至落都，召诸校司马，谓曰：“吾知羌虏不能为兵矣。使虏发数千人守杜四望狭中，兵岂得入哉！”充国常以远斥候为务，行必为战备，止必坚营壁，尤能持重，爱士卒，先计而后战。遂西至西部都尉府，日飨军士，士皆欲为用。虏数挑战，充国坚守。捕得生口，言羌豪相数责曰：“语汝亡反，今天子遣赵将军来，年八九十矣，善为兵。今请欲一斗而死，可得邪！”

充国子右曹中郎将印，将期门佽飞、羽林孤儿、胡越骑为支兵，至令居，虏并出绝转道，印以闻。有诏将八校尉与骁骑都尉、金城太守合疏捕山间虏，通转道津渡。

初，罕、开豪靡当儿使弟雕库来告都尉曰先零欲反，后数日果反。雕库种人颇在先零中，都尉即留雕库为质。充国以为亡罪，乃遣归告种豪：“大兵诛有罪者，明白自别，毋取并灭。天子告诸羌人，犯法者能相捕斩，除罪。斩大豪有罪者一人，赐钱四十万，中豪十五万，下豪二万，大男三千，女子及老小千钱，又以其所捕妻子财物尽与之。”充国计欲以威信招降罕、开及劫略者，解散虏谋，徼极乃击之。

时，上已发三辅、太常徒弛刑，三河、颍川、沛郡、淮阳、汝南材官，金城、陇西、天水、安定、北地、上郡骑士、羌骑，与武威、张掖、酒泉太守各屯其郡者，合六万人矣。酒泉太守辛武贤奏言："郡兵皆屯备南山，北边空虚，势不可久。或曰至秋冬乃进兵，此虏在竟外之册。今虏朝夕为寇，土地寒苦，汉马不能冬，屯兵在武威、张掖、酒泉万骑以上，皆多羸瘦。可益马食，以七月上旬赍三十日粮，分兵并出张掖、酒泉合击罕、开在鲜水上者。虏以畜产为命，今皆离散，兵即分出，虽不能尽诛，亶夺其畜产，虏其妻子，复引兵还，冬复击之，大兵仍出，虏必震坏。"

天子下其书充国，令与校尉以下吏士知羌事者博议。充国及长史董通年以为："武贤欲轻引万骑，分为两道出张掖，回远千里。以一马自佗负三十日食，为米二斛四斗，麦八斛，又有衣装兵器，难以追逐。勤劳而至，虏必商军进退，稍引去，逐水草，入山林。随而深入，虏即据前险，守后厄，以绝粮道，必有伤危之忧，为夷狄笑，千载不可复。而武贤以为可夺其畜产，虏其妻子，此殆空言，非至计也。又武威县、张掖日勒皆当北塞，有通谷水草。臣恐匈奴与羌有谋，且欲大入，幸能要杜张掖、酒泉以绝西域，其郡兵尤不可发。先零首为畔逆，它种劫略。故臣愚册，欲捐罕、开暗昧之过，隐而勿章，先行先零之诛以震动之，宜悔过反善，因赦其罪，选择良吏知其俗者揃循和辑，此全师保胜安边之册。"天子下其书。公卿议者咸以为先零兵盛，而负罕、开之助，不先破罕、开，则先零未可图也。

上乃拜侍中乐成侯许延寿为强弩将军，即拜酒泉太守武贤为破羌将军，赐玺书嘉纳其册。以书敕让充国曰：

皇帝问后将军，甚苦暴露。将军计欲至正月乃击罕羌，羌人当获麦，已远其妻子，精兵万人欲为酒泉、敦煌寇。边兵少，民守保不得田作。今张掖以东粟石百余，刍槁束数十。转输并起，百姓烦扰。将军将万余之众，不早及秋共水草之利争其畜食，欲至冬，虏皆当畜食，多藏匿山中依险阻，将军士寒，手足皲瘃，宁有利哉？将军不念中国之费，欲以岁数而胜微，将军谁不乐此者！

今诏破羌将军武贤将兵六千一百人，敦煌太守快将二千人，长水校尉富昌、酒泉候奉世将婼、月氏兵四千人，亡虑万二千人。赍三十日食，以七月二十二日击罕羌，入鲜水北句廉上，去酒泉八百里，去将军可千二百里。将军其引兵便道西并进，虽不相及，使虏闻东方北方兵并来，分散其心意，离其党与，虽不能殄灭，当有瓦解者。已诏中郎将卬将胡越佽飞射士、步兵二校，益将军兵。

今五星出东方，中国大利，蛮夷大败。太白出高，用兵深入敢战者吉，弗敢战者凶。将军急装，因天时，诛不义，万下必全，勿复有疑。

充国既得让，以为将任兵在外，便宜有守，以安国家。乃上书谢罪，因陈兵利害，曰：

臣窃见骑都尉安国前幸赐书，择羌人可使使罕，谕告以大军当至，汉不诛罕，以解其谋。恩泽甚厚，非臣下所能及。臣独私美陛下盛德至计亡已，故遣开豪雕库宣天子至德，罕、开之属皆闻知明诏。今先零羌杨玉将骑四千及煎巩骑五千，阻石山木，候便为寇，罕羌未有所犯。今置先零，先击罕，释有罪，诛亡辜，起一难，就两害，诚非陛下本计也。

臣闻兵法“攻不足者守有余”，又曰“善战者致人，不致于人”。今罕羌欲为敦煌、酒泉寇，饬兵马，练战士，以须其至，坐得致敌之术，以逸击劳，取胜之道也。今恐二郡兵少不足以守，而发之行攻，释致虏之术而从为虏所致之道，臣愚以为不便。先零羌虏欲为背畔，故与罕、开解仇结约，然其私心不能亡恐汉兵至而罕、开背之也。臣愚以为其计常欲先赴罕、开之急，以坚其约，先击罕羌，先零必助之。今虏马肥，粮食方饶，击之恐不能伤害，适使先零得施德于罕羌，坚其约，合其党。虏交坚党合，精兵二万余人，迫胁诸小种，附著者稍众，莫须之属不轻得离也。如是，虏兵寖多，诛之用力数倍，臣恐国家忧累繇十年数，不二三岁而已。

臣得蒙天子厚恩，父子俱为显列。臣位至上卿，爵为列侯，犬马之齿七十六，为明诏填沟壑，死骨不朽，亡所顾念。独思惟兵利害至熟悉也，于臣之计，先诛先零已，则罕、开之属不烦兵而服矣。先零已诛而罕、开不服，涉正月击之，得计之理，又其时也。以今进兵，诚不见其利，唯陛下裁察。

六月戊申奏，七月甲寅玺书报从充国计焉。

充国引兵至先零在所，虏久屯聚，解弛，望见大军，弃车重，欲渡湟水，道厄狭，充国徐行驱之。或曰逐利行迟，充国曰：“此穷寇不可迫也。缓之则走不顾，急之则还致死。”诸校皆曰：“善。”虏赴水溺死者数百，降及斩首五百余人，卤马、牛、羊十万余头，车四千余两。兵至罕地，令军毋燔聚落刍牧田中。罕羌闻之，喜曰："汉果不击我矣！"豪靡忘使人来言："愿得还复故地。"充国以闻，未报。靡忘来自归，充国赐饮食，遣还谕种人。护军以下皆争之，曰："此反虏，不可擅遣。"充国曰："诸君但欲便文自营，非为公家忠计也。"语未卒，玺书报，令靡忘以赎论。后罕竟不烦兵而下。

其秋，充国病，上赐书曰："制诏后将军：闻苦脚胫、寒泄，将军年老加疾，一朝之变不可讳，朕甚忧之。今诏破羌将军诣屯所，为将军副，急因天时大利，吏士锐气，以十二月击先零羌。即疾剧，留屯毋行，独遣破羌、强弩将军。"时，羌降者万余人矣。充国度其必坏，欲罢骑兵屯田，以待其敝。作奏未上，会得进兵玺书，中郎将卬惧，使客谏充国曰："诚令兵出，破军杀将以倾国家，将军守之可也。即利与病，又何足争？一旦不合上意，遣绣衣来责将军，将军之身不能自保，何国家之安？"充国叹曰："是何言之不忠也！本用吾言，羌虏得至是邪？往者举可先行羌者，吾举辛武贤，丞相御史复白遣义渠安国，竟沮败羌。金城、湟中谷斛八钱，吾谓耿中丞，籴二百万斛谷，羌人不敢动矣。耿中丞请籴百万斛，乃得四十万斛耳。义渠再使，且费其半。失此二册，羌人故敢为逆。失之毫厘，差以千里，是既然矣。今兵久不决，四夷卒有动摇，相因而起，虽有知者不能善其后，羌独足忧邪！吾固以死守之，明主可为忠言。"遂上屯田奏曰：

臣闻兵者，所以明德除害也，故举得于外，则福生于内，不可不慎。臣所将吏士马牛食，月用粮谷十九万九千六百三十斛，盐千六百九十三斛，茭藁二十五万二百八十六石。难久不解，繇役不息。又恐它夷卒有不虞之变，相因并起，为明主忧，诚非素定庙胜之册。且羌虏易以计破，难用兵碎也，故臣愚以为击之不便。

计度临羌东至浩亹，羌虏故田及公田，民所未垦，可二千顷以上，其间邮亭多坏败者。臣前部士入山，伐材木大小六万余枚，皆在水次。愿罢骑兵，留弛刑应募，及淮阳、汝南步兵与吏士私从者，合凡万二百八十一人，用谷月二万七千三百六十三斛，盐三百八斛，分屯要害处。冰解漕下，缮乡亭，浚沟渠，治湟狭以西道桥七十所，令可至鲜水左右。田事出，赋人二十亩。至四月草生，发郡骑及属国胡骑伉健各千，倅马什二，就草，为田者游兵。以充入金城郡，益积畜，省大费。今大司农所转谷至者，足支万人一岁食。谨上田处及器用簿，唯陛下裁许。

上报曰："皇帝问后将军，言欲罢骑兵万人留田，即如将军之计，虏当何时伏诛，兵当何时得决？孰计其便，复奏。"充国上状曰：

臣闻帝王之兵，以全取胜，是以贵谋而贱战。战而百胜，非善之善者也，故先为不可胜以待敌之可胜。蛮夷习俗虽殊于礼义之国，然其欲避害就利，爱亲戚，畏死亡，一也。今虏亡其美地荐草，愁于寄托远遁，骨肉离心，人有畔志，而明主般师罢兵，万人留田，顺天时，因地利，以待可胜之虏，虽未即伏辜，兵决可期月而望。羌虏瓦解，前后降者万七余百人，及受言去者凡七十辈，此坐支解羌虏之具也。

臣谨条不出兵留田便宜十二事。步兵九校，吏士万人，留屯以为武备，因田致谷，威德并行，一也。又因排折羌虏，令不得归肥饶之地，贫破其众，以成羌虏相畔之渐，二也。居民得并田作，不失农业，三也。军马一月之食，度支田士一岁，罢骑兵以省大费，四也。至春省甲士卒，循河湟漕谷至临羌，以示羌虏，扬威武，传世折冲之具，五也。以闲暇时下所伐材，缮治邮亭，充入金城，六也。兵出，乘危侥幸，不出，令反畔之虏窜于风寒之地，离霜露疾疫瘃堕之患，坐得必胜之道，七也。亡经阻远追死伤之害，八也。内不损威武之重，外不令虏得乘间之势，九也。又亡惊动河南大开、小开使生它变之忧，十也。治湟狭中道桥，令可至鲜水，以制西域，信威千里，从枕席上过师，十一也。大费既省，繇役豫息，以戒不虞，十二也。留屯田得十二便，出兵失十二利。臣充国材下，犬马齿衰，不识长册，唯明诏博详公卿议臣采择。

上复赐报曰："皇帝问后将军，言十二便，闻之。虏虽未伏诛，兵决可期月而望，期月而望者，谓今冬邪？谓何时也？将军独不计虏闻兵颇罢，且丁壮相聚，攻扰田者及道上屯兵，复杀略人民，将何以止之？又大开、小开前言曰：'我告汉军先零所在，兵不往击，久留，得亡效五年时不分别人而并击我？'其意常恐。今兵不出，得亡变生，与先零为一？将军孰计复奏。"充国奏曰：

臣闻兵以计为本，故多算胜少算。先零羌精兵今余不过七八千人，失地远客，分散饥冻。罕、开、莫须又颇暴略其羸弱畜产，畔还者不绝，皆闻天子明令相捕斩之赏。臣愚以为虏破坏可日月冀，远在来春，故曰兵决可期月而望。窃见北边自敦煌至辽东万一千五百余里，乘塞列隧有吏卒数千人，虏数大众攻之而不能害。今留步士万人屯田，地势平易，多高山远望之便，部曲相保，为堑垒木樵，校联不绝，便兵弩，饬斗具。烽火幸通，势及并力，以逸待劳，兵之利者也。臣愚以为屯田内有亡费之利，外有守御之备。骑兵虽罢，虏见万人留田为必禽之具，其土崩归德，宜不久矣。从今尽三月，虏马羸瘦，必不敢捐其妻子于他种中，远涉河山而来为寇。又见屯田之士精兵万人，终不敢复将其累重还归故地。是臣之愚计，所以度虏且必瓦解其处，不战而自破之册也。至于虏小寇盗，时杀人民，其原未可卒禁。臣闻战不必胜，不苟接刃；攻不必取，不苟劳众。诚令兵出，虽不能灭先零，亶能令虏绝不为小寇，则出兵可也。即今同是而释坐胜之道，从乘危之势，往终不见利，空内自罢敝，贬重而自损，非所以视蛮夷也。又大兵一出，还不可复留，湟中亦未可空，如是，徭役复发也。且匈奴不可不备，乌桓不可不忧。今久转运烦费，倾我不虞之用以澹一隅，臣愚以为不便。校尉临众幸得承威德，奉厚币，拊循众羌，谕以明诏，宜皆乡风。虽其前辞尝曰“得亡效五年”，宜亡它心，不足以故出兵。臣窃自惟念，奉诏出塞，引军远击，穷天子之精兵，散车甲于山野，虽亡尺寸之功，媮得避慊之便，而亡后咎余责，此人臣不忠之利，非明主社稷之福也。臣幸得奋精兵，讨不义，久留天诛，罪当万死。陛下宽仁，未忍加诛，令臣数得孰计。愚臣伏计孰甚，不敢避斧钺之诛，昧死陈愚，唯陛下省察。

充国奏每上，辄下公卿议臣。初是充国计者什三，中什五，最后什八。有诏诘前言不便者，皆顿首服。丞相魏相曰：“臣愚不习兵事利害，后将军数画军册，其言常是，臣任其计可必用也。”上于是报充国曰：“皇帝问后将军，上书言羌虏可胜之道，今听将军，将军计善。其上留屯田及当罢者人马数。将军强食，慎兵事，自爱!”上以破羌、强弩将军数言当击，又用充国屯田处离散，恐虏犯之，于是两从其计，诏两将军与中郎将卬出击。强弩出，降四千余人，破羌斩首二千级，中郎将卬斩首降者亦二千余级，而充国所降复得五千余人。诏罢兵，独充国留屯田。

明年五月，充国奏言：“羌本可五万人军，凡斩首七千六百级，降者三万一千二百人，溺河湟饥饿死者五六千人，定计遗脱与煎巩、黄羝俱亡者不过四千人。羌靡忘等自诡必得，请罢屯兵。”奏可，充国振旅而还。

所善浩星赐迎说充国，曰：“众人皆以破羌、强弩出击，多斩首获降，虏以破坏。然有识者以为虏势穷困，兵虽不出，必自服矣。将军即见，宜归功于二将军出击，非愚臣所及。如此，将军计未失也。”充国曰：“吾年老矣，爵位已极，岂嫌伐一时事以欺明主哉！兵势，国之大事，当为后法。老臣不以余命一为陛下明言兵之利害，卒死，谁当复言之者?”卒以其意对。上然其计，罢遣辛武贤归酒泉太守官，充国复为后将军卫尉。

其秋，羌若零、离留、且种、兒库共斩先零大豪犹非、杨玉首，及诸豪弟泽、阳雕、良兒、靡忘皆帅煎巩、黄羝之属四千余人降汉。封若零、弟泽二人为帅众王，离留、且种二人为侯，兒库为君，阳雕为言兵侯，良兒为君，靡忘为献牛君。初置金城属国以处降羌。

诏举可护羌校尉者，时充国病，四府举辛武贤小弟汤。充国遽起奏：“汤使酒，不可典蛮夷。不如汤兄临众。”时，汤已拜受节，有诏更用临众。后临众病免，五府复举汤，汤数醉酗羌人，羌人反畔，卒如充国之言。

初，破羌将军武贤在军中时与中郎将卬宴语，卬道："车骑将军张安世始尝不快上，上欲诛之，卬家将军以为安世本持橐簪笔事孝武帝数十年，见谓忠谨，宜全度之。安世用是得免。"及充国还言兵事，武贤罢归故官，深恨，上书告卬泄省中语。卬坐禁止而入至充国莫府司马中乱屯兵，下吏，自杀。

充国乞骸骨，赐安车驷马、黄金六十斤，罢就第。朝庭每有四夷大议，常与参兵谋，问筹策焉。年八十六，甘露二年薨，谥曰壮侯。传子至孙钦，钦尚敬武公主。主亡子，主教钦良人习诈有身，名它人子。钦薨，子岑嗣侯，习为太夫人。岑父母求钱财亡已，忿恨相告。岑坐非子免，国除。元始中，修功臣后，复封充国曾孙伋为营平侯。

初，充国以功德与霍光等列，画未央宫。成帝时，西羌尝有警，上思将帅之臣，追美充国，乃召黄门郎杨雄即充国图画而颂之，曰：

明灵惟宣，戎有先零。先零昌狂。侵权西疆。汉命虎臣，惟后将军，整我六师，是讨是震。既临其域，谕以威德，有守矜功，谓之弗克。请奋其旅，于罕之羌，天子命我，从之鲜阳。营平守节，屡奏封章，料敌制胜，威谋靡亢。遂克西戎，还师于京，鬼方宾服，罔有不庭。昔周之宣，有方有虎，诗人歌功，乃列于《雅》。在汉中兴，充国作武，赳赳桓桓，亦绍厥后。

充国为后将军，徙杜陵。辛武贤自羌军还后七年，复为破羌将军，征乌孙至敦煌，后不出，征未到，病卒。子庆忌至大官。

辛庆忌字子真，少以父任为右校丞，随长罗侯常惠屯田乌孙赤谷城，与歙侯战，陷陈却敌。惠奏其功，拜为侍郎，迁校尉，将吏士屯焉耆国。还为谒者，尚未知名。元帝初，补金城长史，举茂材，迁郎中、车骑将，朝廷多重之者。转为校尉，迁张掖太守，徙酒泉，所在著名。

成帝初，征为光禄大夫，迁左曹中郎将，至执金吾。始武贤与赵充国有隙，后充国家杀，辛氏至庆忌为执金吾，坐子杀赵氏，左迁酒泉太守。岁余，大将军王凤荐庆忌："前在两郡著功迹，征入，历位朝廷，莫不信乡。质行正直，仁勇得众心，通于兵事，明略威重，任国柱石。父破羌将军武贤显名前世，有威西夷。臣凤不宜久处庆忌之右。"乃复征为光禄大夫、执金吾。数年，坐小法左迁云中太守，复征为光禄勋。

时，数有灾异，丞相司直何武上封事曰："虞有宫之奇，晋献不寐；卫青在位，淮南寝谋。故贤人立朝，折冲厌难，胜于亡形。《司马法》曰：'天下虽安，忘战必危。'夫将不豫设，则亡以应卒；士不素厉，则难使死敌。是以先帝建列将之官，近戚主内，异姓距外，故奸轨不得萌动而破灭，诚万世之长册也。光禄勋庆忌行义修正，柔毅敦厚，谋虑深远。前在边郡，数破敌获虏，外夷莫不闻，乃者大异并见，未有其应。加以兵革久寝。《春秋》大灾未至而豫御之，庆忌宜在爪牙官以备不虞。"其后拜为右将军、诸吏、散骑、给事中，岁余徙为左将军。

庆忌居处恭俭，食饮被服尤节约，然性好舆马，号为鲜明，唯是为奢。为国虎臣，遭世承平，匈奴、西域亲附，敬其威信，年老卒官。长子通为护羌校尉，中子遵函谷关都尉，少子茂水衡都尉出为郡守，皆有将帅之风。宗族支属至二千石者十余人。

元始中，安汉公王莽秉政，见庆忌本大将军凤所成，三子皆能，欲亲厚之。是时，莽方立威柄，用甄丰、甄邯以自助，丰、邯新贵，威震朝廷。水衡都尉茂自见名臣子孙，兄弟并列，不甚诎事两甄。时平帝幼，外家卫氏不得在京师，而护羌校尉通长子次兄素与帝从舅卫子伯相善，两人俱游侠，宾客甚盛。及吕宽事起，莽诛卫氏。两甄构言诸辛阴与卫子伯为心腹，有背恩不说安汉公之谋。于是司直陈崇举奏其宗亲陇西辛兴等侵陵百姓，威行州郡。莽遂按通父子、遵茂兄弟及南郡太守辛伯等，皆诛杀之。辛氏繇是废。庆忌本狄道人，为将军，徙昌陵。昌陵罢，留长安。

赞曰：秦、汉已来，山东出相，山西出将。秦时将军白起，郿人；王翦，频阳人。汉兴，郁郅王围、甘延寿，义渠公孙贺、傅介子，成纪李广、李蔡，杜陵苏建、苏武，上邽上官桀、赵充国，襄武廉褒，狄道辛武贤、庆忌，皆以勇武显闻。苏、辛父子著节，此其可称列者也，其余不可胜数。何则？山西天水、陇西、安定、北地处势迫近羌胡，民俗修习战备，高上勇力鞍马骑射。故《秦诗》曰："王于兴师，修我甲兵，与子皆行。"其风声气俗自古而然，今之歌谣慷慨，风流犹存耳。

# 汉书卷七十

## 傅常郑甘陈段传第四十

傅介子，北地人也，以从军为官。先是，龟兹、楼兰皆尝杀汉使者，语在《西域传》。至元凤中，介子以骏马监求使大宛，因诏令责楼兰、龟兹国。

介子至楼兰，责其王教匈奴遮杀汉使："大兵方至，王苟不教匈奴，匈奴使过至诸国，何为不言？"王谢服，言："匈奴使属过，当至乌孙，道过龟兹。"介子至龟兹，复责其王，王亦服罪。介子从大宛还到龟兹，龟兹言："匈奴使从乌孙还，在此。"介子因率其吏士共诛斩匈奴使者。还奏事，诏拜介子为中郎，迁平乐监。

介子谓大将军霍光曰："楼兰、龟兹数反复而不诛，无所惩艾。介子过龟兹时，其王近就人，易得也，愿往刺之，以威示诸国。"大将军曰："龟兹道远，且验之于楼兰。"于是白遣之。

介子与士卒俱赍金币，扬言以赐外国为名。至楼兰，楼兰王意不亲介子，介子阳引去，至其西界，使译谓曰："汉使者持黄金、锦绣行赐诸国，王不来受，我去之西国矣。"即出金币以示译。译还报王，王贪汉物，来见使者。介子与坐饮，陈物示之。饮酒皆醉，介子谓王曰："天子使我私报王。"王起随介子入帐中，屏语，壮士二人从后刺之，刃交胸，立死。其贵人左右皆散走。介子告谕以："王负汉罪，天子遣我来诛王，当更立前太子质在汉者。汉兵方至，毋敢动，动，灭国矣！"遂持王首还诣阙，公卿将军议者咸嘉其功。上乃下诏曰："楼兰王安归尝为匈奴间，候遮汉使者，发兵杀略卫司马安乐、光禄大夫忠、期门郎遂成等三辈，及安息、大宛使，盗取节印、献物，甚逆天理。平乐监傅介子持节使诛斩楼兰王安归首，县之北阙，以直报怨，不烦师众。其封介子为义阳侯，食邑七百户。士刺王者皆补侍郎。"

介子薨，子敞有罪不得嗣，国除。元始中，继功臣世，复封介子曾孙长为义阳侯，王莽败，乃绝。

常惠，太原人也。少时家贫，自奋应募，随栘中监苏武使匈奴，并见拘留十余年，昭帝时乃还。汉嘉其勤劳，拜为光禄大夫。

是时，乌孙公主上书言："匈奴发骑田车师，车师与匈奴为一，共侵乌孙，唯天子救之！"汉养士马，议欲击匈奴。会昭帝崩，宣帝初即位，本始二年，遣惠使乌孙。公主及昆弥皆遣使，因惠言："匈奴连发大兵击乌孙，取车延、恶师地，收其人民去，使使胁求公主，欲隔绝汉。昆弥愿发国半精兵，自给人马五万骑，尽力击匈奴。唯天子出兵以救公主、昆弥！"于是汉大发十五万骑，五将军分道出，语在《匈奴传》。

以惠为校尉，持节护乌孙兵。昆弥自将翕侯以下五万余骑，从西方入至右谷蠡庭，获单于父行及嫂居次，名王骑将以下三万九千人，得马、牛、驴、骡、橐佗五万余匹，羊六十余万头，乌孙皆自取卤获。惠从吏卒十余人随昆弥还，未至乌孙，乌孙人盗惠印绶节。惠还，自以当诛。时，汉五将皆无功，天子以惠奉使克获，遂封惠为长罗侯。复遣惠持金币还赐乌孙贵人有功者，惠因奏请龟兹国尝杀校尉赖丹，未伏诛，请便道击之，宣帝不许。大将军霍光风惠以便宜从事。惠与吏士五百人俱至乌孙，还过，发西国兵二万人，令副使发龟兹东国二万人，乌孙兵七千人，从三面攻龟兹，兵未合，先遣人责其王以前杀汉使状。王谢曰："乃我先王时为贵人姑翼所误耳，我无罪。"惠曰："即如此，缚姑翼来，吾置王。"王执姑翼诣惠，惠斩之而还。

后代苏武为典属国，明习外国事，勤劳数有功。甘露中，后将军赵充国薨，天子遂以惠为右将军，典属国如故。宣帝崩，惠事元帝，三岁薨，谥曰壮武侯。传国至曾孙，建武中乃绝。

郑吉，会稽人也，以卒伍从军，数出西域，由是为郎。吉为人强执，习外国事。自张骞通西域，李广利征伐之后，初置校尉，屯田渠黎。至宣帝时，吉以侍郎田渠黎，积谷，因发诸国兵攻破车师，迁卫司马，使护鄯善以西南道。

神爵中，匈奴乖乱，日逐王先贤掸欲降汉，使人与吉相闻。吉发渠黎、龟兹诸国五万人迎日逐王，口万二千人、小王将十二人随吉至河曲，颇有亡者，吉追斩之，遂将诣京师。汉封日逐王为归德侯。

吉既破车师，降日逐，威震西域，遂并护车师以西北道，故号都护。都护之置自吉始焉。

上嘉其功效，乃下诏曰："都护西域骑都尉郑吉，拊循外蛮，宣明威信，迎匈奴单于从兄日逐王众，击破车师兜訾城，功效茂著。其封吉为安远侯，食邑千户。”吉于是中西域而立莫府，治乌垒城，镇抚诸国，诛伐怀集之。汉之号令班西域矣，始自张骞而成于郑吉。语在《西域传》。

吉薨，谥曰缪侯。子光嗣，薨，无子，国除。元始中，录功臣不以罪绝者，封吉曾孙永为安远侯。

甘延寿字君况，北地郁郅人也。少以良家子善骑射为羽林，投石拔距绝于等伦，尝超逾羽林亭楼，由是迁为郎。试弁，为期门，以材力爱幸。稍迁至辽东太守，免官。车骑将军许嘉荐延寿为郎中、谏大夫，使西域都护、骑都尉，与副校尉陈汤共诛斩郅支单于，封义成侯。薨，谥曰壮侯。传国至曾孙，王莽败，乃绝。

陈汤字子公，山阳瑕丘人也。少好书，博达善属文。家贫丐贷无节，不为州里所称。西至长安求官，得太官献食丞。数岁，富平侯张勃与汤交，高其能。初元二年，元帝诏列侯举茂材，勃举汤。汤待迁，父死不奔丧，司隶奏汤无循行，勃选举故不以实，坐削户二百，会薨，因赐谥曰缪侯。汤下狱论。后复以荐为郎，数求使外国。久之，迁西域副校尉，与甘延寿俱出。

先是，宣帝时匈奴乖乱，五单于争立，呼韩邪单于与郅支单于俱遣子入侍，汉两受之。后呼韩邪单于身入称臣朝见，郅支以为呼韩邪破弱降汉，不能自还，即西收右地。会汉发兵送呼韩邪单于，郅支由是遂西破呼偈、坚昆、丁令，兼三国而都之。怨汉拥护呼韩邪而不助己，困辱汉使者江乃始等。初元四年，遣使奉献，因求侍子，愿为内附。汉议遣卫司马谷吉送之。御史大夫贡禹、博士匡衡以为《春秋》之义“许夷狄者不一而足”，今郅支单于乡化未醇，所在绝远，宜令使者送其子至塞而还。吉上书言：

“中国与夷狄有羁縻不绝之义，今既养全其子十年，德泽甚厚，空绝而不送，近从塞还，示弃捐不畜，使无乡从之心。弃前恩，立后怨，不便。议者见前江乃始无应敌之数，知勇俱困，以知耻辱，即豫为臣忧。臣幸得建强汉之节，承明圣之诏，宣谕厚恩，不宜敢桀。若怀禽兽，加无道于臣，则单于长婴大罪，必遁逃远舍，不敢近边。没一使以安百姓，国之计，臣之愿也。愿送至庭。”上以示朝者，禹复争，以为吉往必为国取悔生事，不可许。右将军冯奉世以为可遣，上许焉。既至，郅支单于怒，竟杀吉等。自知负汉，又闻呼韩邪益强，遂西奔康居。康居王以女妻郅支，郅支亦以女予康居王。康居甚尊敬郅支，欲倚其威以胁诸国。郅支数借兵击乌孙，深入至赤谷城，杀略民人，驱畜产，乌孙不敢追，西边空虚，不居者且千里。郅支单于自以大国，威名尊重，又乘胜骄，不为康居王礼，怒杀康居王女及贵人、人民数百，或支解投都赖水中。发民作城，日作五百人，二岁乃已。又遣使责阖苏、大宛诸国岁遗，不敢不予。汉遣使三辈至康居求吉等死，郅支困辱使者，不肯奉诏，而因都护上书言：“居困厄，愿归计强汉，遣子入侍。”其骄嫚如此。

建昭三年，汤与延寿出西域。汤为人沉勇有大虑，多策谋，喜奇功，每过城邑山川，常登望。既领外国，与延寿谋曰：“夷狄畏服大种，其天性也。西域本属匈奴，今郅支单于威名远闻，侵陵乌孙、大宛，常为康居画计，欲降服之。如得此二国，北击伊列，西取安息，南排月氏、山离乌弋，数年之间，城郭诸国危矣。且其人剽悍，好战伐，数取胜，久畜之，必为西域患。郅支单于虽所在绝远，蛮夷无金城强弩之守，如发屯田吏士，驱从乌孙众兵，直指其城下，彼亡则无所之，守则不足自保，千载之功可一朝而成也。”延寿亦以为然，欲奏请之，汤曰：“国家与公卿议，大策非凡所见，事必不从。”延寿犹与不听。会其久病，汤独矫制发城郭诸国兵、车师戊己校尉屯田吏士。延寿闻之，惊起，欲止焉。汤怒，按剑叱延寿曰：“大众已集会，竖子欲沮众邪？”延寿遂从之，部勒行陈，益置扬威、白虎、合骑之校，汉兵、胡兵合四万余人，延寿、汤上疏自劾奏矫制，陈言兵状。

即日引军分行，别为六校，其三校从南道逾葱岭径大宛，其三校都护自将，发温宿国，从北道入赤谷，过乌孙，涉康居界，至阗池西。而康居副王抱阗将数千骑，寇赤谷城东，杀略大昆弥千余人，驱畜产甚多，从后与汉军相及，颇寇盗后重。汤纵胡兵击之，杀四百六十人，得其所略民四百七十人，还付大昆弥，其马、牛、羊以给军食。又捕得抱阗贵人伊奴毒。

入康居东界，令军不得为寇。间呼其贵人屠墨见之，谕以威信，与饮盟遣去。径引行，未至单于城可六十里，止营。复捕得康居贵人贝色子男开牟以为导。贝色子即屠墨母之弟，皆怨单于，由是具知郅支情。

明日引行，未至城三十里，止营。单于遣使问：“汉兵何以来？”应曰：“单于上书言居困厄，愿归计强汉，身入朝见。天子哀闵单于弃大国，屈意康居，故使都护将军来迎单于妻子，恐左右惊动，故未敢至城下。”使数往来相答报。延寿、汤因让之：“我为单于远来，而至今无名王大人见将军受事者，何单于忽大计，失客主之礼也！兵来道远，人畜罢极，食度且尽，恐无以自还，愿单于与大臣审计策。”

明日，前至郅支城都赖水上，离城三里，止营傅陈。望见单于城上立五采幡织，数百人披甲乘城，又出百余骑往来驰城下，步兵百余人夹门鱼鳞陈，讲习用兵。城上人更招汉军曰：“斗来！”百余骑驰赴营，营皆张弩持满指之，骑引却。颇遣吏士射城门骑步兵，骑步兵皆入。延寿、汤令军闻鼓音皆薄城下，四面围城，各有所守，穿堑，塞门户，卤楯为前，戟弩为后，卬射城中楼上人，楼上人下走。土城外有重木城，从木城中射，颇杀伤外人。外人发薪烧木城。夜，数百骑欲出外，迎射杀之。

初，单于闻汉兵至，欲去，疑康居怨己，为汉内应，又闻乌孙诸国兵皆发，自以无所之。郅支已出，复还，曰：“不如坚守。汉兵远来，不能久攻。”单于乃被甲在楼上，诸阏氏夫人数十皆以弓射外人。外人射中单于鼻，诸夫人颇死。单于下骑，传战大内。夜过半，木城穿，中人却入土城，乘城呼。时，康居兵万余骑分为十余处，四面环城，亦与相应和。夜，数奔营，不利，辄却。平明，四面火起，吏士喜，大呼乘之，钲鼓声动地。康居兵引却。汉兵四面推卤楯，并入土城中。单于男女百余人走入大内。汉兵纵火，吏士争入，单于被创死。军候假丞杜勋斩单于首，得汉使节二及谷吉等所赍帛书。诸卤获以畀得者。凡斩阏氏、太子、名王以下千五百一十八级，生虏百四十五人，降虏千余人，赋予城郭诸国所发十五王。

于是延寿、汤上疏曰：“臣闻天下之大义，当混为一，昔有唐、虞，今有强汉。匈奴呼韩邪单于已称北藩，唯郅支单于叛逆，未伏其辜，大夏之西，以为强汉不能臣也。郅支单于惨毒行于民，大恶通于天。臣延寿、臣汤将义兵，行天诛，赖陛下神灵，阴阳并应，天气精明，陷陈克敌，斩郅支首及名王以下。宜县头槁街蛮夷邸间，以示万里，明犯强汉者，虽远必诛。”事下有司。丞相匡衡、御史大夫繁延寿以为：“郅支及名王首更历诸国，蛮夷莫不闻知。《月令》春‘掩骼埋胔’之时，宜勿县。”车骑将军许嘉、右将军王商以为：“春秋夹谷之会，优施笑君，孔子诛之，方盛夏，首足异门而出。宜县十日乃埋之。”有诏将军议是。

初，中书令石显尝以姊妻延寿，延寿不取。及丞相、御史亦恶其矫制，皆不与汤。汤素贪，所卤获财物入塞多不法。司隶校尉移书道上，系吏士按验之。汤上疏言：“臣与吏士共诛郅支单于，幸得禽灭，万里振旅，宜有使者迎劳道路。今司隶反逆，收系按验，是为郅支报仇也！”上立出吏士，令县道具酒食以过军。既至，论功，石显、匡衡以为：“延寿、汤擅兴师矫制，幸得不诛，如复加爵土，则后奉使者争欲乘危徼幸，生事于蛮夷，为国招难，渐不可开。”元帝内嘉延寿、汤功，而重违衡、显之议，议久不决。

故宗正刘向上疏曰：“郅支单于囚杀使者吏士以百数，事暴扬外国，伤威毁重，群臣皆闵焉。陛下赫然欲诛之，意未尝有忘。西域都护延寿、副校尉汤承圣指，倚神灵，总百蛮之君，揽城郭之兵，出百死，入绝域，遂蹈康居，屠五重城，搴歙侯之旗，斩郅支之首，县旌万里之外，扬威昆山之西，扫谷吉之耻，立昭明之功，万夷慑伏，莫不惧震。呼韩邪单于见郅支已诛，且喜且惧，乡风驰义，稽首来宾，愿守北藩，累世称臣。立千载之功，建万世之安，群臣之勋莫大焉。昔周大夫方叔、吉甫为宣王诛猃狁而百蛮从，其《诗》曰：“啴啴焞焞，如霆如雷，显允方叔，征伐猃狁，蛮荆来威。’《易》曰：‘有嘉折首，获匪其丑。’言美诛首恶之人，而诸不顺者皆来从也。今延寿、汤所诛震，虽《易》之折首、《诗》之雷霆不能及也。论大功者不录小过，举大美者不疵细瑕。《司马法》曰‘军赏不逾月’，欲民速得为善之利也。盖急武功，重用人也。吉甫之归，周厚赐之，其《诗》曰：‘吉甫燕喜，既多受祉，来归自镐，我行永久。’千里之镐犹以为远，况万里之外，其勤至矣！延寿、汤既未获受祉之报，反屈捐命之功，久挫于刀笔之前，非所以劝有功厉戎士也。昔齐桓公前有尊周之功，后有灭项之罪，君子以功覆过而为之讳行事。贰师将军李广利捐五万之师，靡亿万之费，经四年之劳，而廑获骏马三十匹，虽斩宛王毋鼓之首，犹不足以复费，其私罪恶甚多。孝武以为万里征伐，不录其过，遂封拜两侯、三卿、二千石百有余人。今康居国强于大宛，郅支之号重于宛王，杀使者罪甚于留马，而延寿、汤不烦汉士，不费斗粮，比于贰师，功德百之。且常惠随欲击之乌孙，郑吉迎自来之日逐，犹皆裂土受爵。故言威武勤劳则大于方叔、吉甫，列功覆过则优于齐桓、贰师，近事之功则高于安远、长罗，而大功未著，小恶数布，臣窃痛之！宜以时解县通籍，除过勿治，尊宠爵位，以劝有功。”

于是天子下诏曰：“匈奴郅支单于背畔礼义，留杀汉使者、吏士，甚逆道理，朕岂忘之哉！所以优游而不征者，重动师众，劳将帅，故隐忍而未有云也。今延寿、汤睹便宜，乘时利，结城郭诸国，擅兴师矫制而征之。赖天地宗庙之灵，诛讨郅支单于，斩获其首，及阏氏、贵人、名王以下千数。虽逾义干法，内不烦一夫之役，不开府库之臧，因敌之粮以赡军用，立功万里之外，威震百蛮，名显四海。为国除残，兵革之原息，边竟得以安。然犹不免死亡之患，罪当在于奉宪，朕甚闵之！其赦延寿、汤罪，勿治。”诏公卿议封焉。议者皆以为宜如军法捕斩单于令。匡衡、石显以为“郅支本亡逃失国，窃号绝域，非真单于”。元帝取安远侯郑吉故事，封千户，衡、显复争。乃封延寿为义成侯，赐汤爵关内侯，食邑各三百户，加赐黄金百斤。告上帝、宗庙，大赦天下。拜延寿为长水校尉，汤为射声校尉。

延寿迁城门校尉、护军都尉，薨于官。成帝初即位，丞相衡复奏：“汤以吏二千石奉使，颛命蛮夷中，不正身以先下，而盗所收康居财物，戒官属曰绝域事不复校。虽在赦前，不宜处位。”汤坐免。

后汤上书言康居王侍子非王子也。按验，实王子也。汤下狱当死。太中大夫谷永上疏讼汤曰：“臣闻楚有子玉得臣，文公为之仄席而坐；赵有廉颇、马服，强秦不敢窥兵井陉；近汉有郅都、魏尚，匈奴不敢南乡沙幕。由是言之，战克之将，国之爪牙，不可不重也。盖‘君子闻鼙鼓之声，则思将率之臣’。窃见内关侯陈汤，前使副西域都护，忿郅支之无道，闵王诛之不加，策虑愊亿，义勇奋发，卒兴师奔逝，横厉乌孙，逾集都赖，屠三重城，斩郅支首，报十年之捕诛，雪边吏之宿耻，威震百蛮，武畅西海，汉元以来，征伐方外之将，未尝有也。今汤坐言事非是，幽囚久系，历时不决，执宪之吏欲致之大辟。昔白起为秦将，南拔郢都，北坑赵括，以纤介之过，赐死杜邮，秦民怜之，莫不陨涕。今汤亲秉钺，席卷喋血万里之外，荐功祖庙，告类上帝，介胄之士靡不慕义。以言事为罪，无赫赫之恶。《周书》曰：‘记人之功，忘人之过，宜为君者也。’夫犬马有劳于人，尚加帷盖之报，况国之功臣者哉！窃恐陛下忽于鼓鼙之声，不察《周书》之意，而忘帷盖之施，庸臣遇汤，卒从吏议，使百姓介然有秦民之恨，非所以厉死难之臣也。”书奏，天子出汤，夺爵为士伍。

后数岁，西域都护段会宗为乌孙兵所围，驿骑上书，愿发城郭敦煌兵以自救。丞相王商、大将军王凤及百僚议数日不决。凤言：“汤多筹策，习外国事，可问。”上召汤见宣室。汤击郅支时中寒病，两臂不诎申。汤入见，有诏毋拜，示以会宗奏。汤辞谢，曰：“将相九卿皆贤材通明，小臣罢癃，不足以策大事。”上曰：“国家有急，君其毋让。”对曰：“臣以为此必无可忧也。”上曰：“何以言之？”汤曰：“夫胡兵五而当汉兵一，何者？兵刃朴钝，弓弩不利。今闻颇得汉巧，然犹三而当一。又兵法曰‘客倍而主人半然后敌’，今围会宗者人众不足以胜会宗，唯陛下勿忧！且兵轻行五十里，重行三十里，今会宗欲发城郭敦煌，历时乃至，所谓报仇之兵，非救急之用也！”上曰：“奈何？其解可必乎？度何时解？”汤知乌孙瓦合，不能久攻，故事不过数日。因对曰：“已解矣！”诎指计其日，曰：“不出五日，当有吉语闻。”居四日，军书到，言已解。大将军凤奏以为从事中郎，莫府事一决于汤。汤明法令，善因事为势，纳说多从。常受人金钱作章奏，卒以此败。

初，汤与将作大匠解万年相善。自元帝时，渭陵不复徙民起邑。成帝起初陵，数年后，乐霸陵曲亭南，更营之。万年与汤议，以为：“武帝时工杨光以所作数可意，自致将作大匠，及大司农、中丞耿寿昌造杜陵赐爵关内侯，将作大匠乘马延年以劳苦秩中二千石；今作初陵而营起邑居，成大功，万年亦当蒙重赏。子公妻家在长安，儿子生长长安，不乐东方，宜求徙，可得赐田宅，俱善。”汤心利之，即上封事言：“初陵，京师之地，最为肥美，可立一县。天下民不徙诸陵三十余岁矣，关东富人益众，多规良田，役使贫民，可徙初陵，以强京师，衰弱诸侯，又使中家以下得均贫富。汤愿与妻子家属徙初陵，为天下先。”于是天子从其计，果起昌陵邑，后徙内郡国民。万年自诡三年可成，后卒不就，群臣多言其不便者。下有司议，皆曰：“昌陵因卑为高，积土为山，度便房犹在平地上，客土之中不保幽冥之灵，浅外不固，卒徒工庸以巨万数，至然脂火夜作，取土东山，且与谷同贾。作治数年，天下遍被其劳，国家罢敝，府臧空虚，下至众庶，熬熬苦之。故陵因天性，据真土，处势高敞，旁近祖考，前又已有十年功绪，宜还复故陵，勿徙民。”上乃下诏罢昌陵，语在《成纪》。丞相、御史请废昌陵邑中室，奏未下，人以问汤：“第宅不彻，得毋复发徙？”汤曰：“县官且顺听群臣言，犹且复发徙之也。”时，成都侯商新为大司马卫将军辅政，素不善汤。商闻此语，白汤惑众，下狱治，按验诸所犯。汤前为骑都尉王莽上书言：“父早死，独不封，母明君共养皇太后，尤劳苦，宜封。”竟为新都侯。后皇太后同母弟苟参为水衡都尉，死，子伋为侍中，参妻欲为伋求封，汤受其金五十斤，许为求比上奏。弘农太守张匡坐臧百万以上，狡猾不道，有诏即讯，恐下狱，使人报汤。汤为讼罪，得逾冬月，许谢钱二百万，皆此类也。事在赦前。后东莱郡黑龙冬出，人以问汤，汤曰：“是所谓玄门开。微行数出，出入不时，故龙以非时出也。”又言当复发徙，传相语者十余人。丞相御史奏：“汤惑众不道，妄称诈归异于上，非所宜言，大不敬。”廷尉增寿议，以为：“不道无正法，以所犯剧易为罪，臣下承用失其中，故移狱廷尉，无比者先以闻，所以正刑罚，重人命也。明主哀悯百姓，下制书罢昌陵勿徙吏民，已申布。汤妄以意相谓且复发徙，虽颇惊动，所流行者少，百姓不为变，不可谓惑众。汤称诈，虚设不然之事，非所宜言，大不敬也。”制曰：“廷尉增寿当是。汤前有讨郅支单于功，其免汤为庶人，徙边。”又曰：“故将作大匠万年佞邪不忠，妄为巧诈，多赋敛，烦繇役，兴卒暴之作，卒徒蒙辜，死者连属，毒流众庶，海内怨望。虽蒙赦令，不宜居京师。”于是汤与万年俱徙敦煌。久之，敦煌太守奏：“汤前亲诛郅支单于，威行外国，不宜近边塞。”诏徙安定。

议郎耿育上书言便宜，因冤讼汤曰：“延寿、汤为圣汉扬钩深致远之威，雪国家累年之耻，讨绝域不羁之君，系万里难制之虏，岂有比哉！先帝嘉之，仍下明诏，宣著其功，改年垂历，传之无穷。应是，南郡献白虎，边陲无警备。会先帝寝疾，然犹垂意不忘，数使尚书责问丞相，趣立其功。独丞相匡衡排而不予，封延寿、汤数百户，此功臣战士所以失望也。孝成皇帝承建业之基，乘征伐之威，兵革不动，国家无事，而大臣倾邪，谗佞在朝，曾不深惟本末之难，以防未然之戒，欲专主威，排妒有功，使汤块然被冤拘囚，不能自明，卒以无罪，老弃敦煌，正当西域通道，令威名折冲之臣旋踵及身，复为郅支遗虏所笑，诚可悲也！至今奉使外蛮者，未尝不陈郅支之诛以扬汉国之盛。夫援人之功以惧敌，弃人之身以快谗，岂不痛哉！且安不忘危，盛必虑衰，今国家素无文帝累年节俭富饶之畜，又无武帝荐延枭俊禽敌之臣，独有一陈汤耳！假使异世不及陛下，尚望国家追录其功，封表其墓，以劝后进也。汤幸得身当圣世，功曾未久，反听邪臣鞭逐斥远，使亡逃分窜，死无处所。远览之士，莫不计度，以为汤功累世不可及，而汤过人情所有，汤尚如此，虽复破绝筋骨，暴露形骸，犹复制于唇舌，为嫉妒之臣所系虏耳，此臣所以为国家尤戚戚也。”书奏，天子还汤，卒于长安。

死后数年，王莽为安汉公秉政，既内德汤旧恩，又欲谄皇太后，以讨郅支功尊元帝庙称高宗。以汤、延寿前功大赏薄，及候丞杜勋不赏，及益封延寿孙迁千六百户，追谥汤曰破胡壮侯，封汤子冯为破胡侯，勋为讨狄侯。

段会宗字子松，天水上邽人也。竟宁中，以杜陵令五府举为西域都护、骑都尉、光禄大夫。西域敬其威信。三岁，更尽还，拜为沛郡太守。以单于当朝，徙为雁门太守。数年，坐法免。西域诸国上书愿得会宗，阳朔中复为都护。

会宗为人好大节，矜功名，与谷永相友善。谷永闵其老复远出，予书戒曰：“足下以柔远之令德，复典都护之重职，甚休甚休！若子之材，可优游都城而取卿相，何必勒功昆山之仄，总领百蛮，怀柔殊俗？子之所长，愚无以喻。虽然，朋友以言赠行，敢不略意。方今汉德隆盛，远人宾服，傅、郑、甘、陈之功没齿不可复见，愿吾子因循旧贯，毋求奇功，终更亟还，亦足以复雁门之踦，万里之外以身为本。愿详思愚言。”

会宗既出。诸国遣子弟郊迎。小昆弥安日前为会宗所立，德之，欲往谒，诸翎侯止不听，遂至龟兹谒。城郭甚亲附。康居太子保苏匿率众万余人欲降，会宗奏状，汉遣卫司马逢迎。会宗发戊己校尉兵随司马受降。司马畏其众，欲令降者皆自缚，保苏匿怨望，举众亡去。会宗更尽还，以擅发戊己校尉之兵乏兴，有诏赎论。拜为金城太守，以病免。

岁余，小昆弥为国民所杀，诸翎侯大乱，征会宗为左曹中郎将、光禄大夫，使安辑乌孙，立小昆弥兄末振将，定其国而还。

明年，末振将杀大昆弥，会病死，汉恨诛不加。元延中，复遣会宗发戊己校尉诸国兵，即诛末振将太子番丘。会宗恐大兵入乌孙，惊番丘，亡逃不可得，即留所发兵垫娄地，选精兵三十弩，径至昆弥所在，召番丘，责以："末振将骨肉相杀，杀汉公主子孙，未伏诛而死，使者受诏诛番丘。"即手剑击杀番丘。官属以下惊恐，驰归。小昆弥乌犁靡者，末振将兄子也，勒兵数千骑围会宗，会宗为言来诛之意："今围守杀我，如取汉牛一毛耳。宛王郅支头县槁街，乌孙所知也。"昆弥以下服，曰："末振将负汉，诛其子可也，独不可告我，令饮食之邪？"会宗曰："豫告昆弥，逃匿之，为大罪。即饮食以付我，伤骨肉恩，故不先告。"昆弥以下号泣罢去。会宗还奏事，公卿议会宗权得便宜，以轻兵深入乌孙，即诛番丘。宣明国威，宜加重赏。天子赐会宗爵关内侯，黄金百斤。是时，小昆弥季父卑爰疐拥众欲害昆弥，汉复遣会宗使安辑，与都护孙建并力。明年，会宗病死乌孙中，年七十五矣，城郭诸国为发丧立祠焉。

赞曰：自元狩之际，张骞始通西域，至于地节，郑吉建都护之号，讫王莽世，凡十八人，皆以勇略选，然其有功迹者具此。廉褒以恩信称，郭舜以廉平著，孙建用威重显，其余无称焉。陈汤傥募，不自收敛，卒用困穷，议者闵之，故备列云。

# 汉书卷七十一

## 隽疏于薛平彭传第四十一

隽不疑字曼倩，勃海人也。治《春秋》，为郡文学，进退必以礼，名闻州郡。

武帝末，郡国盗贼群起，暴胜之为直指使者，衣绣衣，持斧，逐捕盗贼，督课郡国，东至海，以军兴诛不从命者，威振州郡。胜之素闻不疑贤，至勃海，遣吏请与相见。不疑冠进贤冠，带櫑具剑，佩环玦，褒衣博带，盛服至门上谒。门下欲使解剑，不疑曰："剑者，君子武备，所以卫身，不可解。请退。"吏白胜之。胜之开阁延请，望见不疑容貌尊严，衣冠甚伟，胜之蹑履起迎。登堂坐定，不疑据地曰："窃伏海濒，闻暴公子威名旧矣，今乃承颜接辞。凡为吏，太刚则折，太柔则废，威行施之以恩，然后树功扬名，永终天禄。"胜之知不疑非庸人，敬纳其戒，深接以礼意，问当世所施行。门下诸从事皆州郡选吏，侧听不疑，莫不惊骇。至昏夜，罢去。胜之遂表荐不疑，征诣公车，拜为青州刺史。

久之，武帝崩，昭帝即位，而齐孝王孙刘泽交结郡国豪桀谋反，欲先杀青州刺史。不疑发觉，收捕，皆伏其辜。擢为京兆尹，赐钱百万。京师吏民敬其威信。每行县录囚徒还，其母辄问不疑："有所平反，活几何人?"即不疑多有所平反，母喜笑，为饮食言语异于他时；或亡所出，母怒，为之不食。故不疑为吏，严而不残。

始元五年，有一男子乘黄犊车，建黄旐，衣黄襜褕，著黄冒，诣北阙，自谓卫太子。公车以闻，诏使公卿、将军、中二千石杂识视。长安中吏民聚观者数万人。右将军勒兵阙下，以备非常。丞相、御史、中二千石至者并莫敢发言。京兆尹不疑后到，叱从吏收缚。或曰："是非未可知，且安之。"不疑曰："诸君何患于卫太子！昔蒯聩违命出奔，辄距而不纳，《春秋》是之。卫太子得罪先帝，亡不即死，今来自诣，此罪人也。"遂送诏狱。

天子与大将军霍光闻而嘉之，曰："公卿大臣当用经术明于大谊。"由是名声重于朝廷，在位者皆自以不及也。大将军光欲以女妻之，不疑固辞，不肯当。久之，以病免，终于家。京师纪之。后赵广汉为京兆尹，言："我禁奸止邪，行于吏民，至于朝廷事，不及不疑远甚。"廷尉验治何人，竟得奸诈。本夏阳人，姓成名方遂，居湖，以卜筮为事。有故太子舍人尝从方遂卜，谓曰："子状貌甚似卫太子。"方遂心利其言，几得以富贵，即诈自称诣阙。廷尉逮召乡里识知者张宗禄等，方遂坐诬罔不道，要斩东市。一云姓张名延年。

疏广字仲翁，东海兰陵人也。少好学，明《春秋》，家居教授，学者自远方至。征为博士、太中大夫。地节三年，立皇太子，选丙吉为太傅，广为少傅。数月，吉迁御史大夫，广徙为太傅。

广兄子受字公子，亦以贤良举为太子家令。受好礼恭谨，敏而有辞。宣帝幸太子宫，受迎谒应对，及置酒宴，奉觞上寿，辞礼闲雅，上甚欢说。顷之，拜受为少傅。

太子外祖父特进平恩侯许伯以为太子少，白使其弟中郎将舜监护太子家。上以问广，广对曰："太子国储副君，师友必于天下英俊，不宜独亲外家许氏。且太子自有太傅、少傅，官属已备，今复使舜护太子家，视陋，非所以广太子德于天下也。"上善其言，以语丞相魏相，相免冠谢曰："此非臣等所能及。"广由是见器重，数受赏赐。太子每朝，因进见，太傅在前，少傅在后。父子并为师傅，朝廷以为荣。

在位五岁，皇太子年十二，通《论语》、《孝经》。广谓受曰："吾闻'知足不辱，知止不殆'，'功遂身退，天之道'也。今仕官至二千石，宦成名立，如此不去，惧有后悔，岂如父子相随出关，归老故乡，以寿命终，不亦善乎？"受叩头曰："从大人议。"即日父子俱移病。满三月赐告，广遂称笃，上疏乞骸骨。上以其年笃老，皆许之，加赐黄金二十斤，皇太子赠以五十斤。公卿大夫故人邑子设祖道，供张东都门外，送者车数百两，辞决而去。及道路观者皆曰："贤哉二大夫！"或叹息为之下泣。

广既归乡里，日令家共具设酒食，请族人故旧宾客，与相娱乐。数问其家金余尚有几所，趣卖以共具。居岁余，广子孙窃谓其昆弟老人广所爱信者曰："子孙几及君时颇立产业基址，今日饮食费且尽，宜从丈人所，劝说君买田宅。"老人即以闲暇时为广言此计，广曰："吾岂老悖不念子孙哉？顾自有旧田庐，令子孙勤力其中，足以共衣食，与凡人齐。今复增益之以为赢余，但教子孙怠惰耳。贤而多财，则损其志；愚而多财，则益其过。且夫富者，众人之怨也；吾既亡以教化子孙，不欲益其过而生怨。又此金者，圣主所以惠养老臣也，故乐与乡党宗族共飨其赐，以尽吾余日，不亦可乎！”于是族人说服。皆以寿终。

于定国字曼倩，东海郯人也。其父于公为县狱史、郡决曹，决狱平，罗文法者于公所决皆不恨。郡中为之生立祠，号曰于公祠。

东海有孝妇，少寡，亡子，养姑甚谨，姑欲嫁之，终不肯。姑谓邻人曰：“孝妇事我勤苦，哀其亡子守寡。我老，久累丁壮，奈何？”其后姑自经死，姑女告吏：“妇杀我母。”吏捕孝妇，孝妇辞不杀姑。吏验治，孝妇自诬服。具狱上府，于公以为此妇养姑十余年，以孝闻，必不杀也。太守不听，于公争之，弗能得，乃抱其具狱，哭于府上，因辞疾去。太守竟论杀孝妇。郡中枯旱三年。后太守至，卜筮其故，于公曰：“孝妇不当死，前太守强断之，咎党在是乎？”于是太守杀牛自祭孝妇冢，因表其墓，天立大雨，岁孰。郡中以此大敬重于公。

定国少学法于父，父死，后定国亦为狱史、郡决曹，补廷尉史，以选与御史中丞从事治反者狱，以材高举侍御史，迁御史中丞。会昭帝崩，昌邑王征即位，行淫乱，定国上书谏。后王废，宣帝立，大将军光领尚书事，条奏群臣谏昌邑王者皆超迁。定国由是为光禄大夫，平尚书事，甚见任用。数年，迁水衡都尉，超为廷尉。

定国乃迎师学《春秋》，身执经，北面备弟子礼。为人谦恭，尤重经术士，虽卑贱徒步往过，定国皆与钧礼，恩敬甚备，学士咸称焉。其决疑平法，务在哀鳏寡，罪疑从轻，加审慎之心。朝廷称之曰："张释之为廷尉，天下无冤民；于定国为廷尉，民自以不冤。"定国食酒至数石不乱，冬月请治谳，饮酒益精明。为廷尉十八岁，迁御史大夫。甘露中，代黄霸为丞相，封西平侯。三年，宣帝崩，元帝立，以定国任职旧臣，敬重之。时陈万年为御史大夫，与定国并位八年，论议无所拂。后贡禹代为御史大夫，数处驳议，定国明习政事，率常丞相议可。然上始即位，关东连年被灾害，民流入关，言事者归咎于大臣。上于是数以朝日引见丞相、御史，入受诏，条责以职事，曰："恶吏负贼，妄意良民，至亡辜死。或盗贼发，吏不亟追而反系亡家，后不敢复告，以故寖广。民多冤结，州郡不理，连上书者交于阙廷。二千石选举不实，是以在位多不任职。民田有灾害，吏不肯除，收趣其租，以故重困。关东流民饥寒疾疫，已诏吏转漕，虚仓廪开府臧相振救，赐寒者衣，至春犹恐不赡。今丞相、御史将欲何施以塞此咎？悉意条状，陈朕过失。"定国上书谢罪。

永光元年，春霜夏寒，日青亡光，上复以诏条责曰："郎有从东方来者，言民父子相弃。丞相、御史案事之吏匿不言邪？将从东方来者加增之也？何以错缪至是？欲知其实。方今年岁未可预知也，即有水旱，其忧不细。公卿有可以防其未然，救其已然者不？各以诚对，毋有所讳。"定国惶恐，上书自劾，归侯印，乞骸骨。上报曰："君相朕躬，不敢怠息，万方之事，大录于君。能毋过者，其唯圣人。方今承周、秦之敝，俗化陵夷，民寡礼谊，阴阳不调，灾咎之发，不为一端而作，自圣人推类以记，不敢专也，况于非圣者乎！日夜惟思所以，未能尽明。经曰：'万方有罪，罪在朕躬。'君虽任职，何必颛焉？其勉察郡国守相群牧，非其人者毋令久贼民。永执纲纪，务悉聪明，强食慎疾。”定国遂称笃，固辞。上乃赐安车驷马、黄金六十斤，罢就第。数岁，七十余薨，谥曰安侯。

子永嗣。少时，耆酒多过失，年且三十，乃折节修行，以父任为侍中中郎将、长水校尉。定国死，居丧如礼，孝行闻。由是以列侯为散骑、光禄勋，至御史大夫。尚馆陶公主施。施者，宣帝长女，成帝姑也，贤有行，永以选尚焉。上方欲相之，会永薨。子恬嗣。恬不肖，薄于行。

始，定国父于公，其间门坏，父老方共治之。于公谓曰：“少高大间门，令容驷马高盖车。我治狱多阴德，未尝有所冤，子孙必有兴者。”至定国为丞相，永为御史大夫，封侯传世云。

薛广德字长卿，沛郡相人也。以《鲁诗》教授楚国，龚胜、舍师事焉。萧望之为御史大夫，除广德为属，数与论议，器之，荐广德经行宜充本朝。为博士，论石渠，迁谏大夫，代贡禹为长信少府、御史大夫。

广德为人温雅有酝藉。及为三公，直言谏争。始拜旬日间，上幸甘泉，郊泰畤，礼毕，因留射猎。广德上书曰：“窃见关东困极，人民流离。陛下日撞亡秦之钟，听郑、卫之乐，臣诚悼之。今士卒暴露，从官劳倦，愿陛下亟反宫，思与百姓同忧乐，天下幸甚。”上即日还。其秋，上酎祭宗庙，出便门，欲御楼船，广德当乘舆车，免冠顿首曰：“宜从桥。”诏曰：“大夫冠。”广德曰：“陛下不听臣，臣自刎，以血污车轮，陛下不得入庙矣！”上不说。先驱光禄大夫张猛进曰：“臣闻主圣臣直。乘船危，就桥安，圣主不乘危。御史大夫言可听。”上曰：“晓人不当如是邪！”乃从桥。

后月余，以岁恶民流，与丞相定国、大司马车骑将军史高俱乞骸骨，皆赐安车驷马、黄金六十斤，罢。广德为御史大夫，凡十月免。东归沛，太守迎之界上。沛以为荣，县其安车传子孙。

平当字子思，祖父以訾百万，自下邑徙平陵。当少为大行治礼丞，功次补大鸿胪文学，察廉为顺阳长、栒邑令，以明经为博士，公卿荐当论议通明，给事中。每有灾异，当辄傅经术，言得失。文雅虽不能及萧望之、匡衡，然指意略同。

自元帝时，韦玄成为丞相，奏罢太上皇寝庙园，当上书言："臣闻孔子曰：'如有王者，必世而后仁。'三十年之间，道德和洽，制礼兴乐，灾害不生，祸乱不作。今圣汉受命而王，继体承业二百余年，孜孜不怠，政令清矣。然风俗未和，阴阳未调，灾害数见，意者大本有不立与？何德化休征不应之久也！祸福不虚，必有因而至者焉。宜深迹其道而务修其本。昔者帝尧南面而治，先'克明俊德，以亲九族'，而化及万国。《孝经》曰：'天地之性人为贵，人之行莫大于孝，孝莫大于严父，严父莫大于配天，则周公其人也。'夫孝子善述人之志，周公既成文、武之业而制作礼乐，修严父配天之事，知文王不欲以子临父，故推而序之，上极于后稷而以配天。此圣人之德，亡以加于孝也。高皇帝圣德受命，有天下，尊太上皇，犹周文、武之追王太王、王季也。此汉之始祖，后嗣所宜尊奉以广盛德，孝之至也。《书》云：'正稽古建功立事，可以永年，传于亡穷。'"上纳其言，下诏复太上皇寝庙园。

顷之，使行流民幽州，举奏刺史二千石劳徕有意者，言勃海盐池可且勿禁，以救民急。所过见称，奉使者十一人为最，迁丞相司直。坐法，左迁朔方刺史，复征入为太中大夫给事中，累迁长信少府、大鸿胪、光禄勋。

先是，太后姊子卫尉谆于长白言昌陵不可成，下有司议。当以为作治连年，可遂就。上既罢昌陵，以长首建忠策，复下公卿议封长。当又以为长虽有善言，不应封爵之科。坐前议不正，左迁钜鹿太守，后上遂封长。当以经明《禹贡》，使行河，为骑都尉，领河堤。

哀帝即位，征当为光禄大夫、诸吏、散骑，复为光禄勋、御史大夫，至丞相。以冬月，赐爵关内侯。明年春，上使使者召，欲封当。当病笃，不应召。室家或谓当："不可强起受侯印为子孙耶？"当曰："吾居大位，已负素餐之责矣，起受侯印，还卧而死，死有余罪。今不起者，所以为子孙也。"遂上书乞骸骨。上报曰："朕选于众，以君为相，视事日寡，辅政未久，阴阳不调，冬无大雪，旱气为灾，朕之不德，何必君罪？君何疑而上书乞骸骨，归关内侯爵邑？使尚书令谭赐君养牛一，上尊酒十石。君其勉致医药以自持。"后月余，卒。子晏以明经历位大司徒，封防乡侯。汉兴，唯韦、平父子至宰相。

彭宣字子佩，淮阳阳夏人也。治《易》，事张禹，举为博士，迁东平太傅。禹以帝师见尊信，荐宣经明有威重，可任政事，由是入为右扶风，迁廷尉，以王国人出为太原太守。数年，复入为大司农、光禄勋、右将军。哀帝即位，徙为左将军。岁余，上欲令丁、傅处爪牙官，乃策宣曰："有司数奏言诸侯国人不得宿卫，将军不宜典兵马，处大位。朕唯将军任汉将之重，而子又前取淮阳王女，婚姻不绝，非国之制。使光禄大夫曼赐将军黄金五十斤、安车驷马，其上左将军印绶，以关内侯归家。”

宣罢数岁，谏大夫鲍宣数荐宣。会元寿元年正月朔日蚀，鲍宣复言，上乃召宣为光禄大夫，迁御史大夫，转为大司空，封长平侯。

会哀帝崩，新都侯王莽为大司马，秉政专权。宣上书言：“三公鼎足承君，一足不任，则覆乱美实。臣资性浅薄，年齿老眊，数伏疾病，昏乱遗忘，愿上大司空、长平侯印绶，乞骸骨归乡里，俟置沟壑。”莽白太后，策宣曰：“惟君视事日寡，功德未效，迫于老眊昏乱，非所以辅国家、绥海内也。使光禄勋丰册诏君，其上大司空印绶，便就国。”莽恨宣求退，故不赐黄金、安车驷马。宣居国数年，薨，谥曰顷侯。传子至孙，王莽败，乃绝。

赞曰：隽不疑学以从政，临事不惑，遂立名迹，终始可述。疏广行止足之计，免辱殆之累，亦其次也。于定国父子哀鳏哲狱，为任职臣。薛广德保县车之荣，平当逡遁有耻，彭宣见险而止，异乎“苟患失之”者矣。

# 汉书卷七十二

## 王贡两龚鲍传第四十二

昔武王伐纣，迁九鼎于雒邑，伯夷、叔齐薄之，饿死于首阳，不食其禄，周犹称盛德焉。然孔子贤此二人，以为“不降其志，不辱其身”也。而《孟子》亦云：“闻伯夷之风者，贪夫廉，懦夫有立志;”“奋乎百世之上，百世之下莫不兴起，非贤人而能若是乎!”

汉兴有园公、绮里季、夏黄公、角里先生，此四人者，当秦之世，避而入商雒深山，以待天下之定也。自高祖闻而召之，不至。其后吕后用留侯计，使皇太子卑辞束帛致礼，安车迎而致之。四人既至，从太子见，高祖客而敬焉，太子得以为重，遂用自安。语在《留侯传》。

其后谷口有郑子真，蜀有严君平，皆修身自保，非其服弗服，非其食弗食。成帝时，元舅大将军王凤以礼聘子真，子真遂不诎而终。君平卜筮于成都市，以为：“卜筮者贱业，而可以惠众人。有邪恶非正之问，则依蓍龟为言利害。与人子言依于孝，与人弟言依于顺，与人臣言依于忠，各因势导之以善，从吾言者，已过半矣。”裁日阅数人，得百钱足自养，则闭肆下帘而授《老子》。博览亡不通，依老子、严周之指著书十余万言。杨雄少时从游学，以而仕京师显名，数为朝廷在位贤者称君平德。杜陵李强素善雄，久之为益州牧，喜谓雄曰：“吾真得严君平矣。”雄曰：“君备礼以待之，彼人可见而不可得诎也。”强心以为不然。及至蜀，致礼与相见，卒不敢言以为从事，乃叹曰：“杨子云诚知人！”君平年九十余，遂以其业终，蜀人爱敬，至今称焉。及雄著书言当世士，称此二人。其论曰：“或问：君子疾没世而名不称，盍势诸名卿可几？曰：君子德名为几。梁、齐、楚、赵之君非不富且贵也，恶虖成其名！谷口郑子真不诎其志，耕于岩石之下，名震于京师，岂其卿？岂其卿？楚两龚之洁，其清矣乎！蜀严湛冥，不作苟见，不治苟得，久幽而不改其操，虽随、和何以加诸？举兹以旃，不亦宝乎！”

自园公、绮里季、夏黄公，甪里先生、郑子真、严君平皆未尝仕，然其风声足以激贪厉俗，近古之逸民也。若王吉、贡禹、两龚之属，皆以礼让进退云。

王吉字子阳，琅邪皋虞人也。少好学明经，以郡吏举孝廉为郎，补若卢右丞，迁云阳令。举贤良为昌邑中尉，而王好游猎，驱驰国中，动作亡节，吉上疏谏，曰：

臣闻古者师日行三十里，吉行五十里。《诗》云：“匪风发兮，匪车揭兮，顾瞻周道，中心怛兮。”说曰：是非古之风也，发发者；是非古之车也，揭揭者。盖伤之也。今者大王幸方与，曾不半日而驰二百里，百姓颇废耕桑，治道牵马，臣愚以为民不可数变也。昔召公述职，当民事时，舍于棠下而听断焉。是时，人皆得其所，后世思其仁恩，至乎不伐甘棠，《甘棠》之诗是也。

大王不好书术而乐逸游，冯式撙衔，驰骋不止，口倦乎叱咤，手苦于箠辔，身劳乎车舆；朝则冒雾露，昼则被尘埃，夏则为大暑之所暴炙，冬则为风寒之所偃薄。数以耎脆之玉体犯勤劳之烦毒，非所以全寿命之宗也，又非所以进仁义之隆也。

夫广夏之下，细旃之上，明师居前，劝诵在后，上论唐、虞之际，下及殷、周之盛，考仁圣之风，习治国之道，欣欣焉发愤忘食，日新厥德，其乐岂徒衔橛之间哉！休则俯仰诎信以利形，进退步趋以实下，吸新吐故以练臧，专意积精以适神，于以养生，岂不长哉！大王诚留意如此，则心有尧、舜之志，体有乔、松之寿，美声广誉登而上闻，则福禄其臻而社稷安矣。

皇帝仁圣，至今思慕未怠，于宫馆囿池弋猎之乐未有所幸，大王宜夙夜念此，以承圣意。诸侯骨肉，莫亲大王，大王于属则子也，于位则臣也，一身而二任之责加焉，恩爱行义纤介有不具者，于以上闻，非飨国之福也。臣吉愚戆，愿大王察之。

王贺虽不遵道，然犹知敬礼吉，乃下令曰："寡人造行不能无惰，中尉甚忠，数辅吾过。使谒者千秋赐中尉牛肉五百斤，酒五石，脯五束。"其后复放从自若。吉辄谏争，甚得辅弼之义，虽不治民，国中莫不敬重焉。

久之，昭帝崩，亡嗣，大将军霍光秉政，遣大鸿胪、宗正迎昌邑王。吉即奏书戒王曰："臣闻高宗谅暗，三年不言。今大王以丧事征，宜日夜哭泣悲哀而已，慎毋有所发。且何独丧事，凡南面之君何言哉？天不言，四时行焉，百物生焉，愿大王察之。大将军仁爱勇智，忠信之德天下莫不闻，事孝武皇帝二十余年未尝有过。先帝弃群臣，属以天下，寄幼孤焉，大将军抱持幼君襁褓之中，布政施教，海内晏然，虽周公、伊尹亡以加也。今帝崩，亡嗣，大将军惟思可以奉宗庙者，攀援而立大王，其仁厚岂有量哉！臣愿大王事之敬之，政事一听之，大王垂拱南面而已。愿留意，常以为念。”

王既到，即位二十余日以行淫乱废。昌邑群臣坐在国时不举奏王罪过，令汉朝不闻知，又不能辅道，陷王大恶，皆下狱诛。唯吉与郎中令龚遂以忠直数谏正得减死，髡为城旦。起家复为益州刺史，病去官，复征为博士、谏大夫。是时，宣帝颇修武帝故事，宫室车服盛于昭帝。时外戚许、史、王氏贵宠，而上躬亲政事，任用能吏。吉上疏言得失，曰：

陛下躬圣质，总万方，帝王图籍日陈于前，惟思世务，将兴太平。诏书每下，民欣然若更生。臣伏而思之，可谓至恩，未可谓本务也。

欲治之主不世出，公卿幸得遭遇其时，言听谏从，然未有建万世之长策，举明主于三代之隆者也。其务在于期会簿书，断狱听讼而已，此非太平之基地。

臣闻圣王宣德流化，必自近始。朝廷不备，难以言治；左右不正，难以化远。民者，弱而不可胜，愚而不可欺也。圣主独行于深宫，得则天下称诵之，失则天下咸言之。行发于近，必见于远，故谨选左右，审择所使。左右所以正身也，所使所以宣德也。《诗》云：“济济多士，文王以宁。”此其本也。

《春秋》所以大一统者，六合同风，九州共贯也。今俗吏所以牧民者，非有礼义科指可世世通行者也，独设刑法以守之。其欲治者，不知所由，以意穿凿，各取一切，权谲自在，故一变之后不可复修也。是以百里不同风，千里不同俗，户异政，人殊服，诈伪萌生，刑罚亡极，质朴日销，恩爱寖薄。孔子曰“安上治民，莫善于礼”，非空言也。王者未制礼之时，引先王礼宜于今者而用之。臣愿陛下承天心，发大业，与公卿大臣延及儒生，述旧礼，明王制，驱一世之民济之仁寿之域，则俗何以不若成、康，寿何以不若高宗？窃见当世趋务不合于道者，谨条奏，唯陛下财择焉。

吉意以为：“夫妇，人伦大纲，夭寿之萌也。世俗嫁娶太早，未知为人父母之道而有子，是以教化不明而民多夭。聘妻送女亡节，则贫人不及，故不举子。又汉家列侯尚公主，诸侯则国人承翁主，使男事女，夫诎于妇，逆阴阳之位，故多女乱。古者衣服车马贵贱有章，以褒有德而别尊卑，今上下僭差，人人自制，是以贪财诛利，不畏死亡。周之所以能致治，刑措而不用者，以其禁邪于冥冥，绝恶于未萌也。”又言：“舜、汤不用三公九卿之世而举皋陶、伊尹，不仁者远。今使俗吏得任子弟，率多骄骜，不通古今，至于积功治人，亡益于民，此《伐檀》所为作也。宜明选求贤，除任子之令。外家及故人可厚以财，不宜居位。去角抵，减乐府，省尚方，明视天下以俭。古者工不造雕瑑，商不通侈靡，非工商之独贤，政教使之然也。民见俭则归本，本立而末成。”其指如此，上以其言迂阔，不甚宠异也。吉遂谢病归琅邪。

始吉少时学问，居长安。东家有大枣树垂吉庭中，吉妇取枣以啖吉。吉后知之，乃去妇。东家闻而欲伐其树，邻里共止之，因固请吉令还妇。里中为之语曰：“东家有树，王阳妇去；东家枣完，去妇复还。”其厉志如此。

吉与贡禹为友，世称“王阳在位，贡公弹冠”，言其取舍同也。元帝初即位，遣使者征贡禹与吉。吉年老，道病卒，上悼之，复遣使者吊祠云。

初，吉兼通《五经》，能为驺氏《春秋》，以《诗》、《论语》教授，好梁丘贺说《易》，令子骏受焉。骏以孝廉为郎。左曹陈咸荐骏贤父子，经明行修，宜显以厉俗。光禄勋匡衡亦举骏有专对材。迁谏大夫，使责淮阳宪王。迁赵内史。吉坐昌邑王被刑后，戒子孙毋为王国吏，故骏道病，免官归。起家复为幽州刺史，迁司隶校尉，奏免丞相匡衡，迁少府。八岁，成帝欲大用之，出骏为京兆尹，试以政事。先是，京兆有赵广汉、张敞、王尊、王章，至骏皆有能名，故京师称曰：“前有赵、张，后有三王。”而薛宣从左冯翊代骏为少府，会御史大夫缺，谷永奏言：“圣王不以名誉加于实效。考绩用人之法，薛宣政事已试。”上然其议。宣为少府月余，遂超御史大夫，至丞相，骏乃代宣为御史大夫，并居位。六岁病卒，翟方进代骏为大夫。数月，薛宣免，遂代为丞相。众人为骏恨不得封侯。骏为少府时，妻死，因不复娶，或问之，骏曰：“德非曾参，子非华、元，亦何敢娶？”

骏子崇以父任为郎，历刺史、郡守，治有能名。建平三年，以河南太守征入为御史大夫数月。是时，成帝舅安成恭侯夫人放寡居，共养长信宫，坐祝诅下狱，崇奏封事，为放言。放外家解氏与崇为婚，哀帝以崇为不忠诚，策诏崇曰：“朕以君有累世之美，故逾列次。在位以来，忠诚匡国未闻所由，反怀诈谖之辞，欲以攀救旧姻之家，大逆之辜，举错专恣，不遵法度，亡以示百僚。”左迁为大司农，后徙卫尉、左将军。平帝即位，王莽秉政，大司空彭宣乞骸骨，罢，崇代为大司空，封扶平侯。岁余，崇复谢病乞骸骨，皆避王莽，莽遣就国。岁余，为傅婢所毒，薨，国除。

自吉至崇，世名清廉，然材器名称稍不能及父，而禄位弥隆。皆好车马衣服，其自奉养极为鲜明，而亡金银锦绣之物。及迁徙去处，所载不过囊衣，不畜积余财。去位家居，亦布衣疏食。天下服其廉而怪其奢，故俗传“王阳能作黄金”。

贡禹字少翁，琅邪人也。以明经洁行著闻，征为博士、凉州刺史，病去官。复举贤良为河南令。岁余，以职事为府官所责，免冠谢。禹曰：“冠一免，安复可冠也！”遂去官。

元帝初即位，征禹为谏大夫，数虚己问以政事。是时，年岁不登，郡国多困，禹奏言：

古者宫室有制，宫女不过九人，秣马不过八匹；墙涂而不雕，木摩而不刻，车舆器物皆不文画，苑囿不过数十里，与民共之；任贤使能，什一而税，无它赋敛徭戍之役，使民岁不过三日，千里之内自给，千里之外各置贡职而已。故天下家给人足，颂声并作。

至高祖、孝文、孝景皇帝，循古节俭，宫女不过十余，厩马百余匹。孝文皇帝衣绨履革，器亡雕文金银之饰。后世争为奢侈，转转益甚，臣下亦相放效，衣服履绔刀剑乱于主上，主上时临朝入庙，众人不能别异，甚非其宜。然非自知奢僭也，犹鲁昭公曰：“吾何僭矣？”

今大夫僭诸侯，诸侯僭天子，天子过天道，其日久矣。承衰救乱，矫复古化，在于陛下。臣愚以为尽如太古难，宜少放古以自节焉。《论语》曰：“君子乐节礼乐。”方今宫室已定，亡可奈何矣，其余尽可减损。故时齐三服官输物不过十笥，方今齐三服官作工各数千人，一岁费数巨万。蜀广汉主金银器，岁各用五百万。三工官官费五千万，东西织室亦然。厩马食粟将万匹。臣禹尝从之东宫，见赐杯案，尽文画金银饰，非当所以赐食臣下也。东宫之费亦不可胜计。天下之民所为大饥饿死者，是也。今民大饥而死，死又不葬，为犬猪食。人至相食，而厩马食粟，苦其大肥，气盛怒至，乃日步作之。王者受命于天，为民父母，固当若此乎！天不见邪？武帝时又多取好女至数千人，以填后宫。及弃天下，昭帝幼弱，霍光专事，不知礼正，妄多臧金钱财物，鸟、兽、鱼、鳖、牛、马、虎、豹生禽，凡百九十物，尽瘗臧之，又皆以后宫女置于园陵，大失礼，逆天心，又未必称武帝意也。昭帝晏驾，光复行之。至孝宣皇帝时，陛下恶有所言，群臣亦随故事，甚可痛也！故使天下承化，取女皆大过度，诸侯妻妾或至数百人，豪富吏民畜歌者至数十人，是以内多怨女，外多旷夫。及众庶葬埋，皆虚地上以实地下。其过自上生，皆在大臣循故事之罪也。

唯陛下深察古道，从其俭者，大减损乘舆服御器物，三分去二。子产多少有命，审察后宫，择其贤者留二十人，余悉归之。及诸陵园女亡子者，宜悉遣。独杜陵宫人数百，诚可哀怜也。厩马可亡过数十匹。独舍长安城南苑地以为田猎之囿，自城西南至山西至鄠皆复其田，以与贫民。方今天下饥馑，可亡大自损减以救之，称天意乎？天生圣人，盖为万民，非独使自娱乐而已也。故《诗》曰：“天难谌斯，不易惟王。”“上帝临女，毋贰尔心”。

"当仁不让"，独可以圣心参诸天地，揆之往古，不可与臣下议也。若其阿意顺指，随君上下，臣禹不胜拳拳，不敢不尽愚心。

天子纳善其忠，乃下诏令太仆减食谷马，水衡减食肉兽，省宜春下苑以与贫民，又罢角抵诸戏及齐三服官。迁禹为光禄大夫。顷之，禹上书曰："臣禹年老贫穷，家訾不满万钱，妻子糠豆不赡，裋褐不完。有田百三十亩，陛下过意征臣，臣卖田百亩以供车马。至，拜为谏大夫，秩八百石，俸钱月九千二百。廪食太官，又蒙赏赐四时杂缯、绵絮、衣服、酒肉诸果物，德厚甚深。疾病侍医临治，赖陛下神灵，不死而活。又拜为光禄大夫，秩二千石，俸钱月万二千。禄赐愈多，家日以益富，身日以益尊，诚非草茅愚臣所当蒙也。伏自念终亡以报厚德，日夜惭愧而已。臣禹犬马之齿八十一，血气衰竭，耳目不聪明，非复能有补益，所谓素餐尸禄洿朝之臣也。自痛去家三千里，凡有一子，年十二，非有在家为臣具棺椁者也。诚恐一旦蹎仆气竭，不复自还，洿席荐于宫室，骸骨弃捐，孤魂不归。不胜私愿，愿乞骸骨，及身生归乡里，死亡所恨。"

天子报曰："朕以生有伯夷之廉，史鱼之直，守经据古，不阿当世，孳孳于民，俗之所寡，故亲近生，几参国政。今未得久闻生之奇论也，而云欲退，意岂有所恨与？将在位者与生殊乎？往者尝令金敞语生，欲及生时禄生之子，既已谕矣，今复云子少。夫以王命辨护生家，虽百子何以加？传曰亡怀土，何必思故乡！生其强饭慎疾以自辅。"后月余，以禹为长信少府。会御史大夫陈万年卒，禹代为御史大夫，列于三公。

自禹在位，数言得失，书数十上。禹以为古民亡赋算口钱，起武帝征伐四夷，重赋于民，民产子三岁则出口钱，故民重困，至于生子辄杀，甚可悲痛。宜令儿七岁去齿乃出口钱，年二十乃算。

又言古者不以金钱为币，专意于农，故一夫不耕，必有受其饥者。今汉家铸钱，及诸铁官皆置吏卒徒，攻山取铜铁，一岁功十万人已上，中农食七人，是七十万人常受其饥也。凿地数百丈，销阴气之精，地臧空虚，不能含气出云，斩伐林木亡有时禁，水旱之灾未必不由此也。自五铢钱起已来七十余年，民坐盗铸钱被刑者众，富人积钱满室，犹亡厌足。民心动摇，商贾求利，东西南北各用智巧，好衣美食，岁有十二之利，而不出租税。农夫父子暴露中野，不避寒暑，捽草杷土，手足胼胝，已奉谷租，又出稿税，乡部私求，不可胜供。故民弃本逐末，耕者不能半。贫民虽赐之田，犹贱卖以贾，穷则起为盗贼。何者？末利深而惑于钱也。是以奸邪不可禁，其原皆起于钱也。疾其末者绝其本，宜罢采珠玉金银铸钱之官，亡复以为币。市井勿得贩卖，除其租铢之律，租税禄赐皆以布帛及谷。使百姓一归于农，复古道便。

又言诸离宫及长乐宫卫可减其太半，以宽繇役。又诸官奴婢十万余人戏游亡事，税良民以给之，岁费五六巨万，宜免为庶人，廪食，令代关东戍卒，乘北边亭塞候望。又欲令近臣自诸曹、侍中以上，家亡得私贩卖，与民争利，犯者辄免官削爵，不得仕宦。禹又言：

孝文皇帝时，贵廉洁，贱贪污，贾人、赘婿及吏坐赃者皆禁锢不得为吏，赏善罚恶，不阿亲戚，罪白者伏其诛，疑者以与民，亡赎罪之法，故令行禁止，海内大化，天下断狱四百，与刑错亡异。武帝始临天下，尊贤用士，辟地广境数千里，自见功大威行，遂从耆欲，用度不足，乃行一切之变，使犯法者赎罪，入谷者补吏，是以天下奢侈，官乱民贫，盗贼并起，亡命者众。郡国恐伏其诛，则择便巧史书习于计簿能欺上府者，以为右职；奸轨不胜，则取勇猛能操切百姓者，以苛暴威服下者，使居大位。故亡义而有财者显于世，欺谩而善书者尊于朝，悖逆而勇猛者贵于官。故俗皆曰："何以孝弟为？财多而光荣。何以礼义为？史书而仕宦。何以谨慎为？勇猛而临官。"故黥劓而髡钳者犹复攘臂为政于世，行虽犬彘，家富势足，目指气使，是为贤耳。故谓居官而置富者为雄桀，处奸而得利者为壮士，兄劝其弟，父勉其子，俗之坏败，乃至于是！察其所以然者，皆以犯法得赎罪，求士不得真贤，相、守崇财利，诛不行之所致也。

今欲兴至治，致太平，宜除赎罪之法。相、守选举不以实，及有臧者，辄行其诛，亡但免官，则争尽力为善，贵孝弟，贱贾人，进真贤，举实廉，而天下治矣。孔子，匹夫之人耳。以乐道正身不解之故，四海之内，天下之君，微孔子之言亡所折中。况乎以汉地之广，陛下之德，处南面之尊，秉万乘之权，因天地之助，其于变世易俗，调和阴阳，陶冶万物，化正天下，易于决流抑队。自成、康以来，几且千岁，欲为治者甚众，然而太平不复兴者，何也？以其舍法度而任私意，奢侈行而仁义废也。

陛下诚深念高祖之苦，醇法太宗之治，正己以先下，选贤以自辅，开进忠正，致诛奸臣，远放谄佞，放出园陵之女，罢倡乐，绝郑声，去甲乙之帐，退伪薄之物，修节俭之化，驱天下之民皆归于农，如此不解，则三王可侔，五帝可及。唯陛下留意省察，天下幸甚。

天子下其议，令民产子七岁乃出口钱，自此始。又罢上林宫馆希幸御者，及省建章、甘泉宫卫卒，减诸侯王庙卫卒，省其半。余虽未尽从，然嘉其质直之意。禹又奏欲罢郡国庙，定汉宗庙迭毁之礼。皆未施行。

为御史大夫数月卒，天子赐钱百万，以其子为郎，官至东郡都尉。禹卒后，上追思其议，竟下诏罢郡国庙，定迭毁之礼。然通儒或非之，语在《韦玄成传》。

两龚皆楚人也，胜字君宾，舍字君倩。二人相友，并著名节，故世谓之楚两龚。少皆好学明经，胜为郡吏，舍不仕。

久之，楚王入朝，闻舍高名，聘舍为常侍，不得已随王，归国固辞，愿卒学，复至长安。而胜为郡吏，三举孝廉，以王国人不得宿卫补吏，再为尉，一为丞，胜辄至官乃去。州举茂才，为重泉令，病去官。大司空何武、执金吾阎崇荐胜，哀帝自为定陶王固已闻其名，征为谏大夫。引见，胜荐龚舍及亢父甯寿、济阴侯嘉，有诏皆征。胜曰："窃见国家征医巫，常为驾，征贤者宜驾。"上曰："大夫乘私车来邪？"胜曰："唯唯。"有诏为驾。龚舍、侯嘉至，皆为谏大夫。甯寿称疾不至。

胜居谏官，数上书求见，言百姓贫，盗贼多，吏不良，风俗薄，灾异数见，不可不忧。制度泰奢，刑罚泰深，赋敛泰重，宜以俭约先下。其言祖述王吉、贡禹之意。为大夫二岁余，迁丞相司直，徙光禄大夫，守右扶风。数月，上知胜非拨烦吏，乃复还胜光禄大夫、诸吏给事中。胜言董贤乱制度，由是逆上指。

后岁余，丞相王嘉上书荐故廷尉梁相等，尚书劾奏嘉"言事恣意，迷国罔上，不道”。下将军中朝者议，左将军公孙禄、司隶鲍宣、光禄大夫孔光等十四人皆以为嘉应迷国不道法。胜独书议曰：“嘉资性邪僻，所举多贪残吏。位列三公，阴阳不和，诸事并废，咎皆由嘉，迷国不疑，今举相等，过微薄。”日暮议者罢。明旦复会，左将军禄问胜：“君议亡所据，今奏当上，宜何从？”胜曰：“将军以胜议不可者，通劾之。”博士夏侯常见胜应禄不和，起至胜前谓曰：“宜如奏所言。”胜以手推常曰：“去！”

后数日，复会议可复孝惠、孝景庙不，议者皆曰宜复。胜曰：“当如礼。”常复谓胜：“礼有变。”胜疾言曰：“去！是时之变。”常恚，谓胜曰：“我视君何若，君欲小与众异，外以采名，君乃申徒狄属耳！”先是，常又为胜道高陵有子杀母者。胜白之，尚书问：“谁受？”对曰：“受夏侯常。”尚书使胜问常，常连恨胜，即应曰：“闻之白衣，戒君勿言也。奏事不详，妄作触罪。”胜穷，亡以对尚书，即自劾奏与常争言，洿辱朝廷。事下御史中丞，召诘问，劾奏“胜吏二千石，常位大夫，皆幸得给事中，与论议，不崇礼义，而居公门下相非恨，疾言辩讼，媠谩亡状，皆不敬”。制曰：“贬秩各一等。”胜谢罪，乞骸骨。上乃复加赏赐，以子博为侍郎，出胜为渤海太守。胜谢病不任之官，积六月免归。

上复征为光禄大夫，胜常称疾卧，数使子上书乞骸骨，会哀帝崩。

初，琅邪邴汉亦以清行征用，至京兆尹，后为太中大夫。王莽秉政，胜与汉俱乞骸骨。自昭帝时，涿郡韩福以德行征至京师，赐策书束帛遣归。诏曰：“朕闵劳以官职之事，其务修孝弟以教乡里。行道舍传舍，县次具酒肉，食从者及马。长吏以时存问，常以岁八月赐羊一头，酒二斛。不幸死者，赐复衾一，祠以中牢。”于是王莽依故事，白遣胜、汉。策曰：“惟元始二年六月庚寅，光禄大夫、太中大夫耆艾二人以老病罢。太皇太后使谒者仆射策诏之曰：盖闻古者有司年至则致仕，所以恭让而不尽其力也。今大夫年至矣，朕愍以官职之事烦大夫，其上子若孙若同产、同产子一人。大夫其修身守道，以终高年。赐帛及行道舍宿，岁时羊酒衣衾，皆如韩福故事。所上子男皆除为郎。”于是胜、汉遂归老于乡里。汉兄子曼容亦养志自修，为官不肯过六百石，辄自免去，其名过出于汉。

初，龚舍以龚胜荐，征为谏大夫，病免。复征为博士，又病去。顷之，哀帝遣使者即楚拜舍为太山太守。舍家居在武原，使者至县请舍，欲令至廷拜授印绶。舍曰：“王者以天下为家，何必县官?”遂于家受诏，便道之官。既至数月，上书乞骸骨。上征舍，至京兆东湖界，固称病笃。天子使使者收印绶，拜舍为光禄大夫。数赐告，舍终不肯起，乃遣归。

舍亦通《五经》，以《鲁诗》教授。舍、胜既归乡里，郡二千石长吏初到官皆至其家，如师弟子之礼。舍年六十八，王莽居摄中卒。

莽既篡国，遣五威将帅行天下风俗，将帅亲奉羊、酒存问胜。明年，莽遣使者即拜胜为讲学祭酒，胜称疾不应征。后二年，莽复遣使者奉玺书，太子师友祭酒印绶，安车驷马迎胜，即拜，秩上卿，先赐六月禄直以办装，使者与郡太守、县长吏、三老官属、行义诸生千人以上入胜里致诏。使者欲令胜起迎，久立门外。胜称病笃，为床室中户西南牖下，东首加朝服拕绅。使者入户，西行南面立，致诏付玺书，迁延再拜奉印绶，内安车驷马，进谓胜曰：“圣朝未尝忘君，制作未定，待君为政，思闻所欲施行，以安海内。”胜对曰：“素愚，加以年老被病，命在朝夕，随使君上道，必死道路，无益万分。”使者要说，至以印绶就加胜身，胜辄推不受。使者即上言：“方盛夏暑热，胜病少气，可须秋凉乃发。”有诏许。使者五日一与太守俱问起居，为胜两子及门人高晖等言：“朝廷虚心待君以茅土之封，虽疾病，宜动移至传舍，示有行意，必为子孙遗大业。”晖等白使者语，胜自知不见听，即谓晖等：“吾受汉家厚恩，亡以报，今年老矣，旦暮入地，谊岂以一身事二姓，下见故主哉？”胜因敕以棺敛丧事：“衣周于身，棺周于衣。勿随俗动吾冢、种柏，作祠堂。”语毕，遂不复开口饮食，积十四日死，死时七十九矣。使者、太守临敛，赐复衾祭祠如法。门人衰绖治丧者百数。有老父来吊，哭甚哀，既而曰：“嗟乎！薰以香自烧，膏以明自销。龚生竟夭天年，非吾徒也。”遂趋而出，莫知其谁。胜居彭城廉里，后世刻石表其里门。

鲍宣字子都，渤海高城人也。好学，明经，为县乡啬夫，守束州丞。后为都尉、太守、功曹，举孝廉为郎，病去官，复为州从事。大司马卫将军王商辟宣，荐为议郎，后以病去。哀帝初，大司空何武除宣为西曹掾，甚敬重焉，荐宣为谏大夫，迁豫州牧。岁余，丞相司直郭钦奏“宣举错烦苛，代二千石署吏听讼，所察过诏条。行部乘传去法驾，驾一马，舍宿乡亭，为众所非”。宣坐免。归家数月，复征为谏大夫。

宣每居位，常上书谏争，其言少文多实。是时，帝祖母傅太后欲与成帝母俱称尊号，封爵亲属，丞相孔光、大司空师丹、何武、大司马傅喜始执正议，失傅太后指，皆免官。丁、傅子弟并进，董贤贵幸，宣以谏大夫从其后，上书谏曰：

窃见孝成皇帝时，外亲持权，人人牵引所私以充塞朝廷，妨贤人路，浊乱天下，奢泰亡度，穷困百姓，是以日蚀且十，彗星四起。危亡之征，陛下所亲见也，今奈何反复剧于前乎？朝臣亡有大儒骨鲠，白首耆艾，魁垒之士；论议通古今，喟然动众心，忧国如饥渴者，臣未见也。敦外亲小童及幸臣董贤等在公门省户下，陛下欲与此共承天地，安海内，甚难。今世俗谓不智者为能，谓智者为不能。昔尧放四罪而天下服，今除一吏而众皆惑；古刑人尚服，今赏人反惑。请寄为奸，群小日进。国家空虚，用度不足。民流亡，去城郭，盗贼并起，吏为残贼，岁增于前。

凡民有七亡：阴阳不和，水旱为灾，一亡也；县官重责更赋租税，二亡也；贪吏并公，受取不已，三亡也；豪强大姓蚕食亡厌，四亡也；苛吏徭役，失农桑时，五亡也；部落鼓鸣，男女遮列，六亡也；盗贼劫略，取民财物，七亡也。七亡尚可，又有七死：酷吏殴杀，一死也；治狱深刻，二死也；冤陷亡辜，三死也；盗贼横发，四死也；怨雠相残，五死也；岁恶饥饿，六死也；时气疾疫，七死也。民有七亡而无一得，欲望国安，诚难；民有七死而无一生，欲望刑措，诚难。此非公卿、守、相贪残成化之所致邪？群臣幸得居尊官，食重禄，岂有肯加恻隐于细民，助陛下流教化者邪？志但在营私家，称宾客，为奸利而已。以苟容曲从为贤，以拱默尸禄为智，谓如臣宣等为愚。陛下擢臣岩穴，诚冀有益毫毛，岂徒欲使臣美食大官，重高门之地哉！

天下乃皇天之天下也，陛下上为皇天子，下为黎庶父母，为天牧养元元，视之当如一，合《尸鸠》之诗。今贫民菜食不厌，衣又穿空，父子夫妇不能相保，诚可为酸鼻。陛下不救，将安所归命乎？奈何独私养外亲与幸臣董贤，多赏赐以大万数，使奴从宾客浆酒霍肉，苍头庐儿皆用致富！非天意也。及汝昌侯傅商亡功而封。夫官爵非陛下之官爵，乃天下之官爵也。陛下取非其官，官非其人，而望天说民服，岂不难哉！

方阳侯孙宠、宜陵侯息夫躬辩足以移众，强可用独立，奸人之雄，或世尤剧者也，宜以时罢退。及外亲幼童未通经术者，皆宜令休就师傅。急征故大司马傅喜使领外亲。故大司空何武、师丹、故丞相孔光、故左将军彭宣，经皆更博士，位皆历三公，智谋威信，可与建教化，图安危。龚胜为司直，郡国皆慎选举，三辅委输官不敢为奸，可大委任也。陛下前以小不忍退武等，海内失望。陛下尚能容亡功德者甚众，曾不能忍武等邪！治天下者当用天下之心为心，不得自专快意而已也。上之皇天见谴，下之黎庶怨恨，次有谏争之臣，陛下苟欲自薄而厚恶臣，天下犹不听也。臣虽愚戆，独不知多受禄赐，美食太官，广田宅，厚妻子，不与恶人结仇怨以安身邪？诚迫大义，官以谏争为职，不敢不竭愚。惟陛下少留神明，览《五经》之文，原圣人之至意，深思天地之戒。臣宣呐钝于辞，不胜惓惓，尽死节而已。

上以宣名儒，优容之。

是时，郡国地震，民讹言行筹，明年正月朔日蚀，上乃征孔光，免孙宠、息夫躬，罢待中诸曹黄门郎数十人。宣复上书言：

陛下父事天，母事地，子养黎民，即位已来，父亏明，母震动，子讹言相惊恐。今日蚀于三始，诚可畏惧。小民正月朔日尚恐毁败器物，何况于日亏乎！陛下深内自责，避正殿，举直言，求过失，罢退外亲及旁仄素餐之人，征拜孔光为光禄大夫，发觉孔宠、息夫躬过恶，免官遣就国，众庶歙然，莫不说喜。天人同心，人心说则天意解矣。乃二月丙戌，白虹奸日，连阴不雨，此天有忧结未解，民有怨望未塞者也。

侍中、驸马都尉董贤本无葭莩之亲，但以令色谀言自进，赏赐亡度，竭尽府藏，并合三第尚以为小，复坏暴室。贤父子坐使天子使者将作治第，行夜吏卒皆得赏赐。上冢有会，辄太官为供。海内贡献当养一君，今反尽之贤家，岂天意与民意邪！天不可久负，厚之如此，反所以害之也。诚欲哀贤，宜为谢过天地，解仇海内，免遣就国，收乘舆器物，还之县官。如此，可以父子终其性命；不者，海内之所仇，未有得久安者也。

孙宠、息夫躬不宜居国，可皆免以视天下。复征何武、师丹、彭宣、傅喜，旷然使民易视，以应天心，建立大政，以兴太平之端。

高门去省户数十步，求见出入，二年未省，欲使海濒仄陋自通，远矣！愿赐数刻之间，极竭毣毣之思，退入三泉，死亡所恨。

上感大异，纳宣言，征何武、彭宣，旬月皆复为三公。拜宣为司隶。时，哀帝改司隶校尉但为司隶，官比司直。

丞相孔光四时行园陵，官属以令行驰道中，宣出逢之，使吏钩止丞相掾史，没入其车马，摧辱宰相。事下御史中丞，侍御史至司隶官，欲捕从事，闭门不肯内。宣坐距闭使者，亡人臣礼，大不敬，不道，下廷尉狱。博士弟子济南王咸举幡太学下，曰："欲救鲍司隶者会此下。"诸生会者千余人。朝日，遮丞相孔光自言，丞相车不得行，又守阙上书。上遂抵宣罪减死一等，髡钳。宣既被刑，乃徙之上党，以为其地宜田牧，又少豪俊，易长雄，遂家于长子。

平帝即位，王莽秉政，阴有篡国之心，乃风州郡以罪法案诛诸豪桀，及汉忠直臣不附己者，宣及何武等皆死。时，名捕陇西辛兴，兴与宣女婿许绀俱过宣，一饭去，宣不知情，坐系狱，自杀。

自成帝至王莽时，清名之士，琅邪又有纪逡王思，齐则薛方子容，太原则郇越臣仲、郇相稚宾、沛郡则唐林子高、唐尊伯高，皆以明经饬行显名于世。

纪逡、两唐皆仕王莽，封侯贵重，历公卿位。唐林数上疏谏正，有忠直节。唐尊衣敝履空，以瓦器饮食，又以历遗公卿，被虚伪名。

郇越、相，同族昆弟也，并举州郡孝廉、茂材，数病，去官。越散其先人訾千余万，以分施九族州里，志节尤高。相王莽时征为太子四友，病死，莽太子遣使裞以衣衾，其子攀棺不听，曰："死父遗言，师友之送勿有所受，今于皇太子得托友官，故不受也。"京师称之。

薛方尝为郡掾祭酒，尝征不至，及莽以安车迎方，方因使者辞谢曰："尧、舜在上，下有巢由，今明主方隆唐、虞之德，小臣欲守箕山之节也。"使者以闻，莽说其言，不强致。方居家以经教授，喜属文，著诗赋数十篇。

始隃麋郭钦，哀帝时为丞相司直，奏免豫州牧鲍宣、京兆尹薛修等，又奏董贤，左迁卢奴令，平帝时迁南郡太守。而杜陵蒋诩元卿为兖州刺史，亦以廉直为名。王莽居摄，钦、诩皆以病免官，归乡里，卧不出户，卒于家。

齐栗融客卿、北海禽庆子夏、苏章游卿、山阳曹竟子期皆儒生，去官不仕于莽。莽死，汉更始征竟以为丞相，封侯，欲视致贤人，销寇贼。竟不受侯爵。会赤眉入长安，欲降竟，竟手剑格死。

世祖即位，征薛方，道病卒。两龚、鲍宣子孙皆见褒表，至大官。

赞曰：《易》称“君子之道，或出或处，或默或语”，言其各得道之一节，譬诸草木，区以别矣。故曰山林之士往而不能反，朝廷之士入而不能出，二者各有所短。春秋列国卿大夫及至汉兴将相名臣，怀禄耽宠以失身世者多矣！是故清节之士于是为贵。然大率多能自治而不能治人。王、贡之材，优于龚、鲍。守死善道，胜实蹈焉。贞而不谅，薛方近之。郭钦、蒋诩好遁不污，绝纪、唐矣！

# 汉书卷七十三

## 韦贤传第四十三

韦贤字长孺，鲁国邹人也。其先韦孟，家本彭城，为楚元王傅，傅子夷王及孙王戊。戊荒淫不遵道，孟作诗风谏。后遂去位，徙家于邹，又作一篇。其谏诗曰：

肃肃我祖，国自豕韦，黼衣朱绂，四牡龙旂。彤弓斯征，抚宁遐荒，总齐群邦，以翼大商，迭披大彭，勋绩惟光。至于有周，历世会同。王赧听谮，实绝我邦。我邦既绝，厥政斯逸，赏罚之行，非由王室。庶尹群后，靡扶靡卫，五服崩离，宗周以队。我祖斯微，迁于彭城，在予小子，勤诶厥生，厄此嫚秦，耒耜以耕。悠悠嫚秦，上天不宁，乃眷南顾，授汉于京。

于赫有汉，四方是征，靡适不怀，万国逌平。乃命厥弟，建侯于楚，俾我小臣，惟傅是辅。兢兢元王，恭俭净一，惠此黎民，纳彼辅弼。飨国渐世，垂烈于后，乃及夷王，克奉厥绪。咨命不永，唯王统祀。左右陪臣，此惟皇士。

如何我王，不思守保，不惟履冰，以继祖考！邦事是废，逸游是娱，犬马繇繇，是放是驱。务彼鸟兽，忽此稼苗，烝民以匮，我王以媮。所弘非德，所亲非俊，唯囿是恢，唯谀是信。睮睮谄夫，咢咢黄发，如何我王，曾不是察！既藐下臣，追欲从逸，嫚彼显祖，轻兹削黜。

嗟嗟我王，汉之睦亲，曾不夙夜，以休令闻！穆穆天子，临尔下土，明明群司，执宪靡顾。正遐由近，殆其怙兹，嗟嗟我王，曷不此思。

非思非鉴，嗣其罔则，弥弥其失，岌岌其国。致冰匪霜，致队靡嫚，瞻惟我王，昔靡不练。兴国救颠，孰违悔过，追思黄发，秦缪以霸。岁月其徂，年其逮耇，于昔君子，庶显于后。我王如何，曾不斯览！黄发不近，胡不时监！

其在邹诗曰：

微微小子，既耇且陋，岂不牵位，秽我王朝。王朝肃清，唯俊之庭，顾瞻余躬，惧秽此征。

我之退征，请于天子，天子我恤，矜我发齿。赫赫天子，明哲且仁，悬车之义，以洎小臣。嗟我小子，岂不怀土？庶我王寤，越迁于鲁。

既去祢祖，惟怀惟顾，祁祁我徒，戴负盈路。爰戾于邹，剪茅作堂，我徒我环，筑室于墙。

我即䍐逝，心存我旧，梦我渎上，立于王朝。其梦如何？梦争王室。其争如何？梦王我弼。寤其外邦，叹其喟然，念我祖考，泣涕其涟。微微老夫，咨既迁绝，洋洋仲尼，视我遗烈。济济邹鲁，礼义唯恭，诵习弦歌，于异他邦。我虽鄙耇，心其好而，我徒侃尔，乐亦在而。

孟卒于邹。或曰其子孙好事，述先人之志而作是诗也。

自孟至贤五世。贤为人质朴少欲，笃志于学，兼通《礼》、《尚书》，以《诗》教授，号称邹鲁大儒。征为博士，给事中，进授昭帝《诗》，稍迁光禄大夫、詹事，至大鸿胪。昭帝崩，无嗣，大将军霍光与公卿共尊立孝宣帝。帝初即位，贤以与谋议，安宗庙，赐爵关内侯，食邑。徙为长信少府。以先帝师，甚见尊重。本始三年，代蔡义为丞相，封扶阳侯，食邑七百户。时，贤七十余，为相五岁，地节三年，以老病乞骸骨，赐黄金百斤，罢归，加赐第一区。丞相致仕自贤始。年八十二薨，谥曰节侯。

贤四子：长子方山为高寝令，早终；次子弘，至东海太守；次子舜，留鲁守坟墓；少子玄成，复以明经历位至丞相。故邹鲁谚曰："遗子黄金满籯，不如一经。"

玄成字少翁，以父任为郎，常侍骑。少好学，修父业，尤谦逊下士。出遇知识步行，辄下从者，与载送之，以为常。其接人，贫贱者益加敬，由是名誉日广。以明经擢为谏大夫，迁大河都尉。

初，玄成兄弘为太常丞，职奉宗庙，曲诸陵邑，烦剧多罪过。父贤以弘当为嗣，故敕令自免。弘怀谦，不去官。及贤病笃，弘竟坐宗庙事系狱，罪未决。室家问贤当为后者，贤恚恨不肯言。于是贤门下生博士义倩等与宗家计议，共矫贤令，使家丞上书言大行，以大河都尉玄成为后。贤薨，玄成在官闻丧，又言当为嗣，玄成深知其非贤雅意，即阳为病狂，卧便利，妄笑语昏乱。征至长安，既葬，当袭爵，以病狂不应召。大鸿胪奏状，章下丞相、御史案验。玄成素有名声，士大夫多疑其欲让爵辟兄者。案事丞相史乃与玄成书曰："古之辞让，必有文义可观，故能垂荣于后。今子独坏容貌，蒙耻辱，为狂痴，光曜晻而不宣。微哉！子之所托名也。仆素愚陋，过为宰相执事，愿少闻风声。不然，恐子伤高而仆为小人也。”玄成友人侍郎章亦上疏言：“圣王贵以礼让为国，宜优养玄成，勿枉其志，使得自安衡门之下。”而丞相、御史遂以玄成实不病，劾奏之。有诏勿劾，引拜。玄成不得已受爵。宣帝高其节，以玄成为河南太守。兄弘太山都尉，迁东海太守。

数岁，玄成征为未央卫尉，迁太常。坐与故平通侯杨恽厚善，恽诛，党友皆免官。后以列侯侍祀孝惠庙，当晨入庙，天雨淖，不驾驷马车而骑至庙下。有司劾奏，等辈数人皆削爵为关内侯。玄成自伤贬黜父爵，叹曰：“吾何面目以奉祭祀！”作诗自劾责，曰：

赫矣我祖，侯于豕韦，赐命建伯，有殷以绥。厥绩既昭，车服有常，朝宗商邑，四牡翔翔。德之令显，庆流于裔，宗周至汉，群后历世。

肃肃楚傅，辅翼元、夷，厥驷有庸，惟慎惟祗。嗣王孔佚，越迁于邹，五世圹僚，至我节侯。

惟我节侯，显德遐闻，左右昭、宣，五品以训。既耇致位，惟懿惟奂，厥赐祁祁，百金洎馆。国彼扶阳，在京之东，惟帝是留，政谋是从。绎绎六辔，是列是理，威仪济济，朝享天子。天子穆穆，是宗是师，四方遐尔，观国之辉。

茅土之继，在我俊兄，惟我俊兄，是让是形。于休厥德，于赫有声，致我小子，越留于京。惟我小子，不肃会同，惰彼车服，黜此附庸。

赫赫显爵，自我队之；微微附庸，自我招之。谁能忍愧，寄之我颜；谁将遐征，从之夷蛮。于赫三事，匪俊匪作，于蔑小子，终焉其度。谁谓华高，企其齐而；谁谓德难，厉其庶而。嗟我小子，于贰其尤，队彼令声，申此择辞。四方群后，我监我视，威仪车服，唯肃是履！

初，宣帝宠姬张婕妤男淮阳宪王好政事，通法律，上奇其材，有意欲以为嗣，然用太子起于细微，又早失母，故不忍也。久之，上欲感风宪王，辅以礼让之臣，乃召拜玄成为淮阳中尉。是时，王未就国，玄成受诏，与太子太傅萧望之及《五经》诸儒杂论同异于石渠阁，条奏其对。及元帝即位，以玄成为少府，迁太子太傅，至御史大夫。永光中，代于定国为丞相。贬黜十年之间，遂继父相位，封侯故国，荣当世焉。玄成复作诗，自著复玷缺之艰难，因以戒示子孙，曰：

于肃君子，既令厥德，仪服此恭，棣棣其则。咨余小子，既德靡逮，曾是车服，荒嫚以队。

明明天子，俊德烈烈，不遂我遗，恤我九列。我既兹恤，惟夙惟夜，畏忌是申，供事靡惰。天子我监，登我三事，顾我伤队，爵复我旧。我即此登，望我旧阶，先后兹度，涟涟孔怀。司直御事，我熙我盛；群公百僚，我嘉我庆。于异卿士，非同我心，三事惟艰，莫我肯矜。赫赫三事，力虽此毕，非我所度，退其罔日。昔我之队，畏不此居，今我度兹，戚戚其惧。

嗟我后人，命其靡常，靖享尔位，瞻仰靡荒。慎尔会同，戒尔车服，无惰尔仪，以保尔域。尔无我视，不慎不整；我之此复，惟禄之幸。於戏后人，惟肃惟栗。无忝显祖，以蕃汉室！

玄成为相七年，守正持重不及父贤，而文采过之。建昭三年薨，谥曰共侯。初，贤以昭帝时徙平陵，玄成别徙杜陵，病且死，因使者自白曰："不胜父子恩，愿乞骸骨，归葬父墓。"上许焉。

子顷侯宽嗣。薨，子僖侯育嗣。薨，子节侯沈嗣。自贤传国至玄孙乃绝。玄成兄高寝令方山子安世历郡守、大鸿胪、长乐卫尉，朝廷称有宰相之器，会其病终。而东海太守弘子赏亦明《诗》。哀帝为定陶王时，赏为太傅。哀帝即位，赏以旧恩为大司马车骑将军，列为三公，赐爵关内侯，食邑千户，亦年八十余，以寿终。宗族至吏二千石者十余人。

初，高祖时，令诸侯王都皆立太上皇庙。至惠帝尊高帝庙为太祖庙，景帝尊孝文庙为太宗庙，行所尝幸郡国各立太祖、太宗庙。至宣帝本始二年，复尊孝武庙为世宗庙，行所巡狩亦立焉。凡祖宗庙在郡国六十八，合百六十七所。而京师自高祖下至宣帝，与太上皇，悼皇考各自居陵旁立庙，并为百七十六。又园中各有寝、便殿。日祭于寝，月祭于庙，时祭于便殿。寝，日四上食；庙，岁二十五祠；便殿，岁四祠。又月一游衣冠。而昭灵后、武哀王、昭哀后、孝文太后、孝昭太后、卫思后、戾太子、戾后各有寝园，与诸帝合，凡三十所。一岁祠，上食二万四千四百五十五，用卫士四万五千一百二十九人，祝宰乐人万二千一百四十七人，养牺牲卒不在数中。

至元帝时，贡禹奏言："古者天子七庙，今孝惠、孝景庙皆亲尽，宜毁。及郡国庙不应古礼，宜正定。"天子是其议，未及施行而禹卒。光永四年，乃下诏先议罢郡国庙，曰："朕闻明王之御世也，遭时为法，因事制宜。往者天下初定，远方未宾，因尝所亲以立宗庙，盖建威销萌，一民之至权也。今赖天地之灵，宗庙之福，四方同轨，蛮貊贡职，久遵而不定，令疏远卑贱共承尊祀，殆非皇天祖宗之意，朕甚惧焉。传不云乎？‘吾不与祭，如不祭。’其与将军、列侯、中二千石、二千石、诸大夫、博士、议郎议。”丞相玄成、御史大夫郑弘、太子太傅严彭祖、少府欧阳地馀、谏大夫尹更始等七十人皆曰：“臣闻祭，非自外至者也，由中出，生于心也。故唯圣人为能飨帝，孝子为能飨亲。立庙京师之居，躬亲承事，四海之内各以其职来助祭，尊亲之大义，五帝、三王所共，不易之道也。《诗》云：‘有来雍雍，至止肃肃，相维辟公，天子穆穆。’《春秋》之义，父不祭于支庶之宅，君不祭于臣仆之家，王不祭于下土诸侯。臣等愚以为宗庙在郡国，宜无修，臣请勿复修。”奏可。因罢昭灵后、武哀王、昭哀后、卫思后、戾太子、戾后园，皆不奉祠，裁置吏卒守焉。

罢郡国庙后月余，复下诏曰：“盖闻明王制礼，立亲庙四，祖宗之庙，万世不毁，所以明尊祖敬宗，著亲亲也。朕获承祖宗之重，惟大礼未备，战栗恐惧，不敢自颛，其与将军、列侯、中二千石、二千石、诸大夫、博士议。”玄成等四十四人奏议曰：“《礼》，王者始受命，诸侯始封之君，皆为太祖。以下，五庙而迭毁，毁庙之主臧乎太祖，五年而再殷祭，言一禘一祫也。祫祭者，毁庙与未毁庙之主皆合食于太祖，父为昭，子为穆，孙复为昭，古之正礼也。《祭义》曰：‘王者禘其祖自出，以其祖配之，而立四庙。’言始受命而王，祭天以其祖配，而不为立庙，亲尽也。立亲庙四，亲亲也。亲尽而迭毁，亲疏之杀，示有终也。周之所以七庙者，以后稷始封，文王、武王受命而王，是以三庙不毁，与亲庙四而七。非有后稷始封，文、武受命之功者，皆当亲尽而毁。成王成二圣之业，制礼作乐，功德茂盛，庙犹不世，以行为谥而已。《礼》，庙在大门之内，不敢远亲也。臣愚以为高帝受命定天下，宜为帝者太祖之庙，世世不毁，承后属尽者宜毁。今宗庙异处，昭穆不序，宜入就太祖庙而序昭穆如礼。太上皇、孝惠、孝文、孝景庙皆亲尽宜毁，皇考庙亲未尽，如故。"大司马车骑将军许嘉等二十九人以为，孝文皇帝除诽谤，去肉刑，躬节俭，不受献，罪人不帑，不私其利，出美人，重绝人类，宾赐长老，收恤孤独，德厚侔天地，利泽施四海，宜为帝者太宗之庙。廷尉忠以为，孝武皇帝改正朔，易服色，攘四夷，宜为世宗之庙。谏大夫尹更始等十八人以为，皇考庙上序于昭穆，非正礼，宜毁。于是上重其事，依违者一年，乃下诏曰："盖闻王者祖有功而宗有德，尊尊之大义也；存亲庙四，亲亲之至恩也。高皇帝为天下诛暴除乱，受命而帝，功莫大焉。孝文皇帝国为代王，诸吕作乱，海内摇动，然群臣黎庶靡不一意，北面而归心，犹谦辞固让而后即位，削乱秦之迹，兴三代之风，是以百姓晏然，咸获嘉福，德莫盛焉。高皇帝为汉太祖，孝文皇帝为太宗，世世承祀，传之无穷，朕甚乐之。孝宣皇帝为孝昭皇帝后，于义一体。孝景皇帝庙及皇考庙皆亲尽，其正礼仪。"玄成等奏曰："祖宗之庙世世不毁，继祖以下，五庙而迭毁。今高皇帝为太祖，孝文皇帝为太宗，孝景皇帝为昭，孝武皇帝为穆，孝昭皇帝与孝宣皇帝俱为昭。皇考庙亲未尽。太上、孝惠庙皆亲尽，宜毁。太上庙主宜瘗园，孝惠皇帝为穆，主迁于太祖庙，寝园皆无复修。"奏可。

议者又以为《清庙》之诗言交神之礼无不清静，今衣冠出游，有车骑之众，风雨之气，非所谓清静也。"祭不欲数，数则渎，渎则不敬。"宜复古礼，四时祭于庙，诸寝园日月间祀皆可勿复修。上亦不改也。明年，玄成复言："古者制礼，别尊卑贵贱，国君之母非適不得配食，则荐于寝，身没而已。陛下躬至孝，承天心，建祖宗，定迭毁，序昭穆，大礼既定，孝文太后、孝昭太后寝祠园宜如礼勿复修。"奏可。后岁余，玄成薨，匡衡为丞相。上寝疾，梦祖宗谴罢郡国庙，上少弟楚孝王亦梦焉。上诏问衡，议欲复之，衡深言不可。上疾久不平，衡惶恐，祷高祖、孝文、孝武庙曰："嗣曾孙皇帝恭承洪业，夙夜不敢康宁，思育休烈，以章祖宗之盛功。故动作接神，必因古圣之经。往者有司以为前因所幸而立庙，将以系海内之心，非为尊祖严亲也。今赖宗庙之灵，六合之内莫不附亲，庙宜一居京师，天子亲奉，郡国庙可止毋修。皇帝祗肃旧礼，尊重神明，即告于祖宗而不敢失。今皇帝有疾不豫，乃梦祖宗见戒以庙，楚王梦亦有其序。皇帝悼惧，即诏臣衡复修立。谨案上世帝王承祖祢之大礼，皆不敢不自亲。郡国吏卑贱，不可使独承。又祭祀之义以民为本，间者岁数不登，百姓困乏，郡国庙无以修立。《礼》，凶年则岁事不举，以祖祢之意为不乐，是以不敢复。如诚非礼义之中，违祖宗之心，咎尽在臣衡，当受其殃，大被其疾，队在沟渎之中。皇帝至孝肃慎，宜蒙祐福。唯高皇帝、孝文皇帝、孝武皇帝省察，右飨皇帝之孝，开赐皇帝眉寿亡疆，令所疾日瘳，平复反常，永保宗庙，天下幸甚！"又告谢毁庙曰："往者大臣以为，在昔帝王承祖宗之休典，取象于天地，天序五行，人亲五属，天子奉天，故率其意而尊其制。是以禘尝之序，靡有过五。受命之君躬接于天，万世不堕。继烈以下，五庙而迁，上陈太祖，间岁而祫，其道应天，故福禄永终。太上皇非受命而属尽，义则当迁。又以为孝莫大于严父，故父之所尊子不敢不承，父之所异子不敢同。礼，公子不得为母信，为后则于子祭，于孙止，尊祖严父之义也。寝日四上食，园庙间祠，皆可亡修。皇帝思慕悼惧，未敢尽从。惟念高皇帝圣德茂盛，受命溥将，钦若稽古，承顺天心，子孙本支，陈锡亡疆。诚以为迁庙合祭，久长之策，高皇帝之意，乃敢不听？即以令日迁太上、孝惠庙，孝文太后、孝昭太后寝，将以昭祖宗之德，顺天人之序，定无穷之业。今皇帝未受兹福，乃有不能共职之疾。皇帝愿复修承祀，臣衡等咸以为礼不得。如不合高皇帝、孝惠皇帝、孝文皇帝、孝武皇帝、孝昭皇帝、孝宣皇帝、太上皇、孝文太后、孝昭太后之意，罪尽在臣衡等，当受其咎。今皇帝尚未平，诏中朝臣具复毁庙之文。臣衡中朝臣咸复以为天子之祀义有所断，礼有所承，违统背制，不可以奉先祖，皇天不祐，鬼神不飨。《六艺》所载，皆言不当，无所依缘，以作其文。事如失指，罪乃在臣衡，当深受其殃。皇帝宜厚蒙祉福，嘉气日兴，疾病平复，永保宗庙，与天亡极，群生百神，有所归息。”诸庙皆同文。

久之，上疾连年，遂尽复诸所罢寝庙园，皆修祀如故。初，上定迭毁礼，独尊孝文庙为太宗，而孝武庙亲未尽，故未毁。上于是乃复申明之，曰：“孝宣皇帝尊孝武庙曰世宗，损益之礼，不敢有与焉。他皆如旧制。”唯郡国庙遂废云。

元帝崩，衡奏言：“前以上体不平，故复诸所罢祠，卒不蒙福。案卫思后、戾太子、戾后园，亲未尽。孝惠、孝景庙亲尽，宜毁。及太上皇、孝文、孝昭太后、昭灵后、昭哀后、武哀王祠，请悉罢，勿奉。”奏可。初，高后时患臣下妄非议先帝宗庙寝园官，故定著令，敢有擅议者弃市。至元帝改制，蠲除此令。成帝时以无继嗣，河平元年复复太上皇寝庙园，世世奉祠。昭灵后、武哀王、昭哀后并食于太上寝庙如故，又复擅议宗庙之命。

成帝崩，哀帝即位。丞相孔光、大司空何武奏言："永光五年制书，高皇帝为汉太祖，孝文皇帝为太宗。建昭五年制书，孝武皇帝为世宗。损益之礼，不敢有与。臣愚以为迭毁之次，当以时定，非令所为擅议宗庙之意也。臣请与群臣杂议。"奏可。于是，光禄勋彭宣、詹事满昌、博士左咸等五十三人皆以为继祖宗以下，五庙而迭毁，后虽有贤君，犹不得与祖宗并列。子孙虽欲褒大显扬而立之，鬼神不飨也。孝武皇帝虽有功烈，亲尽宜毁。

太仆王舜、中垒校尉刘歆议曰：

臣闻周室既衰，四夷并侵，猃狁最强，于今匈奴是也。至宣王南而伐之，诗人美而颂之曰"薄伐猃狁，至于太原"，又曰"啴啴推推，如霆如雷，显允方叔，征伐猃狁，荆蛮来威"，故称中兴。及至幽王，犬戎来伐，杀幽王，取宗器。自是之后，南夷与北夷交侵，中国不绝如线。《春秋》纪齐桓南伐楚，北伐山戎，孔子曰："微管仲，吾其被发左衽矣。"是故弃桓之过而录其功，以为伯首。及汉兴，冒顿始强，破东胡，禽月氏，并其土地，地广兵强，为中国害。南越尉佗总百粤，自称帝。故中国虽平，犹有四夷之患，且无宁岁。一方有急，三面救之，是天下皆动而被其害也。孝文皇帝厚以货赂，与结和亲，犹侵暴无已。甚者，兴师十余万众，近屯京师及四边，岁发屯备虏，其为患久矣，非一世之渐也。诸侯郡守连匈奴及百粤以为逆者非一人也。匈奴所杀郡守、都尉，略取人民，不可胜数。孝武皇帝愍中国罢劳无安宁之时，乃遣大将军、骠骑、伏波、楼船之属，南灭百粤，起七郡；

北攘匈奴，降昆邪十万之众，置五属国，起朔方，以夺其肥饶之地；东伐朝鲜，起玄菟、乐浪，以断匈奴之左臂；西伐大宛，并三十六国，结乌孙，起敦煌、酒泉、张掖，以隔婼羌，裂匈奴之右肩。单于孤特，远遁于幕北。四垂无事，斥地远境，起十余郡。功业既定，乃封丞相为富民侯，以大安天下，富实百姓，其规模可见。又招集天下贤俊，与协心同谋，兴制度，改正朔，易服色，立天地之祠，建封禅，殊官号，存周后，定诸侯之制，永无逆争之心，至今累世赖之。单于守藩，百蛮服从。万世之基也，中兴之功未有高焉者也。高帝建大业，为太祖；孝文皇帝德至厚也，为文太宗，孝武皇帝功至著也，为武世宗，此孝宣帝所以发德音也。

《礼记·王制》及《春秋·穀梁传》，天子七庙，诸侯五，大夫三，士二。天子七日而殡，七月而葬；诸侯五日而殡，五月而葬。此丧事尊卑之序也，与庙数相应。其文曰："天子三昭三穆，与太祖之庙而七；诸侯二昭二穆，与太祖之庙而五。"故德厚者流光，德薄者流卑。《春秋左氏传》曰："名位不同，礼亦异数。"自上以下，降杀以两，礼也。七者，其正法数，可常数者也。宗不在此数中。宗，变也，苟有功德则宗之，不可预为设数。故于殷，太甲为太宗，大戊曰中宗，武丁曰高宗。周公为《毋逸》之戒，举殷三宗以劝成王。由是言之，宗无数也，然则所以劝帝者之功德博矣。以七庙言之，孝武皇帝未宜毁；以所宗言之，则不可谓无功德。《礼记》祀典曰："夫圣王之制祀也，功施于民则祀之，以劳定国则祀之，能救大灾则祀之。"窃观孝武皇帝，功德皆兼而有焉。凡在于异姓，犹将特祀之，况于先祖？或说天子五庙无见文，又说中宗、高宗者，宗其道而毁其庙。名与实异，非尊德贵功之意也。《诗》云："蔽芾甘棠，勿剪勿伐，邵伯所茇。"思其人犹爱其树，况宗其道而毁其庙乎？迭毁之礼自有常法，无殊功异德，固以亲疏相推及。至祖宗之序，多少之数，经传无明文，至尊至重，难以疑文虚说定也。孝宣皇帝举公卿之议，用众儒之谋，既以为世宗之庙，建之万世，宣布天下。臣愚以为孝武皇帝功烈如彼，孝宣皇帝崇立之如此，不宜毁。"上览其议而从之。制曰："太仆舜、中垒校尉歆议可。"

歆又以为"礼，去事有杀，故《春秋外传》曰：'日祭，月祀，时享，岁贡，终王。'祖祢则日祭，曾高则月祀，二祧则时享，坛墠则岁贡，大禘则终王。德盛而游广，亲亲之杀也；弥远则弥尊，故禘为重矣。孙居王父之处，正昭穆，则孙常与祖相代，此迁庙之杀也。圣人于其祖，出于情矣，礼无所不顺，故无毁庙。自贡禹建迭毁之议，惠、景及太上寝园废而为虚，失礼意矣。"

至平帝元始中，大司马王莽奏："本始元年丞相义等议，谥孝宣皇帝亲曰悼园，置邑三百家，至元康元年，丞相相等奏，父为士，子为天子，祭以天子，悼园宜称尊号曰'皇考'，立庙，益故奉园民满千六百家，以为县。臣愚以为皇考庙本不当立，累世奉之，非是。又孝文太后南陵、孝昭太后云陵园，虽前以礼不复修，陵名未正。谨与大司徒晏等百四十七人议，皆曰孝宣皇帝以兄孙继统为孝昭皇帝后，以数，故孝元世以孝景皇帝及皇考庙亲未尽，不毁。此两统贰父，违于礼制。案义奏亲谥曰'悼'，裁置奉邑，皆应经义。相奏悼园称'皇考'，立庙，益民为县，违离祖统，乖缪本义。父为士，子为天子，祭以天子者，乃谓若虞舜、夏禹、殷汤、周文、汉之高祖受命而王者也，非谓继祖统为后者也。臣请皇高祖考庙奉明园毁勿修，罢南陵、云陵为县。”奏可。

司徒掾班彪曰：汉承亡秦绝学之后，祖宗之制因时施宜。自元、成后学者蕃滋，贡禹毁宗庙，匡衡改郊兆，何武定三公，后皆数复，故纷纷不定。何者？礼文缺微，古今异制，各为一家，未易可偏定也。考观诸儒之议，刘歆博而笃矣。

# 汉书卷七十四

## 魏相丙吉传第四十四

魏相字弱翁，济阴定陶人也，徙平陵。少学《易》，为郡卒史，举贤良，以对策高第，为茂陵令。顷之，御史大夫桑弘羊客诈称御史止传，丞不以时谒，客怒缚丞。相疑其有奸，收捕，案致其罪，论弃客市，茂陵大治。

后迁河南太守，禁止奸邪，豪强畏服。会丞相车千秋死，先是千秋子为雒阳武库令，自见失父，而相治郡严，恐久获罪，乃自免去。相使掾追呼之，遂不肯还。相独恨曰："大将军闻此令去官，必以为我用丞相死不能遇其子。使当世贵人非我，殆矣！"武库令西至长安，大将军霍光果以责过相曰："幼主新立，以为函谷京师之固，武库精兵所聚，故以丞相弟为关都尉，子为武库令。今河南太守不深惟国家大策，苟见丞相不在而斥逐其子，何浅薄也！"后人有告相贼杀不辜，事下有司。河南卒戍中都官者二三千人，遮大将军，自言愿复留作一年以赎太守罪。河南老弱万余人守关欲入上书，关吏以闻。大将军用武库令事，遂下相廷尉狱。久系逾冬，会赦出。复有诏守茂陵令，迁扬州刺史。考案郡国守相，多所贬退。相与丙吉相善，时吉为光禄大夫，与相书曰："朝廷已深知弱翁治行，方且大用矣。愿少慎事自重，臧器于身。"相心善其言，为霁威严。居部二岁，征为谏大夫，复为河南太守。

数年，宣王即位，征相入为大司农，迁御史大夫。四岁，大将军霍光薨，上思其功德，以其子禹为右将军，兄子乐平侯山复领尚书事。相因平恩侯许伯奏封事，言："《春秋》讥世卿，恶宋三世为大夫，及鲁季孙之专权，皆危乱国家。自后元以来，禄去王室，政由冢宰。今光死，子复为大将军，兄子秉枢机，昆弟诸婿据权势，在兵官。光夫人显及诸女皆通籍长信宫，或夜诏门出入，骄奢放纵，恐浸不制。宜有以损夺其权，破散阴谋，以固万世之基，全功臣之世。"又故事诸上书者皆为二封，署其一曰副，领尚书者先发副封，所言不善，屏去不奏。相复因许伯白，去副封以防雍蔽。宣帝善之，诏相给事中，皆从其议。霍氏杀许后之谋始得上闻。乃罢其三侯，令就第，亲属皆出补吏。于是韦贤以老病免，相遂代为丞相，封高平侯，食邑八百户。及霍氏怨相，又惮之，谋矫太后诏，先召斩丞相，然后废天子。事发觉，伏诛。宣帝始亲万机，厉精为治，练群臣，核名实，而相总领众职，甚称上意。

元康中，匈奴遣兵击汉屯田车师者，不能下。上与后将军赵充国等议，欲因匈奴衰弱，出兵击其右地，使不敢复扰西域。相上书谏曰："臣闻之，救乱诛暴，谓之义兵，兵义者王；敌加于己，不得已而起者，谓之应兵，兵应者胜；争恨小故，不忍愤怒者，谓之忿兵，兵忿者败；利人土地货宝者，谓之贪兵，兵贪者破；恃国家之大，矜民人之众，欲见威于敌者，谓之骄兵，兵骄者灭：此五者，非但人事，乃天道也。间者匈奴尝有善意，所得汉民辄奉归之，未有犯于边境，虽争屯田车师，不足致意中。今闻诸将军欲兴兵入其地，臣愚不知此兵何名者也。今边郡困乏，父子共犬羊之裘，食草莱之实，常恐不能自存，难以动兵。'军旅之后，必有凶年'，言民以其愁苦之气，伤阴阳之和也。出兵虽胜，犹有后忧，恐灾害之变因此以生。今郡国守相多不实选，风俗尤薄，水旱不时。案今年计，子弟杀父兄、妻杀夫者，凡二百二十二人，臣愚以为此非小变也。今左右不忧此，乃欲发兵报纤介之忿于远夷，殆孔子所谓'吾恐季孙之忧不在颛臾而在萧墙之内'也，愿陛下与平昌侯、乐昌侯、平恩侯及有识者详议乃可。"上从相言而止。

相明《易经》，有师法，好观汉故事及便宜章奏，以为古今异制，方今务在奉行故事而已。数条汉兴已来国家便宜行事，及贤臣贾谊、晁错、董仲舒等所言，奏请施行之，曰："臣闻明主在上，贤辅在下，则君安虞而民和睦。臣相幸得备位，不能奉明法，广教化，理四方，以宣圣德。民多背本趋末，或有饥寒之色，为陛下之忧，臣相罪当万死。臣相知能浅薄，不明国家大体，时用之宜，惟民终始，未得所由。窃伏观先帝圣德仁恩之厚，勤劳天下，垂意黎庶，忧水旱之灾，为民贫穷发仓禀，赈乏馁；遣谏大夫博士巡行天下，察风俗，举贤良，平冤狱，冠盖交道；省诸用，宽租赋，弛山泽波地，禁秣马酤酒贮积，所以周急继困，慰安元元，便利百姓之道甚备。臣相不能悉陈，昧死奏故事诏书凡二十三事。臣谨案王法必本于农而务积聚，量入制用以备凶灾，亡六年之畜，尚谓之急。元鼎二年，平原、勃海、太山、东郡溥被灾害，民饿死于道路。二千石不豫虑其难，使至于此，赖明诏振救，乃得蒙更生。今岁不登，谷暴腾踊，临秋收敛犹有乏者，至春恐甚，亡以相恤。西羌未平，师旅在外，兵革相乘，臣窃寒心，宜早图其备。唯陛下留神元元，帅由先帝盛德以抚海内。”上施行其策。

又数表采《易阴阳》及《明堂月令》奏之，曰：

臣相幸得备员，奉职不修，不能宣广教化。阴阳未和，灾害未息，咎在臣等。臣闻《易》曰：“天地以顺动，故日月不过，四时不忒；圣王以顺动，故刑罚清而民服。”天地变化，必由阴阳，阴阳之分，以日为纪。日冬夏至，则八风之序立，万物之性成，各有常职，不得相干。东方之神太昊，乘“震”执规司春；南方之神炎帝，乘“离”执衡司夏；西方之神少昊，乘“兑”执矩司秋；北方之神颛顼，乘“坎”执权司冬；中央之神黄帝，乘“坤”、“艮”执绳司下土。兹五帝所司，各有时也。东方之卦不可以治西方，南方之卦不可以治北方。春兴“兑”治则饥，秋兴“震”治则华，冬兴“离”治则泄，夏兴“坎”治则雹。明王谨于尊天，慎于养人，故立羲和之官以乘四时，节授民事。君动静以道，奉顺阴阳，则日月光明，风雨时节，寒暑调和。三者得叙，则灾害不生，五谷熟，丝麻遂，草木茂，鸟兽蕃，民不夭疾，衣食有余。若是，则君尊民说，上下亡怨，政教不违，礼让可兴。夫风雨不时，则伤农桑；农桑伤，则民饥寒；饥寒在身，则亡廉耻，寇贼奸宄所由生也。臣愚以为阴阳者，王事之本，群生之命，自古贤圣未有不由者也。天子之义，必纯取法天地，而观于先圣。高皇帝所述书《天子所服第八》曰：大谒者臣章受诏长乐宫，曰："令群臣议天子所服，以安治天下。"相国臣何、御史大夫臣昌谨与将军臣陵、太子太傅臣通等议："春夏秋冬天子所服，当法天地之数，中得人和。故自天子王侯有土之君，下及兆民，能法天地，顺四时，以治国家，身亡祸殃，年寿永究，是奉宗庙安天下之大礼也。臣请法之。中谒者赵尧举春，李舜举夏，兒汤举秋，贡禹举冬，四人各职一时。"大谒者襄章奏，制曰："可。"孝文皇帝时，以二月施恩惠于天下，赐孝弟力田及罢军卒，祠死事者，颇非时节。御史大夫晁错时为太子家令，奏言其状。臣相伏念陛下恩泽甚厚，然而灾气未息，窃恐诏令有未合当时者也。愿陛下选明经通知阴阳者四人，各主一时，时至明言所职，以和阴阳，天下幸甚！

相数陈便宜，上纳用焉。

相敕掾史案事郡国及休告从家还至府，辄白四方异闻，或有逆贼风雨灾变，郡不上，相辄奏言之。时，丙吉为御史大夫，同心辅政，上皆重之。相为人严毅，不如吉宽。视事九岁，神爵三年薨，谥曰宪侯。子弘嗣，甘露中有罪削爵为关内侯。

丙吉字少卿，鲁国人也。治律令，为鲁狱史。积功劳，稍迁至廷尉右监。坐法失官，归为州从事。武帝末，巫蛊事起，吉以故廷尉监征，诏治巫蛊郡邸狱。时，宣帝生数月，以皇曾孙坐卫太子事系，吉见而怜之。又心知太子无事实，重哀曾孙无辜，吉择谨厚女徒，令保养曾孙，置闲燥处。吉治巫蛊事，连岁不决。后元二年，武帝疾，往来长杨、五柞宫，望气者言长安狱中有天子气，于是上遣使者分条中都官诏狱系者，亡轻重一切皆杀之。内谒者令郭穰夜到郡邸狱，吉闭门拒使者不纳，曰："皇曾孙在。

他人亡辜死者犹不可，况亲曾孙乎！”相守至天明不得入，穰还以闻，因劾奏吉。武帝亦寤，曰：“天使之也。”因赦天下。郡邸狱系者独赖吉得生，恩及四海矣。曾孙病，几不全者数焉，吉数敕保养乳母加致医药，视遇甚有恩惠，以私财物给其衣食。

后吉为车骑将军军市令，迁大将军长史，霍光甚重之，入为光禄大夫给事中。昭帝崩，无嗣，大将军光遣吉迎昌邑王贺。贺即位，以行淫乱废，光与车骑将军张安世诸大臣议所立，未定。吉奏记光曰：“将军事孝武皇帝，受襁褓之属，任天下之寄，孝昭皇帝早崩亡嗣，海内忧惧，欲亟闻嗣主。发丧之日以大谊立后，所立非其人，复以大谊废之，天下莫不服焉。方今社稷宗庙群生之命在将军之一举。窃伏听于众庶，察其所言，诸侯宗室在位列者，未有所闻于民间也。而遗诏所养武帝曾孙名病已在掖庭外家者，吉前使居郡邸时见其幼少，至今十八九矣，通经术，有美材，行安而节和。愿将军详大议，参以蓍龟，岂宜褒显，先使入侍，令天下昭然知之，然后决定大策，天下幸甚！”光览其议，遂尊立皇曾孙，遣宗正刘德与吉迎曾孙于掖庭。宣帝初即位，赐吉爵关内侯。

吉为人深厚，不伐善。自曾孙遭遇，吉绝口不道前恩，故朝廷莫能明其功也。地节三年，立皇太子，吉为太子太傅，数月，迁御史大夫。及霍氏诛，上躬亲政，省尚书事。是时，掖庭宫婢则令民夫上书，自陈尝有阿保之功。章下掖庭令考问，则辞引使者丙吉知状。掖庭令将则诣御史府以视吉。吉识，谓则曰：“汝尝坐养皇曾孙不谨督笞，汝安得有功？独渭城胡组、淮阳郭徵卿有恩耳。”分别奏组等共养劳苦状。诏吉求组、徵卿，已死，有子孙，皆受厚赏。诏免则为庶人，赐钱十万。上亲见问，然后知吉有旧恩，而终不言。上大贤之，制诏丞相："朕微眇时，御史大夫吉与朕有旧恩，厥德茂焉。《诗》不云乎：'亡德不报。'其封吉为博阳侯，邑千三百户。"临当封，吉疾病，上将使人加绋而封之，及其生存也。上忧吉疾不起，太子太傅夏侯胜曰："此未死也。臣闻有阴德者，必飨其乐以及子孙。今吉未获报而疾甚，非其死疾也。"后病果愈。吉上书固辞，自陈不宜以空名受赏。上报曰："朕之封君，非空名也，而君上书归侯印，是显朕之不德也。方今天下少事，君其专精神，省思虑，近医药，以自持。"后五岁，代魏相为丞相。

吉本起狱法小吏，后学《诗》、《礼》，皆通大义。及居相位，上宽大，好礼让。掾史有罪臧，不称职，辄予长休告，终无所案验。客或谓吉曰："君侯为汉相，奸吏成其私，然无所惩艾。"吉曰："夫以三公之府有案吏之名，吾窃陋焉。"后人代吉，因以为故事，公府不案吏，自吉始。

于官属掾史，务掩过扬善。吉驭吏耆酒，数逋荡，尝从吉出，醉欧丞相车上。西曹主吏白欲斥之，吉曰："以醉饱之失去士，使此人将复何所容？西曹地忍之，此不过污丞相车茵耳。"遂不去也。此驭吏边郡人，习知边塞发奔命警备事，尝出，适见驿骑持赤白囊，边郡发奔命书驰来至。驭吏因随驿骑至公车刺取，知虏入云中、代郡，遽归府见吉白状，因曰："恐虏所入边郡，二千石长吏有老病不任兵马者，宜可豫视。"吉善其言，召东曹案边长吏，琐科条其人。未已，诏召丞相、御史，问以虏所入郡吏，吉具对。御史大夫卒遽不能详知，以得谴让。而吉见谓忧边思职，驭吏力也。吉乃叹曰："士亡不可容，能各有所长。向使丞相不先闻驭吏言，何见劳勉之有？"掾史由是益贤吉。

吉又尝出，逢清道群斗者，死伤横道，吉过之不问，掾史独怪之。吉前行，逢人逐牛，牛喘吐舌。吉止驻，使骑吏问："逐牛行几里矣？"掾史独谓丞相前后失问，或以讥吉，吉曰："民斗相杀伤，长安令、京兆尹职所当禁备逐捕，岁竟丞相课其殿最，奏行赏罚而已。宰相不亲小事，非所当于道路问也。方春少阳用事，未可大热，恐牛近行，用暑故喘，此时气失节，恐有所伤害也。三公典调和阴阳，职当忧，是以问之。"掾史乃服，以吉知大体。

五凤三年春，吉病笃。上自临问吉，曰："君即有不讳，谁可以自代者？"吉辞谢曰："群臣行能，明主所和，愚臣无所能识。"上固问，吉顿首曰："西河太守杜延年明于法度，晓国家故事，前为九卿十余年，今在郡治有能名。廷尉于定国执宪详平，天下自以不冤。太仆陈万年事后母孝，惇厚备于行止。此三人能皆在臣右，唯上察之。"上以吉言皆是而许焉。及吉薨，御史大夫黄霸为丞相，征西河太守杜延年为御史大夫，会其年老，乞骸骨，病免。以廷尉于定国代为御史大夫。黄霸薨，而定国为丞相，太仆陈万年代定国为御史大夫，居位皆称职，上称吉为知人。

吉薨，谥曰定侯。子显嗣，甘露中有罪削爵为关内侯，官至卫尉、太仆。始显少为诸曹，尝从祠高庙，至夕牲日，乃使出取斋衣。丞相吉大怒，谓其夫人曰："宗庙至重，而显不敬慎，亡吾爵者必显也。"夫人为言，然后乃已。吉中子禹为水衡都尉，少子高为中垒校尉。

元帝时，长安士伍尊上书言："臣少时为郡邸小吏，窃见孝宣皇帝以皇曾孙在郡邸狱。是时，治狱使者丙吉见皇曾孙遭离无辜，吉仁心感动，涕泣凄恻，选择复作胡组养视皇孙，吉常从。臣尊日再侍卧庭上。后遭条狱之诏，吉扞拒大难，不避严刑峻法。既遭大赦，吉谓守丞谁如，皇孙不当在官，使谁如移书京兆尹，遣与胡组俱送京兆尹，不受，复还。及组日满当去，皇孙思慕，吉以私钱顾组，令留与郭徵卿并养数月，乃遣组去。后少内啬夫白吉曰：‘食皇孙亡诏令。’时，吉得食米肉，月月以给皇孙。吉即时病，辄使臣尊朝夕请问皇孙，视省席蓐燥湿。候伺组、徵卿，不得令晨夜去皇孙敖荡，数奏甘毳食物。所以拥全神灵，成育圣躬，功德已亡量矣。时岂豫知天下之福，而徼其报哉！诚其仁恩内结于心也。虽介之推割肌以存君，不足以比。孝宣皇帝时，臣上书言状，幸得下吉，吉谦让不敢自伐，删去臣辞，专归美于组、徵卿。组、徵卿皆以受田宅赐钱，吉封为博阳侯，臣尊不得比组、徵卿。臣年老居贫，死在旦暮，欲终不言，恐使有功不著。吉子显坐微文夺爵为关内侯，臣愚以为宜复其爵邑，以报先人功德。”先是，显为太仆十余年，与官属大为奸利，臧千余万，司隶校尉昌案劾，罪至不道，奏请逮捕。上曰：“故丞相吉有旧恩，朕不忍绝。”免显官，夺邑四百户。后复以为城门校尉。显卒，子昌嗣爵关内侯。

成帝时，修废功，以吉旧恩尤重，鸿嘉元年制诏丞相御史：“盖闻褒功德，继绝统，所以重宗庙，广贤圣之路也。故博阳侯吉以旧恩有功而封，今其祀绝，朕甚怜之。夫善善及子孙，古今之通谊也，其封吉孙中郎将、关内侯昌为博阳侯，奉吉后。”国绝三十二岁复续云。昌传子至孙，王莽时乃绝。

赞曰：古之制名，必由象类，远取诸物，近取诸身。故经谓君为元首，臣为股肱，明其一体，相待而成也。是故君臣相配，古今常道，自然之势也。近观汉相，高祖开基，萧、曹为冠，孝宣中兴，丙、魏有声。是时，黜陟有序，众职修理，公卿多称其位，海内兴于礼让。览其行事，岂虚乎哉！

# 汉书卷七十五

## 眭两夏侯京翼李传第四十五

眭弘字孟，鲁国蕃人也。少时好侠，斗鸡走马，长乃变节，从嬴公受《春秋》。以明经为议郎，至符节令。

孝昭元凤三年正月，泰山、莱芜山南匈匈有数千人声，民视之，有大石自立，高丈五尺，大四十八围，入地深八尺，三石为足。石立后有白乌数千下集其旁。是时，昌邑有枯社木卧复生，又上林苑中大柳树断枯卧地，亦自立生，有虫食树叶成文字，曰“公孙病已立”，孟推《春秋》之意，以为“石、柳，皆阴类，下民之象；泰山者，岱宗之岳，王者易姓告代之处。今大石自立，僵柳复起，非人力所为，此当有从匹夫为天子者。枯社木复生，故废之家公孙氏当复兴者也”。孟意亦不知其所在，即说曰：“先师董仲舒有言，虽有继体守文之君，不害圣人之受命。汉家尧后，有传国之运。汉帝宜谁差天下，求索贤人，禅以帝位，而退自封百里，如殷、周二王后，以承顺天命。”孟使友人内官长赐上此书。时，昭帝幼，大将军霍光秉政，恶之，下其书廷尉。奏赐、孟妄设袄言惑众，大逆不道。皆伏诛。后五年，孝宣帝兴于民间，即位，征孟子为郎。

夏侯始昌，鲁人也。通《五经》，以《齐诗》、《尚书》教授。自董仲舒、韩婴死后，武帝得始昌，甚重之。始昌明于阴阳，先言柏梁台灾日，至期日果灾。时，昌邑王以少子爱，上为选师，始昌为太傅。年老，以寿终。族子胜亦以儒显名。

夏侯胜字长公。初，鲁共王分鲁西宁乡以封子节侯，别属大河，大河后更名东平，故胜为东平人。胜少孤，好学，从始昌受《尚书》及《洪范五行传》，说灾异。后事蔄卿，又从欧阳氏问。为学精孰，所问非一师也。善说礼服。征为博士、光禄大夫。会昭帝崩，昌邑王嗣立，数出。胜当乘舆前谏曰："天久阴而不雨，臣下有谋上者，陛下出欲何之？"王怒，谓胜为妖言，缚以属吏。吏白大将军霍光，光不举法。是时，光与车骑将军张安世谋欲废昌邑王。光让安世以为泄语，安世实不言。乃召问胜，胜对言："在《洪范传》曰'皇之不极，厥罚常阴，时则下人有伐上者'，恶察察言，故云臣下有谋。"光、安世大惊，以此益重经术士。后十余日，光卒与安世白太后，废昌邑王，尊立宣帝。光以为群臣奏事东宫，太后省政，宜知经术，白令胜用《尚书》授太后。迁长信少府，赐爵关内侯，以与谋废立，定策安宗庙，益千户。

宣帝初即位，欲褒先帝，诏丞相御史曰："朕以眇身，蒙遗德，承圣业，奉宗庙，夙夜惟念。孝武皇帝躬仁谊，厉威武，北征匈奴，单于远遁，南平氐羌、昆明、瓯骆两越，东定薉、貉、朝鲜，廓地斥境，立郡县，百蛮率服，款塞自至，珍贡陈于宗庙；协音律，造乐歌，荐上帝，封太山，立明堂，改正朔，易服色；明开圣绪，尊贤显功，兴灭继绝，褒周之后，备天地之礼，广道术之路。上天报况，符瑞并应，宝鼎出，白麟获，海效巨鱼，神人并见，山称万岁。功德茂盛，不能尽宣，而庙乐未称，朕甚悼焉。其与列侯、二千石、博士议。”于是群臣大议廷中，皆曰：“宜如诏书。”长信少府胜独曰：“武帝虽有攘四夷广土斥境之功，然多杀士众，竭民财力，奢泰亡度，天下虚耗，百姓流离，物故者半。蝗虫大起，赤地数千里，或人民相食，畜积至今未复。亡德泽于民，不宜为立庙乐。”公卿共难胜曰：“此诏书也。”胜曰：“诏书不可用也。人臣之谊，宜直言正论，非苟阿意顺指。议已出口，虽死不悔。”于是丞相义，御史大夫广明劾奏胜非议诏书，毁先帝，不道，及丞相长史黄霸阿纵胜，不举劾，俱下狱。有司遂请尊孝武帝庙为世宗庙，奏《盛德》、《文始》、《五行》之舞，天下世世献纳，以明盛德。武帝巡狩所幸郡国凡四十九，皆立庙，如高祖、太宗焉。

胜、霸既久系，霸欲从胜受经，胜辞以罪死。霸曰：“‘朝闻道，夕死可矣。’”胜贤其言，遂授之。系再更冬，讲论不怠。

至四年夏，关东四十九郡同日地动，或山崩，坏城郭室屋，杀六千余人。上乃素服，避正殿，遣使者吊问吏民，赐死者棺钱。下诏曰：“盖灾异者，天地之戒也。朕承洪业，托士民之上，未能和群生。曩者地震北海、琅琊，坏祖宗庙，朕甚惧焉。其与列侯、中二千石博问术士，有以应变，补朕之阙，毋有所讳。”因大赦。胜出为谏大夫、给事中，霸为扬州刺史。

胜为人质朴守正，简易亡威仪。见时谓上为君，误相字于前，上亦以是亲信之。尝见，出道上语，上闻而让胜，胜曰：“陛下所言善，臣故扬之。尧言布于天下，至今见诵。臣以为可传，故传耳。”朝廷每有大议，上知胜素直，谓曰：“先生通正言，无惩前事。”

胜复为长信少府，迁太子太傅。受诏撰《尚书》、《论语说》，赐黄金百斤。年九十卒官，赐冢茔，葬平陵。太后赐钱二百万，为胜素服五日，以报师傅之恩，儒者以为荣。

始，胜每讲授，常谓诸生曰：“士病不明经术，经术苟明，其取青紫如俯拾地芥耳。学经不明，不如归耕。”

胜从父子建字长卿，自师事胜及欧阳高，左右采获，又从《五经》诸儒问与《尚书》相出入者，牵引以次章句，具文饰说。胜非之曰：“建所谓章句小儒，破碎大道。”建亦非胜为学疏略，难以应敌。建卒自颛门名经，为议郎、博士，至太子少傅。胜子兼为左曹太中大夫，孙尧至长信少府、司农、鸿胪，曾孙蕃郡守、州牧、长乐少府。胜同产弟子赏为梁内史，梁内史子定国为豫章太守。而建子千秋亦为少府、太子少傅。

京房字君明，东郡顿丘人也。治《易》，事梁人焦延寿。延寿字赣。赣贫贱，以好学得幸梁王，王共其资用，令极意学。既成，为郡史，察举补小黄令。以候司先知奸邪，盗贼不得发。爱养吏民，化行县中。举最当迁，三老官属上书愿留赣，有诏许增秩留，卒于小黄。赣常曰：“得我道以亡身者，必京生也。”其说长于灾变，分六十四卦，更直日用事，以风雨寒温为候：各有占验。房用之尤精。好钟律，知音声。初元四年以孝廉为郎。

永光、建昭间，西羌反，日蚀，又久青亡光，阴雾不精。房数上疏，先言其将然，近数月，远一岁，所言屡中，天子说之。数召见问，房对曰：“古帝王以功举贤，则万化成，瑞应著，末世以毁誉取人，故功业废而致灾异。宜令百官各试其功，灾异可息。”诏使房作其事，房奏考功课吏法。上令公卿朝臣与房会议温室，皆以房言烦碎，令上下相司，不可许。上意乡之。时，部刺史奏事京师，上召见诸刺史，令房晓以课事，刺史复以为不可行。唯御史大夫郑弘、光禄大夫周堪初言不可，后善之。

是时，中书令石显颛权，显友人五鹿充宗为尚书令，与房同经，论议相非。二人用事，房尝宴见，问上曰："幽、厉之君何以危？所任者何人也？”上曰："君不明，而所任者巧佞。”房曰："知其巧佞而用之邪，将以为贤也？”上曰："贤之。”房曰："然则今何以知其不贤也？”上曰："以其时乱而君危知之。”房曰："若是，任贤必治，任不肖必乱，必然之道也。幽、厉何不觉寤而更求贤，曷为卒任不肖以至于是？”上曰："临乱之君各贤其臣，令皆觉寤，天下安得危亡之君？”房曰："齐桓公、秦二世亦尝闻此君而非笑之，然则任竖刁、赵高，政治日乱，盗贼满山，何不以幽、厉卜之而觉寤乎？”上曰："唯有道者能以往知来耳。”房因免冠顿首，曰："《春秋》纪二百四十二年灾异，以视万世之君。今陛下即位已来，日月失明，星辰逆行，山崩泉涌，地震石陨，夏霜冬雷，春凋秋荣，陨霜不杀，水旱螟虫，民人饥疫，盗贼不禁，刑人满市，《春秋》所记灾异尽备。陛下视今为治邪，乱邪？”上曰："亦极乱耳。尚何道！”房曰："今所任用者谁与？”上曰："然幸其愈于彼，又以为不在此人也。”房曰："夫前世之君亦皆然矣。臣恐后之视今，犹今之视前也。”上良久乃曰："今为乱者谁哉？”房曰："明主宜自知之。”上曰："不知也，如知，何故用之？”房曰："上最所信任，与图事帷幄之中进退天下之士者是矣。”房指谓石显，上亦知之，谓房曰：“已谕。”

房罢出，后上令房上弟子晓知考功课吏事者，欲试用之。房上中郎任良、姚平，“愿以为刺史，试考功法，臣得通籍殿中，为奏事，以防雍塞”。石显、五鹿充宗皆疾房，欲远之，建言宜试以房为郡守。元帝于是以房为魏郡太守，秩八百石，居得以考功法治郡。房自请，愿无属刺史，得除用它郡人，自第吏千石已下，岁竟乘传奏事。天子许焉。

房自知数以论议为大臣所非，内与石显、五鹿充宗有隙，不欲远离左右，及为太守，忧惧。房以建昭二年二月朔拜，上封事曰：“辛酉以来，蒙气衰去，太阳精明，臣独欣然，以为陛下有所定也。然少阴倍力而乘消息。臣疑陛下虽行此道，犹不得如意，臣窃悼惧。守阳平侯凤欲见未得，至己卯，臣拜为太守，此言上虽明下犹胜之效也。臣出之后，恐必为用事所蔽，身死而功不成，故愿岁尽乘传奏事，蒙哀见许。乃辛巳，蒙气复乘卦，太阳侵色，此上大夫覆阳而上意疑也。己卯、庚辰之间，必有欲隔绝臣令不得乘传奏事者。”

房未发，上令阳平侯凤承制诏房，止无乘传奏事。房意愈恐，去至新丰，因邮上封事曰：“臣前以六月中言《遁卦》不效，法曰：‘道人始去，寒，涌水为灾。’至其七月，涌水出。臣弟子姚平谓臣曰：‘房可谓知道，未可谓信道也。房言灾异，未尝不中，今涌水已出，道人当逐死，尚复何言？’臣曰：‘陛下至仁，于臣尤厚，虽言而死，臣犹言也。’平又曰：‘房可谓小忠，未可谓大忠也。昔秦时赵高用事，有正先者，非刺高而死，高威自此成，故秦之乱，正先趣之。’今臣得出守郡，自诡效功，恐未效而死。

惟陛下毋使臣塞涌水之异，当正先之死，为姚平所笑。”

房至陕，复上封事曰：“乃丙戌小雨，丁亥蒙气去，然少阴并力而乘消息，戊子益甚，到五十分，蒙气复起。此陛下欲正消息，杂卦之党并力而争，消息之气不胜。强弱安危之机不可不察。己丑夜，有还风，尽辛卯，太阳复侵色，至癸巳，日月相薄，此邪阴同力而太阳为之疑也。臣前白九年不改，必有星亡之异。臣愿出任良试考功，臣得居内，星亡之异可去。议者知如此于身不利，臣不可蔽，故云使弟子不若试师。臣为刺史又当奏事，故复云为刺史恐太守不与同心，不若以为太守，此其所以隔绝臣也。陛下不违其言而遂听之，此乃蒙气所以不解，太阳亡色者也。臣去朝稍远，太阳侵色益甚，唯陛下毋难还臣而易逆天意。邪说虽安于人，天气必变，故人可欺，天不可欺也，愿陛下察焉。”房去月余，竟征下狱。

初，淮阳宪王舅张博从房受学，以女妻房。房与相亲，每朝见，辄为博道其语，以为上意欲用房议，而群臣恶其害己，故为众所排。博曰：“淮阳王上亲弟，敏达好政，欲为国忠。今欲令王上书求入朝，得佐助房。”房曰：“得无不可？”博曰：“前楚王朝荐士，何为不可？”房曰：“中书令石显、尚书令五鹿君相与合同，巧佞之人也，事县官十余年；及丞相韦侯，皆久亡补于民，可谓亡功矣。此尤不欲行考功者也。淮阳王即朝见，劝上行考功，事善；不然，但言丞相、中书令任事久而不治，可休丞相，以御史大夫郑弘代之，迁中书令置他官，以钩盾令徐立代之，如此，房考功事得施行矣。”博具从房记诸所说灾异事，因令房为淮阳王作求朝奏草，皆持柬与淮阳王。石显微司具知之，以房亲近，未敢言。及房出守郡，显告房与张博通谋，非谤政治，归恶天子，诖误诸侯王，语在《宪王传》。初，房见道幽、厉事，出为御史大夫郑弘言之。房、博皆弃市，弘坐免为庶人。房本姓李，推律自定为京氏，死时年四十一。

翼奉字少君，东海下邳人也。治《齐诗》，与萧望之、匡衡同师。三人经术皆明，衡为后进，望之施之政事，而奉惇学不仕，好律历阴阳之占。元帝初即位，诸儒荐之，征待诏宦者署，数言事宴见，天子敬焉。

时，平昌侯王临以宣帝外属侍中，称诏欲从奉学其术。奉不肯与言，而上封事曰："臣闻之于师，治道要务，在知下之邪正。人诚乡正，虽愚为用；若乃怀邪，知益为害。知下之术，在于六情十二律而已。北方之情，好也；好行贪狼，申子主之。东方之情，怒也；怒行阴贼，亥卯主之。贪狼必待阴贼而后动，阴贼必待贪狼而后用，二阴并行，是以王者忌子卯也。《礼经》避之，《春秋》讳焉。南方之情，恶也；恶行廉贞，寅午主之。西方之情，喜也；喜行宽大，巳酉主之。二阳并行，是以王者吉午酉也。《诗》曰：'吉日庚午。'上方之情，乐也；乐行奸邪，辰未主之。下方之情，哀也；哀行公正，戌丑主之。辰未属阴，戌丑属阳，万物各以其类应。今陛下明圣虚静以待物至，万事虽众，何闻而不谕，岂况乎执十二律而御六情！于以知下参实，亦甚优矣，万不失一，自然之道也。乃正月癸未日加申，有暴风从西南来。未主奸邪，申主贪狼，风以大阴下抵建前，是人主左右邪臣之气也。平昌侯比三来见臣，皆以正辰加邪时。辰为客，时为主人。以律知人情，王者之秘道也，愚臣诚不敢以语邪人。"

上以奉为中郎，召问奉："来者以善日邪时，孰与邪日善时?"奉对曰："师法用辰不用日。辰为客，时为主人。见于明主，侍者为主人。辰正时邪，见者正，侍者邪；辰邪时正，见者邪，侍者正。忠正之见，侍者虽邪，辰时俱正；大邪之见，侍者虽正，辰时俱邪。即以自知侍者之邪，而时邪辰正，见者反邪；即以自知侍者之正，而时正辰邪，见者反正。辰为常事，时为一行。辰疏而时精，其效同功，必参五观之，然后可知。故曰："察其所由，省其进退，参之六合五行，则可以见人性，知人情。难用外察，从中甚明，故诗之为学，情性而已。五性不相害，六情更兴废。观性以历，观情以律，明主所宜独用，难与二人共也。故曰：'显诸仁，臧诸用。'露之则不神，独行则自然矣，唯奉能用之，学者莫能行。"

是岁，关东大水，郡国十一饥，疫尤甚。上乃下诏江海陂湖园池属少府者以假贫民，勿租税；损大官膳，减乐府员，省苑马，诸宫馆稀御幸者勿缮治；太仆、少府减食谷马，水衡省食肉兽。明年二月戊午，地震。其夏，齐地人相食。七月己酉，地复震。上曰："盖闻贤圣在位，阴阳和，风雨时，日月光，星辰静，黎庶康宁，考终厥命。今朕共承天地，托于公侯之上，明不能烛，德不能绥，灾异并臻，连年不息。乃二月戊午，地大震于陇西郡，毁落太上皇庙殿壁木饰，坏败豲道县城郭官寺及民室屋，厌杀人众，山崩地裂，水泉涌出。一年地再动，天惟降灾，震惊朕躬。治有大亏，咎至于此。夙夜兢兢，不通大变，深怀郁悼，未知有序。比年不登，元元困乏，不胜饥寒，以陷刑辟，朕甚闵焉，憯怛于心。已诏吏虚仓廪，开府臧，振救贫民，群司其茂思天地之戒，有可蠲除减省以便万姓者，各条奏。悉意陈朕过失，靡有所讳。”因赦天下，举直言极谏之士。奉奏封事曰：

臣闻之于师曰，天地设位，悬日月，布星辰，分阴阳，定四时，列五行，以视圣人，名之曰道。圣人见道，然后知王治之象，故画州土，建君臣，立律历，陈成败，以视贤者，名之曰经。贤者见经，然后知人道之务，则《诗》、《书》、《易》、《春秋》、《礼》、《乐》是也。《易》有阴阳，《诗》有五际，《春秋》有灾异，皆列终始，推得失，考天心，以言王道之安危。至秦乃不说，伤之以法，是以大道不通，至于灭亡。今陛下明圣，深怀要道，烛临万方，布德流惠，靡有阙遗。罢省不急之用，振救困贫，赋医药，赐棺钱，恩泽甚厚。又举直言，求过失，盛德纯备，天下幸甚。

臣奉窃学《齐诗》，闻五际之要《十月之交》篇，知日蚀、地震之效昭然可明，犹巢居知风，穴处知雨，亦不足多，适所习耳。臣闻人气内逆，则感动天地；天变见于星气日蚀，地变见于奇物震动。所以然者，阳用其精，阴用其形，犹人之有五脏六体，五脏象天，六体象地。故脏病则气色发于面，体病则欠申动于貌。今年太阴建于甲戌，律以庚寅初用事，历以甲午从春。历中甲庚，律得参阳，性中仁义，情得公正贞廉，百年之精岁也。正以精岁，本首王位，日临中时接律而地大震，其后连月久阴，虽有大令，犹不能复，阴气盛矣。古者朝廷必有同姓以明亲亲，必有异姓以明贤贤，此圣王之所以大通天下也。同姓亲而易进，异姓疏而难通，故同姓一，异姓五，乃为平均。今左右亡同姓，独以舅后之家为亲，异姓之臣又疏。二后之党满朝，非特处位，势尤奢僭过度，吕、霍、上官足以卜之，甚非爱人之道，又非后嗣之长策也。阴气之盛，不亦宜乎！

臣又闻未央、建章、甘泉宫才人各以百数，皆不得天性。若杜陵园，其已御见者，臣子不敢有言，虽然，太皇太后之事也。及诸侯王园，与其后宫，宜为设员，出其过制者，此损阴气应天救邪之道也。今异至不应，灾将随之。其法大水，极阴生阳，反为大旱，甚则有火灾，春秋宋伯姬是矣。唯陛下财察。

明年夏四月乙未，孝武园白鹤馆灾。奉自以为中，上疏曰："臣前上五际地震之效，曰极阴生阳，恐有火灾。不合明听，未见省答，臣窃内不自信。今白鹤馆以四月乙未，时加于卯，月宿亢灾，与前地震同法。臣奉乃深知道之可信也。不胜拳拳，愿复赐间，卒其终始。"

上复延问以得失。奉以为祭天地于云阳汾阴，及诸寝庙不以亲疏迭毁，皆烦费，违古制。又宫室苑囿，奢泰难供，以故民困国虚，亡累年之畜。所由来久，不改其本，难以末正，乃上疏曰：

臣闻昔者盘庚改邑以兴殷道，圣人美之。窃闻汉德隆盛，在于孝文皇帝躬行节俭，外省徭役。其时未有甘泉、建章及上林中诸离宫馆也。未央宫又无高门、武台、麒麟、凤皇、白虎、玉堂、金华之殿，独有前殿、曲台、渐台、宣室、温室、承明耳。孝文欲作一台，度用百金，重民之财，废而不为，其积土基，至今犹存，又下遗诏，不起山坟。故其时天下大和，百姓洽足，德流后嗣。

如令处于当今，因此制度，必不能成功名。天道有常，王道亡常，亡常者所以应有常也。必有非常之主，然后能立非常之功。

臣愿陛下徙都于成周，左据成皋，右阻黾池，前乡崧高，后介大河，建荥阳，扶河东，南北千里以为关，而入敖仓；地方百里者八九，足以自娱；东厌诸侯之权，西远羌胡之难，陛下共己亡为，按成周之居，兼盘庚之德，万岁之后，长为高宗。汉家郊兆寝庙祭祀之礼多不应古，臣奉诚难亶居而改作，故愿陛下迁都正本。众制皆定，亡复缮治宫馆不急之费，岁可余一年之畜。

臣闻三代之祖积德以王，然皆不过数百年而绝。周至成王，有上贤之材，因文、武之业，以周、召为辅，有司各敬其事，在位莫非其人。天下甫二世耳，然周公犹作诗、书深戒成王，以恐失天下。《书》则曰："王毋若殷王纣。"其《诗》则曰："殷之未丧师，克配上帝；宜监于殷，骏命不易。"今汉初取天下，起于丰沛，以兵征伐，德化未洽，后世奢侈，国家之费当数代之用，非直费财，又乃费士。孝武之世，暴骨四夷，不可胜数。有天下虽未久，至于陛下八世九主矣。虽有成王之明，然亡周、召之佐。今东方连年饥馑，加之以疾疫，百姓菜色，或至相食。地比震动，天气混浊，日光侵夺。由此言之，执国政者岂可以不怀怵惕而戒万分之一乎！故臣愿陛下因天变而徙都，所谓与天下更始者也。天道终而复始，穷则反本，故能延长而亡穷也。今汉道未终，陛下本而始之，于以永世延祚，不亦优乎！如因丙子之孟夏，顺太阴以东行，到后七年之明岁，必有五年之余蓄，然后大行考室之礼，虽周之隆盛，亡以加此。唯陛下留神，详察万世之策。

书奏，天子异其意，答曰："问奉：今园庙有七，云东徙，状何如？"奉对曰："昔成王徙洛，般庚迁殷，其所避就，皆陛下所明知也。非有圣明，不能一变天下之道。臣奉愚戆狂惑，唯陛下裁赦。”

其后，贡禹亦言当定迭毁礼，上遂从之。及匡衡为丞相，奏徙南北郊，其议皆自奉发之。

奉以中郎为博士、谏大夫，年老以寿终。子及孙，皆以学在儒官。

李寻字子长，平陵人也。治《尚书》，与张孺、郑宽中同师。宽中等守师法教授，寻独好《洪范》灾异，又学天文月令阴阳。事丞相翟方进，方进亦善为星历，除寻为吏，数为翟侯言事。帝舅曲阳侯王根为大司马票骑将军，厚遇寻。是时多灾异，根辅政，数虚己问寻。寻见汉家有中衰厄会之象，其意以为且有洪水为灾，乃说根曰：

《书》云“天聪明”，盖言紫宫极枢，通位帝纪，太微四门，广开大道，五经六纬，尊术显士，翼张舒布，烛临四海，少微处士，为比为辅，故次帝廷，女宫在后。圣人承天，贤贤易色，取法于此。天官上相上将，皆颛面正朝，忧责甚重，要在得人。得人之效，成败之机，不可不勉也。昔秦穆公说諓諓之言，任仡仡之勇，身受大辱，社稷几亡。悔过自责，思惟黄发，任用百里奚，卒伯西域，德列王道。二者祸福如此，可不慎哉！

夫士者，国家之大宝，功名之本也。将军一门九侯，二十朱轮，汉兴以来，臣子贵盛，未尝至此。夫物盛必衰，自然之理，唯有贤友强辅，庶几可以保身命，全子孙，安国家。

《书》曰“历象日月星辰”，此言仰视天文，俯察地理，观日月消息，候星辰行伍，揆山川变动，参人民谣俗，以制法度，考祸福。举错悖逆，咎败将至，征兆为之先见。明君恐惧修正，侧身博问，转祸为福；不可救者，即蓄备以待之，故社稷亡忧。

窃见往者赤黄四塞，地气大发，动土竭民，天下扰乱之征也。彗星争明，庶雄为桀，大寇之引也。此二者已颇效矣。城中讹言大水，奔走上城，朝廷惊骇，女孽入宫，此独未效。间者重以水泉涌溢，旁宫阙仍出。月、太白入东井，犯积水，缺天渊。日数湛于极阳之色。羽气乘宫，起风积云。又错以山崩地动，河不用其道。盛冬雷电，潜龙为孽。继以陨星流彗，维、填上见，日蚀有背乡。此亦高下易居，洪水之征也。不忧不改，洪水乃欲荡涤，流彗乃欲扫除；改之，则有年亡期。故属者颇有变改，小贬邪猾，日月光精，时雨气应，此皇天右汉亡已也，何况致大改之！

宜急博求幽隐，拔擢天士，任以大职。诸阘茸佞谄，抱虚求进，及用残贼酷虐闻者，若此之徒，皆嫉善憎忠，坏天文，败地理，涌跃邪阴，湛溺太阳，为主结怨于民，宜以时废退，不当得居位。诚必行之，凶灾销灭，子孙之福不旋日而至。政治感阴阳，犹铁炭之低印，见效可信者也。及诸蓄水连泉，务通利之。修旧堤防，省池泽税，以助损邪阴之盛。案行事，考变易，讹言之效，未尝不至。请征韩放，掾周敞、王望可与图之。

根于是荐寻。哀帝初即位，召寻待诏黄门，使侍中卫尉傅喜问寻曰："间者水出地动，日月失度，星辰乱行，灾异仍重，极言毋有所讳。"寻对曰：

陛下圣德，尊天敬地，畏命重民，悼惧变异，不忘疏贱之臣，幸使重臣临问，愚臣不足以奉明诏。窃见陛下新即位，开大明，除忌讳，博延名士，靡不并进。臣寻位卑术浅，过随众贤待诏，食太官，衣御府，久污玉堂之署。比得召见，亡以自效。复特见延问至诚，自以逢不世出之命，愿竭愚心，不敢有所避，庶几万分有一可采。唯弃须臾之间，宿留瞽言，考之文理，稽之《五经》，揆之圣意，以参天心。夫变异之来，各应象而至，臣谨条陈所闻。

《易》曰："县象著明，莫大乎日月。"夫日者，众阳之长，辉光所烛，万里同晷，人君之表也。故日将旦，清风发，群阴伏，君以临朝，不牵于色。日初出，炎以阳，君登朝，佞不行，忠直进，不蔽障。日中辉光，君德盛明，大臣奉公。日将入，专以一，君就房，有常节。君不修道，则日失其度，暗昧亡光。各有云为：其于东方作，日初出时，阴云邪气起者，法为牵于女谒，有所畏难；日出后，为近臣乱政；日中，为大臣欺诬；日且入，为妻妾役使所营。间者日尤不精，光明侵夺失色，邪气珥蜺数作。本起于晨，相连至昏，其日出后至日中间差愈。小臣不知内事，窃以日视陛下志操，衰于始初多矣。其咎恐有以守正直言而得罪者，伤嗣害世，不可不慎也。唯陛下执乾刚之德，强志守度，毋听女谒邪臣之态。诸保阿乳母甘言悲辞之托，断而勿听。勉强大谊，绝小不忍；良有不得已，可赐以货财，不可私以官位，诚皇天之禁也。日失其光，则星辰放流。阳不能制阴，阴桀得作。间者太白正昼经天。宜隆德克躬，以执不轨。

臣闻月者，众阴之长，销息见伏，百里为品，千里立表，万里连纪，妃、后、大臣、诸侯之象也。朔晦正终始，弦为绳墨，望成君德，春夏南，秋冬北。间者，月数以春夏与日同道，过轩辕上后受气，入太微帝廷扬光辉，犯上将近臣，列星皆失色，厌厌如灭，此为母后与政乱朝，阴阳俱伤，两不相便。外臣不知朝事，窃信天文即如此，近臣已不足杖矣。屋大柱小，可为寒心。唯陛下亲求贤士，无强所恶，以崇社稷，尊强本朝。

臣闻五星者，五行之精，五帝司命，应王者号令为之节度。岁星主岁事，为统首，号令所纪，今失度而盛，此君指意欲有所为，未得其节也。又填星不避岁星者，后帝共政，相留于奎、娄，当以义断之。荧惑往来亡常，周历两宫，作态低卬，入天门，上明堂，贯尾乱宫。太白发越犯库，兵寇之应也。贯黄龙，入帝庭，当门而出，随荧惑入天门，至房而分，欲与荧惑为患，不敢当明堂之精。此陛下神灵，故祸乱不成也。荧惑厥弛，佞巧依势，微言毁誉，进类蔽善。太白出端门，臣有不臣者。火入室，金上堂，不以时解，其忧凶。填、岁相守，又主内乱。宜察萧墙之内，毋忽亲疏之微，诛放佞人，防绝萌牙，以荡涤浊涉，消散积恶，毋使得成祸乱。辰星主正四时，当效于四仲；四时失序，则辰星作异。今出于岁首之孟，天所以谴告陛下也。政急则出早，政缓则出晚，政绝不行则伏不见而为彗茀。四孟皆出，为易王命；四季皆出，星家所讳。今幸独出寅孟之月，盖皇天所以笃右陛下也，宜深自改。

治国故不可以戚戚，欲速则不达。经曰："三载考绩，三考黜陟。"加以号令不顺四时，既往不咎，来事之师也。间者春三月治大狱，时贼阴立逆，恐岁小收；季夏举兵法，时寒气应，恐后有霜雹之灾；秋月行封爵，其月土湿奥，恐后有雷雹之变。夫以喜怒赏罚，而不顾时禁，虽有尧、舜之心，犹不能致和。善言天者，必有效于人。设上农夫而欲冬田，肉袒深耕，汗出种之，然犹不生者，非人心不至，天时不得也。《易》曰："时止则止，时行则行，动静不失其时，其道光明。”《书》曰：“敬授民时。”故古之王者，尊天地，重阴阳，敬四时，严月令。顺之以善政，则和气可立致，犹枹鼓之相应也。今朝廷忽于时月之令，诸侍中、尚书近臣宜皆令通知月令之意，设群下请事；若陛下出令有谬于时者，当知争之，以顺时气。

臣闻五行以水为本，其星玄武婺女，天地所纪，终始所生。水为准平，王道公正修明，则百川理，落脉通；偏党失纲，则踊溢为败。《书》云“水曰润下”，阴动而卑，不失其道。天下有道，则河出图，洛出书，故河、洛决溢，所为最大。今汝、颍畎浍皆川水漂踊，与雨水并为民害，此《诗》所谓“烨烨震电，不宁不令，百川沸腾”者也。其咎在于皇甫卿士之属。唯陛下留意诗人之言，少抑外亲大臣。

臣闻地道柔静，阴之常义也。地有上、中、下：其上位震，应妃后不顺；中位应大臣作乱；下位应庶民离畔。震或于其国，国君之咎也。四方中央连国历州俱动者，其异最大。间者关东地数震，五星作异，亦未大逆，宜务崇阳抑阴，以救其咎；固志建威，闭绝私路，拔进英隽，退不任职，以强本朝。夫本强则精神折冲，本弱则招殃致凶，为邪谋所陵。闻往者淮南王作谋之时，其所难者，独有汲黯，以为公孙弘等不足言也。弘，汉之名相，于今亡比，而尚见轻，何况亡弘之属乎？故曰朝廷亡人，则为贼乱所轻，其道自然也。天下未闻陛下奇策固守之臣也。语曰，何以知朝廷之衰？人人自贤，不务于通人，故世陵夷。

马不伏历，不可以趋道；士不素养，不可以重国。《诗》曰“济济多士，文王以宁”，孔子曰“十室之邑，必有忠信”，非虚言也。陛下秉四海之众，曾亡柱干之固守闻于四境，殆开之不广，取之不明，劝之不笃。传曰：“土之美者善养禾，君之明者善养士。”中人皆可使为君子。诏书进贤良，赦小过，无求备，以博聚英隽。如近世贡禹，以言事忠切蒙尊荣，当此之时，士厉身立名者多。禹死之后，日日以衰。及京兆尹王章坐言事诛灭，智者结舌，邪伪并兴，外戚颛命，君臣隔塞，至绝继嗣，女宫作乱。此行事之败，诚可畏而悲也。

本在积任母后之家，非一日之渐，往者不可及，来者犹可追也。先帝大圣，深见天意昭然，使陛下奉承天统，欲矫正之也。宜少抑外亲，选练左右，举有德行道术通明之士充备天官，然后可以辅圣德，保帝位，承大宗。下至郎吏从官，行能亡以异，又不通一艺，及博士无文雅者，宜皆使就南亩，以视天下，明朝廷皆贤材君子，于以重朝尊君，灭凶致安，此其本也。臣自知所言害身，不辟死亡之诛，唯财留神，反覆覆愚臣之言。

是时哀帝初立，成帝外家王氏未甚抑黜，而帝外家丁、傅新贵，祖母傅太后尤骄恣，欲称尊号。丞相孔光、大司空师丹执政谏争，久之，上不得已，遂免光、丹而尊傅太后。语在《丹传》。上虽不从寻言，然采其语，每有非常，辄问寻。寻对屡中，迁黄门侍郎。以寻言且有水灾，故拜寻为骑都尉，使护河堤。

初，成帝时，齐人甘忠可诈造《天官历》、《包元太平经》十二卷，以言“汉家逢天地之大终，当更受命于天，天帝使真人赤精子，下教我此道。”忠可以教重平夏贺良、容丘丁广世、东郡郭昌等，中垒校尉刘向奏忠可假鬼神罔上惑众，下狱治服，未断病死。贺良等坐挟学忠可书以不敬论，后贺良等复私以相教。哀帝初立，司隶校尉解光亦以明经通灾异得幸，白贺良等所挟忠可书。事下奉车都尉刘歆，歆以为不合《五经》，不可施行。而李寻亦好之。光曰："前歆父向奏忠可下狱，歆安肯通此道？"时，郭昌为长安令，劝寻宜助贺良等。寻遂白贺良等皆待诏黄门，数召见，陈说："汉历中衰，当更受命。成帝不应天命，故绝嗣。今陛下久疾，变异屡数，天所以谴告人也。宜急改元易号，乃得延年益寿，皇子生，灾异息矣。得道不得行，咎殃且亡，不有洪水将出，灾火且起，涤荡民人。"

哀帝久寝疾，几其有益，遂从贺良等议。于是诏制丞相御史："盖闻《尚书》'五曰考终命'，言大运一终，更纪天元人元，考文正理，推历定纪，数如甲子也。朕以眇身入继太祖，承皇天，总百僚，子元元，未有应天心之效。即位出入三年，灾变数降，日月失度，星辰错谬，高下贸易，大异连仍，盗贼并起。朕甚惧焉，战战兢兢，唯恐陵夷。惟汉兴至今二百载，历纪开元，皇天降非材之右，汉国再获受命之符，朕之不德，曷敢不通夫受天之元命，必与天下自新。其大赦天下，以建平二年为太初元年，号曰陈圣刘太平皇帝。漏刻以百二十为度。布告天下，使明知之。"

后月余，上疾自若。贺良等复欲妄变政事，大臣争以为不可许。贺良等奏言大臣皆不知天命，宜退丞相御史，以解光、李寻辅政。上以其言亡验，遂下贺良等吏，而下诏曰："朕获保宗庙，为政不德，变异屡仍，恐惧战栗，未知所由。待诏贺良等建言改元易号，增益漏刻，可以永安国家。朕信道不笃，过听其言，几为百姓获福。卒无嘉应，久旱为灾。以问贺良等，对当复改制度，皆背经谊，违圣制，不合时宜。夫过而不改，是为过矣。六月甲子诏书，非赦令也，皆蠲除之。贺良等反道惑众，奸态当穷竟。”皆下狱，光禄勋平当、光禄大夫毛莫如与御史中丞、廷尉杂治，当贺良等执左道，乱朝政，倾覆国家，诬罔主上，不道。贺良等皆伏诛。寻及解光减死一等，徙敦煌郡。

赞曰：幽赞神明，通合天人之道者，莫著乎《易》、《春秋》。然子赣犹云“夫子之文章可得而闻，夫子之言性与天道不可得而闻”已矣。汉兴，推阴阳言灾异者，孝武时有董仲舒、夏侯始昌；昭、宣则眭孟、夏侯胜；元、成则京房、翼奉、刘向、谷永；哀、平则李寻、田终术。此其纳说时君著明者也。察其所言，仿佛一端。假经设谊，依托象类，或不免乎“亿则屡中”。仲舒下吏，夏侯囚执，眭孟诛戮，李寻流放，此学者之大戒也。京房区区，不量浅深，危言刺讥，构怨强臣，罪辜不旋踵，亦不密以失身，悲夫！

# 汉书卷七十六

## 赵尹韩张两王传第四十六

赵广汉字子都，涿郡蠡吾人也，故属河间。少为郡吏、州从事，以廉洁通敏下士为名。举茂材，平准令。察廉为阳翟令。以治行尤异，迁京辅都尉，守京兆尹。会昭帝崩，而新丰杜建为京兆掾，护作平陵方上。建素豪侠，宾客为奸利，广汉闻之，先风告。建不改，于是收案致法。中贵人豪长者为请无不至，终无所听。宗族宾客谋欲篡取，广汉尽知其计议主名起居，使吏告曰："若计如此，且并灭家。"令数吏将建弃市，莫敢近者。京师称之。

是时，昌邑王征即位，行淫乱，大将军霍光与群臣共废王，尊立宣帝。广汉以与议定策，赐爵关内侯。迁颍川太守。郡大姓原、褚宗族横恣，宾客犯为盗贼，前二千石莫能禽制。广汉既至数月，诛原、褚首恶，郡中震栗。

先是，颍川豪桀大姓相与为婚姻，吏俗朋党。广汉患之，厉使其中可用者受记，出有案问，既得罪名，行法罚之，广汉故漏泄其语，令相怨咎。又教吏为缿筩，及得投书，削其主名，而托以为豪桀大姓子弟所言。其后强宗大族家家结为仇雠，奸党散落，风俗大改。吏民相告讦，广汉得以为耳目，盗贼以故不发，发又辄得。一切治理，威名流闻，及匈奴降者言匈奴中皆闻广汉。

本始二年，汉发五将军击匈奴，征广汉以太守将兵，属蒲类将军赵充国。从军还，复用守京兆尹，满岁为真。

广汉为二千石，以和颜接士，其尉荐待遇吏，殷勤甚备。事推功善，归之于下，曰："其掾卿所为，非二千石所及。"行之发于至诚。吏见者皆输写心腹，无所隐匿，咸愿为用，僵仆无所避。广汉聪明，皆知其能之所宜，尽力与否。其或负者，辄先闻知，风谕不改，乃收捕之，无所逃，按之罪立具，即时伏辜。

广汉为人强力，天性精于吏职。见吏民，或夜不寝至旦。尤善为钩距，以得事情。钩距者，设欲知马贾，则先问狗，已问羊，又问牛，然后及马，参伍其贾，以类相准，则知马之贵贱不失实矣。唯广汉至精能行之，他人效者莫能及。郡中盗贼，闾里轻侠，其根株窟穴所在，及吏受取请求铢两之奸，皆知之。长安少年数人会穷里空舍谋共劫人，坐语未讫，广汉使吏捕治具服。富人苏回为郎，二人劫之。有顷，广汉将吏到家，自立庭下，使长安丞龚奢叩堂户晓贼，曰："京兆尹赵君谢两卿，无得杀质，此宿卫臣也。释质，束手，得善相遇，幸逢赦令，或时解脱。"二人惊愕，又素闻广汉名，即开户出，下堂叩头，广汉跪谢曰："幸全活郎，甚厚！"送狱，敕吏谨遇，给酒肉。至冬当出死，豫为调棺，给敛葬具，告语之，皆曰："死无所恨！"

广汉尝记召湖都亭长，湖都亭长西至界上，界上亭长戏曰："至府，为我多谢问赵君。"亭长既至，广汉与语，问事毕，谓曰："界上亭长寄声谢我，何以不为致问?"亭长叩头服实有之。广汉因曰："还为吾谢界上亭长，勉思职事，有以自效，京兆不忘卿厚意。"其发奸擿伏如神，皆此类也。

广汉奏请，令长安游徼狱吏秩百石，其后百石吏皆差自重，不敢枉法妄系留人。京兆政清，吏民称之不容口。长老传以为自汉兴以来治京兆者莫能及。左冯翊、右扶风皆治长安中，犯法者从迹喜过京兆界。广汉叹曰："乱吾治者，常二辅也！诚令广汉得兼治之，直差易耳。"

初，大将军霍光秉政，广汉事光。及光薨后，广汉心知微指，发长安吏自将，与俱至光子博陆侯禹第，直突入其门，搜索私屠酤，椎破卢罂，斧斩其门关而去。时，光女为皇后，闻之，对帝涕泣。帝心善之，以召问广汉。广汉由是侵犯贵戚大臣。所居好用世吏子孙新进年少者，专厉强壮锋气，见事风生，无所回避，率多果敢之计，莫为持难。广汉终以此败。

初，广汉客私酤酒长安市，丞相吏逐去。客疑男子苏贤言之，以语广汉。广汉使长安丞按贤，尉史禹故劾贤为骑士屯霸上，不诣屯所，乏军兴。贤父上书讼罪，告广汉，事下有司复治。禹坐要斩，请逮捕广汉。有诏即讯，辞服，会赦，贬秩一等。广汉疑其邑子荣畜教令，后以他法论杀畜。人上书言之，事下丞相御史，案验甚急。广汉使所亲信长安人为丞相府门卒，令微司丞相门内不法事。地节三年七月中，丞相傅婢有过，自绞死。广汉闻之，疑丞相夫人妒杀之府舍。而丞相奉斋酎入庙祠，广汉得此，使中郎赵奉寿风晓丞相，欲以胁之，毋令穷正己事。丞相不听，按验愈急。广汉欲告之。先问太史知星气者，言今年当有戮死大臣，广汉即上书告丞相罪。制曰："下京兆尹治。"广汉知事迫切，遂自将吏卒突入丞相府，召其夫人跪庭下受辞，收奴婢十余人去，责以杀婢事。丞相魏相上书自陈："妻实不杀婢。广汉数犯罪法不伏辜，以诈巧迫胁臣相，幸臣相宽不奏。愿下明使者治广汉所验臣相家事。"事下廷尉治，实丞相自以过谴笞傅婢，出至外弟乃死，不如广汉言。司直萧望之劾奏："广汉摧辱大臣，欲以劫持奉公，逆节伤化，不道。"宣帝恶之，下广汉廷尉狱，又坐贼杀不辜，鞠狱故不以实，擅斥除骑士乏军兴数罪。天子可其奏。吏民守阙号泣者数万人，或言："臣生无益县官，愿代赵京兆死，使得牧养小民。"广汉竟坐要斩。

广汉虽坐法诛，为京兆尹廉明，威制豪强，小民得职。百姓追思，歌之至今。

尹翁归字子兄，河东平阳人也，徙杜陵。翁归少孤，与季父居。为狱小吏，晓习文法。喜击剑，人莫能当。是时，大将军霍光秉政，诸霍在平阳，奴客持刀兵入市斗变，吏不能禁，及翁归为市吏，莫敢犯者。公廉不受馈，百贾畏之。

后去吏居家。会田延年为河东太守，行县至平阳，悉召故吏五六十人，延年亲临见，令有文者东，有武者西。阅数十人，次到翁归，独伏不肯起，对曰："翁归文武兼备，唯所施设。"功曹以为此吏倨敖不逊，延年曰："何伤？"遂召上辞问，甚奇其对，除补卒史，便从归府。案事发奸，穷竟事情，延年大重之，自以能不及翁归，徙署督邮。河东二十八县，分为两部，闳孺部汾北，翁归部汾南。所举应法，得其罪辜，属县长吏虽中伤，莫有怨者。举廉为缑氏尉，历守郡中，所居治理，迁补都内令，举廉为弘农都尉。

征拜东海太守，过辞廷尉于定国。定国家在东海，欲属托邑子两人，令坐后堂待见。定国与翁归语终日，不敢见其邑子。既去，定国乃谓邑子曰："此贤将，汝不任事也，又不可干以私。"

翁归治东海明察，郡中吏民贤不肖，及奸邪罪名尽知之。县县各有记籍。自听其政，有急名则少缓之；吏民小解，辄披籍。县县收取黠吏豪民，案致其罪，高至于死。收取人必于秋冬课吏大会中，及出行县，不以无事时。其有所取也，以一警百，吏民皆服，恐惧改行自新。东海大豪郯许仲孙为奸猾，乱吏治，郡中苦之。二千石欲捕者，辄以力势变诈自解，终莫能制。翁归至，论弃仲孙市，一郡怖栗，莫敢犯禁。东海大治。

以高第入守右扶风，满岁为真。选用廉平疾奸吏以为右职，接待以礼，好恶与同之；其负翁归，罚亦必行。治如在东海故迹，奸邪罪名亦县县有名籍。盗贼发其比伍中，翁归辄召其县长吏，晓告以奸黠主名，教使用类推迹盗贼所过抵，类常如翁归言，无有遗脱。缓于小弱，急于豪强。豪强有论罪，输掌畜官，使斫莝，责以员程，不得取代。不中程，辄笞督，极者至以铁自刭而死。京师畏其威严，扶风大治，盗贼课常为三辅最。

翁归为政虽任刑，其在公卿之间清洁自守，语不及私，然温良谦退，不以行能骄人，甚得名誉于朝廷。视事数岁，元康四年病卒。家无余财，天子贤之，制诏御史："朕夙兴夜寐，以求贤为右，不异亲疏近远，务在安民而已。扶风翁归廉平乡正，治民异等，早夭不遂，不得终其功业，朕甚怜之。其赐翁归子黄金百斤，以奉其祭祠。"

翁归三子皆为郡守。少子岑历位九卿，至后将军。而闳孺亦至广陵相，有治名。由是世称田延年为知人。

韩延寿字长公，燕人也，徙杜陵。少为郡文学。父义为燕郎中。剌王之谋逆也，义谏而死，燕人闵之。是时，昭帝富于春秋，大将军霍光持政，征郡国贤良、文学，问以得失。时魏相以文学对策，以为“赏罚所以劝善禁恶，政之本也。日者燕王为无道，韩义出身强谏，为王所杀。义无比干之亲而蹈比干之节，宜显赏其子，以示天下，明为人臣之义”。光纳其言，因擢延寿为谏大夫，迁淮阳太守。治甚有空，徙颍川。

颍川多豪强，难治，国家常为选良二千石。先是，赵广汉为太守，患其俗多朋党，故构会吏民，令相告讦，一切以为聪明，颍川由是以为俗，民多怨仇。延寿欲更改之，教以礼让，恐百姓不从，乃历召郡中长老为乡里所信向者数十人，设酒具食，亲与相对，接以礼意，人人问以谣俗，民所疾苦，为陈和睦亲爱、销除怨咎之路。长老皆以为便，可施行，因与议定嫁娶、丧祭仪品，略依古礼，不得过法。延寿于是令文学校官诸生皮弁执俎豆，为吏民行丧嫁娶礼。百姓遵用其教，卖偶车马下里伪物者，弃之市道。数年，徙为东郡太守，黄霸代延寿居颍川，霸因其迹而大治。

延寿为吏，上礼义，好古教化，所至必聘其贤士，以礼待用，广谋议，纳谏争；举行丧让财，表孝弟有行；修治学官，春秋乡射，陈钟鼓管弦，盛升降揖让，及都试讲武，设斧钺旌旗，习射御之事。治城郭，收赋租，先明布告其日，以期会为大事，吏民敬畏趋乡之。又置正、五长，相率以孝弟，不得舍奸人。闾里仟佰有非常，吏辄闻知，奸人莫敢入界。其始若烦，后吏无追捕之苦，民无棰楚之忧，皆便安之。接待下吏，恩施甚厚而约誓明。或欺负之者，延寿痛自刻责："岂其负之，何以至此？"吏闻者自伤悔，其县尉至自刺死。及门下掾自刭，人救不殊，因喑不能言。延寿闻之，对掾史涕泣，遣吏医治视，厚复其家。

延寿尝出，临上车，骑吏一人后至，敕功曹议罚白。还至府门，门卒当车，愿有所言。延寿止车问之，卒曰："《孝经》曰：'资于事父以事君，而敬同，故母取其爱，而君取其敬，兼之者父也。'今旦明府早驾，久驻未出，骑吏父来至府门，不敢入。骑吏闻之，趋走出谒，适会明府登车。以敬父而见罚，得毋亏大化乎？"延寿举手舆中曰："微子，太守不自知过。"归舍，召见门卒。卒本诸生，闻延寿贤，无因自达，故代卒，延寿遂待用之。其纳善听谏，皆此类也。在东郡三岁，令行禁止，断狱大减，为天下最。

入守左冯翊，满岁称职为真。岁余，不肯出行县。丞掾数白："宜循行郡中，览观民俗，考长吏治迹。"延寿曰："县皆有贤令长，督邮分明善恶于外，行县恐无所益，重为烦扰。"丞掾皆以为方春月，可一出劝耕桑。延寿不得已，行县至高陵，民有昆弟相与讼田自言，延寿大伤之，曰："幸得备位，为郡表率，不能宣明教化，至令民有骨肉争讼，既伤风化，重使贤长吏、啬夫、三老、孝弟受其耻，咎在冯翊，当先退。"是日，移病不听事，因入卧传舍，闭阁思过。一县莫知所为，令丞、啬夫、三老亦皆自系待罪。于是讼者宗族传相责让，此两昆弟深自悔，皆自髡肉袒谢，愿以田相移，终死不敢复争。延寿大喜，开阁延见，内酒肉与相对饮食，厉勉以意告乡部，有以表劝悔过从善之民。延寿乃起听事，劳谢令丞以下，引见尉荐。郡中歙然，莫不传相敕厉，不敢犯。延寿恩信周遍二十四县，莫复以辞讼自言者。推其至诚，吏民不忍欺绐。

延寿代萧望之为左冯翊，而望之迁御史大夫。侍谒者福为望之道延寿在东郡时放散官钱千余万。望之与丞相丙吉议，吉以为更大赦，不须考。会御史当问东郡，望之因令并问之。延寿闻知，即部吏案校望之在冯翊时廪牺官钱放散百余万。廪牺吏掠治急，自引与望之为奸。延寿劾奏，移殿门禁止望之。望之自奏："职在总领天下，闻事不敢不问，而为延寿所拘持。"上由是不直延寿，各令穷竟所考。望之卒无事实，而望之遣御史案东郡，具得其事。延寿在东郡时，试骑士，治饰兵车，画龙虎朱爵。延寿衣黄纨方领，驾四马，傅总，建幢棨，植羽葆，鼓车歌车。功曹引车，皆驾四马，载棨戟。五骑为伍，分左右部，军假司马、千人持幢旁毂。歌者先居射室，望见延寿车，噭咷楚歌。延寿坐射室，骑吏持戟夹陛列位，骑士从者带弓鞬罗后。令骑士兵车四面营陈，被甲鞮鍪居马上，抱弩负籣。又使骑士戏车弄马盗骖。延寿又取官铜物，候月蚀铸作刀剑钩镡，放效尚方事。及取官钱帛，私假繇使吏。及治饰车甲三百万以上。

于是望之劾奏延寿上僭不道，又自陈："前为延寿所奏，今复举延寿罪，众庶皆以臣怀不正之心，侵冤延寿。愿下丞相、中二千石、博士议其罪。"事下公卿，皆以延寿前既无状，后复诬诉典法大臣，欲以解罪，狡猾不道。天子恶之，延寿竟坐弃市。吏民数千人送至渭城，老小扶持车毂，争奏酒炙。延寿不忍距逆，人人为饮，计饮酒石余。使掾史分谢送者："远苦吏民，延寿死无所恨。”百姓莫不流涕。

延寿三子皆为郎吏。且死，属其子勿为吏，以己为戒。子皆以父言去官不仕。至孙威，乃复为吏至将军。威亦多恩信，能拊众，得士死力。威又坐奢僭诛，延寿之风类也。

张敞字子高，本河东平阳人也。祖父孺为上谷太守，徙茂陵。敞父福事孝武帝，官至光禄大夫。敞后随宣帝徙杜陵。敞本以乡有秩补太守卒史，察廉为甘泉仓长，稍迁太仆丞，杜延年甚奇之。会昌邑王征即位，动作不由法度，敞上书谏曰：“孝昭皇帝蚤崩无嗣，大臣忧惧，选贤圣承宗庙，东迎之日，唯恐属车之行迟。今天子以盛年初即位，天下莫不拭目倾耳，观化听风。国辅大臣未褒，而昌邑小辇先迁，此过之大者也。”后十余日王贺废，敞以切谏显名，擢为豫州刺史。以数上事有忠言，宣帝征敞为太中大夫，与于定国并平尚书事。以正违忤大将军霍光，而使主兵车出军省减用度，复出为函谷关都尉。宣帝初即位，废王贺在昌邑，上心惮之，徙敞为山阳太守。

久之，大将军霍光薨，宣帝始亲政事，封光兄孙山、云皆为列侯，以光子禹为大司马。顷之，山、云以过归第，霍氏诸婿亲属颇出补吏。敞闻之，上封事曰：“臣闻公子季友有功于鲁，大夫赵衰有功于晋，大夫田完有功于齐，皆畴其庸，延及子孙，终后田氏篡齐，赵氏分晋，季氏颛鲁。故仲尼作《春秋》，迹盛衰，讥世卿最甚。乃者大将军决大计，安宗庙，定天下，功亦不细矣。夫周公七年耳，而大将军二十岁，海内之命，断于掌握。方其隆时，感动天地，侵迫阴阳，月朓日蚀，昼冥宵光，地大震裂，火生地中，天文失度，袄祥变怪，不可胜记，皆阴类盛长，臣下颛制之所生也。朝臣宜有明言，曰陛下褒宠故大将军以报功德足矣。间者辅臣颛政，贵戚太盛，君臣之分不明，请罢霍氏三侯皆就弟。及卫将军张安世，宜赐几杖归休，时存问召见，以列侯为天子师。明诏以恩不听，群臣以义固争而后许，天下必以陛下为不忘功德，而朝臣为知礼，霍氏世世无所患苦。今朝廷不闻直声，而令明诏自亲其文，非策之得者也。今两侯以出，人情不相远，以臣心度之，大司马及其枝属必有畏惧之心。夫近臣自危，非完计也，臣敞愿于广朝白发其端，直守远郡，其路无由。夫心之精微口不能言也，言之微眇书不能文也，故伊尹五就桀，五就汤，萧相国荐淮阴累岁乃得通，况乎千里之外，因书文谕事指哉！唯陛下省察。”上甚善其计，然不征也。

久之，勃海、胶东盗贼并起，敞上书自请治之，曰：“臣闻忠孝之道，退家则尽心于亲，进宦则竭力于君。夫小国中君犹有奋不顾身之臣，况于明天子乎！今陛下游意于太平，劳精于政事，亹亹不舍昼夜。群臣有司宜各竭力致身。山阳郡户九万三千，口五十万以上，讫计盗贼未得者七十七人，它课诸事亦略如此。臣敞愚驽，既无以佐思虑，久处闲郡，身逸乐而忘国事，非忠孝之节也。伏闻胶东、勃海左右郡岁数不登，盗贼并起，至攻官寺，篡囚徒，搜市朝，劫列侯。吏失纲纪，奸轨不禁。臣敞不敢爱身避死，唯明诏之所处，愿尽力摧挫其暴虐，存抚其孤弱。事即有业，所至郡条奏其所由发废及所以兴之状。”书奏，天子征敞，拜胶东相，赐黄金三十斤。敞辞之官，自请治剧郡非赏罚无以劝善惩恶，吏追捕有功效者，愿得一切比三辅尤异。天子许之。

敞到胶东，明设购赏，开群盗令相捕斩除罪。吏追捕有功，上名尚书调补县令者数十人。由是盗贼解散，传相捕斩。吏民歙然，国中遂平。

居顷之，王太后数出游猎，敞奏书谏曰："臣闻秦王好淫声，叶阳后为不听郑、卫之乐；楚严好田猎，樊姬为不食鸟兽之肉。口非恶旨甘，耳非憎丝竹也，所以抑心意，绝耆欲者，将以率二君而全宗祀也。礼，君母出门则乘辎軿，下堂则从傅母，进退则鸣玉佩，内饰则结绸缪。此言尊贵所以自敛制，不从恣之义也。今太后资质淑美，慈爱宽仁，诸侯莫不闻，而少以田猎纵欲为名，于以上闻，亦未宜也。唯观览于往古，全行乎来今，令后姬得有所法则，下臣有所称诵，臣敞幸甚！"书奏，太后止不复出。

是时，颍川太守黄霸以治行第一入守京兆尹。霸视事数月，不称，罢归颍川。于是制诏御史："其以胶东相敞守京兆尹。"自赵广汉诛后，比更守尹，如霸等数人，皆不称职。京师寖废，长安市偷盗尤多，百贾苦之。上以问敞，敞以为可禁。敞既视事，求问长安父老，偷盗酋长数人，居皆温厚，出从童骑，闾里以为长者。敞皆召见责问，因贳其罪，把其宿负，令致诸偷以自赎。偷长曰："今一旦召诣府，恐诸偷惊骇，愿一切受署。"敞皆以为吏，遣归休。置酒，小偷悉来贺，且饮醉，偷长以赭污其衣裾。吏坐里闾阅出者，污赭辄收缚之，一日捕得数百人。穷治所犯，或一人百余发，尽行法罚。由是枹鼓稀鸣，市无偷盗，天子嘉之。

敞为人敏疾，赏罚分明，见恶辄取，时时越法纵舍，有足大者。其治京兆，略循赵广汉之迹。方略耳目，发伏禁奸，不如广汉，然敞本治《春秋》，以经术自辅，其政颇杂儒雅，往往表贤显善，不醇用诛罚，以此能自全，竟免于刑戮。

京兆典京师，长安中浩穰，于三辅尤为剧。郡国二千石以高弟入守，及为真，久者不过二三年，近者数月一岁，辄毁伤失名，以罪过罢。唯广汉及敞为久任职。敞为京兆，朝廷每有大议，引古今，处便宜，公卿皆服，天子数从之。然敞无威仪，时罢朝会，过走马章台街，使御吏驱，自以便面拊马。又为妇画眉，长安中传张京兆眉怃。有司以奏敞。上问之，对曰："臣闻闺房之内，夫妇之私，有过于画眉者。"上爱其能，弗备责也。然终不得大位。

敞与萧望之、于定国相善。始敞与定国俱以谏昌邑王超迁。定国为大夫平尚书事，敞出为刺史，时望之为大行丞。后望之先至御史大夫，定国后至丞相，敞终不过郡守。为京兆九岁，坐与光禄勋杨恽厚善，后恽坐大逆诛，公卿奏恽党友，不宜处位，等比皆免，而敞奏独寝不下。敞使贼捕掾絮舜有所案验。舜以敞劾奏当免，不肯为敞竟事，私归其家。人或谏舜，舜曰："吾为是公尽力多矣，今五日京兆耳，安能复案事？"敞闻舜语，即部吏收舜系狱。是时，冬月未尽数日，案事吏昼夜验治舜，竟致其死事。舜当出死，敞使主簿持教告舜曰："五日京兆竟何如？冬月已尽，延命乎？"乃弃舜市。会立春，行冤狱使者出，舜家载尸，并编敞教，自言使者。使者奏敞贼杀不辜。天子薄其罪，欲令敞得自便利，即先下敞前坐杨恽不宜处位奏，免为庶人。敞免奏既下，诣阙上印绶，便从阙下亡命。

数月，京师吏民解弛，枹鼓数起，而冀州部中有大贼。天子思敞功效，使使者即家在所召敞。敞身被重劾，及使者至，妻子家室皆泣惶惧，而敞独笑曰："吾身亡命为民，郡吏当就捕，今使者来，此天子欲用我也。”即装随使者诣公车上书曰：“臣前幸得备位列卿，待罪京兆，坐杀贼捕掾絮舜。舜本臣敞素所厚吏，数蒙恩贷，以臣有章劾当免，受记考事，便归卧家，谓臣‘五日京兆’，背恩忘义，伤化薄俗。臣窃以舜无状，枉法以诛之。臣敞贼杀无辜，鞫狱故不直，虽伏明法，死无所恨。”天子引见敞，拜为冀州刺史。敞起亡命，复奉使典州。既到部，而广川王国群辈不道，贼连发，不得。敞以耳目发起贼主名区处，诛其渠帅。广川王姬昆弟及王同族宗室刘调等通行为之囊橐，吏逐捕穷窘，踪迹皆入王宫。敞自将郡国吏，车数百辆，围守王宫，搜索调等，果得之殿屋重轑中。敞傅吏皆捕格断头，县其头王宫门外，因劾奏广川王。天子不忍致法，削其户。敞居部岁余，冀州盗贼禁止。守太原太守，满岁为真，太原郡清。

顷之，宣帝崩。元帝初即位，待诏郑朋荐敞先帝名臣，宜傅辅皇太子。上以问前将军萧望之，望之以为敞能吏，任治烦乱，材轻，非师傅之器。天子使使者征敞，欲以为左冯翊。会病卒。敞所诛杀太原吏，吏家怨敞，随至杜陵刺杀敞中子璜。敞三子官皆至都尉。

初，敞为京兆尹，而敞弟武拜为梁相。是时，梁王骄贵，民多豪强，号为难治。敞问武：“欲何以治梁？”武敬惮兄，谦不肯言。敞使吏送至关，戒吏自问武。武应曰：“驭黠马者利其衔策，梁国大都，吏民凋敝，且当以柱后惠文弹治之耳。”秦时狱法吏冠柱后惠文，武意欲以刑法治梁。吏还道之，敞笑曰：“审如掾言，武必辨治梁矣。”武既到官，其治有迹，亦能吏也。

敞孙竦，王莽时至郡守，封侯，博学文雅过于敞，然政事不及也。竦死，敞无后。

王尊字子赣，涿郡高阳人也。少孤，归诸父，使牧羊泽中。尊窃学问，能史书。年十三，求为狱小吏。数岁，给事太守府，问诏书行事，尊无不对。太守奇之，除补书佐，署守属监狱。久之，尊称病去，事师郡文学官，治《尚书》、《论语》，略通大义。复召署守属治狱，为郡决曹史。数岁，以令举幽州刺史从事。而太守察尊廉，补辽西盐官长。数上书言便宜事，事下丞相御史。

初元中，举直言，迁虢令，转守槐里，兼行美阳令事。春正月，美阳女子告假子不孝，曰："儿常以我为妻，妒笞我。"尊闻之，遣吏收捕验问，辞服。尊曰："律无妻母之法，圣人所不忍书，此经所谓造狱者也。"尊于是出坐廷上，取不孝子悬磔著树，使骑吏五人张弓射杀之，吏民惊骇。

后上行幸雍，过虢，尊供张如法而办。以高弟擢为安定太守。到官，出教告属县曰："令长丞尉奉法守城，为民父母，抑强扶弱，宣恩广泽，甚劳苦矣。太守以今日至府，愿诸君卿勉力正身以率下。故行贪鄙，能变更者与为治。明慎所职，毋以身试法。"又出教敕掾功曹"各自底厉，助太守为治。其不中用，趣自避退，毋久妨贤。夫羽翮不修，则不可以致千里；阃内不理，无以整外。府丞悉署吏行能，分别白之。贤为上，毋以富。贾人百万，不足与计事。昔孔子治鲁，七日诛少正卯，今太守视事已一月矣，五官掾张辅怀虎狼之心，贪污不轨，一郡之钱尽入辅家，然适足以葬矣。今将辅送狱，直符史诣阁下，从太守受其事。丞戒之戒之！相随入狱矣！"辅系狱数日死，尽得其狡猾不道，百万奸臧。威震郡中，盗贼分散，入傍郡界。豪强多诛伤伏辜者。坐残贼免。

起家，复为护羌将军转校尉，护送军粮委输。而羌人反，绝转道，兵数万围尊。尊以千余骑奔突羌贼。功未列上，坐擅离部署，会赦，免归家。

涿郡太守徐明荐尊不宜久在闾巷，上以尊为郿令，迁益州刺史。先是，琅邪王阳为益州刺史，行部至邛郲九折阪，叹曰：“奉先人遗体，奈何数乘此险！”后以病去。及尊为刺史，至其阪，问吏曰：“此非王阳所畏道邪？”吏对曰：“是。”尊叱其驭曰：“驱之！王阳为孝子，王尊为忠臣。”尊居部二岁，怀来徼外，蛮夷归附其威信。博士郑宽中使行风俗，举奏尊治状，迁为东平相。

是时，东平王以至亲骄奢不奉法度，傅相连坐。及尊视事，奉玺书至庭中，王未及出受诏，尊持玺书归舍，食已乃还。致诏后，谒见王，太傅在前说《相鼠》之诗。尊曰：“毋持布鼓过雷门！”王怒，起入后宫。尊亦直趋出就舍。先是，王数私出入，驱驰国中，与后姬家交通。尊到官，召敕厩长：“大王当从官属，鸣和鸾乃出，自今有令驾小车，叩头争之，言相教不得。”后尊朝王，王复延请登堂。尊谓王曰：“尊来为相，人皆吊尊也，以尊不容朝廷，故见使相王耳。天下皆言王勇，顾但负贵，安能勇？如尊乃勇耳。”王变色视尊，意欲格杀之，即好谓尊曰：“愿观相君佩刀。”尊举掖，顾谓傍侍郎：“前引佩刀视王，王欲诬相拔刀向王邪？”王情得，又雅闻尊高名，大为尊屈，酌酒具食，相对极欢。太后徵史奏尊：“为相倨慢不臣，王血气未定，不能忍。愚诚恐母子俱死。今妾不得使王复见尊。陛下不留意，妾愿先自杀，不忍见王之失义也。”尊竟坐免为庶人。大将军王凤奏请尊补军中司马，擢为司隶校尉。

初，中书谒者令石显贵幸，专权为奸邪。丞相匡衡、御史大夫张谭皆阿附畏事显，不敢言。久之，元帝崩，成帝初即位，显徙为中太仆，不复典权。衡、谭乃奏显旧恶，请免显等。尊于是劾奏："丞相衡、御史大夫谭位三公，典五常九德，以总方略、一统类、广教化、美风俗为职。知中书谒者令显等专权擅势，大作威福，纵恣不制，无所畏忌，为海内患害，不以时白奏行罚，而阿谀曲从，附下罔上，怀邪迷国，无大臣辅政之义也，皆不道，在赦令前。赦后，衡、谭举奏显，不自陈不忠之罪，而反扬著先帝任用倾覆之徒，妄言百官畏之，甚于主上。卑君尊臣，非所宜称，失大臣体。又正月行幸曲台，临飨罢卫士，衡与中二千石大鸿胪赏等会坐殿门下，衡南乡，赏等西乡。衡更为赏布东乡席，起立延赏坐，私语如食顷。衡知行临，百官共职，万众会聚，而设不正之席，使下坐上，相比为小惠于公门之下，动不中礼，乱朝廷爵秩之位。衡又使官大奴入殿中，问行起居，还言：'漏上十四刻行。'临到，衡安坐，不变色改容。无怵惕肃敬之心，骄慢不谨，皆不敬。"有诏勿治。于是衡惭惧，免冠谢罪，上丞相、侯印绶。天子以新即位，重伤大臣，乃下御史丞问状。劾奏尊："妄诋欺非谤赦前事，猥历奏大臣，无正法，饰成小过，以涂污宰相，摧辱公卿，轻薄国家，奉使不敬。"有诏左迁尊为高陵令，数月，以病免。

会南山群盗傰宗等数百人为吏民害，拜故弘农太守傅刚为校尉，将迹射士千人逐捕，岁余不能禽。或说大将军凤："贼数百人在毂下，发军击之不能得，难以视四夷。独选贤京兆尹乃可。"于是凤荐尊，征为谏大夫，守京辅都尉，行京兆尹事。旬月间盗贼清。迁光禄大夫，守京兆尹，后为真，凡三岁。坐遇使者无礼。司隶遣假佐放奉诏书白尊发吏捕人，放谓尊："诏书所捕宜密。"尊曰："治所公正，京兆善漏泄人事。"放曰："所捕宜今发吏。"尊又曰："诏书无京兆文，不当发吏。"及长安系者三月间千人以上。尊出行县，男子郭赐自言尊："许仲家十余人共杀赐兄赏，公归舍。"吏不敢捕。尊行县还，上奏曰："强不陵弱，各得其所，宽大之政行，和平之气通。"御史大夫中奏尊暴虐不改，外为大言，倨嫚姗上，威信日废，不宜备位九卿。尊坐免，吏民多称惜之。

湖三老公乘兴等上书讼尊治京兆功效日著："往者南山盗贼阻山横行，剽劫良民，杀奉法吏，道路不通，城门至以警戒。步兵校尉使逐捕，暴师露众，旷日烦费，不能禽制。二卿坐黜，群盗浸强，吏气伤沮，流闻四方，为国家忧。当此之时，有能捕斩，不爱金爵重赏。关内侯宽中使问所征故司隶校尉王尊捕群盗方略，拜为谏大夫，守京辅都尉，行京兆尹事。尊尽节劳心，夙夜思职，卑体下士，厉奔北之吏，起沮伤之气，二旬之间，大党震坏，渠率效首。贼乱蠲除，民反农业，拊循贫弱，锄耘豪强。长安宿豪大猾东市贾万、城西萬章、剪张禁、酒赵放、杜陵杨章等皆通邪结党，挟养奸轨，上干王法，下乱吏治，并兼役使，侵渔小民，为百姓豺狼。更数二千石，二十年莫能禽讨，尊以正法案诛，皆伏其辜。奸邪销释，吏民说服。尊拨剧整乱，诛暴禁邪，皆前所稀有，名将所不及。虽拜为真，未有殊绝褒赏加于尊身。今御史大夫奏尊'伤害阴阳，为国家忧，无承用诏书之意，靖言庸违，象龚滔天'。原其所以，出御史丞杨辅，故为尊书佐，素行阴贼，恶口不信，好以刀笔陷人于法。辅常醉过尊大奴利家，利家捽搏其颊，兄子闳拔刀欲到之。辅以故深怨疾毒，欲伤害尊。疑辅内怀怨恨，外依公事，建画为此议，傅致奏文，浸润加诬，以复私怨。昔白起为秦将，东破韩、魏，南拔郢都，应侯谮之，赐死杜邮；吴起为魏守西河，而秦、韩不敢犯，谗人间焉，斥逐奔楚。秦听浸润以诛良将，魏信谗言以逐贤守，此皆偏听不聪，失人之患也。臣等窃痛伤尊修身洁己，砥节首公，刺讥不惮将相，诛恶不避豪强，诛不制之贼，解国家之忧，功著职修，威信不废，诚国家爪牙之吏，折冲之臣，今一旦无辜制于仇人之手，伤于诋欺之文，上不得以功除罪，下不得蒙棘木之听，独掩怨仇之偏奏，被共工之大恶，无所陈怨诉罪。尊以京师废乱，群盗并兴，选贤征用，起家为卿，贼乱既除，豪猾伏辜，即以佞巧废黜。一尊之身，三期之间，乍贤乍佞，岂不甚哉！孔子曰：'爱之欲其生，恶之欲其死，是惑也。''浸润之谮不行焉，可谓明矣。'愿下公卿、大夫、博士、议郎，定尊素行。夫人臣而伤害阴阳，死诛之罪也；靖言庸违，放殛之刑也。审如御史章，尊乃当伏观阙之诛，放于无人之域，不得苟免。及任举尊者，当获选举之辜，不可但已。即不如章，饰文深诋以诉无罪，亦宜有诛，以惩谗贼之口，绝诈欺之路。唯明主参详，使白黑分别。"书奏，天子复以尊为徐州刺史，迁东郡太守。

久之，河水盛溢，泛浸瓠子金堤，老弱奔走，恐水大决为害。尊躬率吏民，投沉白马，祀水神河伯。尊亲执圭璧，使巫策祝，请以身填金堤，因止宿，庐居堤上。吏民数千万人争叩头救止尊，尊终不肯去。及水盛堤坏，吏民皆奔走，唯一主簿泣在尊旁，立不动。而水波稍却回还。吏民嘉壮尊之勇节，白马三老朱英等奏其状。下有司考，皆如言。于是制诏御史："东郡河水盛长，毁坏金堤，未决三尺，百姓惶恐奔走。太守身当水冲，履咫尺之难，不避危殆，以安众心，吏民复还就作，水不为灾，朕甚嘉之。秩尊中二千石，加赐黄金二十斤。"

数岁，卒官，吏民纪之。尊子伯亦为京兆尹，坐耎弱不胜任免。

王章字仲卿，泰山钜平人也。少以文学为官，稍迁至谏大夫，在朝廷名敢直言。元帝初，擢为左曹中郎将，与御史中丞陈咸相善，共毁中书令石显，为显所陷，咸减死髡，章免官。成帝立，征章为谏大夫，迁司隶校尉，大臣贵戚敬惮之。王尊免后，代者不称职，章以选为京兆尹。时，帝舅大将军王凤辅政，章虽为凤所举，非凤专权，不亲附凤。会日有蚀之，章奏封事，召见，言凤不可任用，宜更选忠贤。上初纳受章言，后不忍退凤。章由是见疑，遂为凤所陷，罪至大逆。语在《元后传》。

初，章为诸生学长安，独与妻居。章疾病，无被，卧牛衣中，与妻决，涕泣。其妻呵怒之曰："仲卿！京师尊贵在朝廷人谁逾仲卿者？今疾病困厄，不自激卬，乃反涕泣，何鄙也！"

后章仕宦历位，及为京兆，欲上封事，妻又止之曰："人当知足，独不念牛衣中涕泣时耶？"章曰："非女子所知也。"书遂上，果下廷尉狱，妻子皆收系。章小女年可十二，夜起号哭曰："平生狱上呼囚，数常至九，今八而止。我君素刚，先死者必君。"明日问之，章果死。妻子皆徙合浦。

大将军凤薨后，弟成都侯商复为大将军辅政，白上还章妻子故郡。其家属皆完具，采珠致产数百万，时，萧育为泰山太守，皆令赎还故田宅。

章为京兆二岁，死不以其罪，众庶冤纪之，号为三王。王骏自有传，骏即王阳子也。

赞曰：自孝武置左冯翊、右扶风、京兆尹，而吏民为之语曰："前有赵、张，后有三王。"然刘向独序赵广汉、尹翁归、韩延寿，冯商传王尊，扬雄亦如之。广汉聪明，下不能欺，延寿厉善，所居移风，然皆讦上不信，以失身堕功。翁归抱公洁己，为近世表。张敞衎衎，履忠进言，缘饰儒雅，刑罚必行，纵赦有度，条教可观，然被轻惰之名。王尊文武自将，所在必发，谲诡不经，好为大言。王章刚直守节，不量轻重，以陷刑戮，妻子流迁，哀哉！

# 汉书卷七十七

## 盖诸葛刘郑孙毋将何传第四十七

盖宽饶字次公，魏郡人也。明经为郡文学，以孝廉为郎。举方正，对策高第，迁谏大夫，行郎中户将事。劾奏卫将军张安世子侍中阳都侯彭祖不下殿门，并连及安世居位无补。彭祖时实下门，宽饶坐举奏大臣非是，左迁为卫司马。

先是时，卫司马在部，见卫尉拜谒，常为卫官繇使市买。宽饶视事，案旧令，遂揖官属以下行卫者。卫尉私使宽饶出，宽饶以令诣官府门上谒辞。尚书责问卫尉，由是卫官不复私使侯、司马。侯、司马不拜，出先置卫，辄上奏辞，自此正焉。

宽饶初拜为司马，未出殿门，断其禅衣，令短离地，冠大冠，带长剑，躬案行士卒庐室，视其饮食居处，有疾病者身自抚循临问，加致医药，遇之甚有恩。及岁尽交代，上临飨罢卫卒，卫卒数千人皆叩头自请，愿复留共更一年，以报宽饶厚德。宣帝嘉之，以宽饶为太中大夫，使行风俗，多所称举贬黜，奉使称意。擢为司隶校尉，刺举无所回避，小大辄举，所劾奏众多，廷尉处其法，半用半不用，公卿贵戚及郡国吏繇使至长安，皆恐惧莫敢犯禁，京师为清。

平恩侯许伯入第，丞相、御史、将军、中二千石皆贺，宽饶不行。许伯请之，乃往，从西阶上，东乡特坐，许伯自酌曰："盖君后至。"宽饶曰："无多酌我，我乃酒狂。"丞相魏侯笑曰："次公醒而狂，何必酒也？"坐者皆属目卑下之。酒酣乐作，长信少府檀长卿起舞，为沐猴与狗斗，坐皆大笑。宽饶不说，卬视屋而叹曰："美哉！然富贵无常，忽则易人，此如传舍，所阅多矣。唯谨慎为得久，君侯可不戒哉！"因起趋出，劾奏长信少府以列卿而沐猴舞，失礼不敬。上欲罪少府，许伯为谢，良久，上乃解。

宽饶为人刚直高节，志在奉公。家贫，奉钱月数千，半以给吏民为耳目言事者。身为司隶，子常步行自戍北边，公廉如此。然深刻喜陷害人，在位及贵戚人与为怨，又好言事刺讥，奸犯上意。上以其儒者，优容之，然亦不得迁。同列后进或至九卿，宽饶自以行清能高，有益于国，而为凡庸所越，愈失意不快，数上疏谏争。太子庶子王生高宽饶节，而非其如此，予书曰："明主知君洁白公正，不畏强御，故命君以司察之位，擅君以奉使之权，尊官厚禄已施于君矣。君宜夙夜惟思当世之务，奉法宣化，忧劳天下，虽日有益，月有功，犹未足以称职而报恩也。自古之治，三王之术各有制度。今君不务循职而已，乃欲以太古久远之事匡拂天子，数进不用难听之语以摩切左右，非所以扬令名全寿命者也。方今用事之人皆明习法令，言足以饰君之辞，文足以成君之过，君不惟蘧氏之高踪，而慕子胥之末行，用不訾之躯，临不测之险，窃为君痛之。夫君子直而不挺，曲而不诎。《大雅》云：'既明且哲，以保其身。'狂夫之言，圣人择焉。唯裁省览。"宽饶不纳其言。

是时，上方用刑法，信任中尚书宦官，宽饶奏封事曰："方今圣道浸废，儒术不行，以刑余为周、召，以法律为《诗》、《书》。"又引《韩氏易传》言："五帝官天下，三王家天下，家以传子，官以传贤，若四时之运，功成者去，不得其人则不居其位。"书奏，上以宽饶怨谤终不改，下其书中二千石。时，执金吾议，以为宽饶指意欲求禅，大逆不道。谏大夫郑昌愍伤宽饶忠直忧国，以言事不当意而为文吏所诋挫，上书颂宽饶曰："臣闻山有猛兽，藜藿为之不采；国有忠臣，奸邪为之不起。司隶校尉宽饶居不求安，食不求饱，进有忧国之心，退有死节之义，上无许、史之属，下无金、张之托，职在司察，直道而行，多仇少与，上书陈国事，有司劾以大辟，臣幸得从大夫之后，官以谏为名，不敢不言。"上不听，遂下宽饶吏。宽饶引佩刀自刭北阙下，众莫不怜之。

诸葛丰字少季，琅邪人也。以明经为郡文学，名特立刚直。贡禹为御史大夫，除丰为属，举侍御史。元帝擢为司隶校尉，刺举无所避，京师为之语曰："间何阔，逢诸葛。"上嘉其节，加丰秩光禄大夫。

时，侍中许章以外属贵幸，奢淫不奉法度，宾客犯事，与章相连。丰案劾章，欲奏其事，适逢许侍中私出，丰驻车举节诏章曰："下！"欲收之。章迫窘，驰车去，丰追之。许侍中因得入宫门，自归上，丰亦上奏，于是收丰节。司隶去节自丰始。

丰上书谢曰："臣丰驽怯，文不足以劝善，武不足以执邪。陛下不量臣能否，拜为司隶校尉，未有以自效，复秩臣为光禄大夫，官尊责重，非臣所当处也。又迫年岁衰暮，常恐卒填沟渠，无以报厚德，使论议士讥臣无补，长获素餐之名。故常愿捐一旦之命，不待时而断奸臣之首，悬于都市，编书其罪，使四方明知为恶之罚，然后却就斧钺之诛，诚臣所甘心也。夫以布衣之士，尚犹有刎颈之交，今以四海之大，曾无伏节死谊之臣，率尽苟合取容，阿党相为，念私门之利，忘国家之政。邪秽浊混之气上感于天，是以灾变数见，百姓困乏。此臣下不忠之效也，臣诚耻之亡已。凡人情莫不欲安存而恶危亡，然忠臣直士不避患害者，诚为君也。今陛下天覆地载，物无不容，使尚书令尧赐臣丰书曰：‘夫司隶者刺举不法，善善恶恶，非得颛之也。免处中和，顺经术意。’恩深德厚，臣丰顿首幸甚。臣窃不胜愤懑，愿赐清宴，唯陛下裁幸。”上不许。

是后，所言益不用，丰复上书言：“臣闻伯奇孝而弃于亲，子胥忠而诛于君，隐公慈而杀于弟，叔武弟而杀于兄。夫以四子之行，屈平之材，然犹不能自显而被刑戮，岂不足以观哉！使臣杀身以安国，蒙诛以显君，臣诚愿之。独恐未有云补，而为众邪所排，令谗夫得遂，正直之路雍塞，忠臣沮心，智士杜口，此愚臣之所惧也。”

丰以春夏系治人，在位多言其短。上徙丰为城门校尉，丰上书告光禄勋周堪、光禄大夫张猛。上不直丰，乃制诏御史：“城门校尉丰，前与光禄勋堪、光禄大夫猛在朝之时，数称言堪、猛之美。丰前为司隶校尉，不顺四时，修法度，专作苛暴，以获虚威，朕不忍下吏，以为城门校尉。不内省诸己，而反怨堪、猛，以求报举，告案无证之辞，暴扬难验之罪，毁誉恣意，不顾前言，不信之大者也。朕怜丰之耆老，不忍加刑，其免为庶人。”终于家。

刘辅，河间宗室人也。举孝廉，为襄贲令。上书言得失，召见，上美其材，擢为谏大夫。会成帝欲立赵倢伃为皇后，先下诏封倢伃父临为列侯。辅上书言：“臣闻天之所与必先赐以符瑞，天之所违必先降以灾变；此神明之征应，自然之占验也。昔武王、周公承顺天地，以飨鱼乌之瑞，然犹君臣祗惧，动色相戒，况于季世，不蒙继嗣之福，屡受怒威之异者乎！虽夙夜自责，改过易行，畏天命，念祖业，妙选有德之世，考卜窈窕之女，以承宗庙，顺神祇心，塞天下望，子孙之祥犹恐晚暮，今乃触情纵欲，倾于卑贱之女，欲以母天下，不畏于天，不愧于人，惑莫大焉。里语曰：‘腐木不可以为柱，卑人不可以为主。’天人之所不予，必有祸而无福，市道皆共知之，朝廷莫肯一言，臣窃伤心。自念得以同姓拔擢，尸禄不忠，污辱谏争之官，不敢不尽死，唯陛下深察。”书奏，上使侍御史收缚辅，系掖庭秘狱，群臣莫知其故。

于是中朝左将军辛庆忌、右将军廉褒、光禄勋师丹、太中大夫谷永俱上书曰：“臣闻明王垂宽容之听，崇谏争之官，广开忠直之路，不罪狂狷之言，然后百僚在位，竭忠尽谋，不惧后患，朝廷无谄谀之士，元首无失道之愆。窃见谏大夫刘辅，前以县令求见，擢为谏大夫，此其言必有卓诡切至，当圣心者，故得拔至于此。旬日之间，收下秘狱，臣等愚，以为辅幸得托公族之亲，在谏臣之列，新从下土来，未知朝廷体，独触忌讳，不足深过。小罪宜隐忍而已，如有大恶，宜暴治理官，与众共之。昔赵简子杀其大夫鸣犊，孔子临河而还。今天心未豫，灾异屡降，水旱迭臻，方当隆宽广问，褒直尽下之时也。而行惨急之诛于谏争之臣，震惊群下，失忠直心。假令辅不坐直言，所坐不著，天下不可户晓。

同姓近臣本以言显，其于治亲养忠之义诚不宜幽囚于掖庭狱。公卿以下见陛下进用辅亟，而折伤之暴，人有惧心，精锐销耎，莫敢尽节正言，非所以昭有虞之听，广德美之风也。臣等窃深伤之。唯陛下留神省察。”

上乃徙系辅共工狱，减死罪一等，论为鬼薪。终于家。

郑崇字子游，本高密大族，世与王家相嫁娶。祖父以訾徙平陵。父宾明法令，为御史，事贡公，名公直。崇少为郡文学史，至丞相大车属。弟立与高武侯傅喜同门学，相友善。喜为大司马，荐崇，哀帝擢为尚书仆射。数求见谏争，上初纳用之。每见曳革履，上笑曰：“我识郑尚书履声。”

久之，上欲封祖母傅太后从弟商，崇谏曰：“孝成皇帝封亲舅五侯，天为赤黄昼昏，日中有黑气。今祖母从昆弟二人已侯。孔乡侯，皇后父；高武侯以三公封，尚有因缘。今无故欲复封商，坏乱制度，逆天人心，非傅氏之福也。臣闻师曰：‘逆阳者厥极弱，逆阴者厥极凶短折，犯人者有乱亡之患，犯神者有疾夭之祸。’故周公著戒曰：‘惟王不知艰难，唯耽乐是从，时亦罔有克寿。’故衰世之君夭折蚤没，此皆犯阴之害也。臣愿以身命当国咎。”崇因持诏书案起。傅太后大怒曰：“何有为天子乃反为一臣所颛制邪！”上遂下诏曰：“朕幼而孤，皇太太后躬自养育，免于襁褓，教道以礼，至于成人，惠泽茂焉。‘欲报之德。皞天罔极。’前追号皇太太后父为崇祖侯，惟念德报未殊，朕甚恧焉。侍中光禄大夫商，皇太太后父同产子，小自保大，恩义最亲。其封商为汝昌侯，为崇祖侯后，更号崇祖侯为汝昌哀侯。”

崇又以董贤贵宠过度谏，由是重得罪。数以职事见责，发疾颈痈，欲乞骸骨，不敢。尚书令赵昌佞谄，素害崇，知其见疏，因奏崇与宗族通，疑有奸，请治。上责崇曰："君门如市人，何以欲禁切主上？"崇对曰："臣门如市，臣心如水，愿得考覆。"上怒，下崇狱，穷治，死狱中。

孙宝字子严，颍川鄢陵人也。以明经为郡吏。御史大夫张忠辟宝为属，欲令授子经，更为除舍，设储偫。宝自劾去，忠固还之，心内不平。后署宝主簿，宝徙入舍，祭灶请比邻。忠阴察，怪之，使所亲问宝："前大夫为君设除大舍，子自劾去者，欲为高节也。今两府高士俗不为主簿，子既为之，徙舍甚说，何前后不相副也？"宝曰："高士不为主簿，而大夫君以宝为可，一府莫言非，士安得独自高？前日君男欲学文，而移宝自近。礼有来学，义无往教；道不可诎，身诎何伤？且不遭者可无不为，况主簿乎！"忠闻之，甚惭，上书荐宝经明质直，宜备近臣。为议郎，迁谏大夫。

鸿嘉中，广汉群盗起，选为益州刺史。广汉太守扈商者，大司马车骑将军王音姊子，软弱不任职。宝到部，亲入山谷，谕告群盗，非本造意。渠率皆得悔过自出，遣归田里。自劾矫制，奏商为乱首，《春秋》之义，诛首恶而已。商亦奏宝所纵或有渠率当坐者。商征下狱，宝坐失死罪免。益州吏民多陈宝功效，言为车骑将军所排。上复拜宝为冀州刺史，迁丞相司直。

时，帝舅红阳侯立使客因南郡太守李尚占垦草田数百顷，颇有民所假少府陂泽，略皆开发，上书愿以入县官。有诏郡平田予直，钱有贵一万万以上。宝闻之，遣丞相史按验，发其奸，劾奏立、尚怀奸罔上，狡猾不道。尚下狱死。立虽不坐，后兄大司马卫将军商薨，次当代商，上度立而用其弟曲阳侯根为大司马票骑将军。会益州蛮夷犯法，巴、蜀颇不安，上以宝著名西州，拜为广汉太守，秩中二千石，赐黄金三十斤。蛮夷安辑，吏民称之。

征为京兆尹。故吏侯文以刚直不苟合，常称疾不肯仕，宝以恩礼请文，欲为布衣友，日设酒食，妻子相对。文求受署为掾，进见如宾礼。数月，以立秋日署文东部督邮。入见，敕曰："今日鹰隼始击，当顺天气取奸恶，以成严霜之诛，掾部渠有其人乎?"文卬曰："无其人不敢空受职。"宝曰："谁也?"文曰："霸陵杜稚季。"宝曰："其次?"文曰："豺狼横道，不宜复问狐狸。"宝默然。稚季者大侠，与卫尉淳于长、大鸿胪萧育等皆厚善。宝前失车骑将军，与红阳侯有隙，自恐见危，时淳于长方贵幸，友宝。宝亦欲附之，始视事而长以稚季托宝，故宝穷，无以复应文。文怪宝气索，知其有故，因曰："明府素著威名，今下敢取稚季，当且阖阁，勿有所问。如此竟岁，吏民未敢诬明府也。即度稚季而遣它事，众口讙哗，终身自堕。"宝曰："受教。"稚季耳目长，闻知之，杜门不通水火，穿舍后墙为小户，但持锄自治园，因文所厚自陈如此。文曰："我与稚季幸同土壤，素无睚眦，顾受将命，分当相直。诚能自改，严将不治前事，即不更心，但更门户，适趣祸耳。"稚季遂不敢犯法，宝亦竟岁无所谴。明年，稚季病死。宝为京兆尹三岁，京师称之。会淳于长败，宝与萧育等皆坐免官。文复去吏，死于家。稚季子杜苍，字君敖，名出稚季右，在游侠中。

哀帝即位，征宝为谏大夫，迁司隶。初，傅太后与中山孝王母冯太后俱事元帝，有隙，傅太后使有司考冯太后，令自杀，众庶冤之。宝奏请覆治，傅太后大怒，曰："帝置司隶，主使察我。冯氏反事明白，故欲擿觖以扬我恶。我当坐之。"上乃顺指下宝狱。尚书仆射唐林争之，上以林朋党比周，左迁敦煌鱼泽障候。大司马傅喜、光禄大夫龚胜固争，上为言太后，出宝复官。

顷之，郑崇下狱，宝上书曰："臣闻疏不图亲，外不虑内。臣幸得衔命奉使，职在刺举，不敢避贵幸之势，以塞视听之明。按尚书令昌奏仆射崇，下狱覆治，榜掠将死，卒无一辞，道路称冤。疑昌与崇内有纤介，浸润相陷，自禁门内枢机近臣，蒙受冤谮，亏损国家，为谤不小。臣请治昌，以解众心。"书奏，天子不说，以宝名臣不忍诛，乃制诏丞相、大司空："司隶宝奏故尚书仆射崇冤，请狱治尚书令昌。案崇近臣，罪恶暴著，而宝怀邪，附下罔上，以春月作诋欺，遂其奸心，盖国家之贼也。传不云乎？'恶利口之覆国家。'其免宝为庶人。"

哀帝崩，王莽白王太后征宝以为光禄大夫，与王舜等俱迎中山王。平帝立，宝为大司农。会越巂郡上黄龙游江中，太师孔光、大司徒马宫等咸称莽功德比周公，宜告祠宗庙。宝曰："周公上圣，召公大贤。尚犹有不相说，著于经典，两不相损。今风雨未时，百姓不足，每有一事，群臣同声，得无非其美者。"时，大臣皆失色，侍中奉车都尉甄邯即时承制罢议者。会宝遣吏迎母，母道病，留弟家，独遣妻子。司直陈崇以奏宝，事下三公即讯。宝对曰："年七十悖眊，恩衰共养，营妻子，如章。"宝坐免，终于家。建武中，录旧德臣，以宝孙伉为诸长。

毋将隆字君房，东海兰陵人也。大司马车骑将军王音内领尚书，外典兵马，踵故选置从事中郎与参谋议，奏请隆为从事中郎，迁谏大夫。成帝末，隆奏封事言："古者选诸侯入为公卿，以褒功德，宜征定陶王使在国邸，以填万方。"其后上竟立定陶王为太子，隆迁冀州牧、颍川太守。哀帝即位，以高第入为京兆尹，迁执金吾。

时，侍中董贤方贵，上使中黄门发武库兵，前后十辈，送董贤及上乳母王阿舍。隆奏言："武库兵器，天下公用，国家武备，缮治造作，皆度大司农钱。大司农钱自乘舆不以给共养，共养劳赐，一出少府。盖不以本臧给末用，不以民力共浮费，别公私，示正路也。古者诸侯方伯得颛征伐，乃赐斧钺。汉家边吏，职在距寇，亦赐武库兵，皆任其事然后蒙之。《春秋》之谊，家不臧甲，所以抑臣威，损私力也。今贤等便僻弄臣，私恩微妾，而以天下公用给其私门，契国威器共其家备。民力分于弄臣，武兵设于微妾，建立非宜，以广骄僭，非所以示四方也。孔子曰：'奚取于三家之堂！'臣请收还武库。"上不说。

顷之，傅太后使谒者买诸官婢，贱取之，复取执金吾官婢八人。隆奏言贾贱，请更平直。上于是制诏丞相、御史大夫："交让之礼兴，则虞、芮之讼息。隆位九卿，既无以匡朝廷之不逮，而反奏请与永信宫争贵贱之贾，程奏显言，众莫不闻。举错不由谊理，争求之名自此始，无以示百僚，伤化失俗。"以隆前有安国之言，左迁为沛郡都尉，迁南郡太守。

王莽少时，慕与隆交，隆不甚附。哀帝崩，莽秉政，使大司徒孔光奏隆前为冀州牧治中山冯太后狱冤陷无辜，不宜处位在中土。本中谒者令史立、侍御史丁玄自典考之，但与隆连名奏事。史立时为中太仆，丁玄泰山太守，及尚书令赵昌谮郑崇者为河内太守，皆免官，徙合浦。

何並字子廉，祖父以吏二千石自平舆徙平陵。並为郡吏，至大司空掾，事何武。武高其志节，举能治剧，为长陵令，道不拾遗。

初，邛成太后外家王氏贵，而侍中王林卿通轻侠，倾京师。后坐法免。宾客愈盛，归长陵上冢，因留饮连日。並恐其犯法，自造门上谒，谓林卿曰："冢间单外，君宜以时归。"林卿曰："诺。"先是，林卿杀婢婿埋冢舍，並具知之，以非己时，又见其新免，故不发举，欲无令留界中而已，即且遣吏奉谒传送。林卿素骄，惭于宾客，並度其为变，储兵马以待之。林卿既去，北度泾桥，令骑奴还至寺门，拔刀剥其建鼓。并自从吏兵追林卿。行数十里，林卿迫窘，乃令奴冠其冠被其襜褕自代，乘车从童骑，身变服从间径驰去。会日暮追及，收缚冠奴，奴曰："我非侍中，奴耳。"並心自知已失林卿，乃曰："王君困，自称奴，得脱死邪?"叱吏断头持还，县所剥鼓置都亭下，署曰："故侍中王林卿坐杀人埋冢舍，使奴剥寺门鼓。"吏民惊骇。林卿因亡命，众庶讙哗，以为实死。成帝太后以邛成太后爱林卿故，闻之涕泣，为言哀帝。哀帝问状而善之，迁並陇西太守。

徙颍川太守，代陵阳严诩。诩本以孝行为官，谓掾史为师友，有过辄闭阁自责，终不大言。郡中乱，王莽遣使征诩。官属数百人为设祖道，诩据地哭。掾史曰："明府吉征，不宜若此。"诩曰："吾哀颍川士，身岂有忧哉！我以柔弱征，必选刚猛代。代到，将有僵仆者，故相吊耳。"诩至，拜为美俗使者。是时，颍川钟元为尚书令，领廷尉，用事有权。弟威为郡掾，臧千金。並为太守，过辞钟廷尉，廷尉免冠为弟请一等之罪，愿蚤就髡钳。並曰："罪在弟身与君律，不在于太守。"元惧，驰遣人呼弟。阳翟轻侠赵季、李款多畜宾客，以气力渔食闾里，至奸人妇女，持吏长短，从横郡中，闻並且至，皆亡去。並下车求勇猛晓文法吏且十人，使文吏治三人狱，武吏往捕之，各有所部。敕曰："三人非负太守，乃负王法，不得不治。钟威所犯多在赦前，驱使入函谷关，勿令污民间；不入关，乃收之。赵、李桀恶，虽远去，当得其头，以谢百姓。"钟威负其兄，止雒阳，吏格杀之。亦得赵、李它郡，持头还，並皆县头及其具狱于市。郡中清静，表善好士，见纪颍川，名次黄霸。性清廉，妻子不至官舍。数年，卒。疾病，召丞掾作先令书，曰："告子恢，吾生素餐日久，死虽当得法赙，勿受。葬为小椁，亶容下棺。"恢如父言。王莽擢恢为关都尉。建武中以並孙为郎。

赞曰：盖宽饶为司臣，正色立于朝，虽《诗》所谓"国之司直"无以加也。若采王生之言以终其身，斯近古之贤臣矣。诸葛、刘、郑虽云狂瞽，有异志焉。孔子曰："吾未见刚者。"以数子之名迹，然毋将污于冀州，孙宝桡于定陵，况俗人乎！何並之节，亚尹翁归云。

# 汉书卷七十八

## 萧望之传第四十八

萧望之字长倩，东海兰陵人也，徙杜陵。家世以田为业，至望之，好学，治《齐诗》，事同县后仓且十年。以令诣太常受业，复事同学博士白奇，又从夏侯胜问《论语》、《礼服》。京师诸儒称述焉。

是时，大将军霍光秉政，长史丙吉荐儒生王仲翁与望之等数人，皆召见。先是，左将军上官桀与盖主谋杀光，光既诛桀等，后出入自备。吏民当见者，露索去刀兵，两吏挟持。望之独不肯听，自引出阁曰："不愿见。"吏牵持匈匈。光闻之，告吏勿持。望之既至前，说光曰："将军以功德辅幼主，将以流大化，致于洽平，是以天下之士延颈企踵，争愿自效，以辅高明。今士见者皆先露索挟持，恐非周公相成王躬吐握之礼，致白屋之意。"于是光独不除用望之，而仲翁等皆补大将军史。三岁间，仲翁至光禄大夫给事中，望之以射策甲科为郎，署小苑东门候。仲翁出入从仓头庐儿，下车趋门，传呼甚宠，顾谓望之曰："不肯录录，反抱关为？"望之曰："各从其志。"

后数年，坐弟犯法，不得宿卫，免归为郡吏。及御史大夫魏相除望之为属，察廉为大行治礼丞。

时，大将军光薨，子禹复为大司马，兄子山领尚书，亲属皆宿卫内侍。地节三年夏，京师雨雹，望之因是上疏，愿赐清闲之宴，口陈灾异之意。宣帝自在民间闻望之名，曰："此东海萧生邪？下少府宋畸问状，无有所讳。"望之对，以为："《春秋》昭公三年大雨雹，是时季氏专权，卒逐昭公。乡使鲁君察于天变，宜亡此害。今陛下以圣德居位，思政求贤，尧、舜之用心也。然而善祥未臻，阴阳不和，是大臣任政，一姓擅势之所致也。附枝大者贼本心，私家盛者公室危。唯明主躬万机，选同姓，举贤材，以为腹心，与参政谋，令公卿大臣朝见奏事，明陈其职，以考功能。如是，则庶事理，公道立，奸邪塞，私权废矣。"对奏，天子拜望之为谒者。时，上初即位，思进贤良，多上书言便宜，辄下望之问状，高者请丞相御史，次者中二千石试事，满岁以状闻，下者报闻，或罢归田里，所白处奏皆可。累迁谏大夫，丞相司直，岁中三迁，官至二千石。其后霍氏竟谋反诛，望之寖益任用。

是时，选博士、谏大夫通政事者补郡国守、相，以望之为平原太守。望之雅意在本朝，远为郡守，内不自得，乃上疏曰："陛下哀愍百姓，恐德化之不究，悉出谏官以补郡吏，所谓忧其末而忘其本者也。朝无争臣则不知过，国无达士则不闻善。愿陛下选明经术，温故知新，通于几微谋虑之士以为内臣，与参政事。诸侯闻之，则知国家纳谏忧政，亡有阙遗。若此不怠，成、康之道其庶几乎！外郡不治，岂足忧哉？"书闻，征入守少府。宣帝察望之经明持重，论议有余，材任宰相，欲详试其政事，复以为左冯翊。望之从少府出为左迁，恐有不合意，即移病。上闻之，使侍中、成都侯金安上谕意曰：“所用皆更治民以考功。君前为平原太守日浅，故复试之于三辅，非有所闻也。”望之即视事。

是岁，西羌反，汉遣后将军征之。京兆尹张敞上书言：“国兵在外，军以夏发，陇西以北，安定以西，吏民并给转输，田事颇废，素无余积，虽羌虏以破，来春民食必乏。穷辟之处，买亡所得，县官谷度不足以振之。愿令诸有罪，非盗受财杀人及犯法不得赦者，皆得以差入谷此八郡赎罪。务益致谷以豫备百姓之急。”事下有司，望之与少府李强议，以为：“民函阴阳之气，有好义欲利之心，在教化之所助。尧在上，不能去民欲利之心，而能令其欲利不胜其好义也；虽桀在上，不能去民好义之心，而能令其好义不胜其欲利也。故尧、桀之分，在于义利而已，道民不可不慎也。今欲令民量粟以赎罪，如此则富者得生，贫者独死，是贫富异刑而法不一也。人情，贫穷，父兄囚执，闻出财得以生活，为人子弟者将不顾死亡之患，败乱之行，以赴财利，求救亲戚。一人得生，十人以丧，如此，伯夷之行坏，公绰之名灭。政教一倾，虽有周、召之佐，恐不能复。古者臧于民，不足则取，有余则予。《诗》曰：‘爰及矜人，哀此鳏寡。’上惠下也。又曰‘雨我公田，遂及我私’，下急上也。今有西边之役，民失作业，虽户赋口敛以赡其困乏，古之通义，百姓莫以为非。以死救生，恐未可也。陛下布德施教，教化既成，尧、舜亡以加也。今议开利路以伤既成之化，臣窃痛之。”

于是天子复下其议两府，丞相、御史以难问张敞。敞曰：“少府左冯翊所言，常人之所守耳。昔先帝征四夷，兵行三十余年，百姓犹不加赋，而军用给。今羌虏一隅小夷，跳梁于山谷间，汉但令罪人出财减罪以诛之，其名贤于烦扰良民横兴赋敛也。又诸盗及杀人犯不道者，百姓所疾苦也，皆不得赎；首匿、见知纵、所不当得为之属，议者或颇言其法可蠲除，今因此令赎，其便明甚，何化之所乱？《甫刑》之罚，小过赦，薄罪赎，有金选之品，所从来久矣，何贼之所生？敞备皂衣二十余年，尝闻罪人赎矣，未闻盗贼起也。窃怜凉州被寇，方秋饶时，民尚有饥乏，病死于道路，况至来春将大困乎！不早虑所以振救之策，而引常经以难，恐后为重责。常人可与守经，未可与权也。敞幸得备列卿，以辅两府为职，不敢不尽愚。”

望之、强复对曰：“先帝圣德，贤良在位，作宪垂法，为无穷之规，永惟边竟之不赡，故《金布令甲》曰‘边郡数被兵，离饥寒，夭绝天年，父子相失，令天下共给其费’，固为军旅卒暴之事也。闻天汉四年，常使死罪人入五十万钱减死罪一等，豪强吏民请夺假贷，至为盗贼以赎罪。其后奸邪横暴，群盗并起，至攻城邑，杀郡守，充满山谷，吏不能禁，明诏遣绣衣使者以兴兵击之，诛者过半，然后衰止。愚以为此使死罪赎之败也，故曰不便。”时，丞相魏相、御史大夫丙吉亦以为羌虏且破，转输略足相给，遂不施敞议。望之为左冯翊三年，京师称之，迁大鸿胪。

先是，乌孙昆弥翁归靡因长罗侯常惠上书，愿以汉外孙元贵靡为嗣，得复尚少主，结婚内附，畔去匈奴。诏下公卿议，望之以为乌孙绝域，信其美言，万里结婚，非长策也。天子不听。神爵二年，遣长罗侯惠使送公主配元贵靡。未出塞，翁归靡死，其兄子狂王背约自立。惠从塞下上书，愿留少主敦煌郡。惠至乌孙，责以负约，因立元贵靡，还迎少主。诏下公卿议，望之复以为："不可。乌孙持两端，亡坚约，其效可见。前少主在乌孙四十余年，恩爱不亲密，边境未以安，此已事之验也。今少主以元贵靡不得立而还，信无负于四夷，此中国之大福也。少主不止，繇役将兴，其原起此。"天子从其议，征少主还。后乌孙虽分国两立，以元贵靡为大昆弥，汉遂不复与结婚。

三年，代丙吉为御史大夫。五凤中匈奴大乱，议者多曰匈奴为害日久，可因其坏乱举兵灭之。诏遣中朝大司马车骑将军韩增、诸吏富平侯张延寿、光禄勋杨恽、太仆戴长乐问望之计策，望之对曰："《春秋》晋士匄帅师侵齐，闻齐侯卒，引师而还，君子大其不伐丧，以为恩足以服孝子，谊足以动诸侯。前单于慕化乡善称弟，遣使请求和亲，海内欣然，夷狄莫不闻。未终奉约，不幸为贼臣所杀，今而伐之，是乘乱而幸灾也，彼必奔走远遁。不以义动兵，恐劳而无功。宜遣使者吊问，辅其微弱，救其灾患，四夷闻之，咸贵中国之仁义。如遂蒙恩得复其位，必称臣服从，此德之盛也。"上从其议，后竟遣兵护辅呼韩邪单于定其国。

是时，大司农、中丞耿寿昌奏设常平仓，上善之，望之非寿昌。丞相丙吉年老，上重焉，望之又奏言："百姓或乏困，盗贼未止，二千石多材下不任职。三公非其人，则三光为之不明，今首岁日月少光，咎在臣等。"上以望之意轻丞相，乃下侍中建章卫尉金安上、光禄勋杨恽、御史中丞王忠，并诘问望之。望之免冠置对，天子由是不说。

后丞相司直緐延寿奏："侍中谒者良使承制诏望之，望之再拜已。良与望之言，望之不起，因故下手，而谓御史曰'良礼不备'。故事丞相病，明日御史大夫辄问病；朝奏事会庭中，差居丞相后，丞相谢，大夫少进，揖。今丞相数病，望之不问病；会庭中，与丞相钧礼。时议事不合意，望之曰：'侯年宁能父我邪！'知御史有令不得擅使，望之多使守史自给车马，之杜陵护视家事。少史冠法冠，为妻先引，又使卖买，私所附益凡十万三千。案望之大臣，通经术，居九卿之右，本朝所仰，至不奉法自修，踞慢不逊攘，受所监臧二百五十以上，请逮捕系治。"上于是策望之曰："有司奏君责使者礼，遇丞相亡礼，廉声不闻，敖慢不逊，亡以扶政，帅先百僚。君不深思，陷于兹秽，朕不忍致君于理，使光禄勋恽策诏，左迁君为太子太傅，授印。其上故印使者，便道之官。君其秉道明孝，正直是与，帅意亡愆，靡有后言。"

望之既左迁，而黄霸代为御史大夫。数月间，丙吉薨，霸为丞相。霸薨，于定国复代焉。望之遂见废，不得相。为太傅，以《论语》、《礼服》授皇太子。

初，匈奴呼韩邪单于来朝，诏公卿议其仪，丞相霸、御史大夫定国议曰："圣王之制，施德行礼，先京师而后诸夏，先诸夏而后夷狄。《诗》云：'率礼不越，遂视既发；相土烈烈，海外有截。'陛下圣德充塞天地，光被四表，匈奴单于乡风慕化，奉珍朝贺，自古未之有也。其礼仪宜如诸侯王，位次在下。"望之以为："单于非正朔所加，故称敌国，宜待以不臣之礼，位在诸侯王上。外夷稽首称藩，中国让而不臣，此则羁縻之谊，谦亨之福也。《书》曰'戎狄荒服'，言其来服，荒忽亡常。如使匈奴后嗣卒有鸟窜鼠伏，阙如朝享，不为畔臣。信让行乎蛮貉，福祚流于亡穷，万世之长策也。"天子采之，下诏曰："盖闻五帝、三王教化所不施，不及以政。今匈奴单于称北藩、朝正朔，朕之不逮，德不能弘覆。其以客礼待之，令单于位在诸侯王上，赞谒称臣而不名。”

及宣帝寝疾，选大臣可属者，引外属侍中乐陵侯史高、太子太傅望之、少傅周堪至禁中，拜高为大司马车骑将军，望之为前将军光禄勋，堪为光禄大夫，皆受遗诏辅政，领尚书事。宣帝崩，太子袭尊号，是为孝元帝。望之、堪本以师傅见尊重，上即位，数宴见，言治乱，陈王事。望之选白宗室明经达学散骑谏大夫刘更生给事中，与侍中金敞并拾遗左右。四人同心谋议，劝道上以古制，多所欲匡正，上甚乡纳之。

初，宣帝不甚从儒术，任用法律，而中书宦官用事。中书令弘恭、石显久典枢机，明习文法，亦与车骑将军高为表里，论议常独持故事，不从望之等。恭、显又时倾仄见诎。望之以为中书政本，宜以贤明之选，自武帝游宴后庭，故用宦者，非国旧制，又违古不近刑人之义，白欲更置士人，由是大与高、恭、显忤。上初即位，谦让重改作，议久不定，出刘更生为宗正。

望之、堪数荐名儒茂才以备谏官。会稽郑朋阴欲附望之，上疏言车骑将军高遣客为奸利郡国，及言许、史子弟罪过。章视周堪，堪白令朋待诏金马门。朋奏记望之曰：“将军体周、召之德，秉公绰之质，有卞庄之威。至乎耳顺之年，履折冲之位，号至将军，诚士之高致也。窟穴黎庶莫不欢喜，咸曰将军其人也。今将军规模云若管、晏而休，遂行日仄至周、召乃留乎？若管、晏而休，则下走将归延陵之皋，修农圃之畴，畜鸡种黍，俟见二子，没齿而已矣。如将军昭然度行，积思塞邪枉之险蹊，宣中庸之常政，兴周、召之遗业，亲日仄之兼听，则下走其庶几愿竭区区，底厉锋锷，奉万分之一。”望之见纳朋，接待以意。朋数称述望之，短车骑将军，言许、史过失。

后朋行倾邪，望之绝不与通。朋与大司农史李宫俱待诏，堪独白宫为黄门郎。朋，楚士，怨恨，更求入许、史，推所言许、史事曰：“皆周堪、刘更生教我，我关东人，何以知此？”于是侍中许章白见朋。朋出扬言曰：“我见，言前将军小过五，大罪一。中书令在旁，知我言状。”望之闻之，以问弘恭、石显。显、恭恐望之自讼，下于它吏，即挟朋及待诏华龙。龙者，宣帝时与张子蟜等待诏，以行污秽不进，欲入堪等，堪等不纳，故与朋相结。恭、显令二人告望之等谋欲罢车骑将军疏退许、史状，候望之出休日，令朋、龙上之。事下弘恭问状，望之对曰：“外戚在位多奢淫，欲以匡正国家，非为邪也。”恭、显奏：“望之、堪、更生朋党相称举，数谮诉大臣，毁离亲戚，欲以专擅权势，为臣不忠，诬上不道，请谒者召致廷尉。”时上初即位，不省“谒者召致廷尉”为下狱也。可其奏，后上召堪、更生，曰系狱。上大惊曰：“非但廷尉问邪？”以责恭、显，皆叩头谢。上曰：“令出视事。”恭、显因使高言：“上新即位，未以德化闻于天下，而先验师傅，既下九卿大夫狱，宜因决免。”于是制诏丞相御史：“前将军望之傅朕八年，亡它罪过，今事久远，识忘难明。其赦望之罪，收前将军光禄勋印绶，及堪、更生皆免为庶人。”而朋为黄门郎。

后数月，制诏御史：“国之将兴，尊师而重傅。故前将军望之傅朕八年，道以经术，厥功茂焉。其赐望之爵关内侯，食邑六百户，给事中，朝朔望，坐次将军。”天子方倚欲以为丞相，会望之子散骑中郎伋上书讼望之前事，事下有司，复奏：“望之前所坐明白，无谮诉者，而教子上书，称引亡辜之《诗》，失大臣体，不敬，请逮捕。”弘恭、石显等知望之素高节，不诎辱，建白：“望之前为将军辅政，欲排退许、史，专权擅朝。幸得不坐，复赐爵邑，与闻政事，不悔过服罪，深怀怨望，教子上书，归非于上，自以托师傅，怀终不坐。非颇诎望之于牢狱，塞其怏怏心，则圣朝亡以施恩厚。”上曰：“萧太傅素刚，安肯就吏？”显等曰：“人命至重，望之所坐，语言薄罪，必亡所忧。”上乃可其奏。

显等封以付谒者，敕令召望之手付，因令太常急发执金吾车骑驰围其第。使者至，召望之。望之欲自杀，其夫人止之，以为非天子意。望之以问门下生朱云。云者好节士，劝望之自裁。于是望之仰天叹曰：“吾尝备位将相，年逾六十矣，老入牢狱，苟求生活，不亦鄙乎！”字谓云曰：“游，趣和药来，无久留我死！”竟饮鸩自杀。天子闻之惊，拊手曰：“曩固疑其不就牢狱，果然杀吾贤傅！”是时，太官方上昼食，上乃却食，为之涕泣，哀恸左右。于是召显等责问以议不详。皆免冠谢，良久然后已。

望之有罪死，有司请绝其爵邑。有诏加恩，长子伋嗣为关内侯。天子追念望之不忘，每岁时遣使者祠祭望之冢，终元帝世。望之八子，至大官者育、咸、由。

育字次君，少以父任为太子庶子。元帝即位，为郎，病免，后为御史。大将军王凤以育名父子，著材能，除为功曹，迁谒者，使匈奴副校尉。后为茂陵令，会课，育第六。而漆令郭舜殿，见责问，育为之请，扶风怒曰：“君课第六，裁自脱，何暇欲为左右言？”及罢出，传召茂陵令诣后曹，当以职事对。育径出曹，书佐随牵育，育案佩刀曰：“萧育杜陵男子，何诣曹也！”遂趋出，欲去官。明旦，诏召入，拜为司隶校尉。育过扶风府门，官属掾史数百人拜谒车下。后坐失大将军指免官。复为中郎将使匈奴。历冀州、青州两郡刺史，长水校尉，泰山太守，入守大鸿胪。以鄠名贼梁子政阻山为害，久不伏辜，育为右扶风数月，尽诛子政等。坐与定陵侯淳于长厚善免官。

哀帝时，南郡江中多盗贼，拜育为南郡太守。上以育耆旧名臣，乃以三公使车载育入殿中受策，曰："南郡，盗贼群辈为害，朕甚忧之。以太守威信素著，故委南郡太守，之官，其于为民除害，安元元而已，亡拘于小文。"加赐黄金二十斤。育至南郡，盗贼静。病去官，起家复为光禄大夫执金吾，以寿终于官。

育为人严猛尚威，居官数免，稀迁。少与陈咸、朱博为友，著闻当世。往者有王阳、贡公，故长安语曰"萧、朱结绶，王、贡弹冠"，言其相荐达也。始育与陈咸俱以公卿子显名，咸最先进，年十八，为左曹，二十余，御史中丞。时，朱博尚为杜陵亭长，为咸、育所攀援，入王氏。后遂并历刺史、郡守相，及为九卿，而博先至将军上卿，历位多于咸、育，遂至丞相。育与博后有隙，不能终，故世以交为难。

咸字仲，为丞相史，举茂材，好畤令，迁淮阳、泗水内史，张掖、弘农、河东太守。所居有迹，数增秩赐金。后免官，复为越骑校尉、护军都尉、中郎将，使匈奴，至大司农，终官。

由字子骄，为丞相西曹卫将军掾，迁谒者，使匈奴副校尉。后举贤良，为定陶令，迁太原都尉，安定太守。治郡有声，多称荐者。初，哀帝为定陶王时，由为定陶令，失王指，顷之，制书免由为庶人。哀帝崩，为复土校尉、京辅左辅都尉，迁江夏太守。

平江贼成重等有功，增秩为陈留太守。元始中，作明堂辟雍，大朝诸侯，征由为大鸿胪，会病，不及宾赞，还归故官，病免。复为中散大夫，终官。家至吏二千石者六七人。

赞曰：萧望之历位将相，籍师傅之恩，可谓亲昵亡间。及至谋泄隙开，谗邪构之，卒为便嬖宦竖所图，哀哉！不然，望之堂堂，折而不桡，身为儒宗，有辅佐之能，近古社稷臣也。

# 汉书卷七十九

## 冯奉世传第四十九

冯奉世字子明，上党潞人也，徙杜陵。其先冯亭，为韩上党守。秦攻上党，绝太行道，韩不能守，冯亭乃入上党城守于赵。赵封冯亭为华阳君，与赵将括距秦，战死于长平。宗族由是分散，或留潞，或在赵。在赵者为官帅将，官帅将子为代相。及秦灭六国，而冯亭之后冯毋择、冯去疾、冯劫皆为秦将相焉。

汉兴，文帝时冯唐显名，即代相子也。至武帝末，奉世以良家子选为郎。昭帝时，以功次补武安长。失官，年三十余矣，乃学《春秋》涉大义，读兵法明习，前将军韩增奏以为军司空令。本始中，从军击匈奴。军罢，复为郎。

先是时，汉数出使西域，多辱命不称，或贪污，为外国所苦。是时，乌孙大有击匈奴之功，而西域诸国新辑，汉方善遇，欲以安之，选可使外国者，前将军增举奉世以卫侯使持节送大宛诸国客。至伊脩城，都尉宋将言莎车与旁国共攻杀汉所置莎车王万年，并杀汉使者奚充国。时，匈奴又发兵攻车师城，不能下而去。莎车遣使扬言北道诸国已属匈奴矣，于是攻劫南道，与歃盟畔汉，从鄯善以西皆绝不通。都护郑吉、校尉司马意皆在北道诸国间。奉世与其副严昌计，以为不亟击之则莎车日强，其势难制，必危西域。遂以节谕告诸国王，因发其兵，南北道合万五千人进击莎车，攻拔其城。莎车王自杀，传其首诣长安。诸国悉平，威振西域。奉世乃罢兵以闻。宣帝召见韩增，曰："贺将军所举得其人。"奉世遂西至大宛。大宛闻其斩莎车王，敬之异于它使。得其名马象龙而还。上甚说，下议封奉世。丞相、将军皆曰："《春秋》之义，大夫出疆，有可以安国家，则颛之可也。奉世功效尤著，宜加爵土之赏。"少府萧望之独以奉世奉使有指，而擅矫制违命，发诸国兵，虽有功效，不可以为后法。即封奉世，开后奉使者利，以奉世为比，争逐发兵，要功万里之外，为国家生事于夷狄。渐不可长，奉世不宜受封。上善望之议，以奉世为光禄大夫、水衡都尉。

元帝即位，为执金吾。上郡属国归义降胡万余人反去。初，昭帝末，西河属国胡伊酋若王亦将众数千人畔，奉世辄持节将兵追击。右将军典属国常惠薨，奉世代为右将军典属国，加诸吏之号。数岁，为光禄勋。

永光二年秋，陇西羌乡姐旁种反，诏召丞相韦玄成、御史大夫郑弘、大司马车骑将军王接、左将军许嘉、右将军奉世入议。是时，岁比不登，京师谷石二百余，边郡四百，关东五百。四方饥馑，朝廷方以为忧，而遭羌变。玄成等漠然莫有对者。奉世曰："羌虏近在境内背畔，不以时诛，亡以威制远蛮。臣愿帅师讨之。"上问用兵之数，对曰："臣闻善用兵者，役不再兴，粮不三载，故师不久暴而天诛亟决。往者数不料敌，而师至于折伤；再三发輧，则旷日烦费，威武亏矣。今反虏无虑三万人，法当倍用六万人。然羌戎弓矛之兵耳，器不犀利，可用四万人，一月足以决。”丞相、御史、两将军皆以为民方收敛时，未可多发；万人屯守之，且足。奉世曰：“不可。天下被饥馑，士马羸秏，守战之备久废不简，夷狄皆有轻边吏之心，而羌首难。今以万人分屯数处，虏见兵少，必不畏惧，战则挫兵病师，守则百姓不救。如此，怯弱之形见，羌人乘利，诸种并和，相扇而起，臣恐中国之役不得止于四万，非财币所能解也。故少发师而旷日，与一举而疾决，利害相万也。”固争之，不能得。有诏益二千人。

于是遣奉世将万二千人骑，以将屯为名，典属国任立、护军都尉韩昌为偏裨，到陇西，分屯三处。典属国为右军，屯白石；护军都尉为前军，屯临洮；奉世为中军，屯首阳西极上。前军到降同阪，先遣校尉在前与羌争地利，又别遣校尉救民于广阳谷。羌虏盛多，皆为所破，杀两校尉。奉世具上地形部众多少之计，愿益三万六千人乃足以决事。书奏，天子大为发兵六万余人，拜太常弋阳侯任千秋为奋武将军以助焉。奉世上言：“愿得其众，不须烦大将。”因陈转输之费。

上于是以玺书劳奉世，且让之，曰：“皇帝问将兵右将军，甚苦暴露。羌虏侵边境，杀吏民，甚逆天道，故遣将军帅士大夫行天诛。以将军材质之美，奋精兵，诛不轨，百下百全之道也。今乃有畔敌之名，大为中国羞。以昔不闲习之故邪？以恩厚未洽，信约不明也？朕甚怪之。上书言羌虏依深山，多径道，不得不多分部遮要害，须得后发营士，足以决事，部署已定，势不可复置大将，闻之。前为将军兵少，不足自守，故发近所骑，日夜诣，非为击也。今发三辅、河东、弘农越骑、迹射、佽飞、彀者、羽林孤儿及呼速累、嗕种，方急遣。且兵，凶器也，必有成败者，患策不豫定，料敌不审也，故复遣奋武将军。兵法曰大将军出必有偏裨，所以扬威武，参计策，将军又何疑焉？夫爱吏士，得众心，举而无悔，禽敌必全，将军之职也。若乃转输之费，则有司存，将军勿忧。须奋武将军兵到，合击羌虏。”

十月，兵毕至陇西。十一月，并进。羌虏大破，斩首数千级，余皆走出塞。兵未决间，汉复发募士万人，拜定襄太守韩安国为建威将军。未进，闻羌破，还。上曰：“羌虏破散创艾，亡逃出塞，其罢吏士，颇留屯田，备要害处。”

明年二月，奉世还京师，更为左将军，光禄勋如故。其后录功拜爵，下诏曰：“羌虏桀黠，贼害吏民，攻陇西府寺，燔烧置亭，绝道桥，甚逆天道。左将军光禄勋奉世前将兵征讨，斩捕首虏八千余级，卤马、牛、羊以万数。赐奉世爵关内侯，食邑五百户，黄金六十斤。”裨将、校尉三十余人，皆拜。

后岁余，奉世病卒。居爪牙官前后十年，为折冲宿将，功名次赵充国。

奋武将军任千秋者，其父宫，昭帝时以丞相征事捕斩反者左将军上官桀，封侯，宣帝时为太常，薨。千秋嗣后，复为太常。成帝时，乐昌侯王商代奉世为左将军，而千秋为右将军，后亦为左将军。子孙传国，至王莽乃绝云。

奉世死后二年，西域都护甘延寿以诛郅支单于封为列侯。时，丞相匡衡亦用延寿矫制生事，据萧望之前议，以为不当封，而议者咸美其功，上从众而侯之。于是杜钦上疏，追讼奉世前功曰：

“前莎车王杀汉使者，约诸国背畔。左将军奉世以卫侯便宜发兵诛莎车王，策定城郭，功施边境。议者以奉世奉使有指，《春秋》之义亡遂事，汉家之法有矫制，故不得侯。今匈奴郅支单于杀汉使者，亡保康居，都护延寿发城郭兵屯田吏士四万余人以诛斩之，封为列侯。臣愚以为比罪则郅支薄，量敌则莎车众，用师则奉世寡，计胜则奉世为功于边境安，虑败则延寿为祸于国家深。其违命而擅生事同，延寿割地封，而奉世独不录。臣闻功同赏异则劳臣疑，罪钧刑殊则百姓惑；疑生无常，惑生不知所从；亡常则节趋不立，不知所从则百姓无所措手足。奉世图难忘死，信命殊俗，威功白著，为世使表，独抑厌而不扬，非圣主所以塞疑厉节之意也。愿下有司议。”上以先帝时事，不复录。

奉世有子男九人，女四人。长女媛以选充后宫，为元帝昭仪，产中山孝王。元帝崩，媛为中山太后，随王就国。奉世长子谭，太常举孝廉为郎，功次补天水司马。奉世击西羌，谭为校尉，随父从军有功，未拜病死。谭弟野王、逡、立、参至大官。

野王字君卿，受业博士，通《诗》。少以父任为太子中庶子。年十八，上书愿试守长安令。宣帝奇其志，问丞相魏相，相以为不可许。后以功次补当阳长，迁为栎阳令，徙夏阳令。元帝时，迁陇西太守，以治行高，入为左冯翊。岁余，而池阳令並素行贪污，轻野王外戚年少，治行不改。野王部督邮掾祋祤赵都案验，得其主守盗十金罪，收捕。並不首吏，都格杀。並家上书陈冤，事下廷尉。都诣吏自杀以明野王，京师称其威信，迁为大鸿胪。

数年，御史大夫李延寿病卒，在位多举野王。上使尚书选第中二千石，而野王行能第一。上曰：“吾用野王为三公，后世必谓我私后宫亲属，以野王为比。”乃下诏曰：“刚强坚固，确然亡欲，大鸿胪野王是也。心辨善辞，可使四方，少府五鹿充宗是也。廉洁节俭，太子少傅张谭是也。其以少傅为御史大夫。”上由下第而用谭，越次避嫌不用野王，以昭仪兄故也。野王乃叹曰：“人皆以女宠贵，我兄弟独以贱！”野王虽不为三公，甚见器重，有名当世。

成帝立，有司奏野王王舅，不宜备九卿。以秩出为上郡太守，加赐黄金百斤。朔方刺史萧育奏封事，荐言：“野王行能高妙，内足与图身，外足以虑化。窃惜野王怀国之宝，而不得陪朝廷与朝者并。野王前以王舅出，以贤复入，明国家乐进贤也。”上自为太子时闻知野王。会其病免，复以故二千石使行河堤，因拜为琅邪太守。是时，成帝长舅阳平侯王凤为大司马大将军，辅政八九年矣。时数有灾异，京兆尹王章讥凤专权不可任用，荐野王代凤。上初纳其言，而后诛章，语在《元后传》。于是野王惧不自安，遂病，满三月赐告，与妻子归杜陵就医药。大将军凤风御史中丞劾奏野王赐告养病而私自便，持虎符出界归家，奉诏不敬。杜钦时在大将军莫府，钦素高野王父子行能，奏记于凤，为野王言曰：“窃见令曰，吏二千石告，过长安谒，不分别予赐。今有司以为予告得归，赐告不得，是一律两科，失省刑之意。夫三最予告，令也；病满三月赐告，诏恩也。令告则得，诏恩则不得，失轻重之差。又二千石病赐告得归有故事，不得去郡亡著令。传曰：‘赏疑从予，所以广恩劝功也；罚疑从去，所以慎刑，阙难知也。’今释令与故事而假不敬之法，甚违阙疑从去之意。即以二千石守千里之地，任兵马之重，不宜去郡，将以制刑为后法者，则野王之罪，在未制令前也。刑赏大信，不可不慎。”凤不听，竟免野王。郡国二千石病赐告不得归家，自此始。

初，野王嗣父爵为关内侯，免归。数年，年老，终于家。子座嗣爵，至孙坐中山太后事绝。

逡字子产，通《易》，太常察孝廉为郎，补谒者。建昭中，选为复土校尉。光禄勋于永举茂材，为美阳令。功次迁长乐屯卫司马，清河都尉，陇西太守。治行廉平，年四十余卒。为都尉时，言河堤方略，在《沟洫志》。

立字圣卿，通《春秋》。以父任为郎，稍迁诸曹。竟宁中，以王舅出为五原属国都尉。数年，迁五原太守，徙西河、上郡。立居职公廉，治行略与野王相似，而多知有恩贷，好为条教。吏民嘉美野王、立相代为太守，歌之曰：“大冯君，小冯君，兄弟继踵相因循，聪明贤知惠吏民，政如鲁、卫德化钧，周公、康叔犹二君。”后迁为东海太守，下湿病痹。天子闻之，徙立为太原太守。更历五郡，所居有迹。年老卒官。

参字叔平，学通《尚书》。少为黄门郎给事中，宿卫十余年。参为人矜严，好修容仪，进退恂恂，甚可观也。参，昭仪少弟，行又敕备，以严见惮，终不得亲近侍帷幄。竟宁中，以王舅出补渭陵食官令。以数病徙为寝中郎，有诏勿事。阳朔中，中山王来朝，参擢为上河农都尉。病免官，复为渭陵寝中郎。永始中，超迁代郡太守。以边郡道远，徙为安定太守。数岁，病免，复为谏大夫，使领护左冯翊都水。绥和中，立定陶王为皇太子，以中山王见废，故封王舅参为宜乡侯，以慰王意。参之国，上书愿至中山见王、太后。行未到而王薨。王病时，上奏愿贬参爵以关内侯食邑留长安。上怜之，下诏曰："中山孝王短命早薨，愿以舅宜乡侯参为关内侯，归家，朕甚愍之。其还参京师，以列侯奉朝请。"五侯皆敬惮之。丞相翟方进亦甚重焉，数谓参："物禁太甚。君侯以王舅见废，不得在公卿位，今五侯至尊贵也，与之并列，宜少诎节卑体，视有所宗。而君侯盛修容貌以威严加之。此非所以下五侯而自益者也。"参性好礼仪，终不改其恒操。

顷之，哀帝即位，帝祖母傅太后用事，追怨参姊中山太后，陷以祝诅大逆之罪，语在《外戚传》。参以同产当相坐，谒者承制召参诣廷尉，参自杀。且死，仰天叹曰："参父子兄弟皆备大位，身至封侯，今被恶名而死，姊弟不敢自惜，伤无以见先人于地下！"死者十七人，众莫不怜之。宗族徙归故郡。

赞曰：《诗》称"抑抑威仪，惟德之隅"。宜乡侯参鞠躬履方，择地而行，可谓淑人君子，然卒死于非罪，不能自免，哀哉！谗邪交乱，贞良被害，自古而然。故伯奇放流，孟子宫刑，申生雉经，屈原赴湘，《小弁》之诗作，《离骚》之辞兴。经曰："心之忧矣，涕既陨之。"冯参姊弟，亦云悲矣！

# 汉书卷八十

## 宣元六王传第五十

孝宣皇帝五男。许皇后生孝元帝，张倢伃生淮阳宪王钦，卫倢伃生楚孝王嚣，公孙倢伃生东平思王宇，戎倢伃生中山哀王竟。

淮阳宪王钦，元康三年立，母张倢伃有宠于宣帝。霍皇后废后，上欲立张倢伃为后。久之，惩艾霍氏欲害皇太子，乃更选后宫无子而谨慎者，乃立长陵王倢伃为后，令母养太子。后无宠，希御见，唯张倢伃最幸。而宪王壮大，好经书法律，聪达有材，帝甚爱之。太子宽仁，喜儒术，上数嗟叹宪王，曰："真我子也！"常有意欲立张倢伃与宪王，然用太子起于微细，上少依倚许氏，及即位而许后以杀死，太子蚤失母，故弗忍也。久之，上以故丞相韦贤子玄成阳狂让侯兄，经明行高，称于朝廷，乃召拜玄成为淮阳中尉，欲感谕宪王，辅以推让之臣，由是太子遂安。宣帝崩，元帝即位，乃遣宪王之国。

时，张倢伃已卒，宪王有外祖母，舅张博兄弟三人岁至淮阳见亲，辄受王赐。后王上书，请徙外家张氏于国。博上书，愿留守坟墓，独不徙。王恨之。后博至淮阳，王赐之少。博言："负责数百万，愿王为偿。”王不许，博辞去，令弟光恐云王遇大人益解，博欲上书为大人乞骸骨去。王乃遣人持黄金五十斤送博。博喜，还书谢，为谄语盛称誉王，因言：“当今朝廷无贤臣，灾变数见，足为寒心。万姓咸归望于大王，大王奈何恬然不求入朝见，辅助主上乎？”使弟光数说王宜听博计，令于京师说用事贵人为王求朝。王不纳其言。

后光欲至长安，辞王，复言“愿尽力与博共为王求朝。王即日至长安，可因平阳侯”。光得王欲求朝语，驰使人语博。博知王意动，复遗王书曰：“博幸得肺腑，数进愚策，未见省察。北游燕、赵，欲循行郡国求幽隐之士，闻齐有驷先生者，善为《司马兵法》，大将之材也，博得谒见，承间进问五帝、三王究竟要道，卓尔非世俗之所知。今边境不安，天下骚动，微此人其莫能安也。又闻北海之濒有贤人焉，累世不可逮，然难致也。得此二人而荐之，功亦不细矣。博愿驰西以此赴助汉急，无财币以通显之。赵王使谒者持牛、酒，黄金三十斤劳博，博不受；复使人愿尚女，聘金二百斤，博未许。会得光书云大王已遣光西，与博并力求朝。博自以弃捐，不意大王还意反义，结以朱颜，愿杀身报德。朝事何足言！大王诚赐咳唾，使得尽死，汤禹所以成大功也。驷先生蓄积道术，书无不有，愿知大王所好，请得辄上。”王得书喜说，报博书曰：“子高乃幸左顾存恤，发心恻隐，显至诚，纳以嘉谋，语以至事，虽亦不敏，敢不谕意！今遣有司为子高偿责二百万。”

是时，博女婿京房以明《易》阴阳得幸于上，数召见言事。自谓为石显、五鹿充宗所排，谋不得用，数为博道之。博常欲诳耀淮阳王，即具记房诸所说灾异及召见密语，持予淮阳王以为信验，诈言："已见中书令石君求朝，许以金五百斤。贤圣制事，盖虑功而不计费。昔禹治鸿水，百姓罢劳，成功既立，万世赖之。今闻陛下春秋未满四十，发齿堕落，太子幼弱，佞人用事，阴阳不调，百姓疾疫饥馑死者且半，鸿水之害殆不过此。大王绪欲救世，将比功德，何可以忽？博已与大儒知道者为大王为便宜奏，陈安危，指灾异，大王朝见，先口陈其意而后奏之，上必大悦。事成功立，大王即有周、邵之名，邪臣散亡，公卿变节，功德亡比，而梁、赵之宠必归大王，外家亦将富贵，何复望大王之金钱？"王喜说，报博书曰："乃者诏下，止诸侯朝者，寡人憯然不知所出。子高素有颜、冉之资，臧武之智，子贡之辩，卞庄子之勇，兼此四者，世之所鲜。既开端绪，愿卒成之。求朝，义事也，奈何行金钱乎！"博报曰："已许石君，须以成事。"王以金五百斤予博。

会房出为郡守，离左右，显具得此事告之。房漏泄省中语，博兄弟诖误诸侯王，诽谤政治，狡猾不道，皆下狱。有司奏请逮捕钦，上不忍致法，遣谏大夫王骏赐钦玺书曰："皇帝问淮阳王。有司奏王，王舅张博数遗王书，非毁政治，谤讪天子，褒举诸侯，称引周、汤，以谄惑王，所言尤恶，悖逆无道。王不举奏而多与金钱，报以好言，罪至不赦，朕恻焉不忍闻，为王伤之。推原厥本，不祥自博，惟王之心，匪同于凶。已诏有司勿治王事，遣谏大夫骏申谕朕意。《诗》不云乎？'靖恭尔位，正直是与'。王其勉之！"

骏谕指曰："礼为诸侯制相朝聘之义，盖以考礼一德，尊事天子也。且王不学《诗》乎？《诗》云：'俾侯于鲁，为周室辅。'

今王舅博数遗王书，所言悖逆。王幸受诏策，通经术，知诸侯名誉不当出竟。天子普覆，德布于朝，而恬有博言，多予金钱，与相报应，不忠莫大焉。故事，诸侯王获罪京师，罪恶轻重，纵不伏诛，必蒙迁削贬黜之罪，未有但已者也。今圣主赦王之罪，又怜王失计忘本，为博所惑，加赐玺书，使谏大夫申谕至意，殷勤之恩，岂有量哉！博等所犯恶大，群下之所共攻，王法之所不赦也。自今以来，王毋复以博等累心，务与众弃之。《春秋》之义，大能变改。《易》曰'借用白茅，无咎'，言臣子之道，改过自新，洁己以承上，然后免于咎也。王其留意慎戒，惟思所以悔过易行，塞重责，称厚恩者。如此，则长有富贵，社稷安矣。"

于是淮阳王钦免冠稽首谢曰："奉藩无状，过恶暴列，陛下不忍致法，加大恩，遣使者申谕道术守藩之义。伏念博罪恶尤深，当伏重诛。臣钦愿悉心自新，奉承诏策，顿首死罪。"

京房及博兄弟三人皆弃市，妻子徙边。

至成帝即位，以淮阳王属为叔父，敬宠之，异于它国。王上书自陈舅张博时事，颇为石显等所侵，因为博家属徙者求还。丞相、御史复劾钦："前与博相遗私书，指意非诸侯王所宜，蒙恩勿治，事在赦前。不悔过而复称引，自以为直，失藩臣礼，不敬。"上加恩，许王还徙者。

三十六年薨。子文王玄嗣，二十六年薨。子缜嗣，王莽时绝。

楚孝王嚣，甘露二年立为定陶王，三年徙楚。成帝河平中入朝，时被疾，天子闵之，下诏曰："盖闻'天地之性人为贵，人之行莫大于孝'。楚王嚣素行孝顺仁慈，之国以来二十余年，纤介之过未尝闻，朕甚嘉之。今乃遭命，离于恶疾，夫子所痛，曰：

‘蔑之，命矣夫！斯人也而有斯疾也！’朕甚闵焉。夫行纯茂而不显异，则有国者将何勖哉？《书》不云乎？‘用德章厥善。’今王朝正月，诏与子男一人俱，其以广戚县户四千三百封其子勋为广戚侯。”明年，嚣薨。子怀王文嗣，一年薨，无子，绝。明年，成帝复立文弟平陆侯衍，是为思王。二十一年薨，子纡嗣，王莽时绝。

初，成帝时又立纡弟景为定陶王。广戚侯勋薨，谥曰炀侯，子显嗣。平帝崩，无子，王莽立显子婴为孺子，奉平帝后。莽篡位，以婴为定安公。汉既诛莽，更始时婴在长安，平陵方望等颇知天文，以为更始必败，婴本统当立者也，共起兵将婴至临泾，立为天子。更始遣丞相李松击破杀婴云。

东平思王宇，甘露二年立。元帝即位，就国。壮大，通奸犯法，上以至亲贳弗罪，傅相连坐。

久之，事太后，内不相得，太后上书言之，求守杜陵园。上于是遣太中大夫张子蟜奉玺书敕谕之，曰：“皇帝问东平王。盖闻亲亲之恩莫重于孝，尊尊之义莫大于忠，故诸侯在位不骄以致孝道，制节谨度以翼天子，然后富贵不离于身，而社稷可保。今闻王自修有阙，本朝不和，流言纷纷，谤自内兴，朕甚憯焉，为王惧之。《诗》不云乎？‘毋念尔祖，述修阙德，永言配命，自求多福’。朕惟王之春秋方刚，忽于道德，意有所移，忠言未纳，故临遣太中大夫子蟜谕王朕意。孔子曰：‘过而不改，是谓过矣。’王其深惟孰思之，无违朕意。”

又特以玺书赐王太后，曰：“皇帝使诸吏宦者令承问东平王太后。朕有闻，王太后少加意焉。夫福善之门莫美于和睦，患咎之首莫大于内离。今东平王出襁褓之中而托于南面之位，加以年齿方刚，涉学日寡，骜忽臣下，不自它于太后，以是之间，能无失礼义者，其唯圣人乎！传曰：‘父为子隐，直在其中矣。’王太后明察此意，不可不详。闺门之内，母子之间，同气异息，骨肉之恩，岂可忽哉！岂可忽哉！昔周公戒伯禽曰：‘故旧无大故，则不可弃也，毋求备于一人。’夫以故旧之恩，犹忍小恶，而况此乎！已遣使者谕王，王既悔过服罪，太后宽忍以贳之，后宜不敢。王太后强餐，止思念，慎疾自爱。”

宇惭惧，因使者顿首谢死罪，愿洒心自改。诏书又敕傅相曰：“夫人之性皆有五常，及其少长，耳目牵于耆欲，故五常销而邪心作，情乱其性，利胜其义，而不失厥家者，未之有也。今王富于春秋，气力勇武，获师傅之教浅，加以少所闻见，自今以来，非《五经》之正术，敢以游猎非礼道王者，辄以名闻。”

宇立二十年，元帝崩。宇谓中谒者信等曰：“汉大臣议天子少弱，未能治天下，以为我知文法，建欲使我辅佐天子。我见尚书晨夜极苦，使我为之，不能也。今暑热，县官年少，持服恐无处所，我危得之！”比至下，宇凡三哭，饮酒食肉，妻妾不离侧。又姬朐臑故亲幸，后疏远，数叹息呼天。宇闻，斥朐臑为家人子，扫除永巷，数笞击之。朐臑私疏宇过失，数令家告之。宇觉知，绞杀朐臑。有司奏请逮捕，有诏削樊、亢父二县。后三岁，天子诏有司曰：“盖闻仁以亲亲，古之道也。前东平王有阙，有司请废，朕不忍。又请削，朕不敢专。惟王之至亲，未尝忘于心。今闻王改行自新，尊修经术，亲近仁人，非法之求，不以奸吏，朕甚嘉焉。传不云乎？朝过夕改，君子与之。其复前所削县如故。”

后年来朝，上疏求者诸子及《太史公书》，上以问大将军王凤，对曰："臣闻诸侯朝聘，考文章，正法度，非礼不言。今东平王幸得来朝，不思制节谨度，以防危失，而求诸书，非朝聘之义也。诸子书或反经术，非圣人；或明鬼神，信物怪；《太史公书》有战国纵横权谲之谋，汉兴之初谋臣奇策，天官灾异，地形厄塞：皆不宜在诸侯王。不可予。不许之辞宜曰：'《五经》圣人所制，万事靡不毕载。王审乐道，傅相皆儒者，旦夕讲诵，足以正身虞意。夫小辩破义，小道不通，致远恐泥，皆不足以留意。诸益于经术者，不爱于王。'"对奏，天子如凤言，遂不与。

立三十三年薨，子炀王云嗣。哀帝时，无盐危山土自起覆草，如驰道状，又瓠山石转立。云及后谒自之石所祭，治石象瓠山立石，束倍草，并祠之。建平三年，息夫躬、孙宠等共因幸臣董贤告之。是时，哀帝被疾，多所恶，事下有司，逮王、后谒下狱验治，言使巫傅恭、婢合欢等祠祭诅祝上，为云求为天子。云又与知灾异者高尚等指星宿，言上疾必不愈，云当得天下。石立，宣帝起之表也。有司请诛王，有诏废徙房陵。云自杀，谒弃市。立十七年，国除。

元始元年，王莽欲反哀帝政，白太皇太后，立云太子开明为东平王，又立思王孙成都为中山王。开明立三年，薨，无子。复立开明兄严乡侯信子匡为东平王，奉开明后。王莽居摄，东郡太守翟义与严乡侯信谋举兵诛莽，立信为天子，兵败，皆为莽所灭。

中山哀王竟，初元二年立为清河王。三年，徙中山，以幼少未之国。建昭四年，薨邸，葬杜陵，无子，绝。太后归居外家戎氏。

孝元皇帝三男。王皇后生孝成帝，傅昭仪生定陶共王康，冯昭仪生中山孝王兴。

定陶共王康，永光三年立为济阳王。八年，徙为山阳王。八年，徙定陶。王少而爱，长多材艺，习知音声，上奇器之。母昭仪又幸，几代皇后太子。语在《元后》及《史丹传》。

成帝即位，缘先帝意，厚遇异于它王。十九年薨，子欣嗣。十五年，成帝无子，征入为皇太子。上以太子奉大宗后，不得顾私亲，乃立楚思王子景为定陶王，奉共王后。成帝崩，太子即位，是为孝哀帝。即位二年，追尊共王为共皇，置寝庙京师，序昭穆，仪如孝元帝。徙定陶王景为信都王云。

中山孝王兴，建昭二年，立为信都王。十四年，徙中山。成帝之议立太子也，御史大夫孔光以为《尚书》有殷及王，兄终弟及，中山王元帝之子，宜为后。成帝以中山王不材，又兄弟，不得相入庙。外家王氏与赵昭仪皆欲用哀帝为太子，故遂立焉。上乃封孝王舅冯参为宜乡侯，而益封孝王万户，以尉其意。三十年，薨，子衎嗣。七年，哀帝崩，无子，征中山王衎入即位，是为平帝。太皇太后以帝为成帝后，故立东平思王孙桃乡顷侯子成都为中山王，奉孝王后。王莽时绝。

赞曰：孝元之后，遍有天下，然而世绝于孙，岂非天哉！淮阳宪王于时诸侯为聪察矣，张博诱之，几陷无道。《诗》云“贪人败类”，古今一也。

# 汉书卷八十一

## 匡张孔马传第五十一

匡衡字稚圭，东海承人也。父世农夫，至衡好学，家贫，庸作以供资用，尤精力过绝人。诸儒为之语曰："无说《诗》，匡鼎来；匡说《诗》，解人颐。"

衡射策甲科，以不应令除为太常掌故，调补平原文学。学者多上书荐衡经明，当世少双，令为文学就官京师；后进皆欲从衡平原，衡不宜在远方。事下太子太傅萧望之、少府梁丘贺问，衡对《诗》诸大义，其对深美。望之奏衡经学精习，说有师道，可观览。宣帝不甚用儒，遣衡归官。而皇太子见衡对，私善之。

会宣帝崩，元帝初即位，乐陵侯史高以外属为大司马车骑将军，领尚书事，前将军萧望之为副。望之名儒，有师傅旧恩，天子任之，多所贡荐。高充位而已，与望之有隙。长安令杨兴说高曰："将军以亲戚辅政，贵重于天下无二，然众庶论议令问休誉不专在将军者何也？彼诚有所闻也。以将军之莫府，海内莫不印望。而所举不过私门宾客，乳母子弟，人情忽不自知，然一夫窃议，语流天下。夫富贵在身而列士不誉，是有狐白之裘而反衣之也。

古人病其若此，故卑体劳心，以求贤为务。传曰：以贤难得之故因曰事不待贤，以食难得之故而曰饱不待食，或之甚者也。平原文学匡衡材智有余，经学绝伦，但以无阶朝廷，故随牒在远方。将军诚召置莫府，学士歙然归仁，与参事议，观其所有，贡之朝廷，必为国器，以此显示众庶，名流于世。”高然其言，辟衡为议曹史，荐衡于上，上以为郎中，迁博士，给事中。

是时，有日蚀、地震之变，上问以政治得失，衡上疏曰：

臣闻五帝不同礼，三王各异教，民俗殊务，所遇之时异也。陛下躬圣德，开太平之路，闵愚吏民触法抵禁，比年大赦，使百姓得改行自新，天下幸甚。臣窃见大赦之后，奸邪不为衰止，今日大赦，明日犯法，相随入狱，此殆导之未得其务也。盖保民者，“陈之以德义”，“示之以好恶”，观其失而制其宜，故动之而和，绥之而安。今天下俗贪财贱义，好声色，上侈靡，廉耻之节薄，淫辟之意纵，纲纪失序，疏者逾内，亲戚之恩薄，婚姻之党隆，苟合侥幸，以身设利。不改其原，虽岁赦之，刑犹难使错而不用也。

臣愚以为宜一旷然大变其俗。孔子曰：“能以礼让为国乎，何有？”朝廷者，天下之桢干也。公卿大夫相与循礼恭让，则民不争；好仁乐施，则下不暴；上义高节，则民兴行；宽柔和惠，则众相爱。四者，明王之所以不严而成化也。何者？朝有变色之言，则下有争斗之患；上有自专之士，则下有不让之人；上有克胜之佐，则下有伤害之心；上有好利之臣，则下有盗窃之民：此其本也。今俗吏之治，皆不本礼让，而上克暴，或忮害好陷人于罪，贪财而慕势，故犯法者众，奸邪不止，虽严刑峻法，犹不为变。

此非其天性，有由然也。

臣窃考《国风》之诗，《周南》、《召南》被贤圣之化深，故笃于行而廉于色。郑伯好勇，而国人暴虎；秦穆贵信，而士多从死；陈夫人好巫，而民淫祀；晋侯好俭，而民畜聚；太王躬仁，邠国贵恕。由此观之，治天下者审所上而已。今之伪薄忮害，不让极矣。臣闻教化之流，非家至而人说之也。贤者在位，能者布职，朝廷崇礼，百僚敬让。道德之行，由内及外，自近者始，然后民知所法，迁善日进而不自知。是以百姓安，阴阳和，神灵应，而嘉祥见。《诗》曰："商邑翼翼，四方之极；寿考且宁，以保我后生。"此成汤所以建至治，保子孙，化异俗而怀鬼方也。今长安天子之都，亲承圣化，然其习俗无以异于远方，郡国来者无所法则，或见侈靡而放效之。此教化之原本，风俗之枢机，宜先正者也。

臣闻天人之际，精祲有以相荡，善恶有以相推，事作乎下者象动乎上，阴阳之理各应其感，阴变则静者动，阳蔽则明者晻，水旱之灾随类而至。今关东连年饥馑，百姓乏困，或至相食，此皆生于赋敛多，民所共者大，而吏安集之不称之效也。陛下祗畏天戒，哀闵元元，大自减损，省甘泉、建章宫卫，罢珠崖，偃武行文，将欲度唐、虞之隆，绝殷、周之衰也。诸见罢珠崖诏书者，莫不欣欣，人自以将见太平也。宜遂减宫室之度，省靡丽之饰，考制度，修外内，近忠正，远巧佞，放郑、卫，进《雅》、《颂》，举异材，开直言，任温良之人，退刻薄之吏，显洁白之士，昭无欲之路，览《六艺》之意，察上世之务，明自然之道，博和睦之化，以崇至仁，匡失俗，易民视，令海内昭然咸见本朝之所贵，道德弘于京师，淑问扬乎疆外，然后大化可成，礼让可兴也。

上说其言，迁衡为光禄大夫、太子少傅。时，上好儒术文辞，颇改宣帝之政，言事者多进见，人人自以为得上意。又傅昭仪及子定陶王爱幸，宠于皇后、太子。衡复上疏曰：

臣闻治乱安危之机，在乎审所用心。盖受命之王务在创业垂统传之无穷，继体之君心存于承宣先王之德而褒大其功。昔者成王之嗣位，思述文、武之道以养其心，休烈盛美皆归之二后而不敢专其名，是以上天歆享，鬼神祐焉。其《诗》曰："念我皇祖，陟降廷止。"言成王常思祖考之业，而鬼神祐助其治也。

陛下圣德天覆，子爱海内，然阴阳未和，奸邪未禁者，殆论议者未丕扬先帝之盛功，争言制度不可用也，务变更之，所更或不可行，而复复之，是以群下更相是非，吏民无所信。臣窃恨国家释乐成之业，而虚为此纷纷也。愿陛下详览统业之事，留神于遵制扬功，以定群下之心。《大雅》曰："无念尔祖，聿修厥德。"孔子著之《孝经》首章，盖至德之本也，传曰："审好恶，理情性，而王道毕矣。"能尽其性，然后能尽人物之性；能尽人物之性，可以赞天地之化。治性之道，必审己之所有余，而强其所不足。盖聪明疏通者戒于大察，寡闻少见者戒于雍蔽，勇猛刚强者戒于大暴，仁爱温良者戒于无断，湛静安舒者戒于后时，广心浩大者戒于遗忘。必审己之所当戒，而齐之以义，然后中和之化应，而巧伪之徒不敢比周而望进。唯陛下戒所以崇圣德。

臣又闻室家之道修，则天下之理得，故《诗》始《国风》，《礼》本《冠》、《婚》。始乎《国风》，原情性而明人伦也；本乎《冠》、《婚》，正基兆而防未然也。福之兴莫不本乎室家，道之衰莫不始乎阃内。故圣王必慎妃后之际，别適长之位。礼之于内也。卑不逾尊，新不先故，所以统人情而理阴气也。其尊適而卑庶也，適子冠乎阼，礼之用醴，众子不得与列，所以贵正体而明嫌疑也。非虚加其礼文而已，乃中心与之殊异，故礼探其情而见之外也。圣人动静游燕，所亲物得其序；得其序，则海内自修，百姓从化。如当亲者疏，当尊者卑，则佞巧之奸因时而动，以乱国家。故圣人慎防其端，禁于未然，不以私恩害公义。陛下圣德纯备，莫不修正，则天下无为而治。《诗》云："于以四方，克定厥家。"传曰："正家而天下定矣。"

衡为少傅数年，数上疏陈便宜，及朝廷有政议，傅经以对，言多法义。上以为任公卿，由是为光禄勋、御史大夫。建昭三年，代韦玄成为丞相，封乐安侯，食邑六百户。

元帝崩，成帝即位，衡上疏戒妃匹，劝经学威仪之则，曰：

陛下秉至孝，哀伤思慕不绝于心，未有游虞弋射之宴，诚隆于慎终追远，无穷已也。窃愿陛下虽圣性得之，犹复加圣心焉。《诗》云"茕茕在疚"，言成王丧毕思慕，意气未能平也，盖所以就文、武之业，崇大化之本也。

臣又闻之师曰："妃匹之际，生民之始，万福之原。"婚姻之礼正，然后品物遂而天命全。孔子论《诗》以《关雎》为始，言太上者民之父母，后夫人之行不侔乎天地，则无以奉神灵之统而理万物之宜。故《诗》曰："窈窕淑女，君子好逑。"言能致其贞淑，不贰其操，情欲之感无介乎容仪，宴私之意不形乎动静，夫然后可以配至尊而为宗庙主。此纲纪之首，王教之端也。自上世已来，三代兴废，未有不由此者也。愿陛下详览得失盛衰之效以定大基，采有德，戒声色，近严敬，远技能。

窃见圣德纯茂，专精《诗》、《书》，好乐无厌。臣衡材驽，无以辅相善义，宣扬德音。臣闻《六经》者，圣人所以统天地之心，著善恶之归，明吉凶之分，通人道之正，使不悖于其本性者也。故审《六艺》之指，则天人之理可得而和，草木昆虫可得而育，此永永不易之道也。及《论语》、《孝经》，圣人言行之要，宜究其意。

臣又闻圣王之自为动静周旋，奉天承亲，临朝享臣，物有节文，以章人伦。盖钦翼祇栗，事天之容也；温恭敬逊，承亲之礼也；正躬严恪，临众之仪也；嘉惠和说，飨下之颜也。举错动作，物遵其仪，故形为仁义，动为法则。孔子曰："德义可尊，容止可观，进退可度，以临其民，是以其民畏而爱之，则而象之。"《大雅》云："敬慎威仪，惟民之则。"诸侯正月朝觐天子，天子惟道德，昭穆穆以视之，又观以礼乐，飨醴乃归。故万国莫不获赐祉福，蒙化而成俗。今正月初幸路寝，临朝贺，置酒以飨万方，传曰"君子慎始"，愿陛下留神动静之节，使群下得望盛德休光，以立基桢，天下幸甚！

上敬纳其言。顷之，衡复奏正南北郊，罢诸淫祀，语在《郊祀志》。

初，元帝时，中书令石显用事，自前相韦玄成及衡皆畏显，不敢失其意。至成帝初即位，衡乃与御史大夫甄谭共奏显，追条其旧恶，并及党与。于是司隶校尉王尊劾奏："衡、谭居大臣位，知显等专权势，作威福，为海内患害，不以时白奏行罚，而阿谀曲从，附下罔上，无大臣辅政之义。既奏显等，不自陈不忠之罪，而反扬著先帝任用倾覆之徒，罪至不道。”有诏勿劾。衡惭惧，上疏谢罪，因称病乞骸骨，上丞相乐安侯印绶。上报曰：“君以道德修明，位有三公，先帝委政，遂及朕躬。君遵修法度，勤劳公家，朕嘉与君同心合意，庶几有成。今司隶校尉尊妄诋欺，加非于君，朕甚闵焉。方下有司问状，君何疑而上书归侯乞骸骨，是章朕之未烛也。传不云乎？‘礼义不愆，何恤人之言！’君其察焉。专精神，近医药，强食自爱。”因赐上尊酒、养牛。衡起视事。上以新即位，褒优大臣，然群下多是王尊者。衡嘿嘿不自安，每有水旱，风雨不时，连乞骸骨让位。上辄以诏书慰抚，不许。

久之，衡子昌为越骑校尉，醉杀人，系诏狱。越骑官属与昌弟且谋篡昌。事发觉，衡免冠徒跣待罪，天子使谒者诏衡冠履。而有司奏衡专地盗土，衡竟坐免。

初，衡封僮之乐安乡，乡本田堤封三千一百顷，南以闽佰为界。初元元年，郡图误以闽佰为平陵佰。积十余岁，衡封临淮郡，遂封真平陵佰以为界，多四百顷。至建始元年，郡乃定国界，上计簿，更定图，言丞相府。衡谓所亲吏赵殷曰：“主簿陆赐故居奏曹，习事，晓知国界，署集曹掾。”明年治计时，衡问殷国界事：“曹欲奈何？”殷曰：“赐以为举计，令郡实之。恐郡不肯从实，可令家丞上书。”衡曰：“顾当得不耳，何至上书？”亦不告曹使举也，听曹为之。后赐与属明举计曰：“案故图，乐安乡南以平陵佰为界，不从故而以闽佰为界，解何？”郡即复以四百顷付乐安国。衡遣从史之僮，收取所还田租谷千余石入衡家。司隶校尉骏、少府忠行廷尉事劾奏“衡监临盗所主守直十金以上。《春秋》之义，诸侯不得专地，所以一统尊法制也。衡位三公，辅国政，领计簿，知郡实，正国界，计簿已定而背法制，专地盗土以自益，及赐、明阿承衡意，猥举郡计，乱减县界，附下罔上，擅以地附益大臣，皆不道。”于是上可其奏，勿治，丞相免为庶人，终于家。子咸亦明经，历位九卿。家世多为博士者。

张禹字子文，河内轵人也。至禹父徙家莲勺。禹为儿，数随家至市，喜观于卜相者前。久之，颇晓其别蓍布卦意，时从旁言。卜者爱之，又奇其面貌，谓禹父：“是儿多知，可令学经。”及禹壮，至长安学，从沛郡施雠受《易》，琅邪王阳、胶东庸生问《论语》，既皆明习，有徒众，举为郡文学。甘露中，诸儒荐禹，有诏太子太傅萧望之问。禹对《易》及《论语》大义，望之善焉，奏禹经学精习，有师法，可试事。奏寝，罢归故官。久之，试为博士。初元中，立皇太子，而博士郑宽中以《尚书》授太子，荐言禹善《论语》。诏令禹授太子《论语》，由是迁光禄大夫。数岁，出为东平内史。

元帝崩，成帝即位，征禹、宽中，皆以师赐爵关内侯，宽中食邑八百户，禹六百户。拜为诸吏光禄大夫，秩中二千石，给事中，领尚书事。是时，帝舅阳平侯王凤为大将军，辅政专权。而上富于春秋，谦让，方乡经学，敬重师傅。而禹与凤并领尚书，内不自安，数病。上书乞骸骨，欲退避凤。上报曰：“朕以幼年执政，万机惧失其中，君以道德为师，故委国政。君何疑而数乞骸骨，忽忘雅素，欲避流言？朕无闻焉。君其固心致思，总秉诸事，推以孳孳，无违朕意。”加赐黄金百斤、养牛、上尊酒，太官致餐，侍医视疾，使者临问。禹惶恐，复起视事，河平四年代王商为丞相，封安昌侯。

为相六岁，鸿嘉元年以老病乞骸骨，上加优再三，乃听许。赐安车驷马，黄金百斤，罢就第，以列侯朝朔望，位特进，见礼如丞相，置从事史五人，益封四百户。天子数加赏赐，前后数千万。

禹为人谨厚，内殖货财，家以田为业。及富贵，多买田至四百顷，皆泾、渭溉灌，极膏腴上贾。它财物称是。禹性习知音声，内奢淫，身居大第，后堂理丝竹管弦。

禹成就弟子尤著者，淮阳彭宣至大司空，沛郡戴崇至少府九卿。宣为人恭俭有法度，而崇恺弟多智，二人异行。禹心亲爱崇，敬宣而疏之。崇每候禹，常责师宜置酒设乐与弟子相娱。禹将崇入后堂饮食，妇女相对，优人管弦铿锵极乐，昏夜乃罢。而宣之来也，禹见之于便坐，讲论经义，日晏赐食，不过一肉卮酒相对。宣未尝得至后堂。及两人皆闻知，各自得也。

禹年老，自治冢茔，起祠室，好平陵肥牛亭部处地，又近延陵，奏请求之，上以赐禹，诏令平陵徙亭它所。曲阳侯根闻而争之："此地当平陵寝庙衣冠所出游道，禹为师傅，不遵谦让，至求衣冠所游之道，又徙坏旧亭，重非所宜。孔子称'赐爱其羊，我爱其礼'，宜更赐禹它地。"根虽为舅，上敬重之不如禹，根言虽切，犹不见从，卒以肥牛亭地赐禹。根由是害禹宠，数毁恶之。天子愈益敬厚禹。禹每病，辄以起居闻，车驾自临问之。上亲拜禹床下，禹顿首谢恩，因归诚，言："老臣有四男一女，爱女甚于男，远嫁为张掖太守萧咸妻，不胜父子私情，思与相近。"上即时徙咸为弘农太守。又禹小子未有官，上临候禹，禹数视其小子，上即禹床下拜为黄门郎，给事中。

禹虽家居，以特进为天子师，国家每有大政，必与定议。永始、元延之间，日蚀、地震尤数，吏民多上书言灾异之应，讥切王氏专政所致。上惧变异数见，意颇然之，未有以明见，乃车驾至禹弟，辟左右，亲问禹以天变，因用吏民所言王氏事示禹。禹自见年老，子孙弱，又与曲阳侯不平，恐为所怨。禹则谓上曰："春秋二百四十二年间，日蚀三十余，地震五，或为诸侯相杀，或夷狄侵中国。灾变之异深远难见，故圣人罕言命，不语怪神。性与天道，自子赣之属不得闻，何况浅见鄙儒之所言！陛下宜修政事以善应之，与下同其福喜，此经义意也。新学小生，乱道误人，宜无信用，以经术断之。"上雅信爱禹，由此不疑王氏。后曲阳侯根及诸王子弟闻知禹言，皆喜说，遂亲就禹。禹见时有变异，若上体不安，择日洁斋露蓍，正衣冠立筮，得吉卦则献其占，如有不吉，禹为感动有忧色。

成帝崩，禹及事哀帝，建平二年薨，谥曰节侯。禹四子，长子宏嗣侯，官至太常，列于九卿。三弟皆为校尉、散骑、诸曹。

初，禹为师，以上难数对己问经，为《论语章句》献之。始，鲁扶卿及夏侯胜、王阳、萧望之、韦玄成皆说《论语》，篇第或异。禹先事王阳，后从庸生，采获所安，最后出而尊贵。诸儒为之语曰："欲为《论》，念张文。"由是学者多从张氏，余家寖微。

孔光字子夏，孔子十四世之孙也。孔子生伯鱼鲤，鲤生子思伋，伋生子上帛，帛生子家求，求生子真箕，箕生子高穿。穿生顺，顺为魏相。顺生鲋，鲋为陈涉博士，死陈下。鲋弟子襄为孝惠博士、长沙太傅。襄生忠，忠生武及安国，武生延年。延年生霸，字次儒。霸生光焉。安国、延年皆以治《尚书》为武帝博士。安国至临淮太守。霸亦治《尚书》，事太傅夏侯胜，昭帝末年为博士，宣帝时为太中大夫，以选授皇太子经，迁詹事、高密相。是时，诸侯王相在郡守上。

元帝即位，征霸，以师赐爵关内侯，食邑八百户，号褒成君，给事中，加赐黄金二百斤，第一区，徙名数于长安。霸为人谦退，不好权势，常称爵位泰过，何德以堪之！上欲致霸相位，自御史大夫贡禹卒，及薛广德免，辄欲拜霸。霸让位，自陈至三，上深知其至诚，乃弗用。以是敬之，赏赐甚厚。及霸薨，上素服临吊者再，至赐东园秘器、钱、帛，策赠以列侯礼，谥曰烈君。

霸四子，长子福嗣关内侯。次子捷、捷弟喜皆列校尉、诸曹。光，最少子也，经学尤明，年未二十，举为议郎。光禄勋匡衡举光方正，为谏大夫。坐议有不合，左迁虹长，自免归教授。成帝初即位，举为博士，数使录冤狱，行风俗，振赡流民，奉使称旨，由是知名。是时，博士选三科，高为尚书，次为刺史，其不通政事，以久次补诸侯太傅。光以高第为尚书，观故事品式，数岁明习汉制及法令。上甚信任之，转为仆射、尚书令。有诏光周密谨慎，未尝有过，加诸吏官，以子男放为侍郎，给事黄门。数年，迁诸吏光禄大夫，秩中二千石，给事中，赐黄金百斤，领尚书事。后为光禄勋，复领尚书，诸吏给事中如故。凡典枢机十余年，守法度，修故事。上有所问，据经法以心所安而对，不希指苟合；如或不从，不敢强谏争，以是久而安。时有所言，辄削草稿，以为章主之过，以奸忠直，人臣大罪也。有所荐举，唯恐其人之闻知。沐日归休，兄弟妻子燕语，终不及朝省政事。或问光："温室省中树皆何木也?”光嘿不应，更答以他语，其不泄如是。光，帝师傅子，少以经行自著，进官蚤成。不结党友，养游说，有求于人。既性自守，亦其势然也。徙光禄勋为御史大夫。

绥和中，上即位二十五年，无继嗣，至亲有同产弟中山孝王及同产弟子定陶王在。定陶王好学多材，于帝子行。而王祖母傅太后阴为王求汉嗣，私事赵皇后、昭仪及帝舅大司马骠骑将军王根，故皆劝上。上于是召丞柏翟方进、御史大夫光、右将军廉褒、后将军朱博，皆引入禁中，议中山、定陶王谁宜为嗣者。方进、根以为:“定陶王帝弟之子,《礼》曰‘昆弟之子犹子也’,‘为其后者为之子也’，定陶王宜为嗣。”褒、博皆如方进、根议。光独以为礼立嗣以亲，中山王先帝之子，帝亲弟也，以《尚书·盘庚》殷之及王为比，中山王宜为嗣。上以《礼》兄弟不相入庙，又皇后、昭仪欲立定陶王，故遂立为太子。光以议不中意，左迁廷尉。

光久典尚书，练法令，号称详平。时定陵侯淳于长坐大逆诛，长小妻乃始等六人皆以长事未发觉时弃去，或更嫁。及长事发，丞相方进、大司空武议，以为:“令，犯法者各以法时律令论之，明有所讫也。长犯大逆时，乃始等见为长妻，已有当坐之罪，与身犯法无异。后乃弃去，于法无以解。请论。”光议以为:“大逆无道，父母妻子同产无少长皆弃市，欲惩后犯法者也。夫妇之道，有义则合，无义则离。长未自知当坐大逆之法，而弃去乃始等，或更嫁，义已绝，而欲以为长妻论杀之，名不正，不当坐。”有诏“光议是”。

是岁，右将军褒、后将军博坐定陵、红阳侯皆免为庶人。以光为左将军，居右将军官职，执金吾王咸为右将军，居后将军官职。罢后将军官。数月，丞相方进薨，召左将军光，当拜，已刻侯印书赞，上暴崩，即其夜于大行前拜受丞相、博山侯印绶。

哀帝初即位，躬行俭约，省减诸用，政事由己出，朝廷翕然，望至治焉。褒赏大臣，益封光千户。时，成帝母太皇太后自居长乐宫，而帝祖母定陶傅太后在国邸，有诏问丞相、大司空："定陶共王太后宜当何居？"光素闻傅太后为人刚暴，长于权谋，自帝在襁褓而养长教道至于成人，帝之立又有力。光心恐傅太后与政事，不欲令与帝旦夕相近，即议以为定陶太后宜改筑宫。大司空何武曰："可居北宫。"上从武言。北宫有紫房复道通未央宫，傅太后果从复道朝夕至帝所，求欲称尊号，贵宠其亲属，使上不得直道行。顷之，太后从弟子傅迁在左右尤倾邪，上免官遣归故郡。傅太后怒，上不得已复留迁。光与大司空师丹奏言："诏书'侍中、驸马都尉迁巧佞无义，漏泄不忠，国之贼也，免归故郡'。复有诏止。天下疑惑，无所取信，亏损圣德，诚不小愆。陛下以变异连见，避正殿，见群臣，思求其故，至今未有所改。臣请归迁故郡，以销奸党，应天戒。"卒不得遣，复为侍中。胁于傅太后，皆此类也。

又傅太后欲与成帝母俱称尊号，群下多顺指，言母以子贵，宜立尊号以厚孝道。唯师丹与光持不可。上重违大臣正议，又内迫傅太后，猗违者连岁。丹以罪免，而朱博代为大司空。光自先帝时议继嗣有持异之隙矣，又重忤傅太后指，由是傅氏在位者与朱博为表里，共毁谮光。后数月遂策免光曰："丞相者，朕之股肱，所与共承宗庙，统理海内，辅朕之不逮以治天下也。朕既不明，灾异重仍，日月无光，山崩河决，五星失行，是章朕之不德而股肱之不良也。君前为御史大夫，辅翼先帝，出入八年，卒无忠言嘉谋；今相朕，出入三年，忧国之风复无闻焉。阴阳错谬，岁比不登，天下空虚，百姓饥馑，父子分散，流离道路，以十万数。而百官群职旷废，奸轨放纵，盗贼并起，或攻官寺，杀长吏。数以问君，君无怵惕忧惧之意，对毋能为。是以群卿大夫咸惰哉莫以为意，咎由君焉。君秉社稷之重，总百僚之任，上无以匡朕之阙，下不能绥安百姓。《书》不云乎？'毋旷庶官，天工人其代之。'於虖！君其上丞相博山侯印绶，罢归。"

光退闾里，杜门自守。而朱博代为丞相，数月，坐承傅太后指妄奏事自杀。平当代为丞相，数月薨。王嘉复为丞相，数谏争忤指。旬岁间阅三相，议者皆以为不及光。上由是思之。

会元寿元年正月朔日有蚀之，后十余日傅太后崩。是月征光诣公车，问日蚀事。光对曰："臣闻日者，众阳之宗，人君之表，至尊之象。君德衰微，阴道盛强，侵蔽阳明，则日蚀应之。《书》曰'羞用五事'，'建用皇极'。如貌、言、视、听、思失，大中之道不立，则咎征荐臻，六极屡降。皇之不极，是为大中不立，其传曰'时则有日月乱行'，谓朓、侧匿，甚则薄蚀是也。又曰'六沴之作'，岁之朝曰三朝，其应至重。乃正月辛丑朔日有蚀之，变见三朝之会。上天聪明，苟无其事，变不虚生。《书》曰'惟先假王正厥事'，言异变之来，起事有不正也。臣闻师曰，天左与王者，故灾异数见，以谴告之，欲其改更。若不畏惧，有以塞除，而轻忽简诬，则凶罚加焉，其至可必。《诗》曰：'敬之敬之，天惟显思，命不易哉！'又曰：'畏天之威，于时保之。'皆谓不惧者凶，惧之则吉也。陛下圣德聪明，兢兢业业，承顺天戒，敬畏变异，勤心虚己，延见群臣，思求其故，然后敕躬自约；总正万事，放远谗说之党，授纳断断之介，退去贪残之徒，进用贤良之吏，平刑罚，薄赋敛，恩泽加于百姓，诚为政之大本，应变之至务也。天下幸甚。《书》曰‘天既付命正厥德’，言正德以顺天也。又曰‘天棐谌辞’，言有诚道，天辅之也。明承顺天道在于崇德博施，加精至诚，孳孳而已。俗之祈禳小数，终无益于应天塞异，销祸兴福，较然甚明，无可疑惑。”

书奏，上说，赐光束帛，拜为光禄大夫，秩中二千石，给事中，位次丞相。诏光举可尚书令者封上，光谢曰：“臣以朽材，前比历位典大职，卒无尺寸之效，幸免罪诛，全保首领，今复拔擢，备内朝臣，与闻政事。臣光智谋浅短，犬马齿载，诚恐一旦颠仆，无以报称。窃见国家故事，尚书以久次转迁，非有踔绝之能，不相逾越。尚书仆射敞，公正勤职，通敏于事，可尚书令。谨封上。”敞以举故，为东平太守。敞姓成公，东海人也。

光为大夫月余，丞相嘉下狱死，御史大夫贾延免。光复为御史大夫，二月为丞相，复故国博山侯。上乃知光前免非其罪，以过近臣毁短光者，复免傅嘉，曰：“前为侍中，毁谮仁贤，诬诉大臣，令俊艾者久失其位。嘉倾覆巧伪，挟奸以罔上，崇党以蔽朝，伤善以肆意。《诗》不云乎？‘谗人罔极，交乱四国。’其免嘉为庶人，归故郡。”

明年，定三公官，光更为大司徒。会哀帝崩，太皇太后以新都侯王莽为大司马，征立中山王，是为平帝。帝年幼，太后称制，委政于莽。初，哀帝罢黜王氏，故太后与莽怨丁、傅、董贤之党。

莽以光为旧相名儒，天下所信，太后敬之，备礼事光。所欲搏击，辄为草，以太后指风光令上之，睚眦莫不诛伤。莽权日盛，光忧惧不知所出，上书乞骸骨。莽白太后："帝幼少，宜置师傅。"徙光为帝太傅，位四辅，给事中，领宿卫供养，行内署门户，省服御食物。明年，徙为太师，而莽为太傅。光常称疾，不敢与莽并。有诏朝朔望，领城门兵。莽又风群臣奏莽功德，称宰衡，位在诸侯王上，百官统焉。光愈恐，固称疾辞位。太后诏曰："太师光，圣人之后，先师之子，德行纯淑，道术通明，居四辅职，辅道于帝。今年耆有疾，俊艾大臣，惟国之重，其犹不可以阙焉。《书》曰'无遗耇老'，国之将兴，尊师而重傅。其令太师毋朝，十日一赐餐。赐太师灵寿杖，黄门令为太师省中坐置几，太师入省中用杖，赐餐十七物，然后归老于第，官属按职如故。"

光凡为御史大夫、丞相各再，一为大司徒、太傅、太师，历三世，居公辅位前后十七年。自为尚书，止不教授，后为卿，时会门下大生讲问疑难，举大义云。其弟子多成就为博士、大夫者，见师居大位，几得其助力，光终无所荐举，至或怨之。其公如此。

光年七十，元始五年薨。莽白太后，使九卿策赠以太师、博山侯印绶，赐乘舆、秘器、金钱、杂帛。少府供张，谏大夫持节与谒者二人使护丧事，博士护行礼。太后亦遣中谒者持节视丧。公卿百官会吊送葬。载以乘舆辒辌及副各一乘，羽林孤儿诸生合四百人挽送。车万余辆，道路皆举音以过丧。将作穿复土，可甲卒五百人，起坟如大将军王凤制度。谥曰简烈侯。

初，光以丞相封，后益封，凡食邑万一千户。疾甚，上书让还七千户，及还所赐一第。

子放嗣。莽篡位后，以光兄子永为大司马，封侯。昆弟子至卿大夫四五人。始光父霸以初元元年为关内侯食邑。霸上书求奉孔子祭祀，元帝下诏曰："其令师褒成君关内侯霸以所食邑八百户祀孔子焉。"故霸还长子福名数于鲁，奉夫子祀。霸薨，子福嗣。福薨，子房嗣。房薨，子莽嗣。元始元年，封周公、孔子后为列侯，食邑各二千户。莽更封为褒成侯，后避王莽，更名均。

马宫字游卿，东海戚人也。治《春秋》严氏，以射策甲科为郎，迁楚长史，免官。后为丞相史司直。师丹荐宫行能高洁，迁廷尉平，青州刺史，汝南、九江太守，所在见称。征为詹事，光禄勋，右将军，代孔光为大司徒，封扶德侯。光为太师薨，宫复代光为太师，兼司徒官。

初，宫哀帝时与丞相、御史杂议帝祖母傅太后谥，及元始中，王莽发傅太后陵徙归定陶，以民葬之，追诛前议者。宫为莽所厚，独不及，内惭惧，上书谢罪乞骸骨。莽以太皇太后诏赐宫策曰：

太师、大司徒、扶德侯上书言："前以光禄勋议故定陶共王母谥，曰'妇人以夫爵尊为号，谥宜曰孝元傅皇后，称渭陵东园。'臣知妾不得体君，卑不得敌尊，而希指雷同，诡经辟说，以惑误上。为臣不忠，当伏斧钺之诛，幸蒙洒心自新，又令得保首领。伏自惟念，入称四辅，出备三公，爵为列侯，诚无颜复望阙廷，无心复居官府，无宜复食国邑。愿上太师、大司徒、扶德侯印绶，避贤者路。"下君章有司，皆以为四辅之职为国维纲，三公之任鼎足承君，不有鲜明固守，无以居位。如君言至诚可听，惟君之恶在洒心前，不敢文过，朕甚多之，不夺君之爵邑，以著'自古皆有死'之义。其上太师、大司徒印绶使者，以侯就第。"

王莽篡位，以宫为太子师，卒官。

本姓马矢，宫仕学，称马氏云。

赞曰：自孝武兴学，公孙弘以儒相，其后蔡义、韦贤、玄成、匡衡、张禹、翟方进、孔光、平当、马宫及当子晏咸以儒宗居宰相位，服儒衣冠，传先王语，其酝藉可也，然皆持禄保位，被阿谀之讥。彼以古人之迹见绳，乌能胜其任乎！